本教材系中共福建省委教育工作委员会2022年度"我为建设新福建献良策"（统一战线专项）立项课题"学前融合教育研究"（编号JAT22050）研究成果。

高职高专"十四五"规划学前教育专业新标准实践型示范教材

总主编　蔡迎旗

学前特殊儿童教育

主　编 ◎ 王先达　焦　静　孙丹阳
副主编 ◎ 何静宇　扈　莉　李淑清
　　　　 洪晓敏　于芳心　段雨鑫
参编者 ◎ 王先达（福建幼儿师范高等专科学校）
　　　　 焦　静（福建幼儿师范高等专科学校）
　　　　 孙丹阳（铜仁幼儿师范高等专科学校）
　　　　 何静宇（哈尔滨幼儿师范高等专科学校）
　　　　 扈　莉（泉州幼儿师范高等专科学校）
　　　　 李淑清（闽江师范高等专科学校）
　　　　 洪晓敏（福建幼儿师范高等专科学校）
　　　　 于芳心（潍坊学院）
　　　　 段雨鑫（山东英才学院）
　　　　 谢冰清（福建幼儿师范高等专科学校）
　　　　 詹华英（福建省残疾人康复教育中心）
　　　　 杜晨阳（福建幼儿师范高等专科学校）
　　　　 黄飞跃（山东潍坊智森融合幼儿园）
　　　　 杨丽颖（铜仁幼儿师范高等专科学校）
　　　　 陈全银（铜仁幼儿师范高等专科学校）
　　　　 肖　乐（铜仁幼儿师范高等专科学校）

华中科技大学出版社
http://press.hust.edu.cn
中国·武汉

内 容 提 要

《学前特殊儿童教育》是一本由多所院校学前教育、特殊教育、医学等专业的教师编写的创新教材，以学前教育阶段中特殊儿童教育的价值、理念、原则、理论实践基础和发展历程为导引，以各类常见学前特殊儿童的身心特征和教育规律为重点，以学前特殊儿童的教育评估、干预手段、融合教育和个别化教育计划的制订为补充，构建了学前特殊儿童教育的整体框架。全书分为上、中、下三篇，上篇理论篇"什么是学前特殊儿童教育"，主要介绍学前特殊儿童教育的基本知识；中篇实践篇"如何理解各类学前特殊儿童并实施教育"，主要讲解不同障碍类型儿童的教育；下篇提升篇"怎样更好地开展学前特殊儿童教育"，主要探讨特殊儿童教育评估的开展、个别化教育计划的制订，介绍各种干预方法及融合教育等内容。

全书框架逻辑清晰、层层递进，内容由浅入深，注重理论与实操相结合。每章内容均以案例导入，在正文中穿插"头脑风暴""经典案例""资料链接""经典视频""思考讨论"等帮助读者理解所讲内容，章节后配有"实训操练""真题再现""过关练习""课外拓展"等，充分满足读者"学""练""考"三方面的要求。

本书是一部为学前教育专业、特殊教育专业师生，以及学前特殊教育相关研究人员、爱心人士编写的全面反映学前特殊儿童教育理论与实践的书籍。本书适合本科、高职高专学前教育专业、特殊教育专业的在读学生阅读，也适合普通幼儿园教师、特殊教育机构教师、学前特殊儿童家长阅读。

图书在版编目（CIP）数据

学前特殊儿童教育/王先达，焦静，孙丹阳主编.—武汉：华中科技大学出版社，2024.7
ISBN 978-7-5772-0076-7

Ⅰ.①学… Ⅱ.①王… ②焦… ③孙… Ⅲ.①学前儿童-儿童教育-特殊教育-高等职业教育-教材 Ⅳ.①G76

中国国家版本馆CIP数据核字（2023）第238239号

学前特殊儿童教育
Xueqian Teshu Ertong Jiaoyu

王先达　焦　静　孙丹阳　主编

丛书策划：	周晓方　周清涛
策划编辑：	袁文娣　李承诚
责任编辑：	刘　平
封面设计：	廖亚萍
责任校对：	张汇娟
责任监印：	周治超
出版发行：	华中科技大学出版社（中国·武汉）　　电话：（027）81321913
	武汉市东湖新技术开发区华工科技园　　邮编：430223
录　　排：	孙雅丽
印　　刷：	武汉科源印刷设计有限公司
开　　本：	889mm×1194mm 1/16
印　　张：	22
字　　数：	513千字
版　　次：	2024年7月第1版第1次印刷
定　　价：	49.90元

本书若有印装质量问题，请向出版社营销中心调换
全国免费服务热线：400-6679-118　　竭诚为您服务
版权所有　侵权必究

高职高专"十四五"规划学前教育专业新标准实践型示范教材

编写委员会

总主编

蔡迎旗　华中师范大学早期教育学院院长，教授，博士生导师
　　　　教育部高等学校幼儿园教师培养教学指导委员会委员
　　　　中国教育学会学前教育专业委员会副理事长
　　　　学前教育"国培计划"首批专家和学前教育师范类专业认证专家

副总主编

（按照姓氏拼音排序）

邓艳华	衡阳幼儿师范高等专科学校	徐丽蓉	江汉艺术职业学院
刘丽伟	华中师范大学	杨冬伟	湖北工程职业学院
罗春慧	湖北幼儿师范高等专科学校	杨　龙	郑州幼儿师范高等专科学校
唐翊宣	广西幼儿师范高等专科学校	杨素苹	武汉城市职业学院
田兴江	重庆幼儿师范高等专科学校	叶圣军	福建幼儿师范高等专科学校
王任梅	华中师范大学	尹国强	华中师范大学
王先达	福建幼儿师范高等专科学校		

编委

（按照姓氏拼音排序）

陈启新	三峡旅游职业技术学院	欧　平	衡阳幼儿师范高等专科学校
董艳娇	安阳师范学院	苏　洁	湖北幼儿师范高等专科学校
段　为	湖北艺术职业学院	孙丹阳	铜仁幼儿师范高等专科学校
俸　雨	武汉商贸职业学院	谭学娟	江汉艺术职业学院
郝一双	湖北商贸学院	田海杰	烟台幼儿师范高等专科学校
侯晓磊	合肥幼儿师范高等专科学校	王会明	湖北职业技术学院
焦　静	福建幼儿师范高等专科学校	王　梨	常州幼儿师范高等专科学校
焦名海	深圳信息职业技术学院	王　雯	华中师范大学
李　卉	华中师范大学	闫振刚	郑州升达经贸管理学院
李志英	三峡旅游职业技术学院	杨　洋	三峡旅游职业技术学院
廖　凤	湘南幼儿师范高等专科学校	张　娜	华中师范大学
刘翠霞	湖北工程学院	赵倩倩	湖北三峡职业技术学院
刘凤英	湘南幼儿师范高等专科学校	郑艳清	湖北幼儿师范高等专科学校
刘　艳	三峡旅游职业技术学院		

网络增值服务

使用说明

欢迎使用华中科技大学出版社人文社科分社资源网

1 教师使用流程

（1）登录网址：http://rwsk.hustp.com （注册时请选择教师用户）

注册 > 登录 > 完善个人信息 > 等待审核

（2）审核通过后，您可以在网站使用以下功能：

浏览教学资源　建立课程　管理学生　布置作业　查询学生学习记录等

2 学员使用流程

（建议学员在PC端完成注册、登录、完善个人信息的操作）

（1）PC端学员操作步骤

① 登录网址：http://rwsk.hustp.com （注册时请选择普通用户）

注册 > 完善个人信息 > 登录

② 查看课程资源：（如有学习码，请在个人中心-学习码验证中先验证，再进行操作）

首页课程 > 课程详情页 > 查看课程资源

（2）手机端扫码操作步骤

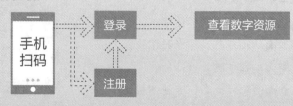

总 序

人生百年，立于幼学。学前教育是我国学校教育制度的基础、国民教育体系的重要组成部分和重要的社会公益事业，关系到我国千万名儿童的健康快乐成长和无数家庭的和谐幸福，我国各级政府高度重视，社会各界高度关注。推动学前教育普及、普惠和高质量发展已成为我国学前教育事业改革与发展的未来方向。

幼儿园教师是决定幼儿园保育与教育质量的关键因素，是我国构建现代化、高质量学前教育体系的根本保障。高质量的幼教师资来源于高水平的学前教师教育，为顺应我国学前教育事业发展的迫切需求，教育部印发了《教师教育课程标准（试行）》《幼儿园教师专业标准（试行）》《新时代幼儿园教师职业行为十项准则》《学前教育专业师范生教师职业能力标准（试行）》等多个文件，对我国幼儿园教师教育课程、幼儿园教师专业素养、职业道德与行为、职业能力与岗位适应等进行规范与引导，以努力提升我国学前教师教育的整体质量与水平。

当前，我国幼儿园教师起点学历已由中专提升为专科层次。在职幼儿园专任教师中专科及以上学历比例超过了90%，其中近八成是专科学历。高职高专在我国幼儿园教师人才培养中具有举足轻重的地位，是我国学前教师教育的主力军。

职业教育是我国国民教育体系和人力资源开发的重要组成部分，是培养多样化人才、传承技术技能、促进就业创业的重要途径。我国各级各类职业教育院校守正创新、锐意改革，大力提升职业教育办学质量和适应性，而职业教育课程与教材是提高职业教育办学质量和适应性的关键所在。华中科技大学出版社计划出版的"高职高专'十四五'规划学前教育专业新标准实践型示范教材"，正好回应了我国学前教育事业发展之所急和职业教育事业发展之所需。本人受邀作为本套教材的总主编深感荣幸且责任重大。经过与出版社深度沟通、市场调研和全国学前教育专业相关院校教师专家的研讨，本套教材试图实现以下六个方面的创新与突破。

第一，坚持立德树人，创新教材理念。本套教材以培养高素质专业化幼儿园教师为目标，坚持教材的思想性和先进性，把社会主义核心价值体系有机融入教材，精选对培养优秀幼儿园教师有重要价值的课程内容，将学前教育领域的前沿知识、教育改革和教育研究最新成果充实到教学内容中，加强中华优秀传统文化的渗透与融入，实现课程思政一体化，立德树人，德技并修。本套教材注重引导学习者树立正确的儿童观、教师观、教育观和长期从教、终身从教信念，塑造未来教师的人格魅力；加强职业道德教育和职业态度与行为的养成；着力培养学习者的社会责任感、创新精神和实践能力。

第二，分层分类设计，优化教材体系。本套教材从"教育信念与责任、教育知识与能力、教育实践与体验"三个维度，按照国家《教师教育课程标准（试行）》对幼儿园教师教育课程的要求，设计了"人文素养与思政类、保教理论与实践类、教师技能与艺术类"共三个层次47本教材，分别着重培养学习者的人文科学素养与师德理念、幼儿园保育与教育职业能力以及幼儿园教师教育素养与艺术素养；强化教育实践环节，加强职业技能训练内容，编写教育见习、实习和研习手册，提供名师优秀教学案例；坚持育人为本，促使学习者"德、才、能、艺"全面发展，人才培养目标从促进就业、创业转变为促进人的全面发展和专业职业的可持续发展。

第三，"课、岗、证、赛"并重，精选教材内容。本套教材的大纲与内容、拓展练习与教学资源库，均依据我国幼儿园教师职前和职后教育、幼儿园教师职业与岗位准则、幼儿园教师资格制度、幼儿园教师职业技能大赛等方面的相关法规和政策，实现"课、岗、证、赛"一体化。每本教材坚持职前教育和职后培训贯通设计。在全面夯实学习者专业知识与能力的基础上，注重学习者职业道德与能力的培养和从业态度与行为的养成教育。另外，教材注重课前、课中与课后的整体设计，课前预习相关学习资源，课中精讲关键知识点，课后链接"课、岗、证、赛"相关练习，以利于学习者巩固所学内容并学以致用，提升学习者的专业与职业综合素质以及职业与岗位适应能力，实现终身学习和毕生发展。

第四，以生为本引导学习，完善教材体例。本套教材从"教"与"学"两个角度设置教材体例，使其符合学习者的学习、内化直至实践应用的规律，具有启发引导性，也充分考虑了教材面向的主体——高职高专学生的学习特点，内容编排由浅入深，理论与实践并重，努力做到"教师好教，学生好学"；注重加强学习者对学前教育学科知识的理解和感悟，设计模拟课堂、情境教学、案例分析、技能训练、教学竞赛等多样化的教学方式，增强学习者的学习兴趣，提高学习效率，使其实现学习能力、实践能力和创新能力的三重提升。

第五，数字技术强力支撑，丰富教材形式。本套教材注重将信息技术作为基础条件与支撑，构建丰富多彩、高质量的电子资源库，努力实现课程与教学资源的共建共享；实现"互联网＋教育"和教材形态的多样化与电子化，将纸质媒介和电子媒介相结合，创设数字化的教育教学情境。教材中穿插大量数字资源二维码，引导学习者在课前和课后拓展学习海量专业知识，培养学习者的数字化教育能力和数字化学习能力，做新时代高素质的数字化教育者和学习者。针对幼儿园管理与保教的特点，本套教材尤其注重提升学习者的信息素养和利用信息技术进行保育与教育、安全风险防控和质量管理的能力。

第六，"校、社、产、教"多元合作，确保教材质量。为确保教材质量，特聘请全国开设学前教育专业的高职高专院校、本科高校推荐遴选教学经验丰富、有影响力的专家和一线骨干教师担任每本教材的主编和副主编，拟定教材编写体例，给出教材编写样章，同时参与审定大纲、样章，总体把控书稿的编写进度与品质。参与的作者分别来自高校、行业领域和实践一线，来源广泛而多元，实现了"校、社、产、教"不同领域人员的协同创新与深度合作。

当然，以上六个方面只是本人作为总主编对这套教材的美好期待与设想，这些想法能否真正得以实现和彰显，有赖于所有参编人员和编辑的共同努力，也有待广大读者的审读与评判。在本套教材编写的过程中，我们参阅、借鉴和引用了国内外大量学术成果和教研教改案例。科研成果为本套教材提供了学术滋养，而实践经验与案例展示了当前我国学前教育改革与发展的生动样态。在此，我们对相关专家、学者一并表示感谢。书中如有疏漏和不妥之处，敬请各位读者批评指正。

最后，我谨代表本套教材的所有编委和作者，衷心感谢本套教材的策划者——华中科技大学出版社人文社科分社社长周晓方，周社长对学前教育充满热情和信心，为本套教材的编写、出版和发行倾注了大量心血；还要感谢本套教材的策划编辑袁文娣和其他各位编辑及相关工作人员。我们基于教材的首次合作渐趋默契和融洽。让我们携手共进，继续为我国学前儿童的福祉和学前教育事业的健康可持续发展奉献智慧与力量！

2023年5月
武汉桂子山·华中师范大学教育学院

preface 前 言

近年来,我国政府高度重视学前教育事业和特殊教育事业的发展。为进一步提高学前教育和特殊教育的质量,我国陆续出台了多部法规和政策性文件,如《幼儿园教育指导纲要(试行)》《幼儿园教师专业标准(试行)》《特殊教育教师专业标准(试行)》《特殊教育专业认证标准》《特殊教育专业师范生教师职业能力标准(试行)》,以此确保幼儿园师资队伍的质量和规范幼儿园的保教实践活动。

学前教育是基础教育的起始阶段,学前特殊儿童教育在学段上属于学前教育。为了让读者或相关教育工作者更好地认识和了解学前特殊儿童及其教育和干预方法,我们基于教育部颁布的相关政策性文件,编写了可用于学前教育专业、特殊教育专业学生的《学前特殊儿童教育》专业教材。本书可供学生自主学习、教师教学、学前特殊儿童家长及其他社会人士参考使用。

作为创新性的学前特殊儿童教育教材,本书旨在为培养符合时代要求的、具有合格专业素养的新型幼儿园教师、康复师及其他特教工作者提供专业教材。读者通过阅读、思考和练习快速掌握学前特殊儿童教育的基本内容,树立正确的特殊教育观,初步掌握学前特殊儿童教育的基本方法。目前国内已出版的同类教材数量不多,偏向本科特殊教育专业用书,内容相对较多、较难,偏向文本教材,缺少多样化的融媒体资源。本教材重点在以下三个方面进行了创新探索。

1. 立德树人,综合育人

"学高为师,身正为范。"本教材注重幼儿园普通教师、特殊教育教师

i

特殊教育及融合教育素养的提升，注重培养新时代的幼儿园教师、康复师及其他特教工作者；始终坚持德育为先，通过正面引导来支持、帮助特殊儿童，促进特殊儿童的发展；坚持综合育人。特殊儿童虽"特殊"，但他们首先是儿童，其次才是有特殊需求的儿童，因此我们坚持孩子的综合发展，在本书中全程贯彻"知识目标、能力目标、情感目标"三合一的育人思路，旨在提高学前特殊教育的教育康复质量，实现综合育人目标。

2. 创新体系，螺旋上升

本书的撰写打破了传统学前特殊儿童教育教材编写体系，将全书12章内容按逻辑划分为上篇理论篇、中篇实践篇、下篇提升篇。

上篇理论篇"什么是学前特殊儿童教育"，介绍学前特殊儿童教育的基本知识和理论，包括学前特殊儿童教育的特性与价值、理念与原则、理论基础、实践基础，以及学前特殊儿童教育的产生与发展，让读者对学前特殊教育有最基本的了解。

中篇实践篇"如何理解各类学前特殊儿童并实施教育"，主要介绍不同障碍类型儿童的教育，如生理发展障碍儿童、智力异常儿童、其他有特殊需要儿童的教育，让读者了解不同障碍类型儿童的基本特征，知道如何鉴别和进行教育安置。

下篇提升篇"怎样更好地开展学前特殊儿童教育"，通过开展学前特殊儿童教育评估，设计个别化教育计划，采用合适的干预方法，以及促进学前特殊儿童的融合，全面提升学前特殊儿童教育的效果，以更好地提高学前特殊儿童教育康复的质量。

本书逻辑线索明晰，打破并重组了传统学前特殊儿童教育的教材体系，这也是本教材的一大创新。教材的撰写努力体现学科领域的内在逻辑，使之与读者学习的心理序列统一，将有关学前特殊儿童教育教材原有的逻辑体系改造成与学前特殊儿童教育实际相近的、适合读者学习的课程体系。

3. 资源丰富，注重实操

（1）资源丰富。作为一本融媒体新型教材，为了让学习者更快地了解本书的核心内容，厘清知识逻辑，除了正文以外，书中配有大量拓展链接，实现了营造课堂教学生态环境和拓展课外教学资源的统一。

（2）注重实操。除了介绍学前特殊儿童教育的基本理论与知识，书中还有幼儿园、学前特教机构老师提供的丰富案例，并配有相应的点评或分析。教材还配有"案例导入""经典案例""经典视频""资料链接""思考讨论"模块，每节后面配有"实训操练""真题再现""过关练习""拓展阅读"等模块，增强了教材的实用性和可读性。

本书是诸多参编老师分工合作共同完成的，参加教材编写的人员来自福建幼儿师范高等专科学校、铜仁幼儿师范高等专科学校、哈尔滨幼儿师范高等专科学校、山东潍坊学院、泉州幼儿师范高等专科学校、山东英才学院、闽江师范高等专科学校、福建省残疾人康复教育中心、山东潍坊智森融合幼儿园等单位。本书的编写分工具体如下：王先达主编拟订全书的章节目录、编写框架及体例，并负责全书统稿工作。焦静和孙丹阳两位主编协助完善章节目录、编写框架及体例，并参与统稿。何静宇、扈莉、李淑清、洪晓敏、于芳心、段雨鑫担任副主编，参与部分章节的内容修改。参加编写的还有谢冰清、詹华英、杜晨阳、黄飞跃、杨丽颖、陈全银、肖乐。其中，福建幼儿师范高等专科学校作者编写字数为：王先达6万字，焦静5.5万字，洪晓敏4.5万字，谢冰清与杜晨阳各2万字。其他单位作者编写4万～5万字的有孙丹阳、何静宇，编写2万～3.9万字的有段雨鑫、于芳心、李淑清、詹华英。编写字数在2万字以下的有扈莉、黄飞跃、杨丽颖、陈全银、肖乐。

本书的编撰理念酝酿于2020年，内容框架形成于2021年，教材编写始于2022年，全书初稿2023年4月完成，在撰写和修改过程中，教材不断完善。令人特别欣喜的是，该书从酝酿到出版，正好伴随着新中国历史上第一部《中华人民共和国学前教育法(草案)》的发布，从2020年教育部发布征求意见稿，到2023年8月28日全国人大常委会第一次审议，以及2024年6月25日第二次审议。这部法律的出台是学前特殊儿童教育发展史上的里程碑大事，诸多专门条款保障了学前特殊儿童的权益。

在本书撰写过程中，编者参考引用了国内外学者的一些著述和学前特殊教育一线教师的实践案例，在此向他们表示由衷的感谢。本书的出版还得到了华中科技大学出版社人文社科分社周晓方社长、袁文娣编辑的大力支持，在此也表示诚挚的谢意。由于参编者教龄不同且来自不同的单位，撰写过程中存在差异，书中难免存在不足之处，希望各位同仁和读者不吝赐教。烦请将对本书的建议或意见发送到电子邮箱448980755@qq.com，我们将不胜感激。

2023 年 4 月初稿
2024 年 7 月修改
福建福州长安山

目 录

上篇理论篇　什么是学前特殊儿童教育

第一章　学前特殊儿童教育的特性与价值 ……………………………………… 002
　　第一节　学前特殊儿童教育的性质与特点 …………………………………… 003
　　第二节　学前特殊儿童教育的价值与任务、内容与要求 …………………… 012

第二章　学前特殊儿童教育的理念与原则 ……………………………………… 018
　　第一节　学前特殊儿童教育的基本理念 ……………………………………… 019
　　第二节　学前特殊儿童教育的基本原则 ……………………………………… 030

第三章　学前特殊儿童教育的理论基础 ………………………………………… 036
　　第一节　学前特殊儿童教育的生物学基础 …………………………………… 037
　　第二节　学前特殊儿童教育的心理学基础 …………………………………… 041
　　第三节　学前特殊儿童教育的教育学基础 …………………………………… 049

第四章　学前特殊儿童教育的实践基础 ………………………………………… 056
　　第一节　学前特殊儿童教育的物质基础 ……………………………………… 057
　　第二节　学前特殊儿童教育的政策法律基础 ………………………………… 067
　　第三节　学前特殊儿童教育的制度基础 ……………………………………… 076

第五章　学前特殊儿童教育的产生与发展 ……………………………………… 083
　　第一节　学前特殊儿童教育思想的产生与发展 ……………………………… 084
　　第二节　学前特殊儿童教育机构的产生与发展 ……………………………… 092

中篇 实践篇　如何理解各类学前特殊儿童并实施教育

第六章　生理发展障碍儿童的教育 ························· 106
    第一节　视觉障碍儿童的教育 ······························· 107
    第二节　听力障碍儿童的教育 ······························· 125
    第三节　言语语言障碍儿童的教育 ··························· 139
    第四节　肢体障碍儿童的教育 ······························· 151

第七章　智力异常儿童的教育 ····························· 161
    第一节　智力障碍儿童的教育 ······························· 162
    第二节　智力超常儿童的教育 ······························· 182

第八章　其他有特殊需要儿童的教育 ······················· 202
    第一节　孤独症谱系障碍儿童的教育 ························· 203
    第二节　多动症儿童的教育 ································· 221

下篇 提升篇　怎样更好地开展学前特殊儿童教育

第九章　学前特殊儿童教育的评估 ························· 238
    第一节　学前特殊儿童教育评估概述 ························· 239
    第二节　评估的内容与方法 ································· 244
    第三节　学前特殊儿童教育评估的实施 ······················· 250

第十章　学前特殊儿童的个别化教育计划 ··················· 255
    第一节　学前特殊儿童个别化教育计划的概述 ················· 256
    第二节　个别化教育计划的拟订与实施 ······················· 261

第十一章　学前特殊儿童的干预方法 ······················· 270
    第一节　应用行为分析 ····································· 272
    第二节　感觉统合训练 ····································· 280

第三节　游戏治疗 ·· 289
　　第四节　其他多样化的教育干预方法 ·· 295

第十二章　学前融合教育 ·· 302
　　第一节　学前融合教育的概述 ··· 303
　　第二节　学前融合教育的实践 ··· 316

数字资源目录

第一章 学前特殊儿童教育的特性与价值
  第一节 拓展阅读："学前融合教育"——给特殊儿童一个完整童年 …………004
  第一节 拓展阅读：特殊儿童该不该上幼儿园？ ……………………………………006
  第一节 参考答案：特殊儿童该不该上幼儿园？ ……………………………………007
  第一节 拓展阅读：实施早期教育补偿是改善特殊儿童生存状态的重要路径 ………007
  第一节 过关练习参考答案 ……………………………………………………………012
  第二节 真题再现、过关练习参考答案 ………………………………………………016

第二章 学前特殊儿童教育的理念与原则
  第一节 案例导入：早发现、早干预，孤独症儿童成阳光少年案例 ………………020
  第一节 拓展阅读：早期干预领域中的具体研究内容 …………………………………022
  第一节 拓展阅读：全纳教育的实践策略 ………………………………………………025
  第一节 真题再现、过关练习参考答案 …………………………………………………029
  第二节 拓展阅读：美国特殊教育立法中非歧视性评估原则及其对我国的启示 ……031
  第二节 拓展阅读：个别化教育计划案例 ………………………………………………032
  第二节 拓展阅读：第六届全球未来教育设计大赛中关于"最少限制环境"的
         设计案例 …………………………………………………………………033
  第二节 视频资料：纪录片《佳茵案例》 ………………………………………………033
  第二节 拓展阅读：随班就读孤独症儿童幼小转衔服务的个案研究 …………………034
  第二节 视频资料：纪录片《无障碍中的障碍》 ………………………………………034
  第二节 真题再现、过关练习参考答案 …………………………………………………034

第三章　学前特殊儿童教育的理论基础

  第一节　过关练习参考答案 …………………………………………………………… 041
  第二节　视频资料：孤独症干预训练之回合式教学 …………………………………… 045
  第二节　视频资料：孤独症干预都在用的ABA究竟是怎样的？ …………………… 047
  第二节　真题再现、过关练习参考答案 ……………………………………………… 048
  第三节　真题再现、过关练习参考答案 ……………………………………………… 055

第四章　学前特殊儿童教育的实践基础

  第一节　拓展阅读：资源教室建设案例一 …………………………………………… 061
  第一节　拓展阅读：资源教室建设案例二 …………………………………………… 061
  第一节　拓展阅读：普通学校特殊教育资源教室配备参考目录 …………………… 061
  第一节　过关练习参考答案 …………………………………………………………… 067
  第二节　法律法规：《中华人民共和国学前教育法（草案）》 …………………… 068
  第二节　法律法规：《中华人民共和国残疾人保障法》 …………………………… 069
  第二节　法律法规：《残疾人教育条例》 …………………………………………… 070
  第二节　政策文件：《幼儿园教育指导纲要（试行）》 …………………………… 071
  第二节　政策文件：《特殊教育提升计划（2014—2016年）》 …………………… 073
  第二节　政策文件：《第二期特殊教育提升计划（2017—2020年）》 ………… 073
  第二节　政策文件：《"十四五"特殊教育发展提升行动计划》 ………………… 073
  第二节　政策文件：《上海市特殊教育三年行动计划（2018—2020年）》 …… 074
  第二节　拓展阅读：新时期我国学前特殊教育法规发展：法治与师资保障 ……… 074
  第二节　过关练习参考答案 …………………………………………………………… 075
  第三节　拓展阅读：四川省民办学前特殊教育的困境与发展路径探析 …………… 077
  第三节　过关练习参考答案 …………………………………………………………… 082

第五章　学前特殊儿童教育的产生与发展

  第一节　过关练习参考答案 …………………………………………………………… 091
  第二节　参考答案：壮壮妈妈的两难选择 …………………………………………… 103
  第二节　真题再现、过关练习参考答案 ……………………………………………… 104

第六章　生理发展障碍儿童的教育

- 第一节　真题再现、过关练习参考答案 …………………………………………… 124
- 第二节　拓展阅读：听觉记忆的实操练习 ………………………………………… 137
- 第二节　拓展阅读：听觉描述的实操练习 ………………………………………… 137
- 第二节　视频资料：林氏六音的实操练习——林氏六音的辨识 ………………… 138
- 第二节　视频资料：林氏六音的实操练习——林氏六音的察觉 ………………… 138
- 第二节　真题再现、过关练习参考答案 …………………………………………… 138
- 第三节　拓展阅读：构音语音能力评估记录表 …………………………………… 150
- 第三节　拓展阅读：构音障碍——韵母训练 ……………………………………… 150
- 第三节　视频资料：声母 X 的构音训练 …………………………………………… 150
- 第三节　真题再现、过关练习参考答案 …………………………………………… 150
- 第四节　过关练习参考答案 ………………………………………………………… 160

第七章　智力异常儿童的教育

- 第一节　拓展阅读：0～6岁儿童发展里程碑 ……………………………………… 170
- 第一节　真题再现、过关练习参考答案 …………………………………………… 182
- 第二节　视频资料：最强大脑节目——周玮挑战成功 …………………………… 183
- 第二节　视频资料：最强大脑节目——天才小朋友 ……………………………… 199
- 第二节　真题再现、过关练习参考答案 …………………………………………… 200

第八章　其他有特殊需要儿童的教育

- 第一节　图片：光谱图 ……………………………………………………………… 204
- 第一节　真题再现、过关练习参考答案 …………………………………………… 220
- 第二节　真题再现、过关练习参考答案 …………………………………………… 235

第九章　学前特殊儿童教育的评估

- 第一节　参考答案：评估的内涵 …………………………………………………… 241
- 第一节　过关练习参考答案 ………………………………………………………… 244
- 第二节　真题再现、过关练习参考答案 …………………………………………… 249
- 第二节　拓展阅读："自闭症儿童发展本位行为评量系统"介绍 ………………… 253
- 第二节　过关练习参考答案 ………………………………………………………… 254

第十章 学前特殊儿童的个别化教育计划

  第一节 真题再现、过关练习参考答案 ·· 261

  第二节 过关练习参考答案 ·· 269

第十一章 学前特殊儿童的干预方法

  第一节 过关练习参考答案 ·· 279

  第二节 视频资料：什么是感觉统合？家长和幼儿园为什么要重视感统失调？ ········ 281

  第二节 过关练习参考答案 ·· 288

  第三节 过关练习参考答案 ·· 295

  第三节 过关练习参考答案 ·· 301

第十二章 学前融合教育

  第一节 拓展阅读：融合教育孕育的奇迹 ······································ 303

  第一节 拓展阅读：学前教育机构的产生 ······································ 304

  第一节 拓展阅读：学前特殊教育课程指南 ···································· 311

  第一节 拓展阅读：福建幼儿师范高等专科学校学前特教人才培养探索 ········ 312

  第一节 过关练习参考答案 ·· 315

  第二节 拓展阅读：森森中期评估结果记录及现状分析 ···················· 321

  第二节 拓展阅读：幼儿入园准备通知模板 ···································· 321

  第二节 拓展阅读：远远的阶段调查及发展评估 ································ 321

  第二节 拓展阅读：俊俊的阶段调查及发展评估 ································ 321

  第二节 拓展阅读：IEP 会议邀请通知模板 ···································· 321

  第二节 拓展阅读：IEP 计划制定模板 ·· 321

  第二节 拓展阅读：融合幼儿园个训室配备清单 ································ 325

  第二节 拓展阅读：融合幼儿园集体教室配备清单 ······························ 326

  第二节 拓展阅读：融合幼儿园感统教室配备清单 ······························ 326

  第二节 视频资料：语言个训课 ·· 327

  第二节 视频资料：融合小组课 ·· 327

  第二节 视频资料：社交融合集体课 ·· 328

  第二节 视频资料：融合课 ·· 328

  第二节 过关练习参考答案 ·· 330

上篇 理论篇
什么是学前特殊儿童教育

- 第一章　学前特殊儿童教育的特性与价值
- 第二章　学前特殊儿童教育的理念与原则
- 第三章　学前特殊儿童教育的理论基础
- 第四章　学前特殊儿童教育的实践基础
- 第五章　学前特殊儿童教育的产生与发展

　　本篇为全书的上篇，属于本书的理论篇"什么是学前特殊儿童教育"。本篇主要介绍了学前特殊儿童教育的基本知识和理论，包括学前特殊儿童教育的特性与价值、理念与原则、理论基础、实践基础，以及学前特殊儿童教育的产生与发展，让读者对学前特殊教育有最基本的了解。

第一章　学前特殊儿童教育的特性与价值

◇ **学习目标**

1.了解学前教育、特殊儿童、学前特殊儿童教育的基本含义，以及学前特殊儿童教育的特性与价值。

2.理解儿童，尊重特殊儿童，认同学前特殊儿童教育的价值。

3.能用所学理论与知识分析社会上的一些特殊儿童教育现象。

◇ **核心知识**

特殊儿童、学前特殊儿童教育、学前特殊儿童教育的本质、学前特殊儿童教育的性质、学前特殊儿童教育的基本特点、学前特殊儿童教育的发展趋势、学前特殊儿童教育的价值、学前特殊儿童教育的任务。

◇ **思维导图**

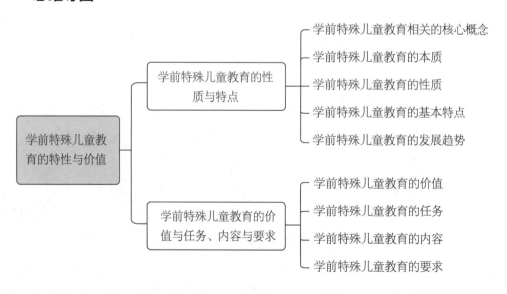

◇ **本章概要**

第一节介绍学前特殊儿童教育的性质与特点，了解学前儿童、学前教育、特殊教育、学前特殊儿童教育等核心概念。儿童教育的本质就是促进儿童发展，学前特殊儿童教育的本质则是促进学前特殊儿童身心健康发展。学前特殊儿童教育既有学前教育的性质，也有特殊教育的性质，是学前教育的重要组成部分和特殊教育的起始阶段。学前特殊儿童教育包括生理教育和心理教育，是一种补偿性和发展性教育。学前特殊儿童教育的特点体现在多个方面，如对象的特殊性，教育的复杂性、专业性、长期性等。学前特殊儿童教育的发展趋势体现在从慈善型教育向权益型教育转化，从隔离教育走向融合教育，从封闭走向开放，从工具性教育观转向素质教育观，从桌面学习转变为游戏活动学习，信息化和智能化程度与水平快速提升。

第二节主要介绍学前特殊儿童教育的价值与任务、内容与要求。学前特殊儿童教育的价值既体现在个体价值，也体现在社会文明和社会发展的社会价值。具体来说，学前特殊儿童教育的价值包括直接效益，即对学前特殊儿童成长的价值；间接效益，即对学前特殊儿童家庭的价值；社会效益，即对社会文明和社会发展的价值。学前特殊儿童教育的任务是最大限度地满足社会的要求和学前特殊儿童的教育需要，发展学前特殊儿童的体力、智力和人格。通过特殊的教育、教学与训练，向特殊儿童传授一定的文化和科学知识，培养他们生活的信心、健康的自我意识，以及学习和生活的能力。

第一节　学前特殊儿童教育的性质与特点

案例导入

"学前融合教育"：给特殊儿童一个完整童年

2016年12月2日的《光明日报》专题报道了一个案例，深圳一所幼儿园因为拒绝招收特殊儿童，与家长发生冲突，这件事在网上掀起轩然大波，引起了大家的热议。报道中还提到南京特殊教育师范学院专门培养学前融合教师，开创全国先河，为特殊儿童进入普通幼儿园接受融合教育培养师资。中华人民共和国中央人民政府官方网站全文转载了《光明日报》的这篇报道。

这篇报道把特殊儿童"入园难"的问题推向了前台。数据显示，我国有170万名0～6岁的特殊儿童，其中70%以上无法接受学前教育。全国230万名幼儿教师绝大多数没有接受过职前特殊教育课程培训，这导致许多幼儿园不敢收特殊儿童入园，即使收进来也不会教，只能将这些特殊儿童"晾"在一旁。

时至今日，有更多的学前特殊儿童进入了普通幼儿园接受教育，教育部及各地也出台了一些政策文件，但总体来说，能进入普通幼儿园的学前特殊儿童人数还不多，还有不少学前特殊儿童未能进入幼儿园。

拓展阅读：
"学前融合教育"——给特殊儿童一个完整童年

前面的"案例导入"提及幼儿园因拒收残障儿童而与家长发生冲突的事件，光明日报以《"学前融合教育"：给特殊儿童一个完整童年》为题进行报道，该报道与学前特殊儿童教育有关，这里面提到了幼儿园、特殊儿童及融合教育等内容。要想更好地了解什么是学前特殊儿童教育，就必须先了解学前特殊儿童教育相关的基本概念或术语的含义。

一 学前特殊儿童教育相关的核心概念

"学前特殊儿童教育"是学前教育专业和特殊教育专业的必修课程，要想学好这门课程，就要把学前教育相关的课程如学前教育学、学前心理学、学前卫生学等课程关联起来。为了更好地开始这门课程的学习，我们先弄清学前特殊儿童教育相关的术语或概念的基本含义。

（一）学前儿童、学前教育

学前儿童通常是指0～6岁的儿童，也有人称之为学龄前儿童，是指上小学前的儿童。因此，学前教育通常是指对学龄前儿童的教育。目前，由于0～3岁的婴幼儿托育归卫生部门主管，因此学前教育一般是指幼儿园等学前教育机构开展的教育。广义的学前教育也包括学前家庭教育、学前社会教育。本书重点阐述的学前教育指在幼儿园等学前教育机构开展的教育。

（二）特殊教育、学前特殊儿童、学前特殊儿童教育

特殊儿童称为身心障碍儿童或残疾儿童，如视觉障碍儿童、听觉障碍儿童、孤独症儿童和肢体残疾儿童等。广义的特殊儿童除残疾儿童外，还包括智力超常或有特殊才能的儿童等。通常情况下，人们都是从狭义的角度来理解特殊儿童的。本书论及的是广义的特殊儿童。

对于特殊儿童的分类，目前主要有两种：一种是根据美国残疾人教育法（IDEA）提出的分类

标准,将特殊儿童分为学习障碍、言语或语言障碍、智力障碍、情绪障碍、多重障碍(不包括盲-聋障碍)、听觉障碍、肢体障碍、其他健康障碍、视觉障碍、孤独症障碍、盲-聋障碍、发展迟缓障碍、外伤性脑损伤障碍等类别。另一种是根据我国大陆地区的分类标准进行划分,主要采用2006年第二次全国残疾人抽样调查残疾标准,将残疾人分为七类,即视力残疾、听力残疾、智力残疾、言语残疾、肢体残疾、精神残疾、多重残疾。教育部规定的特殊教育对象主要包括三类残疾儿童,即智力残疾儿童、视力残疾儿童、听力残疾儿童。我国台湾在《特殊教育法》中规定,特殊教育对象包括身心障碍和天赋优异两类人群。本教材提及的学前特殊儿童类别主要采用的是2006年第二次全国残疾人抽样调查残疾标准中对特殊儿童的分类标准,并增加了超常儿童的类别,因此教材论及的障碍类型儿童,包括了生理发展障碍的儿童,如视力残疾、听力残疾、智力残疾、言语残疾、肢体残疾,也包括了其他特殊需要儿童,主要包括孤独症儿童、多动症儿童等。

学前特殊儿童指的是特殊儿童中属于学前阶段的儿童,也有的称之为学前有特殊需要的儿童,是指在个体发展过程中存在着特别需要的0～6岁儿童[1]。从这个角度来说,学前特殊儿童也叫作学前特需儿童。关于学前特殊儿童的分类,特殊教育界一直存在不同的分类维度和分类方式。从我国学前教育机构的实际出发,立足于儿童发展,学前教育阶段比较常见的特殊需要儿童可以分为以下几类:认知发展障碍儿童(主要表现为智力落后和学习困难)、生理发展障碍儿童(视觉障碍儿童、听觉障碍儿童和病弱儿童)、语言发展障碍儿童、情绪和行为问题儿童(主要是指孤独症儿童和多动症儿童)、超常儿童(主要包括智力型、语言型和艺术型超常儿童)。[2]

学前特殊儿童教育是由实施学前教育的普通教育机构和特殊教育机构提供的、为满足学前特殊儿童的独特教育需要而设计的教育、教学和相关服务的总称。

学前特殊儿童教育是为有特殊需要的学前儿童提供的教育。这句话包含两层含义:一是教育对象年龄为0～6岁,学龄前儿童是处于婴幼儿阶段的,属于学前教育的范畴。二是教育的对象是有特殊教育需要的儿童,又属于特殊教育范畴。

二 学前特殊儿童教育的本质

教育的本质是指教育作为一种社会活动区别于其他社会活动的根本特征。教育是培养人的活动。自有人类社会以来就有教育,教育的职能是根据一定社会的要求,传递社会生产和生活经验,促进人的发展,培养该社会所需要的人才。教育的这个基本特点存在于各种社会的教育活动之中,而且使之区别于人类其他社会活动。

儿童发展有其自身规律。普遍的规律是儿童主体的活动才能促进儿童的发展,而个性的规律是每个个体的差异。教育的本质就是促进儿童的发展,学前特殊儿童教育的本质则是促进学前特殊儿

---

[1] 周兢.学前特殊儿童教育[M].北京:高等教育出版社,2016:1.
[2] 周兢.学前特殊儿童教育[M].北京:高等教育出版社,2016:3-7.

童身心健康发展,也就是促进学前特殊儿童身心与环境适宜的、科学的互动和反应的过程,以儿童为主体进行一系列的活动,才是促进儿童真正的发展。学前特殊儿童教育在其本质特点的基础上会衍生出特殊教育的诸多特点。

三 学前特殊儿童教育的性质

学前特殊儿童教育既涉及学前教育,又涉及特殊教育,因此两种教育类别的性质均有。关于学前特殊儿童教育的性质,不同学者有不同的看法。我们将学前特殊儿童教育的性质归纳为以下几个方面。

(一)学前特殊儿童教育是学前教育的重要组成部分

根据《中华人民共和国教育法》等法律的规定,学前教育是基础教育的起始阶段。因此,学前特殊儿童教育就是学前教育的重要组成部分,为有特殊需要的学前特殊儿童提供服务,因此,学前特殊儿童教育与学前教育的性质相同。学前教育具有基础性、启蒙性、非义务性等特性。

◇ 思考讨论

特殊儿童该不该上幼儿园?

在实际生活当中,有的孩子因为属于特殊儿童,在进入幼儿园时往往会碰到很多困难,有的是因为幼儿园不具备条件而无法接收,有的因为特殊儿童进入幼儿园以后遭到其他家长的投诉或反对而退园。王先达老师20多年前带领学前教育专业学生在幼儿园进行毕业实习时碰到一个典型的案例,后经专题调研他将该例以《特殊儿童该不该上幼儿园》为题发表在2002年第9期的《福建幼儿教育》中。文章引起众多家长和幼儿园的热议。

拓展阅读:
特殊儿童该不该上幼儿园?

请扫码阅读2002年第9期《福建幼儿教育》的《特殊儿童该不该上幼儿园》调研文章回答问题：

1. 阅读完调研文章谈谈你的看法或感受。
2. 你认为特殊儿童该不该上幼儿园？

参考答案：
特殊儿童该不该上幼儿园？

（二）学前特殊儿童教育是特殊教育的起始阶段教育

学前特殊儿童教育属于特殊教育的范畴，因此学前特殊儿童教育应该是特殊儿童教育的有机组成部分，是不可或缺的课程。作为特殊教育的起始阶段教育，学前特殊儿童教育有着启蒙和奠基的作用。

特殊教育要从娃娃抓起。印度狼孩的例子充分说明早期适宜的环境和教育对儿童成长具有重要作用。我们常说的特殊教育或康复教育强调的"早发现、早治疗、早干预"，就是强调应在特殊儿童的早期采取相应的措施。学前特殊儿童教育是特殊教育的起始阶段，在这个时期进行科学的康复和治疗，效果是最好的。有的家长在学前教育阶段没有重视，等到小学阶段再干预，效果就差了很多，错过了康复教育的黄金时期。

（三）学前特殊儿童教育是一种综合性的教育

综合性教育是学前特殊儿童教育区别于普通教育的特征之一，即利用学前教育的多领域教学内容与方法，如学前儿童健康教育、语言教育、社会教育、科学教育及音乐与美术教育，对特殊儿童在生理、心理等方面所存在的问题进行有针对性的综合康复或干预。普通儿童教育虽然也涉及儿童的生理与心理教育，但远没有特殊儿童的需求大或针对性强。

（四）学前特殊儿童教育是一种补偿性和发展性的教育

拓展阅读：
实施早期教育补偿是改善特殊儿童生存状态的重要路径

随着社会的进步和社会文明的发展，特殊教育不再是普通人对残疾人的一种施舍和福利，而是人的一种平等的基本权利。特殊教育从慈善型教育正向权益型教育转化，而特殊教育普及运动也方兴未艾。早期的特殊教育更多是一种救助性教育，救助性教育以特殊儿童的"缺陷"为基点，重生存保障，轻发展支持；重初级教化，轻再社会化[1]，干预不系统、不全面。学前特殊儿童教育是一种补偿性教育，是通过教育补偿缺陷并超越缺陷的一种生活体现，是现实世界中生命意义的价值存在与理想世界中无限意义的完善与创造。当今时代，特殊教育从"慈善性、救助性教育"转向"补偿性、发展性教育"，从"缺陷治疗矫正的特殊儿童教育"到"发展支持促进的特殊

---

[1] 张更立. 从"救助性"到"发展性"：学前特殊儿童教育的时代转向 [J]. 中国教育学刊，2017(6)：35-39.

儿童教育"的转换，体现了特殊儿童教育观的重大转变，体现了特殊教育历史和现实的进步性，是特殊儿童教育发展的新趋势。

四 学前特殊儿童教育的基本特点

与普通学前教育相比，学前特殊儿童教育具有以下基本特点。

（一）学前特殊儿童对象的特殊性

接受特殊教育的儿童一般都是生理或心理上存在不同程度的先天或后天障碍的残障孩子。他们具有普通幼儿园幼儿或普通学校学生的自然和社会属性，又和普通幼儿或普通学生存在明显的差异性。这是特殊教育区别于普通教育的最基本的特性，它决定了或者说带来了其他的一系列特殊性，如教学方法、教学内容等的特殊性。如果说普通学校是教育教学并重、教书育人并重，那么特殊教育学校在教育教学上更侧重于教育，在教书育人上更侧重于育人。

（二）学前特殊儿童教育的复杂性

特殊儿童的类型比较多，不同类型的儿童，其发展水平、发展特点等各不相同，他们的病因也有所不同，所以鉴于特殊儿童对象的复杂性，特殊儿童的教育和生活训练也存在很大的不同。对于有的残障儿童，教师需要掌握盲文、手语等特殊的语言；对于发育迟缓、孤独症、多动症等类型儿童，教师需要掌握不同类型特殊儿童的心理方面的知识，了解他们的情绪、行为等变化的系列原因；要根据儿童的具体情况来制订集体活动、小组活动和个别化教学计划，选用适合不同类型特殊儿童的教学内容与方法。

（三）学前特殊儿童教育的专业性

特殊教育从原来的公益性事业转变为专业性的事业，其专业化水平不断提高。其中，师资质量的提高对于特殊教育的专业化有着举足轻重的作用。学前教育的课程与教学体现了专业性的特点。与普通学前教育相比，学前特殊儿童教育具有更强的专业性、系统性。学前教育机构或学前特殊儿童教育机构能提供规范化、专业化的特殊教育，在师资、康复课程内容、康复方法等方面具有更强的专业性特点。

（四）学前特殊儿童教育的长期性

与普通儿童相比，学前特殊儿童教育还表现出长期性特点，有些类型的儿童，如肢体残疾儿童、脑瘫儿童及孤独症儿童，他们的康复与干预是长期的，时间跨度很大，甚至有的特殊儿童终身都需要有人陪护，康复教育会贯穿不少特殊类型残疾人的一生。很多简单的教育内容、生活常识等需要反复训练，训练和干预的次数多达几十次甚至上百次，甚至还可能会碰到儿童能力出现退化的情况。因此长期性也是学前特殊儿童教育的重要特点之一。

五 学前特殊儿童教育的发展趋势

随着社会的进步以及学前教育和特殊教育的发展，学前特殊儿童教育的发展表现出以下趋势。

（一）学前特殊儿童教育从慈善型教育向权益型教育转化

随着社会的发展和文明的进步，学前特殊儿童接受教育是一种平等的根本权利。这种权益观的重要理论根基是人本主义思潮，但人的根本受教育权利是通过法律制度（如世界各国的特殊教育立法）加以保障和实现的。因此，当代学前特殊儿童教育可以认为是一种以法制保障公民平等受教育权的权益型教育。

在许多国家和地区，最早从事特殊教育的多是富有同情心的社会人士和宗教人士，他们把收养和帮助残疾儿童看成积善成德的义举。因此，很长一段时期内，特殊教育都被看成一项慈善型事业。直到20世纪70年代之后，人们才认为发展特殊教育是一个负责任的政府与和谐社会应该承担的责任。根据教育公平的原则，接受特殊教育是特殊儿童应该享受的权益，社会应该维护这种权益。

（二）学前特殊儿童教育从隔离教育走向融合教育

融合教育作为一种教育思潮，正在不断推动世界各国的教育改革。走向融合是特殊教育发展的必然趋势。现代意义上的特殊教育大致经历了"隔离教育—正常化、回归主流和一体化教育—融合教育"三个阶段。在隔离教育阶段，特殊儿童在封闭的教育机构接受教育，与普通孩子接受的教育不同，两种教育是没有关联的。

1994年联合国教科文组织在西班牙萨拉曼卡市召开"世界特殊教育大会"，发表了著名的"萨拉曼卡宣言"，这个"宣言"是特殊教育发展史上的一个里程碑，标志着走向融合是"21世纪世界教育的发展趋势"。融合教育是面向全体儿童的，包括残疾儿童。大家都是人，都有权享受教育，因此"零拒绝"是其根本原则；接纳所有儿童，反对歧视，减少排斥，促进积极参与与合作，是其根本要义和操作策略；维护教育公平是其价值取向。融合教育又是以人为本、照顾差异的教育。没有支持，就没有融合，融合教育要建立全纳的教育体系和支持体系，呈现出"三位一体"趋势，即特殊教育和普通教育一体化；学校教育、家庭教育与社区教育一体化；医疗养护、教育训练、劳动就业一体化。因此，融合教育是教育制度改革的根本和重构。融合教育是要通过教育的无歧视和融合以达到创造关爱残疾人社区、建立全纳社会及实现全民教育的目的。从这层意义上讲，融合教育与我国当前建立和谐社会的目标理念有本质上的相同之处。

(三)学前特殊儿童教育从一次性封闭教育走向开放性的终身教育

学前特殊儿童虽然是处于学龄前的儿童,但是其未来发展路径与普通儿童一样,也要走向终身教育。终身教育是知识经济、信息社会、学习型社会的必然要求。因此,在学前教育阶段,就要培养学前特殊儿童终身学习的能力。在我国的国民教育制度中,终身教育已经成为我国重要的教育制度。在国家层面上,加快特殊教育"两头延伸"的制度构建,也就是向义务教育阶段两端的特殊教育延伸,即学前儿童特殊教育以及高中及高中之后的职业特殊教育和生涯教育。

我国当前的特殊教育体系形态还是呈"纺锤形",义务教育阶段的特殊教育仍为最主要的部分。对于特殊人群来说,早期干预会产生事半功倍的效果,因此从国家到地方都大力推进学前教育阶段的特殊教育。从家长角度来说,让特殊儿童进入主流社会,进入普通百姓生活的圈层,是家长最大的愿望。从政府层面来看也会逐渐提升特殊教育的层次与要求。特殊教育为了顺应时代的要求也要向更高的层次发展,逐步提升高等特殊教育、继续教育和职业培训的质量。

(四)学前特殊儿童教育从"工具理性观"教育向素质教育观转变

特殊教育的核心问题是把残疾人培养成什么样的人。从教育目的论或教育功能论来看,早期的特殊教育更多是倾向于将残疾人培养成有一技之长的"工具理性"的人。随着社会的发展进步和人们对高质量教育的追求,现代特殊教育强调实施素质教育,除了培养一技之长,也要往更加全面发展的目标去努力,实现学会做人与学会生存、学习、关心和合作的统一,缺陷补偿与潜能开发的统一,全面发展与一技之长的统一,生理发展与心理发展的统一,培养儿童的实践能力、终身学习能力,让他们成为自立、自强的人。学前特殊教育的目的和任务是最大限度地满足社会的要求和学前特殊儿童的教育需要,发展学前特殊儿童的体力、智力和人格。

(五)学前特殊儿童教育从知识传授教育逐渐转向生活能力和社会适应教育

早期的特殊教育教学方法或学习方法单一,以教师讲授为主,儿童接受学习,偏向知识传授教育,有着枯燥、机械、无法在生活中应用等明显缺点。随着特殊教育的发展以及教育理念的改变,特别是受学前教育的先进理念和教育模式影响,现代特殊儿童教育更加注重生活能力和社会适应教育,除了常规的桌面教学形式以外,更多的是采用自然情境教育,采用直观形象的教学手段、游戏与活动的方式,效果更好,可以更好地让特殊儿童融入社会。这样的学习内容和方式更符合学前儿童的发展特点,有利于其更好地融入社会。融合幼儿园的环境设计、设备设施采购和玩教具的添置,充分体现了学前儿童的身心发展特点,其环境和教学方法更适合学前特殊儿童,代表了最先进的学前特殊儿童教育理念和教育模式,能更好地培养幼儿的生活能力和社会适应能力。

(六)学前特殊儿童教育的信息化、智能化程度与水平在快速提升

科学技术特别是信息技术的发展为改善特殊儿童的生存状态、提高特殊教育质量提供了有力的

支持。政府和企业加强了特殊教育信息化建设，无论是在课程内容、质量监测还是儿童管理等方面，信息化都发挥了重要作用。随着信息技术基础上的科技进步和设备更新，大量新的智能化康复设备应用到特殊儿童的教育康复中，一些特殊教育的网络信息化平台大大方便了特殊儿童的学习，使平台学习、测评、远程指导等成为可能，为特殊儿童的教育和学习提供了便利。计算机及其信息技术在教育中的应用正在带来特殊教育理念、教学模式、安置方式、学习方式的变革，促进了特殊教育质量和效益的提高。

课外拓展

4月2日世界孤独症关爱日

有人整理了40多部孤独症及特殊教育相关的影片，其中有三部评分较高的电影：第一部是《马拉松》(韩国电影)。主人公楚元的生活很简单，只和母亲庆淑一人生活在一起。他患有孤独症，心智更是仅有五岁。第二部《自闭历程》(美国电影)。本片讲述了知名畜牧科学博士坦普·葛兰汀一生的历程。葛兰汀四岁被确诊患有严重孤独症，她不与父母交谈，没有朋友，也没有自己的社交圈子。这部电影中有很多催人泪下的细节，带领我们走入孤独症患者的世界并与主人公一同走出去。第三部《遥远星球的孩子》(国产电影)，由陈坤、周迅主演，是一部值得每位老师和家长鉴赏的经典纪录片电影，豆瓣评分高达9.2。

请同学们通过网络查找并观看。

实训操练

通过实践或其他渠道，调查10个家长对自己孩子班上有孤独症等特殊儿童的态度，了解家长对特殊儿童随班就读的看法。

过关练习

一、不定项选择（每题有1个或多个正确选项，请将选项字母填在括号里）

1. 随着社会的进步和社会文明的发展，特殊教育不再是正常人对残疾人的一种施舍和福利，而是一种平等的基本权利。特殊教育从慈善型教育向（　　）教育转化。

　　A. 权益型　　　B. 义务性　　　C. 强制性　　　D. 普及型

2. 学前特殊儿童教育的最基本特点是（　　）。

　　A. 学前特殊儿童教育的长期性　　　　B. 学前特殊儿童教育的启蒙性
　　C. 学前特殊儿童教育的专业性　　　　D. 学前特殊儿童的特殊性

3. 世界孤独症关爱日是（　　）。

　　A. 4月1日　　　B. 4月2日　　　C. 5月2日　　　D. 6月1日

4. 1994年，联合国教科文组织在西班牙萨拉曼卡市召开世界特殊教育需要大会，发表了著名的"萨拉曼卡宣言"，这个"宣言"是特殊教育发展史上的一个里程碑，标志着走向（　　）是"21世纪世界教育的发展趋势"。

　　A. 开放　　　B. 团结　　　C. 融合　　　D. 现代化

5. 下列属于学前特殊儿童教育发展趋势的是（　　）。

　　A. 从封闭走向开放　　　　　　　　B. 从隔离走向融合
　　C. 从高价走向普惠　　　　　　　　D. 从桌面教学走向游戏活动教学

二、简答题

1. 简述学前特殊儿童教育的性质。
2. 简述学前特殊儿童教育的基本特点。

第二节　学前特殊儿童教育的价值与任务、内容与要求

教育价值是指教育对人和社会的意义或作用。教育的价值从不同角度有不同的分类。特殊教育的价值可以分为社会价值和个体价值。教育的社会价值是指教育对社会存在、延续和发展需要的满足，在满足社会需要的过程中体现出自身的价值。教育的个体价值是指教育对个体的生活和个体自身发展需要的满足，在满足个体需要的过程中体现出自身的价值。

好的教育应该是社会价值和个体价值的统一，特殊教育既要满足社会发展的需要，也要满足个人发展的需要，是社会本位和个人本位统一的教育。

一 学前特殊儿童教育的价值

自人类诞生以来，特殊儿童的问题就已经存在，而针对学前特殊儿童设置的特殊教育还不到一百年历史。世界上学前教育界最有名的教育家蒙台梭利，于1890年开办了针对智能不足儿童的教育机构，我们将她创立的一套理论与方法称为蒙氏教育。蒙台梭利创立的感官教学及研制的感官教具，虽然初衷是为特殊儿童设计的，但这些方法同样适用普通学前儿童，而且应用更为广泛。

学前特殊儿童教育的价值，既体现在学前特殊儿童的个体价值，也体现在社会文明和社会发展的社会价值。具体来说，主要体现为直接效益、间接效益和社会效益三个方面的价值。

（一）直接效益：对学前特殊儿童成长的价值

学前特殊儿童虽然特殊，但首先我们要将其看成儿童。作为我国社会的一员，儿童享有基本的生存权、发展权。儿童要成长，要发展，自然离不开教育。

学前特殊儿童教育的直接效益又表现在以下三个方面。

1. 积极帮助学前儿童建立全面发展的基础

学前特殊儿童教育的直接效益就是对特殊儿童的成长有重要作用。学前特殊儿童教育最重要的价值在于帮助学前特殊儿童在早期发展的关键期内建立全面发展的基础。印度"狼孩"的例子就鲜明地说明了儿童早期教育的重要性。从科学研究的结果及现实生活中特殊儿童的案例来看，1~6岁是特殊儿童干预的黄金期。

2. 充分促进学前特殊儿童潜能的发展

维果茨基的"最近发展区"理论表明，儿童都存在一个潜能发展的区间。如果在早期进行干预与教育，学前特殊儿童就能得到更好的发展。因此，在学前教育阶段给特殊儿童创设适宜的环境、提供适宜的教育，无论是对生理发展障碍的儿童，还是对心理发展障碍的儿童来说，都可以充分激励和促进其潜能的发展。

3. 有效预防学前特殊儿童第二障碍的出现

特殊儿童的障碍类型较多，一部分儿童还伴随着多重障碍。对学前特殊儿童来说，科学有效的早期教育干预很大程度上能够改善或弥补原有障碍的缺陷。如果没有及时进行教育康复，不但原有障碍的程度可能加重，还可能会产生第二种甚至第三种障碍。比如有听力损伤儿童，如果不进行合适的干预和矫治，除了听力受损以外，还会导致语言发展存在严重障碍，出现诸如学习障碍、情绪障碍等其他障碍。

（二）间接效益：对学前特殊儿童家庭的价值

一旦一个家庭出现特殊儿童，对整个家庭的打击是巨大的，特别是在医生告诉家长"孤独症孩子即便成人后也不能生活自理，可能终身都需要有人陪伴"的情况下，有的家长甚至当场就会心理崩溃。因此，当家庭中出现特殊儿童时，对家庭的影响是巨大的。开展科学适宜的学前特殊儿童教育，除了对儿童有直接价值以外，对家庭来说也有两个方面的间接价值。

1. 有助于家长正确认识孩子的特殊需要，并积极参与到教育过程中以帮助自己的孩子

教育机构的教育，一般是系统的，有计划、有目的的教育。学前特殊儿童接受科学适宜的教育，可以让家长更加了解自己的孩子。有的家长会想方设法去学习康复和教育相关知识，除了机构老师的教育以外，家长还能成为其助手或直接参与教育，以帮助孩子更快地成长。

2. 有助于减轻家长的经济压力和心理压力，为孩子的成长提供更好的家庭条件

对大部分家庭来说，家有特殊儿童都要承受巨大的经济压力和心理压力。由于康复具有长期性，经济上的负担是显而易见的。另外，康复的长期性、缓慢性等会导致家长出现焦虑、抑郁等心理问题，家长在别人面前感到自卑，情况严重者甚至会发展成心理疾病。我国为残疾儿童提供了相应的保障，公办特殊教育学校和残联开办的康复机构提供的大部分都是免费教育。在民办特殊教育机构或康复机构，符合条件的儿童可以享受政府补助，这有助于减轻家长精神和物质方面的负担，为特殊需要儿童的成长提供更好的家庭条件。

（三）社会效益：对社会文明和社会发展的价值

学前特殊儿童教育的社会价值表现在以下三个方面。

1. 为社会发展增加建设力量

学前特殊儿童接受科学适宜的教育，可减轻障碍程度，甚至有的障碍类型儿童能完全消除障碍。通过适宜的教育，学前特殊儿童能够为回归主流社会做好必要的准备，成为未来社会建设者中的一员；而学前特殊儿童的家长也能放下心理包袱，减轻经济负担，投身到本职工作中，为参加社会建设贡献更多力量。

2. 有效减少社会承担的特殊教育和残疾福利费用

通过早期教育，部分学前特殊儿童能直接进入普通幼儿园、普通学校。有的特殊儿童虽然还是到特殊教育学校就读，但残疾或障碍程度有所降低。这些在一定程度上为国家节省了相应的特殊教育经费和残疾福利费用的投入。另外，随着特殊儿童的康复，他们在成人后能力得到了提升，也能为社会创造更多的经济效益。

3. 有助于我国社会主义精神文明的建设

在我国社会主义建设的征途中，习近平总书记指出"残疾人一个也不能少"。特殊教育的普及程度和发展水平反映了一个国家的社会文明程度。作为社会主义发展中国家，我国的特殊教育取得了长足的发展，我国的宪法、教育法等相关法律法规和政策，保障了残疾儿童受教育的权利。社会对特殊儿童的尊重、包容和重视，有助于特殊儿童的发展成长，也有助于全社会精神文明的建设。

二 学前特殊儿童教育的任务

学前特殊儿童教育的任务是最大限度地满足社会的要求和学前特殊儿童的教育需要，发展学前特殊儿童的体力、智力和人格。通过特殊的教育、教学与训练，传授给学前特殊儿童一定的文化和科学知识，培养其生活信心、健康的自我意识、生活学习和劳动就业的能力。学前特殊儿童教育能为那些有特殊需要的学前特殊儿童提供适合他们的教育，让他们享受教育的权利，通过机构、学校、家庭等合力共育，让学前特殊儿童学会适应生活的技能，得到更好的发展。

个体作为社会的一员，既有大部分人相同的需要，也有个体自己的特殊需要，但学前特殊儿童自身需求更为明显，所以采取有针对性的教育能更好地帮助他们获得发展。可以说，只有学前特殊儿童教育才适合特殊儿童，才能使他们有所发展。学前特殊儿童教育是针对学前特殊儿童进行的教育，旨在帮助他们学会自力更生，同时帮助社会减轻负担。

三 学前特殊儿童教育的内容

作为一名幼儿园教师或康复师，要对学前特殊儿童进行教育，至少需要了解或掌握以下内容。

（一）与学前特殊儿童教育相关的法律法规、政策、制度

作为一名教师，需要了解我国特殊儿童教育相关的法律法规、政策和制度，了解特殊儿童享有的基本权益和保障。第四章主要阐述学前特殊儿童教育的法律与政策基础，如《中华人民共和国宪法》《中华人民共和国教育法》《中华人民共和国未成年人保护法》《中华人民共和国残疾人教育条例》、特殊教育三年行动计划等。

（二）实施学前特殊儿童教育应具备的基本物质条件和支持条件

无论是公办的学前特殊教育机构，还是民办的特殊教育机构，抑或是家庭开展的教育，要想让特殊儿童获得比较好的康复效果，都离不开基本的物质条件和其他支持条件。一些地方发布了有关特教机构的设置标准和条件，除了场地要求、面积大小、设施设备、卫生保健、玩教具等以外，还需要具备相应的师资、家庭和社区的支持等。

（三）不同障碍类型学前特殊儿童的教育教学内容与方法

特殊教育又可分别称为盲童教育、聋童教育、智力落后儿童教育、超常儿童教育、言语障碍儿童教育、情绪和行为障碍儿童教育、多重残疾儿童教育等。本书主要阐述了视觉障碍、听觉障碍、

语言障碍、孤独症、多动症等类型儿童的教育，帮助读者了解不同类型障碍儿童主要的表现特点、评估或鉴定标准、教育干预的主要内容、教育方法、教育安置形式等。

四 学前特殊儿童教育的要求

作为幼儿园教师或机构康复师，通过学习本门课程，应达到如下基本要求。

（一）观念要求

认识到学前特殊儿童教育工作的重要性、可能性和艰巨性，正确看待和认识普通教育机构中学前特殊儿童的特殊教育需要，树立全体儿童共同发展的新教育观。

（二）知识要求

掌握学前特殊儿童教育的基本理论和基本知识，学习掌握各类学前特殊儿童的特点及导致原因、教育方法、教育内容、教育安置形式等内容。

（三）技能要求

具备进行学前特殊儿童教育实际工作、科学研究或管理的能力。掌握一些简单可行的检测方法和评估手段；培养与各类学前特殊儿童交往的能力；学习一些简单的语言矫治、行为矫治等方法以及特殊儿童发展问题的教育教学处理技巧，学会在普通班级中照顾到各种存在发展问题的儿童的特殊需要；培养查阅图书资料、网络资源以及寻找各种社会资源的能力，以备在今后的工作中更深入地了解并介入学前特殊儿童教育。

真题再现

1. 在学前特殊儿童发展的关键期给予学前特殊儿童特别的教育，可以利用学前特殊儿童大脑发育尚未完全定型的条件，帮助他们减轻障碍程度，使之获得机能的补偿性发展，体现了学前特殊儿童教育的（　　）。

真题再现、过关练习参考答案

　　A. 直接效益　　　B. 间接效益　　　C. 社会效益　　　D. 额外效益

2. 学前特殊儿童教育对特殊儿童成长的意义体现的是（　　）。

　　A. 社会效益　　　B. 经济效益　　　C. 直接效益　　　D. 间接效益

过关练习

一、不定项选择（每题有1个或多个正确选项，请将选项字母填在括号里）

1. 学前特殊教育对学前特殊儿童成长具有很大的价值，这种价值是（ ）。
   A. 直接效益　　　B. 间接效益　　　C. 社会效益　　　D. 经济效益

2. 学前特殊儿童教育对学前特殊儿童的家庭也具有重要的影响，这种价值是（ ）。
   A. 直接效益　　　B. 间接效益　　　C. 社会效益　　　D. 经济效益

二、简答题

1. 简述学前特殊儿童教育的社会价值。
2. 《学前特殊儿童教育》课程的学习要求。

第二章 学前特殊儿童教育的理念与原则

◇ **学习目标**

1. 了解学前特殊儿童教育的基本理念。
2. 理解学前特殊儿童教育的基本原则。
3. 能用所学理念与原则进行科学的学前特殊儿童教育。

◇ **核心知识**

早期发现、早期干预、儿童都是平等的教育对象、零拒绝、非歧视性评估、个别化服务、最少受限制环境、家长参与、转衔服务。

◇ **思维导图**

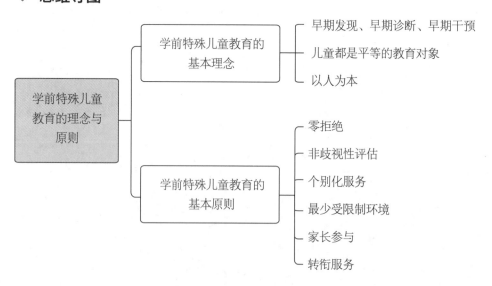

上篇理论篇　什么是学前特殊儿童教育

◇ **本章概要**

第一节介绍学前特殊儿童教育的基本理念。从不同角度提出学前特殊儿童教育的基本理念，重点就"早发现、早诊断、早干预""儿童都是平等的教育对象""以人为本"三种理念进行阐述。

第二节是学前特殊儿童教育的基本原则。从不同角度提出学前特殊儿童教育的基本原则，重点就零拒绝、非歧视性评估、个别化服务、最少限制环境、家长参与、转衔服务等六项原则进行阐述。

第一节　学前特殊儿童教育的基本理念

案例导入

早发现、早干预孤独症儿童成阳光少年案例

"这孩子从小和大人很少有眼神交流，到了两岁时仍不会说话。"刘婆婆讲起孙子明明的过去时止不住掉泪。她告诉记者，一开始家人同明明说话时，明明都毫无反应。以为孩子听力不好，他们还轮流在孩子耳边逐渐提高分贝地呼喊他的名字，可孩子的眼神从来不在他们身上，如同聋人一般。奇怪的是，他们如果用筷子敲碗引逗他，明明就会投来目光。过了不久后，明明开始在家中转圈，常常连转五六十个也不会停，一家人看着都"头晕眼花"。明明一边转圈，还一边发出尖锐的嘶吼，根本停不下来。刘婆婆说，孩子还有一个特点：在外受了欺负后，从来不会告诉家人，唯一的"发泄"就是在小区的草地上打滚，"回家时常常带着一身草根。""这孩子恐怕是孤独症。"一位邻居猜测。刘婆婆一家这才将孩子带到武汉市儿童医院就诊。经过诊断，明明被诊断为孤独症。这让一家人如遭晴天霹雳，也让爱孙心切的刘婆婆在家瘫软了几天无法起床。

"不能让孩子'破罐子破摔'。"只有中专文凭的明明爸爸辞掉了化工厂的工作。在打听到了一家正规的康复门诊之后，明明爸爸来到医院附近的城中村，租下了一间二十多平方米的房子，开始了艰苦漫长的陪读。刘婆婆告诉记者，明明爸爸早上6点起床给孩子做早饭，然后花1个小时左右招呼孩子起床、穿衣、喂饭，7点多出门送孩子上学。中午的时候，明明爸爸再前往学校，陪同孩子吃饭，随后再自己回来。晚饭时间，就再次到学校把明明接回来。在学校里，明明进行了系统的感统、言语功能训练：倒坐在滑滑梯上向下滑，低头趴在健身球上练习爬行等。这些训练虽然简单，但对注意力不集中的明明来说十分困难，特别是到了冬天时，明明就会犯懒不愿上学，这时候明明的父亲态度十分坚决："不能放弃。"无论寒暑，无论刮风下雨，明明父亲从未让孩子中断过一天训练，只在过年时，让孩子"休息"几天。令明明爸爸欣慰的是，在坚持训练了3年后，明明大声叫出了"爸爸"。这让明明爸爸更加坚定了让孩子成为正常人的信心。在训练6年后，8岁的明明已经能够进行简单对话。这时，明明爸爸又产生了一个"非分"的念头，让孩子上正常小学。

思考1：案例中体现了学前特殊儿童教育的什么理念？

思考2：该如何贯彻这种教育理念？

案例导入：
早发现、早干预，孤独症儿童成阳光少年案例

上面的案例非常直观地告诉我们，对于特殊儿童的早期发现、早期诊断、早期干预是非常重要的。这个案例体现的就是学前特殊儿童教育中的一个重要理念：早发现、早诊断、早干预。

从不同的角度出发，学前特殊儿童教育的基本理念有很多，本节从早发现、早诊断、早干预，儿童都是平等的教育对象，以及以人为本的教育理念等三个方面进行重点阐述。

一、学前期是儿童康复的黄金时期，早发现、早诊断、早干预是学前特殊儿童教育的最重要理念

（一）什么是早发现、早诊断、早干预

特殊儿童的教育应坚持早发现、早诊断、早干预的理念，如果发现儿童在某些方面偏离正常，在早期诊断后就要及早进行干预，包括医疗干预和教育干预，对儿童的缺陷进行治疗和教育，从而促进其身心充分发展，使其未来能接受正常的教育，或尽可能少地接受特殊教育。

拓展知识

早发现、早干预的相关研究

有关学者从不同方面对特殊儿童早期发现早期干预开展了研究。在早期干预的理论方面，王雁基于分析早期干预的可行性和必要性的立场，指出早期干预依据的理论主要是两大类[①]：一是早期干预的生物理论依据，包括：（1）器官的用进废退说和功能代偿说；（2）脑结构和功能的可塑性；（3）器官发育的敏感期。二是早期干预的心理理论依据，包括：（1）关键期理论；（2）儿童心理发展的遗传与环境相互作用理论。在早期干预的具体方法方面，茅于燕（1990）认为早期干预的主要理论是行为主义的学习理论。这种理论的基础是斯金纳提出的操作性条件反射理论，它最初应用

---

① 王雁.早期干预的理论依据探悉[J].中国特殊教育，2000(4).

于动物,而后才应用于儿童教育①。在早期干预影响因素方面,黄春香等在对婴幼儿进行家庭干预的基础上提出影响早期干预的重要理论:生态学系统理论②。这个理论认为婴幼儿最大程度依赖于父母,其生存环境主要是家庭系统,因此可以在家庭中对婴幼儿进行早期干预。

(二)早发现、早诊断、早干预的未来发展趋势

1.跨领域专业整合

通过对文献作者群的分析可以看出,目前的研究人员未能开展合作,但早期干预是一个跨学科、跨专业的领域,亟须各方人士加强联系,组建研究团队,贡献各自所长,更有效率地进行研究工作。

2.为家长赋能

早期干预需要家长的大量介入和配合,家长的文化素养、家长的心理状态、家长的养育技能等等,都与早期干预的疗效密切相关。但已有文献对该方面研究甚少。如何为家长赋能,是今后必须重视的内容。

3.早期干预模式总结

如何将已有的早期干预具体操作技能形成规模性的早期教育方案,将是今后深入研究的重要方向。目前研究对各类特殊儿童的早期干预都已经总结出了颇为有效的技术手段(扫描下一页二维码阅读)。但总体来说,这些早期干预操作技能还未形成体系。这在一定程度上有碍于广大教师和家长学习和借鉴。如果能形成系统的、完整的早期干预方案,将更有利于早期干预的推广和实施。

资料链接

新的一体化教育含义

在目前已有资料中,并未发现有哪一款法律条文或政策规定明确提出"早期干预"一词。但根据定义,可以看出早期干预和早期教育、早期诊断密切相关,在此,将与早期教育和早期诊断有关的重要的法律和文件罗列如下。

(1)《中华人民共和国残疾人保障法》 第三章"教育"第二十二条《普通教育方式》:"……普通幼儿教育机构应当接收能适应其生活的残疾幼儿。"第三章"教育"第二十三条《特殊教育方式》:"残疾幼儿教育机构、普通幼儿教育机构附设的残疾儿童班、特殊教育学校的学前班、残疾儿童福利机构、残疾儿童家庭,对残疾儿童实施学前教育。……"

(2)《残疾人教育条例》 第一章"总则"第七条:"幼儿教育机构、各级各类学校及其他教育机构应当依照国家有关法律、法规的规定,实施残疾人教育。"第二章"学前教育"第十条:

---
① 茅于燕.智力落后儿童的早期发现和早期干预[M].北京:科学出版社,1990:45.
② 黄春香.早期干预对幼儿发展影响的研究[J].中国心理卫生杂志,2000(1).

"残疾幼儿的学前教育,通过下列机构实施:(一)残疾幼儿教育机构;(二)普通幼儿教育机构;(三)残疾儿童福利机构;(四)残疾儿童康复机构;(五)普通小学的学前班和残疾儿童、少年特殊教育学校的学前班。残疾儿童家庭应当对残疾儿童实施学前教育。"第二章"学前教育"第十一条:"残疾幼儿的教育应当与保育、康复结合实施。"第二章"学前教育"第十二条:"卫生保健机构、残疾幼儿的学前教育机构和家庭,应当注重对残疾幼儿的早期发现、早期康复和早期教育。卫生保健机构、残疾幼儿的学前教育机构应当就残疾幼儿的早期发现、早期康复和早期教育提供咨询、指导。"

(3)《中华人民共和国母婴保健法》第三章"孕产期保健"第十四条:"医疗保健机构应当为育龄妇女和孕产妇提供孕产期保健服务。孕产期保健服务包括下列内容:(一)母婴保健指导:对孕育健康后代以及严重遗传性疾病和碘缺乏病等地方病的发病原因、治疗和预防方法提供医学意见;(二)孕妇、产妇保健:为孕妇、产妇提供卫生、营养、心理等方面的咨询和指导以及产前定期检查等医疗保健服务;(三)胎儿保健:为胎儿生长发育进行监护,提供咨询和医学指导;(四)新生儿保健:为新生儿生长发育、哺乳和护理提供医疗保健服务。"第三章"孕产期保健"第十五条:"对患严重疾病或者接触致畸物质,妊娠可能危及孕妇生命安全或者可能严重影响孕妇健康和胎儿正常发育的,医疗保健机构应当予以医学指导。"

(4)《关于"十五"期间进一步推进特殊教育改革和发展的意见》"一、大力普及残疾儿童少年义务教育,进一步完善特殊教育体系,努力满足残疾人的教育需求。……2.积极发展残疾儿童学前教育。大中城市和经济发达地区,要积极发展残疾儿童康复、教育事业,使残疾儿童学前教育水平有较大幅度提高;积极支持幼儿教育、特殊教育机构以及社区、家庭开展3岁以下残疾儿童早期康复、教育活动。其他已经普及九年义务教育的农村地区,要进一步发展残疾儿童学前康复、教育事业。"

(5)《"十四五"特殊教育发展提升行动计划》"(五)大力发展非义务教育阶段特殊教育。积极发展学前特殊教育,鼓励普通幼儿园接收具有接受普通教育能力的残疾儿童就近入园随班就读,推动特殊教育学校和有条件的儿童福利机构、残疾儿童康复机构普遍增设学前部或附设幼儿园,鼓励设置专门招收残疾儿童的特殊教育幼儿园(班),尽早为残疾儿童提供适宜的保育、教育、康复、干预服务。"

拓展阅读:
早期干预领域中的具体研究内容

二 儿童都是平等的教育对象,一体化教育更有利于特殊儿童的发展

20世纪中叶,特殊教育开始与普通教育进行融合,一体化教育主张让残疾儿童回归到主流学

校，接受与正常儿童一样的教育[①]。20世纪90年代提出的全纳教育的思想，认为任何儿童都有权进入普通教育系统接受与正常儿童一样的教育[②]。在一体化教育和全纳教育思想的影响下，进一步加深儿童都是平等的教育对象这一理念。

（一）一体化教育的含义

传统的特殊教育是相对隔离式的教育，其最大弊端是容易导致对残疾儿童的歧视，既减少了他们接受教育的机会，也使他们无法从周围正常人的帮助中获益，失去了正常的社会经验，应有的社会适应能力得不到培养，结果使本来不幸的儿童更加不幸。在20世纪60年代末，北欧如挪威、丹麦等国家的特殊教育界提出了特殊教育"正常化"主张，其基本思想是：无论残疾儿童的类别和程度，应尽可能使每一位残疾儿童有正常的教育和生活环境，以避免残疾儿童和社会大众产生隔离。"正常化"主张传播到美国后，美国于20世纪70年代中期开展了一场"回归主流"教育改革运动。这场运动的主旨就是尽可能地把残疾儿与健全儿童安置在一起学习和生活，即把残疾儿童安排在最少限制的环境里接受公共教育，使特殊教育的"支流"重新回归到普通教育的"主流"中去。日本在"正常化理念"影响下，于20世纪80年代初期在部分地区掀起了"将所有障碍儿童送到普通学校"的教育改革运动，并称之为"统合教育"，其主要观点是：无论障碍的种类和程度如何，所有障碍儿童都可以直接进入中小学的普通班级接受教育。一体化教育在更高层次上概括了"正常化"主张、"回归主流"和"统合教育"运动的内涵，形成了完整的理论体系，为特殊教育的改革指明了方向。

资料链接

新的一体化教育含义

一体化教育主要是针对处境不利的儿童而实施的一种融合式教育，普通学校的大门只有面向全体儿童开放，教育机会均等才具有实际意义。

一体化教育是集特殊教育与普通教育之优势而形成的教育的"合金"，是1+1>2整体原理的具体体现。

一体化教育是一种具有特定内涵和特殊内容的一般教育模式和类型，遵循一般教育规律。

一体化教育是教育社会学的发展，不仅具有教育学价值，而且具有深刻而广泛的社会学意义。一个文明进步社会的教育应该是没有歧视，更没有人为隔离的教育。

一体化教育是一种正常化教育，创造条件让残疾儿童在最少限制的环境中接受教育，旨在求得最大的发展机会。最少限制的环境是指适应残疾儿童身心健康发展的环境。

---

① 张福娟，等.特殊教育史[M].上海：华东师范大学出版社，2011：289.
② 张福娟，等.特殊教育史[M].上海：华东师范大学出版社，2011：308.

一体化教育是一种"没有特殊儿童"的特殊需要教育。所谓的特殊儿童首先是儿童，其次才是有特殊教育需要的儿童，如果过分地强调儿童的特殊性，冠之以"特殊儿童"，其结果是仅看到了"特殊"而没有看到"儿童"。一体化教育立足于儿童的共性，在"异中求同"的基础上寻求"同中有异"。

一体化教育是反对"标签"的教育。给特殊儿童贴"标签"的做法应该给予纠正，给普通儿童贴"标签"的现象也不容忽视。截至20世纪末，中国3亿学生中，被全国各类学校划入"差生"行列的学生就达5000万人，相当于1个法国、10个瑞士、100个卢森堡的人口！"差生"的"标签"在对学生产生消极暗示的背后是对学生心灵的伤害。一体化教育给学生的应该永远是真诚、平等、信心和希望。

一体化教育思想是一门新兴的教育哲学思想，它揭示了特殊教育与普通教育的内在联系，即两者相互依存、不可分离，特殊教育的普及与提高离不开普通教育的整合和统筹，普通教育的改革离不开特殊教育的服务和支持。

一体化教育是一个具有完整教育思想、教育理论的体系，其中包括一体化教育的理想、信念、原理、观点、机制、模式和方法，是教育科学有待开发的一个研究领域。

（二）一体化教育的两个阶段

一体化教育的核心特征，就是强调所有障碍儿童都可以直接进入普通学校的班级接受教育。但是，特殊儿童能否很好地与健全儿童共同学习与生活，享受到高质量的教育，这个在实际实施过程中存在很大的差别。有的普通学校（含幼儿园，下同）因为缺乏对特殊儿童教育的各方支持条件，只是接收了特殊孩子，但是没有条件为这些特殊儿童提供适宜的教育，因此只是做到了空间上的接纳，但实质上无法真正融合在一起。根据一体化教育的融合程度，我们尝试将一体化教育分成两个阶段的教育或两种质量不同的教育。

1. 全纳教育

"全纳教育"的概念于1994年在西班牙萨拉曼卡世界特殊教育大会上被提出，并迅速得到了国际社会的认同。这一理念体现了人类文明演进的方向与所要达到的高度，它的核心要义在于通过增加学习、文化与各方力量的广泛参与，有效地减少教育系统内外的排斥，以满足所有学习者多样化的需求，并为其提供公平的教育资源。2001年，联合国教科文组织开展了"残疾人受教育权利：走向全纳教育"旗舰项目，通过对残疾人受教育权利的强调来推动全纳教育；2006年，联合国《残疾人权利公约》第24条就残疾人应享有的受教育的权利做出规定，要求缔约国在各级教育过程中推行包容性教育与终身学习，并采取相应的措施以便使残疾人能够平等地参与教育并最终融入社会。

联合国教科文组织《全纳教育指导方针》指出：全纳被视为一个通过增加学习、文化和社区参与，减少教育内外的排斥从而处理和回应所有学习者多样化需求的过程，……其共识是要涵盖全体适龄儿童，其信念为教育所有儿童是普通教育系统的责任。[①]它的对象不仅包括一般的儿童，

---

① 联合国教科文组织. 全纳教育指导方针：确保全民接受教育 [M]. 巴黎：联合国教科文组织，2005：9-10.

还包括那些容易被边缘化和被排斥的群体，如受虐待儿童、难民或离乡儿童、少数派宗教群体和文化群体等。这个意义上的全纳教育是基于当代社会各种教育诉求所涌现出的一种全新理念，是对当代教育改革进行思考与探索的理论升华，它涵盖的范围很广，并给人以教育世界万流归宗之感。

一体化教育的第一阶段（初级阶段），大部分普通学校提供不了适宜的师资及适宜的环境，因此，大部分特殊儿童难以真正融入普通班级当中。不具备相关支持条件的普通学校，虽然接收了特殊儿童，让他们与健全孩子一起学习与生活，但大部分特殊儿童更多的还是处在"放羊式"的教学或管理模式下，这些孩子大部分时间是孤立于普通班级健全儿童的，健全儿童也难以真正与这些特殊孩子互动起来。因此，我们将融合程度不高、能接纳孩子进入普通学校的一体化教育阶段称之为"全纳教育"。

拓展阅读：
全纳教育的实践策略

2. 融合教育

如上所述，当特殊儿童进入无法为他们提供全方位康复支持的普通学校受教育时，这些特殊儿童的康复效果不太明显，有的反而被耽误了宝贵的早期康复时间。一体化教育的最高阶段，就是融合教育，也就是说接收特殊儿童的普通学校，具备了能给予特殊儿童全方位康复支持的师资条件、场所、设备及其他教育资源，也包括健全儿童家长的包容、理解和支持，普通学校除了在空间上能接纳特殊儿童，普通学校校内外都能给这些特殊儿童以适宜的物质环境和心理环境，让这些特殊儿童真正与健全儿童相互融入，除了部分环节或时段这些特殊儿童需要专门的个别或小组康复训练之外，其他时段就完全与健全儿童融合在一起。2023年福建幼儿师范高等专科学校特殊教育专业负责人王先达教授在厦门举办的一次儿童康复学术研讨会上提出一个观点，认为融合教育的最大价值就是把特殊儿童当人看，当作普通人看。换句话说，融合教育的最大价值是育人价值，而不是专门在特殊的教育机构进行教育或训练（即传统的隔离式教育），它是区别于普通教育的一种特殊教育。

融合教育是一种特殊的教育理念，旨在将残疾儿童和健全儿童融合在一起，共同参与学习活动，以促进彼此的成长和发展。它强调创建一个正常化的教育环境，而非隔离的环境，使特殊儿童与健全孩子彼此接纳、相互理解、交流合作、共同发展。

融合教育是一个庞大的系统工程，涉及面广、影响因素多。融合教育的基本特征可以概括为几个方面：（1）提供一个正常化的教育环境，而非隔离的环境。融合教育追求的是将特殊儿童和健全儿童放在同一环境中学习，这不仅有助于消除歧视和隔离，还能促进相互理解与接纳。（2）使特殊儿童与健全儿童彼此接纳、相互理解、交流合作、共同发展。这是融合教育的核心目标，通过让特殊儿童和健全孩子一起学习、玩耍，培养他们的社交技能和团队协作能力。（3）促进同伴之间的互动、交流和合作，以达到综合发展的目的。融合教育鼓励儿童之间的互动和交流，这有助于提高他们的沟通能力和解决问题的能力。（4）本质是包容性教育，让每个儿童都能在教育中获得平等机会。融合教育的核心理念是包容性教育，它强调每个孩子都有权利获得平等的教育机会，无论他们的背景和能力如何。（5）在同一班级、同一课堂中学习、生活。这是融合教育的另一个重要特征，它打破了传统的分离教学模式，让特殊儿童和健全儿童在同一课堂中一起学习、生活。

总之，融合教育是一种以包容性和平等为核心原则的教育理念，它通过将特殊儿童和健全儿童融合在一起，以促进彼此的成长和发展。这种教育模式有助于培养孩子的社交技能和团队协作能力，提高他们的沟通能力和解决问题的能力。同时，它还强调每个孩子都应该获得平等的教育机会，以实现人的全面发展。

从隔离到接纳再到融合，特殊教育经历了一个丰富性和复杂性不断增强的过程，符合正反合的系统演化逻辑。然而，融合教育的理念之所以能够获得国际社会的认同，不能简单地归结为特殊教育的三段论式发展，它包含了更为广泛和深刻的动因，也有着更为复杂的社会文化背景。从世界范围来看，融合教育的最初阶段，就是学前融合教育，这个早期的融合教育效果最快也最好。学前融合教育也是我国政府在近几年来大力倡导和推动的学前特殊儿童教育发展方向。

拓展知识

幼儿园教师融合教育的素养构成

一、专业知识

融合教育教师需要具备一定的学前教育专业知识，以及特殊教育专业知识，包括特殊儿童心理学、特殊儿童教育学、康复治疗、各类障碍儿童的特点与教育等方面的知识。此外，对于不同类型的儿童，教师需要了解他们的特点和学习需求，从而为他们提供个性化的教学和支持。

二、教学技能

融合教育教师需要具备良好的教学技能，除了能面向健全儿童外，还需要专门针对特殊儿童的教学技能，包括课程设计（集体或小组活动方案设计、个别化教学方案制订等）、教学方法的选择与运用、教学组织与实施等。教师需要根据不同儿童的需求和特点，灵活运用各种教学方法和手段，提高儿童的学习兴趣和能力。

三、沟通能力

融合教育教师需要具备良好的沟通能力，包括语言沟通、非语言沟通、沟通技巧等。教师需要与儿童、家长、同事等多方进行有效的沟通和交流，以促进儿童的发展和融合。

四、适应能力

融合教育教师需要具备适应能力，能够应对不同类型的儿童和教学环境。在面对具有不同特点和需求的儿童时，教师需要灵活调整自己的教学方式和方法，以适应儿童的需求和特点。

五、创新能力

融合教育教师需要具备创新能力，具有跨界（领域）的思维能力，能够在教学中不断探索新的教学方法和策略，以满足不同类型儿童的需求和发展。教师需要关注教育领域的最新发展，积极尝试新的教育理念和技术，以提高教学质量和效果。

六、持续发展

融合教育教师需要具备持续发展能力，能够不断学习和更新自己的知识和技能，应用最新的特殊教育理念及技术，包括信息化技术等。随着教育环境和需求的不断变化，教师需要不断学习和探索新的教学方法和策略，以适应不断变化的教育环境和教育需求。同时，教师也需要关注自身的职业发展，积极参加相关的学前特殊儿童教育培训、儿童康复研讨会及相关学习活动，提高自己的融合教育专业素养和能力。

三 每个特殊儿童都是独立的个体，教育要做到以人为本

著名学者叶澜说过："教育是直面人的生命、提高人的生命、为了人的生命质量而进行的社会活动，是以人为本的社会中最体现生命关怀的一种事业。"特殊教育尊重特殊儿童的独特性，保护每一个儿童接受平等教育的机会，关注每一个儿童的成长，满足每一个儿童发展的需求，是以人为本的思想在教育领域里的真正体现。

（一）尊重特殊儿童的独特性

特殊教育工作者相信，每一个人的生命都有自己不同的"样子"。由于先天或后天各种因素的影响，特殊儿童不能像正常人那样用眼睛观察世界，用耳朵聆听声音，也可能因为认知能力的限制而无法理解这个过于纷繁复杂的世界，但每一个特殊儿童都有自己独特的认识世界的方式，都有自己独立的人格和精神世界。

特殊教育工作者会尊重特殊儿童的独特性，不会用同一个标准去衡量他们的教育对象，而会细心地了解每一个特殊儿童障碍形成的原因、障碍的程度、认知发展的水平、学习的能力、个性发展的状况，去了解每一个学生的长处和不足，然后采取特殊的教育教学手段和方法，发展他们的长处，补偿他们的缺陷和不足。

特殊教育工作者会善待每一个处于劣势的特殊儿童。他们通过自己的艰苦努力，能让每一个特殊儿童获得成长的机会，在原有的基础上得到发展和进步；他们也能让每一个特殊儿童在学习和生活中获得成功的机会，体验到生命成长的快乐。

(二)强调每一个儿童都具有学习的能力

特殊教育工作者相信,每一个人的生命都具有无限发展的可能性,因此他们通过自己的实践活动和取得的成就证明:每一个特殊儿童都具有学习的能力,必须给予每一个特殊儿童受教育的机会和权利。

特殊教育中的"零拒绝"原则,就是禁止学校将任何一个特殊儿童排除在公立的义务教育之外。这条原则是为了保证所有的儿童和少年,不管他们的障碍程度多么严重,都能在公立的学校里得到教育的机会和权利,包括那些通常被认为是不可教育的重度残疾儿童,也能得到相应的特殊教育和服务。美国1988年的罗切斯特大学(University of Rochester)败诉案就是一个典型的有参考价值的案例。该校区被起诉的原因是他们拒绝接受当地一个13岁的重度盲、聋和脑瘫的多重残疾的男孩入学。该生仅有少许的光感和声音感,不具备语言交流的能力,一年的学习没有使其获得任何进步。联邦法院认为这样的重度残疾儿童也不能排除在学校教育之外,当地学校也应努力帮助他获得最基本的认知能力。

特殊教育也正是贯彻了这样的基本理念:相信每一个儿童都具有学习的能力。现在越来越多的重度残障儿童都有机会进入各种教育康复机构中去学习,接受康复训练。特殊教育工作者努力通过各种教育康复的手段,提高特殊儿童生存的质量,提升他们生命的价值和意义。

(三)关注特殊儿童的全面发展

特殊教育工作者能理解人的生命具有最丰富的内涵,人是地球上最复杂、最奥妙的生命体。人不仅有认知,人还有情感、态度和信念。因此,特殊教育工作者不仅关注用什么样的教育手段能教会特殊儿童掌握知识技能,也关注特殊儿童掌握知识的过程,潜心研究特殊儿童教育教学的规律和特点,努力让特殊儿童和普通儿童一样掌握知识技能,习得在这个社会上生存和发展的本领。他们还关心特殊儿童良好情感、坚强意志的培养。他们会通过自己的爱心、耐心,向特殊儿童传达人间的温暖,让特殊儿童看到美好生活的希望。他们也会引导特殊儿童正确认识自身的障碍和缺陷,懂得如何通过自己顽强的努力,克服生活学习中的种种困难,应对生活的挑战。

特殊教育工作者还关注特殊儿童身体运动能力的发展,关注特殊儿童社会适应能力的提高。对特殊儿童进行康复训练是特殊教育的重要内容之一,教师会运用特殊的器材和方法,对特殊儿童进行各种康复训练,提高特殊儿童的身体素质和运动能力,锻炼特殊儿童适应普通社会环境的能力。在课程方面,除了和普通学校相同的课程内容,特殊教育学校还开设特殊的课程,或者编制校本课程、调整现有课程的内容,大量增加有助于特殊儿童适应社会、适应生活的教育内容,帮助特殊儿童学习在将来的社会生活里必须具备的生存、发展的知识和技能,以提高他们未来生活的质量。

特殊教育的可贵之处,在于它能不断地阐扬人性的优点,用尽一切办法来表达对生命的尊重。特殊教育不仅关注校园内的课堂教学,关心教育教学质量的提高,而且还能务实地看待特殊儿童,关心他们将来的人生发展。

课外拓展

1.推荐阅读书目《中国一体化教育研究的理论与实践》（柳树森主编，武汉出版社，2001年出版）

内容简介：在全球一体化教育的潮流中，加快中国一体化教育研究进程是当务之急。《中国一体化教育研究的理论与实践》从理论研究、比较研究、实验研究、调查研究、个案研究和经验总结6个方面对中国一体化教育的理论与实践进行了系统研究，集学术性、应用性和可操作性于一体，适合特殊教育工作者、普通教育工作者、师范教育工作者和教育管理工作者阅读。

2.推荐阅读书目《全纳教育治理》（作者贾利帅，华东师范大学出版社，2023年出版）

内容简介：在全纳教育思潮的影响下，如何进行教育改革，进而为每个学生提供适宜且高质量的教育，成为国际全纳教育学界讨论的焦点话题。《全纳教育治理》一书正是对此话题思考的结果。本书为认识和理解何为全纳教育、如何理解全纳教育与随班就读的关系，以及国际全纳教育改革动向等问题提供了一个很好的参考。

实训操练

对某地区的一到两个幼儿园的教师的融合教育素养的现状进行调查。

真题再现

满足所有儿童的需要，并根据儿童自身的特殊需要提供特殊服务的教育是（　　　　）。

A.全纳教育　　　B.全民教育　　　C.特殊教育　　　D.普通教育

过关练习

真题再现、过关练习参考答案

一、不定项选择（每题有1个或多个正确选项，请将选项字母填在括号里）

1.学前特殊儿童教育的理念有（　　）。

A.早期干预　　　　　　　　　　B.儿童都是平等的教育对象

C.早发现、早诊断、早干预　　　D.以人为本

2.学前特殊儿童一体化教育中要贯彻强调（　　）原则，即对特殊儿童不能只关心缺陷的改良，也不能只强调智力的发展。

　　A.特殊儿童与正常儿童发展的差异性　　　　B.特殊儿童与正常儿童的融合性

　　C.特殊儿童发展的全面性　　　　　　　　　D.特殊儿童发展的科学性

3.1994年在西班牙萨拉曼卡世界特殊教育大会上提出的概念是（　　）。

　　A.融合教育　　　B.全纳教育　　　C.随班就读　　　D.一体化教育

4.特殊儿童早期干预的对象从年龄上讲，一般干预时间为（　　）。

　　A.3岁以前　　　B.4岁以前　　　C.5岁以前　　　D.6岁以前

5.一体化教育的最高阶段是（　　）。

　　A.全纳教育　　　B.融合教育　　　C.平等教育　　　D.特殊教育

二、简答题

简述学前特殊儿童教育的基本理念。

第二节　学前特殊儿童教育的基本原则

从不同角度进行思考，学前特殊儿童教育的基本原则有很多，不同学者、专家有不同的见解。本书重点介绍零拒绝、非歧视性评估、个别化服务、最少限制环境、家长参与、转衔服务等六个基本原则[①]进行阐述。

一　零拒绝

零拒绝（zero reject）是一种教育思想和政策，20世纪中叶在美国首次出现，当时人们认为所有残疾儿童都应该接受免费的、适合他们需要的公立教育。[②]各级公立学校都要为残疾儿童提供教育和有关服务，不应以任何理由拒绝他们入学。这种思想和原则在世界范围内产生了重要影响。当前，在我国学前教育阶段提出"零拒绝"方案，旨在让所有学前特殊儿童都有机会接受适合其特点和需要的学前教育服务，各类托幼机构、特殊教育机构、康复机构、医院等都要为之提供适合的特殊教育服务，不得拒绝。

---

① 叶增.学前特殊儿童教育[M].南京：南京大学出版社，2020：7-8。
② 朴永馨.特殊教育辞典[M].3版.北京：华夏出版社，2014：48.

◇ **思考讨论**

好政策VS坏现实：孤独症儿童入学"零拒绝"，咋这么难？

2019年，河南郑州的皮皮爸，从6月就开始"活动"。他到处托关系，终于找到了一所拥有资源教室的小学，校方勉强给了皮皮一个面试机会。那天，皮皮一进教室就像上了发条，他无法安坐，东摸西摸，也不听指令，还叫那位40岁左右的女老师"奶奶"。最终，"奶奶"宣判拒收，建议皮皮去特殊学校。从学校出来，爷俩顶着烈日走了半小时，皮皮爸极为沮丧，甚至冲动得想冲进机动车道的车流里。

宁波的仔仔今年4岁，刚上幼儿园中班妈妈就开始张罗他上小学的事。仔仔妈不看名校排名，只打听方圆十公里内哪所学校常年招不满学生，哪所比较偏僻，哪所排名比较靠后，哪所老师比较和善……按照这个标准，有了中意的学校后，仔仔爸妈咬牙凑钱买了一套500万元的学区房。至于这套房子是否能在两年后庇佑仔仔顺利入学，他的爸爸妈妈心里也没谱。

其实，心里没谱的何止仔仔爸妈和皮皮爸。每年进入夏天，我们都会接到全国各地家长的求助，讲述他们有孤独症的孩子被歧视、排挤，入园难、入学难的问题。

1. 案例中的现象违背了特殊教育的哪项原则？
2. 你认为该问题该如何解决？

二 非歧视性评估

非歧视性评估，是指在以教育安置为目的的评估中，不因评估对象的个体特点和文化差异而区别对待。非歧视性评估原则贯彻到学前特殊儿童教育中，就是所有接受学前特殊教育的儿童都需要经过个别化评估。这些评估必须一视同仁，平等对待所有参加评估的儿童，体现教育的公平性，不因为儿童的家庭经济状况、儿童个人情况或者其父母文化水平等原因而受到歧视。①

拓展阅读：
美国特殊教育立法中非歧视性评估原则及其对我国的启示

---

① 叶增．学前特殊儿童教育[M]．南京：南京大学出版社，2020：7．

三 个别化服务

个别化服务包括个别化教育计划和个别化家庭服务计划。

拓展阅读：
个别化教育计划案例

个别化教育计划（Individualized Education Programs，IEP），又称"个别化教育方案"。最先在美国特殊教育界提出和全面实施。美国《所有残疾儿童教育法》规定由地方教育部门的代表、医生、心理学和教育学方面的学者、教师、学校负责人、社会工作者、学生家长或监护人共同组成小组，为每个被鉴定为有残疾的学生制订一份书面教育计划，作为帮、教该学生的工作依据，且必须经家长或监护人同意方能实施，制订时亦须听取学生本人的意见。该书面教育计划的主要内容包括：（1）该生受教育的现状。（2）该生应达到的短期阶段性目标和年终目标。（3）为该生提供的专门服务设施，该生可参与普通教育计划的程度说明。（4）实施本计划的预定日期和期限。（5）衡量本计划目标实现与否的标准和评估手段。根据学生的实际情况，可按周、月、学期、学年等不同期限制订教育计划。实施过程中亦可按制订程序予以修订。其基本思想和形式已为很多国家所采用，各国在实施中从其自身具体情况出发而带有了各自的特色。

个别化家庭服务计划（Individualized Family Service Plan，IFSP）是个别化教育计划的发展及补充形式之一，是为3岁以下儿童或其他儿童的家庭提供的1年服务计划。该计划具有以下特点：（1）测量涉及多个领域，包含语言、认知、社会行为、生活自理等方面，并且指定了最适当的服务方式。（2）多个领域专家共同制订服务计划，如语言治疗师、职能治疗师、特殊教育教师、物理治疗师，而且须经家长或者监护人员的同意。（3）具体教学目标，针对各个领域，如语言，制定具体教学目标，明确指出对家庭及幼儿的预期成果。（4）时间明确，包括指出计划预定实施日期、开始时间与持续时间，以及回归主流的时间。（5）关注衔接期问题，指出由学前班到小学的衔接时期的注意项。①

个别化服务计划的基本思想和形式已为很多国家所采用，成为开展学前特殊儿童教育的主要方式。

四 最少受限制环境

最少受限制环境（Least Restrictive Environment，LRE）是美国《所有残疾儿童教育法》提出的安置残疾儿童教育的一项基本原则。其核心是将限制残疾儿童接触健全学生与社会生活的环境因素减少到最低程度。因此，残疾儿童的教育要尽可能地安排在与健全学生在一起的环境中进行。确定

---

① 朴永馨.特殊教育辞典[M].3版.北京：华夏出版社，2014：61.

教育安置形式和制订个别化教育计划时，须根据教育对象的生理、心理条件，选择最适合其受教育且与外界隔离程度相对最低的教育环境。①

基于这一原则，在学前特殊儿童教育活动中，特殊儿童要尽可能地安排在普通班级环境中。只有当普通班级的各种教育措施和服务无法取得满意效果的情况下，学前特殊儿童才可被安置到特殊班、特殊学校学前班或其他特殊教育机构。最少受限制原则旨在保证身心障碍儿童有机会在一般的教育环境里接受特别的照顾，以获得最有利的人格发展环境。

拓展阅读：
第六届全球未来教育设计大赛中关于"最少限制环境"的设计案例

五 家长参与

家长参与是学前特殊儿童教育不可或缺的组成部分。该项原则认为，父母在学前特殊儿童教育中具有重要作用。家长参与，意味着家长有知晓相关资料和信息的权利，参与评估、个别化教育计划的制订以及保教康复的权利等。该原则有利于学前特殊儿童家长及时发现问题和提出建议，进而提高学前特殊儿童教育质量。②

◇ 思考讨论

视频资料：
纪录片《佳茵案例》

1. 观看视频案例，结合案例说明家长参与学前特殊儿童教育的重要性。
2. 结合案例，浅谈家长参与学前特殊儿童教育的策略。

六 转衔服务

转衔（transition）又称"衔接"，是指从一个阶段到另一个阶段、从一种安置到另一种安置的

---

① 朴永馨．特殊教育辞典[M]．3版．北京：华夏出版社，2014：50．
② 朴永馨．特殊教育辞典[M]．3版．北京：华夏出版社，2014：52．

过渡。①在特殊教育领域是指主要发生在两个关键时段的工作的衔接：一是早期干预过渡到入学后教育，实现个别化家庭服务计划（IFSP）与个别化教育计划（IEP）的衔接；二是从低学段学校生活过渡到高学段学校生活，或从学校毕业进入社会就业工作，实现个别化教育计划（IEP）与个别化转衔计划（ITP）的衔接。

学前特殊儿童的转衔服务为第一个关键时段，孩子环境适应能力比较弱，当阶段性的教育环境必须变动时，园所必须提供转衔服务，帮助他们顺利适应新的教育环境，以免儿童因为环境适应不良而产生新的学习困难。转衔服务包括认识新环境、试读新课程、认识新同学，以及个案资料的转交等。

拓展阅读：
随班就读自闭症儿童幼小转衔服务的个案研究

视频资料：
纪录片《无障碍中的障碍》

实训操练

请设计一个针对特殊儿童的玩教具，要求符合"最少限制环境"原则。

真题再现

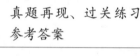
真题再现、过关练习参考答案

1994年，在萨拉曼卡召开的世界特殊需要教育大会上提出了（　　）理念。

A.融合教育　　　　B.全纳教育　　　　C.一体化教育　　　　D.零拒绝教育

过关练习

一、名词解释

非歧视性评估

二、不定项选择（每题有1个或多个选项正确，请将选项字母填在括号里）

1.转衔服务包括（　　）。

A.认识新环境　　　B.试读新课程　　　C.认识新同学　　　D.个案资料的转交

---

① 全国科学技术名词审定委员会.教育学名词（2013）[M].北京：高等教育出版社，2013：64.

2. 零拒绝原则的服务机构包括（　　）。

A.托幼机构　　　B.特殊教育机构　　　C.康复机构　　　D.医院

三、简答题

简述学前特殊儿童教育的基本原则。

第三章　学前特殊儿童教育的理论基础

◇ **学习目标**

1. 了解学前特殊儿童教育的生物学、心理学和教育学理论基础。
2. 尊重特殊儿童心理发展，认同心理学和教育学理论在学前特殊儿童教育中的价值。
3. 能在学前特殊儿童教育中合理地应用心理学和教育学理论。

◇ **核心知识**

行为主义学习理论、认知发展理论、人本主义理论、多元智能理论、应用行为分析模式、认知行为矫正模式、合作学习模式、差异教学模式、全面发展观、全程发展观、动态发展观、潜能发展观、主动发展观、活动本位模式、最近发展区的应用。

◇ **思维导图**

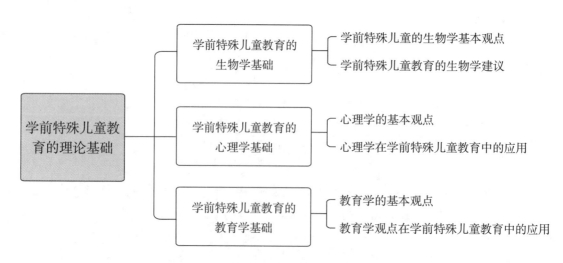

上篇理论篇　什么是学前特殊儿童教育

◇ **本章概要**

本章分为三节，第一节介绍了学前特殊儿童教育的生物学基础。就生物学的观点而言，学前特殊儿童的学习活动与个体大脑及神经系统发育水平以及健康状况密切相关，特殊儿童的身心发展在很大程度上要受到生理机能的影响。学前特殊儿童教育的生物学建议，一是遵循孩子自身特点和客观规律，要按照特殊儿童自然发展的要求和顺序，逐步实施相应的教育，不能越级或跨过孩子成长的某一阶段或某些阶段。二是早发现、早诊断、早干预，抓住康复的黄金时期。三是采取有针对性的教育方法，不同障碍类型和不同儿童采取不同方法。四是取长补短，强化其健全的感官，来弥补障碍感官带来的感知上的不足。五是医教结合，提高干预效果。

第二节介绍学前特殊儿童教育的心理学基础。心理学的基本观点包括行为主义学习理论、认知发展理论、人本主义理论和多元智能理论。这些心理学基本理论应用在学前特殊儿童教育中，便形成了应用行为分析模式、认知行为矫正模式、合作学习模式和差异教学模式。

第三节介绍学前特殊儿童教育的教育学基础。教育学的基本观点包括全面发展观、全程发展观、动态发展观、潜能发展观、主动发展观等，教育学观点在学前特殊儿童教育中的应用体现于活动本位模式。活动本位模式采用的教学策略包括遗漏法、新奇法、看得见却拿不到法、违背期望法、片段分次法、寻求帮助法、干扰妨碍法、中断或延迟法。教育学观点在学前特殊儿童教育中的应用还体现于最近发展区在个别化教育和集中教学中的应用。

案例导入

教师对孤独症儿童涛涛进行认知训练。她将一块手指拼板作为教学用具，这个手指拼板就像人的手掌一样，每个手指都涂有不同颜色，教师拿掉其中红色的拼板，在涛涛注意力集中的情况下发出指令说："把红色的拼板放回去。"并用手指着红色拼板的位置作为辅助，于是涛涛从桌子上拿到红色的拼板，把它放回到手指拼板上。而后，教师大声地夸赞道："涛涛你好厉害呀，放回了红色的拼板！"并给予涛涛一个他喜欢的玩具陀螺作为奖励。

在这个案例中，教师将心理学的理论运用于学前特殊儿童教育中，你知道是什么理论吗？

第一节　学前特殊儿童教育的生物学基础

生物学是一门探索生命现象和生命活动规律的科学，特殊教育是针对有生理缺陷的适龄儿童展开的教育。学前特殊儿童教育的教育对象是0～6岁的特殊教育需要儿童，重点关注的是学前特殊儿童的生理特点和发展规律，以及如何利用生物学知识为学前特殊儿童教育提供好的对策及建议。

一 学前特殊儿童的生物学基本观点

通常情况下，0~6岁的学前儿童的身体发展迅速，特点显著。在生理方面，儿童的头围由出生时的33厘米左右增长至3岁时的49厘米左右，身长由出生时的50厘米左右成长为6岁时的120厘米左右，体重由出生时的6、7斤增长至6岁时的50斤左右。总的来看，学前儿童头围在3岁前迅速增长，6岁时身高为出生时的两倍多，体重超过出生体重8倍多。在动作发展方面，在6岁前，儿童动作由简单的躺、坐、爬发展至复杂的走、跑、跳等，活动也由单一转向灵活、协调，儿童可从事简单的家务劳动和体育运动。与普通儿童相比，特殊儿童由于存在生理缺陷，生理发展和动作发展可能会慢于正常儿童。例如，视障儿童的爬行动作习得比视力正常儿童平均约晚2个月，部分视障儿童的行走动作习得甚至比视力正常儿童要晚2年多。

学前特殊儿童在生理发展的某一或某些方面明显地偏离正常儿童的平均发展水平，通常可能是天生的原因，即由遗传物质异常或胎儿期不利因素引起的，或者是由于后天疾病、事故或用药不当引起的。常见的学前特殊儿童有视觉障碍儿童、听觉障碍儿童、言语与语言障碍儿童、肢体障碍儿童、智力异常儿童、孤独症儿童、多动症儿童等。

就生物学的观点而言，学前特殊儿童的学习活动与个体大脑及神经系统发育水平及健康状况密切相关，特殊儿童的身心发展在很大程度上要受到生理机能的影响。特殊儿童的个体差异极大，其早期干预方案的成效如何，要视神经系统被经验改变的能量而定。随着现代科学技术的发展，人们对脑功能及神经系统工作机制的探讨逐渐深入，越来越多的研究发现，特殊儿童与普通儿童的大脑皮层机制既具有共性又具有差异性，这些研究成果为学前特殊儿童的教育教学提供了生物学上的理论依据。学前特殊儿童本身就具有一定的生理障碍，倘若在其成长过程中外界刺激量不足，导致个体神经系统感觉统合失调，其在行为方面就会表现出诸多问题。为了获得最大限度的发展，学前特殊儿童教育通常需要使用经过特别设计的课程、教材、教法、教学组织形式或设备，通过特殊的教育去弥补他们的缺陷，或者使他们受损伤的器官功能得到部分恢复，或者培养其他器官的功能来弥补某种器官功能的不足。

二 学前特殊儿童教育的生物学建议

根据生物学观点，教师或家长等在实施学前特殊儿童教育康复训练时，应充分遵循儿童发展的生物学规律与发展特点，在儿童成长早期给予其相应的科学康复。

1. 遵循孩子自身特点和客观发展规律

要按照特殊儿童自然发展的要求和顺序，逐步实施相应的教育，不能越级或跨过孩子成长的某个阶段或某些阶段，超越孩子的成长阶段，超出孩子的能力范围。对特殊儿童的教育不但要考虑孩子的年龄特点，更要遵循特殊儿童的身体发展规律和神经发展规律，避免过度要求孩子导致孩子受到伤害和打击；要合理安排训练的程度与强度，把握好孩子生长的关键期。

拓展资料

双生子爬梯试验

1929年，美国著名儿童心理学家格塞尔选择同卵双生子T和C作为实验对象，他让T从出生后第48周起每日做10分钟的爬梯练习，连续训练6周。在此期间，C不进行这种练习。C从第53周起开始做与T同样的训练，只训练了2周，C就赶上了T的水平。格塞尔的实验表明，遗传素质（特别是大脑神经系统）的成熟程度，是人的身心发展中起关键性作用的因素，遗传素质未成熟，企图通过"超前"训练达到身心发展的某种水平，是徒劳无益的。比如，人的身体发展大致遵循从头部到下肢、从中心部位向全身边缘、从骨骼到肌肉的发展顺序，而儿童思维的发展总是遵循从具体形象思维到抽象思维的发展过程。

双生子爬梯试验的试验结果显示，教育要尊重孩子的实际水平，在孩子发展成熟之前，要耐心地等待，不要违背孩子发展的自然规律。超前学习不但极有可能是没有必要的，而且会给孩子带来压力和负担，甚至可能导致一系列生理、心理问题。例如，很多家长提前训练孩子走路，甚至为孩子超前别人一步而沾沾自喜，觉得自己的孩子更聪明，殊不知这种做法很危险，对孩子尚未发育好的骨骼伤害很大，极有可能引发双腿弯曲畸形，形成"X"或"O"形腿、扁平足，过早使用学步车而缺少爬行训练的孩子还容易引发动作协调性差、注意力不集中等问题，甚至可能患上感觉统合失调症，出现视听、视动、听动失调的情况。

2. 早发现、早诊断、早干预

0～6岁是儿童的教育起步阶段，更是特殊儿童抢救性康复的黄金期，在此期间接受及时有效的学前教育不仅是特殊儿童的基本权利，而且对孩子的发展能够起到最大限度的潜能开发和促进功能补偿作用。许多有障碍的学前儿童，如果给予其及时、科学的教育，充分的补偿，从理论上讲，他们有一部分群体是能达到正常儿童的能力水平的，甚至其中个别有成为英才的潜能。要达到这样的教育目标，早发现、早诊断、早干预和分类教学就显得尤为必要。

例如，在听觉障碍儿童还存在口语发展的必要条件时，应尽早训练其口语能力，但如果听觉障碍儿童错过了口语发展的最佳时期，极可能浪费再多的时间、精力训练其口语，儿童也无法正常地与普通人交流，使原本有可能掌握手语、口语两种语言交流手段的听觉障碍儿童，丧失口语交流能力而无法顺利回归主流社会。

众多研究表明，对具有特殊教育需要的学前儿童来说，早发现、早诊断、早干预具有重要的意义，不仅可以减轻障碍带给儿童的不良后果，而且可以及早地为他们提供向好发展的支持性教育环境。许多国家有关特殊儿童早期发现和早期干预的法律条款均在实施过程中产生了作用,既保障了特殊儿童及时接受教育的权利,又引起了社会各界对特殊儿童早发现、早诊断、早干预的重视。

3. 采取有针对性的教育方法

特殊的教育对象决定了特殊的教育目标,从而决定了特殊的教育内容和方法。虽然都是特殊儿童,但面对不同类型的儿童,为他们选择的教育内容、方法和设定的教育目标也有所不同。必须深入地研究特殊教育的对象,为学前特殊儿童设定符合其自身条件的教育内容、方法,既有同普通儿童相同的教育目标,又要有专门针对学前特殊儿童的教育目标。

例如,为视觉障碍儿童、听觉障碍儿童设定的教育目标可以是,既要补偿他们的生理缺陷,对他们进行各种实用技能的训练,为其日后自食其力做好准备,又要使他们各方面都尽可能得到发展,为其日后的成才打下坚实的基础。对智力障碍儿童的态度应该是,既不对他们有过高的期望,又不要过低地估计他们的潜能,教育目标应该指向把他们培养成能自食其力、独立生存于社会的人,教育的内容应该是让其学会社会上生存所必需的、最常用的、最实用的知识,培养他们最基础、最实用的能力,方法是反复训练,使之熟能生巧。

4. 取长补短

从总体上看,学前障碍儿童生理补偿的主要任务仍是强化其健全的感官,来弥补障碍感官带来的感知上的不足。一般来说,视觉障碍儿童、听觉障碍儿童在成长的过程中会自然而然地强化自身健全的感官,以弥补因视觉或听觉障碍造成的感知不足。如通常情况下,视觉障碍儿童的听觉、触觉会特别灵敏。这种现象是人在成长过程中因需要而产生的一种自发性的生理补偿,但如果不及时进行教育,这种补偿就只能是无意识的、不自觉的,因而也是低效的。合适的、得当的、良好的学前特殊教育能够使这种补偿成为有意识的、自觉的、高效的生理补偿,从而为孩子未来的发展打下良好的基础。

5. 医教结合

生物学观点强调生物因素对儿童发展的重要作用,因而更多着力于医疗模式。对多数特殊儿童来说,医疗介入往往是最早使用的干预手段,其特色是有医师、职能治疗师、物理治疗师、护士等相关专业人员的参与,对特殊儿童进行康复、护理和训练。以生物学为基础的医学模式主要在医疗机构实施,重点对特殊儿童的身体状况及发展变化进行监控,有利于特殊儿童疾病、障碍的减轻。纯粹的医学模式并不太适用于教育取向的早期干预计划,因为它可能导致家长形成"重医轻教"的观念,而贻误了特殊儿童在关键期语言、智力、情感等方面的发展。现代学前特殊儿童教育领域更强调医教结合的早期干预模式,将医学手段与教育手段相结合,以提高干预效果。

医教结合使特殊儿童教育康复和医疗康复这两方面的需求同时得到满足,使学前特殊儿童能够得到更及时、合法的教育。医教结合要求在学前特殊儿童教育中,除医生、护士外,其他人员也应掌握一定的护理知识,照护者和幼儿教师要根据儿童不同的障碍采取不同的照护方法。幼儿园要给特殊儿童建立个人档案,档案中应包括儿童的基本信息、用药指导、照护注意事项、就诊记录、病历要点等,以便教师有针对性地对特殊儿童进行更好的看护。家长和教师还要对特殊儿童进行持续的身体和心理关注,对特殊儿童进行阶段性的评估,以便及时地对儿童进行必要的辅导和干预。更重要的是，要按照科学的方法和节奏对特殊儿童进行矫正和康复训练，让他们更好地适应生活并为未来的学校学习做好准备。

过关练习

过关练习
参考答案

不定项选择（每题有 1 个或多个正确选项，请将选项字母填在括号里）

1. 下面关于学前特殊儿童的解释正确的是（　　）。
   A. 是指学前有特殊教育需要的儿童
   B. 是指学前期不正常的儿童
   C. 是指 0～6 岁期间心理发展远离常态标准的儿童
   D. 是指学前期出现某种疾病症状的儿童

2. 儿童在发展过程中出现各种感官、动作和身体健康问题，这类儿童是（　　）。
   A. 语言发展障碍儿童
   B. 认知发展障碍儿童
   C. 生理发展障碍儿童
   D. 情绪和行为问题儿童

第二节　学前特殊儿童教育的心理学基础

学前特殊儿童教育虽然是学前教育学与特殊教育学的交叉学科，但与心理学尤其是儿童发展心理学、教育心理学和变态心理学等学科有着较大的关联。学前特殊儿童教育需要运用心理学的方法来探讨学前特殊儿童的身心发展特点，并根据学前特殊儿童的身心发展规律与发展水平来制定针对特殊儿童的教育方案，因此心理学和学前特殊儿童教育密不可分，教育者需要将心理学基础理论灵活运用于学前特殊儿童教育中。

一、心理学的基本观点

心理学包含众多的分支学科，如发展心理学、认知心理学、社会心理学、生理心理学、教育心理学、人格心理学等。心理学也涵盖了各种不同理论，如行为主义学习理论、认知发展理论、人本主义流派的理论、多元智能理论等，这些都与学前特殊儿童教育有着千丝万缕的关系。

（一）行为主义学习理论

行为主义流派是心理学的一大分支流派，行为主义学习理论认为个体的学习过程是一种条件作用，学习是个体在某种刺激环境之下所做出的行为反应，刺激与反应之间的联结即为行为的习得，行为主义流派的学习理论中具有代表性的理论有心理学家华生的经典条件作用理论、斯金纳的操作性条件作用理论、班杜拉的社会观察学习理论等。根据该流派理论的观点，特殊儿童常见的问题行为主要表现为行为不足、行为过度、行为不当，教育工作者可以通过对前因后果的控制，采用强化措施，强化良好的行为，以减少问题行为；还可以通过榜样示范，引导特殊儿童观察学习良好的行为。在特殊儿童教育中，行为分析是基础，教学过程中的行为观察与记录是重点，教育效果以特殊儿童的行为改善程度作为评价标准。

资料链接

斯金纳操作性条件作用理论的核心观点

斯金纳认为，人的一切行为几乎都是操作性强化的结果，人们有可能通过强化作用的影响去改变别人的反应。强化就是利用强化物增强某种行为的过程，而强化物就是增加某种反应可能性的任何刺激。斯金纳把强化分成积极强化和消极强化两种。

1. 积极强化（正强化）

积极强化就是提供强化物以增强某种行为反应，即呈现积极刺激增加反应概率。例如，当饥饿的白鼠按开关时给予其食物，促使白鼠按开关的行为增加，食物便是正强化物。又如，幼儿园给予儿童零食或玩具作为奖励，促使儿童某种行为的反应概率增加，该行为也是正强化。

强化物分为一级强化物和二级强化物。一级强化物包括所有在没有任何学习发生的情况下也能起强化作用的刺激，如食物和水等满足生理基本需要的物质。二级强化物包括那些在开始时不起强化作用，但后来作为与一级强化物或其他强化物配对的结果而起强化作用的刺激，如斯金纳箱的灯光、铃声。对人类来说，二级强化物包括对大量行为起强化作用的诸多刺激，如特权、社会地位、权力、财富、名声等。

2. 负强化（消极强化）

消极强化是撤销令人厌恶的刺激物，以此强化某种行为，即通过中止不愉快刺激来增加反应概率。例如，当处于电击状态下的白鼠按开关时停止电击，促使白鼠按开关的行为增加，此时电击就是负强化物。

3. 强化程式

（1）连续强化：在每次行为发生后都进行强化。连续强化对于形成新的行为非常重要，如果每次行为都得到强化，新的行为很容易快速建立起来。

（2）固定比率强化：在个体做出一定数目的反应后才给予强化。例如，学生举五次手后受到一次强化。又如，计件工资也是固定比率强化。

（3）可变比率强化：在个体做出若干次正确反应之后给予强化，但每次所需的次数是不确定的，具有不可预测性。

（4）固定间隔强化：强化物在经过一个确定的时间间隔后加入。例如，教师每十分钟观察学生一次，如果学生这时表现良好，就给予强化。又如，每月定时发工资，也是固定间隔强化。

（5）可变间隔强化：不设固定的时间间隔，根据需要按照灵活的时间间隔给予强化。如不定时检查儿童学习情况，合格者给予奖励。

（二）认知发展理论

认知发展理论从认知角度出发，强调学习即为对事物的认知、辨识与理解，学习的核心在于形成一定的认知结构，并在具体的学习情境中运用已有的认知去认知、辨识、理解外界刺激，丰富自己的生活经验，从而改变自己的认知结构。因此，学习是内发的演绎（由一般到特殊）的过程。认知发展理论中具有代表性的理论包括皮亚杰的认知发展阶段理论、维果茨基的社会文化历史发展理论、布鲁纳的认知结构学习理论、奥苏贝尔的有意义学习理论、加涅的信息加工理论。根据认知发展理论的观点，特殊儿童的障碍根源在于认知加工能力（尤其是语言、思维等高级认知能力）存在缺陷，而重点并不在于行为问题。这是认知发展理论与行为主义学习理论的最大不同。认知发展理论强调特殊儿童教育的关键在于要增强特殊儿童的信息处理加工能力，提高其认知水平，促进其认知结构的完善，从而增强教育的效果。

（三）人本主义理论

人本主义理论强调学习应以儿童为中心，学习内容应是儿童认为有价值、有意义的知识或经验，学习方法应着力于构建真实的问题情境，与儿童生活相联系。在人本主义理论中，教师不是指导者，而是帮助者，学习不再是教师设计的教学表演，而是儿童个人经验的积累；学习不再是对某个内容的片面理解，而是儿童自己的人生成长历程。人本主义理论中具有代表性的理论是马斯洛的需求层次理论、罗杰斯的学习者中心理论等。根据人本主义理论的观点，特殊儿童的障碍根源在于迷失了自我，无法根据个人的经验来获取知识、发展技能、塑造人格。因此，学前特殊儿童教育教学的关键在于培养特殊儿童自主学习与主动探索的能力，应与儿童实际生活相结合。

（四）多元智能理论

心理学家霍华德·加德纳提出多元智能理论，他认为人类的智能可以划分成以下八个范畴。

1. 语言智能

语言智能是指有效地运用口头语言或用文字表达自己的思想的能力。语言智能突出的儿童往往擅长讲故事，且语言清晰，表达丰富，讲述生动。

2. 逻辑数学智能

逻辑数学智能是指有效地计算、测量、推理、归纳的进行数学运算的能力。逻辑数学智能突出的幼儿往往擅长玩数字游戏、猜谜等。

3. 音乐智能

音乐智能是指人能够敏锐地感知音调、旋律、节奏、音色的能力。音乐智能突出的幼儿往往在歌唱活动中音准到位，在打击乐活动中表现出很强节奏感。

4. 空间视觉智能

空间视觉智能是指准确感知视觉空间的事物，并以图画的形式将其表现出来的能力。空间视觉智能突出的幼儿往往对色彩、线条、空间关系很敏感，在绘画活动中无论是构图还是颜色搭配都表现出超乎寻常的想象力。

5. 运动智能

运动智能是善于运用肢体进行运动和操作的能力。运动智能突出的幼儿往往在体育活动中肢体灵活，协调能力强。

6. 人际智能

人际智能是指能有效地进行人际沟通、处理人际关系，善于化解人际冲突的能力。人际智能突出的幼儿往往善于理解他人的情绪，能合理地解决人际矛盾。

7. 内省智能

内省智能是能够客观认识自己的优缺点，对自己的行为进行反思的能力。例如，一名幼儿在活动"我们的飞机场"结束后进行反思，他认为自己把灯塔搭得很稳，但还不够高，停机坪上的飞机摆放得太过拥挤。这说明他的内省智能比较突出。

8. 自然探索智能

自然探索智能是指善于观察自然界中的事物，并对物体进行辨认和分类的能力。自然探索智能突出的幼儿往往对动植物、水、沙、土等自然物质有超乎寻常的探索热情。

每个人的智能都是其中多种智能的组合，但每个儿童在多种智能的发展水平上不尽相同，这八种智能在不同儿童身上发展优势不同。3岁左右的儿童的智能优势已经存在明显的差异。教育者应观察了解每个儿童的优势智能，创造机会，因势利导，挖掘幼儿的特长，同时利用幼儿的强项来带动其弱项，促进其个性化发展。多元智能理论帮助我们从整合的角度来看待有特殊需要儿童的教育，包括经验的整合、社会的整合、课程的整合。

二 心理学在学前特殊儿童教育中的应用

（一）应用行为分析模式

应用行为分析（Applied Behavior Analysis, ABA）模式基于斯金纳的操作性条件作用理论，采用行为塑造原理，以正强化为主，设计情境和确定可增强目标行为的强化物，帮助学前特殊儿童建立新的适应行为，消除或改善某些问题行为。应用行为分析的核心技术之一是"回合式教学法"（Discrete Trial Training, DTT），包括指令、辅助、反应、结果、停顿等元素。首先，发出一个简短明确的指令，儿童在听到指令后表现出来的行为即为反应。反应可能是正确的，也可能是不正确的。根据儿童做出的行为反应，给予不同的结果。如果是正确的反应则给予强化，如提供相应的奖励，然后停顿，预示着一个回合的结束。当儿童做出不正确的反应时，停顿，进入下一个回合。重新发指令并给予辅助，直到儿童做出正确的反应，给予强化，而后停顿，以此循环往复。此种训练主要采用高度结构化的一对一教学环境，并分解任务一步一步教授儿童期望的目标行为，每周训练时间一般达25～40小时。应用行为分析注重个体化、系统化、严格性、一致性、科学性，同时强调泛化。

回合式教学是应用行为分析的核心技术之一，其教学流程如图3-1所示。

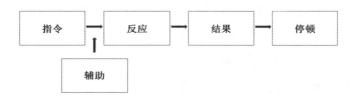

图3-1 应用行为分析的核心技术之一：回合式教学

视频资料：
孤独症干预训练之回合式教学

◇ **思考讨论**

如何运用回合式教学法进行训练？

琳琳是一名5岁的中度孤独症儿童，她喜欢吃薯片和巧克力。假如你是琳琳的老师，你想运用回合式教学法引导她认识常见的动物，如学习指认"小猫"卡片，你该如何训练她？

（二）认知行为矫正模式

认知行为矫正模式随着认知心理学的兴起而逐渐发展起来，该模式从对儿童外部行为的干预转向对儿童内部认知结构的关注。具有代表性的认知行为矫正模式包括心理学家贝克的认知疗法、心理学家艾利斯的理性情绪疗法以及梅晨保的自我指导训练法。认知行为矫正技术的核心理念是个体的认知过程将影响其情绪、情感和外在的行为反应，因此教育者可通过认知和行为技术来改变儿童的错误认知，从而有效调控他们的情绪情感，改善他们的不良行为。

心理学家贝克（A. T. Beck）总结了五种认知行为矫正模式的基本策略[1]：（1）识别自动化思想，即介于外部事件与个体对外部事件的不良情绪反应之间的那些思想。如果一个儿童不能完成某项游戏任务，他便形成了一种自动化认知，认为自己很笨，同伴不喜欢他，不愿意与他一起玩耍，于是

---

[1] 俞平. 用贝克认知疗法纠正学生不合理信念[J]. 思想理论教育，2010，326（6）：62-66.

他变得情绪低落，对游戏失去兴趣。此时可引导儿童识别自动化思想。（2）识别认知错误，即改变自己头脑中固有的想法、观念、信念。如果一个说话不太流利的儿童认为自己语言能力差，无法正常表达，认为自己无论怎么努力都无法进步，教师可引导其识别认知错误，改变其固有的观念。（3）真实性检验，即教师、家长与儿童共同针对错误认知或信念进行真实性检验，以驳斥其错误信念，促使儿童建立正确认知。（4）去中心化，即扭转儿童认为自己是别人注意的焦点的想法，以改善儿童的社交恐惧等问题。（5）监测紧张或焦虑水平，即引导儿童对自己的焦虑进行自我监测，从而对自己的情绪波动有更加准确的认识。

（三）合作学习模式

合作学习模式坚持以学习者为中心的理念，由2～6名特殊儿童组成异质性小组，在小组中特殊儿童彼此合作，共同完成学习任务，并以小组总体表现作为奖励依据。合作学习的典型模式包括师生互动模式与生生互动模式，师生互动模式包括一对多模式、一对一模式、多对一模式、多对多模式；生生互动模式包括星形模式、环形模式、网状模式、层级模式等。合作学习模式强调建立合作学习的共同目标，建立教学目标管理、跟踪制度，形成教师与学生的长期互动机制，采取课前导学、课后答疑的方法实施教学质量监控，建立起合作学习模式的长效机制，进一步深入挖掘儿童潜力，通过合作学习促使儿童全面、健康地发展。

（四）差异教学模式

差异教学模式遵循因材施教的理念，尊重特殊儿童的个体差异，满足他们个性化的学习需求，促进儿童个别化的发展。差异教学模式要求根据儿童已有的发展水平、需要、兴趣、优势智能或弱势智能、学习风格来设计和实施个别化教育活动。例如，儿童的学习风格可以分为场独立型和场依存型，冲动型和沉思型，整体型和系列型，听觉型、视觉型和动觉型等类型。教育者可基于这些特征，如根据学习者的学习风格等特征，采用与之相适宜的教学方法。差异教学模式有利于促进特殊儿童个性化发展，能够有效提高个别化教学的效果；有利于更好地体现普特融合的理念，实现教育公平。差异教学模式是特殊儿童教育的重要模式之一。

经典案例

三种不同类型的学习风格与差异教学

学习风格倾向于视觉型的特殊儿童在很大程度上依赖于视觉通道信息来进行学习。教师在教学中可更多为其提供视觉辅助工具、书籍、录像、图表、图形和照片等材料。

学习风格倾向于听觉型的特殊儿童更喜欢通过听觉通道来吸收新信息。教师在教学中可为听觉型学习者提供有声读物、录音、音乐、谈话、口头复述和信息描述等教学工具。

学习风格倾向于触觉或动觉型的特殊儿童倾向于通过动手操作材料来获取信息。教师在教学中可多为其提供动手实践、操作体验学习、试错学习的机会。

视频资料：
孤独症干预都在用的ABA究竟是怎样的？

实训操练

利用实践机会，将心理学理论应用于学前特殊儿童教育中，并结合实践效果进行反思。

真题再现

1. 班杜拉的社会观察学习理论认为，在儿童的观察学习中，起至关重要作用的是（ ）。
   A.认知　　　　　　　　B.消退　　　　　　　　C.榜样　　　　　　　　D.奖励

2. 在课堂上幼儿举手发言，有时举一次手就能发言，有时要举三次或六次手才能得到一次发言机会，这种间歇强化的形式是（ ）。
   A.固定比例强化　　　　　　　　　B.可变比例强化
   C.固定时间间隔强化　　　　　　　D.零反应区别强化

3. 行为管理治疗被认为是最有效的矫正儿童不良行为的技术，其理论依据是（ ）。
   A.行为主义心理学　　　　　　　　B.精神分析心理学
   C.机能主义心理学　　　　　　　　D.认知心理学

4. 认为儿童的行为可以通过观察别人的行为来获得，而不一定要直接对刺激做出反应或直接体验强化，这一观点来自（ ）。
   A.经典条件反射理论　　　　　　　B.操作性条件反射理论
   C.认知行为矫正理论　　　　　　　D.社会观察学习理论

5. 以下关于正强化物选择的说法中，正确的是（ ）。
   A.必须因人而异，考虑儿童的个体差异
   B.不能选用糖果、饼干、饮料、水果等一次性消费物品
   C.可以选择儿童喜欢的物品或事件
   D.看电影、骑小车等活动不属于正强化物

6. 多元智能理论帮助我们从整合的角度来看待有特殊需要的儿童的教育，其中不包括（ ）。
   A.经验的整合　　　B.社会的整合　　　C.空间的整合　　　D.课程的整合

7. 刚才一直哭闹的幼儿停止哭泣，并且坐下来开始安静地与布娃娃玩，妈妈看到后立刻到幼

儿身边坐下来，表扬她并和她一起玩，以后幼儿可能会更多地与布娃娃玩而不是哭闹着要妈妈。妈妈采用的这种行为矫正的方法是（　　）。

A.正强化　　　　B.负强化　　　　C.间歇强化　　　　D.惩罚

过关练习

真题再现、过关练习参考答案

一、不定项选择（每题有1个或多个正确选项，请将选项字母填在括号里）

1.以下哪些属于行为主义学习理论？（　　）

A.经典条件作用理论　　　　B.操作性条件作用理论

C.社会观察学习理论　　　　D.人本主义理论

2.以下哪些属于认知发展理论？（　　）

A.布鲁纳的认知结构学习理论　　　　B.奥苏贝尔的有意义学习理论

C.加涅的信息加工理论　　　　D.人本主义理论

3.人本主义理论的代表人物是（　　）。

A.华生　　　　B.斯金纳　　　　C.罗杰斯　　　　D.皮亚杰

4.哪位心理学家提出了多元智能理论？（　　）

A.班杜拉　　　　B.马斯洛　　　　C.加德纳　　　　D.斯金纳

5.操作性条件作用理论的核心概念是（　　）。

A.学习者中心　　　　B.强化　　　　C.观察学习　　　　D.最近发展区

6.基于斯金纳的操作性条件作用理论，采用行为塑造原理，以正强化为主，设计情境和确定可增强目标行为的强化物，帮助学前特殊儿童建立新的适应行为，消除或改善某些问题行为。这是哪种模式？（　　）

A.应用行为分析模式　　　　B.差异教学模式

C.合作学习模式　　　　D.认知行为矫正模式

7.生生互动模式包括（　　）。

A.星形模式　　　　B.环形模式　　　　C.网状模式　　　　D.层级模式

二、简答题

1.简述五种认知行为矫正模式的基本策略。

2.多元智能理论认为人的智能包括哪八个范畴？

第三节　学前特殊儿童教育的教育学基础

学前特殊儿童教育是一门学前教育学与特殊教育学交叉的学科。因此，学前特殊儿童教育必须遵循并服务于教育学的两大规律，即人的身心发展规律、社会的发展规律。如此，学前特殊儿童教育工作才能更好地促进学前特殊儿童的健康发展。

一、教育学的基本观点

在长期的发展历程中，教育学学科形成了诸多较为典型的基本观点，涉及全面发展观、全程发展观、动态发展观、潜能发展观、主动发展观等，对学前特殊儿童教育产生了很大的影响。

（一）全面发展观

全面发展观注重人的全面发展，强调儿童发展的整体性和协调统一性。此种观点认为，特殊儿童的发展也遵循全面性原则，尤其是当对特殊儿童进行个别化的针对性训练时，训练的内容和方法应多样化，不能仅采用单一的指导内容和指导策略，而应进行干预项目的全面整合，促进特殊儿童在身体动作、认知、个性、社会性、情绪和情感等方面的整体发展、综合发展、全面发展。

（二）全程发展观

全程发展观是指从生命全过程的角度研究人的发展，这一理论认为人的发展分为多个发展阶段，其中人生初始的学前阶段对儿童身心发展具有奠基性和启蒙性作用。此种观点认为，由于儿童语言、智力、社会性等发展的关键期多处于学前阶段，因此在这一阶段教育者不能忽视关键期对学前特殊儿童的教育工作，一旦错过了关键期，以后要再行弥补，可能将无济于事。例如，对存在语言发展障碍的儿童来说，进行语言矫治的关键期是学前期。因此，教育者应尤为重视在学前阶段对特殊儿童发展关键期的干预和指导，及早介入，为特殊儿童一生的健康成长奠定坚实的基础。

（三）动态发展观

动态发展观认为人的发展是主体与客体不断相互作用的动态发展过程，是从量变到质变的过程，呈现螺旋上升的趋势，在发展的过程中可能会出现一定的波动与不平衡。此种观点认为，特殊儿童在发展过程中也可能出现进步后的倒退、长期停滞、固化不前等让人意想不到的状况，这便需要学前特殊教育者始终保持足够的耐心、恒心和毅力，不因儿童的倒退和停滞而失去信心甚至放弃教育，应当根据特殊儿童的实际发展情况，抓住关键突破点，促使儿童在不断动态变化的成长过程中持续发展。

> 经典案例

特殊儿童的倒退

"我儿子今年7岁,在长达5年多的干预训练中,他有两次比较大的倒退。

第一次是从24月龄开始,从会叫爸爸妈妈发展到语言持续减少,4岁时词汇量几乎为零,除了疼的时候会说'哇哇'(上海话),其他词一个也不会说。

被现实无情打击后,我想方设法从他的兴趣出发,试图弥补。当时,他特别喜欢吃冻干草莓。我举着冻干草莓,说:'莓莓。'他只要一模仿说'莓莓',或者哪怕只是发了一个'm'的音,我就立刻把冻干草莓给他。

一个'莓莓',我们练了整整三周时间。只要他说了'莓莓',我会立刻奖励他,他吃得很开心。我再举着一小块冻干草莓,说'莓莓',他说'莓莓',我再给他。然后我开始慢慢减少对他的提示,我举着冻干草莓,但是不说话,等他一说出'莓莓',就立刻奖励他。

从'莓莓',拓展到'可可'(巧克力),到'On'(看视频),再从单音节词到多音节词……我儿子总算开始说话了!

第二次是他5岁半到6岁的时候,他不仅学会了大小便,基本做到自己入睡,而且对写单词产生了兴趣,可以安静地坐着抄单词。

原本我以为他的进步会越来越快,但儿子6岁上学后,情况又一次急转直下。

他的语言停留在提要求阶段,习惯说单字,口齿越来越不清楚。

对抄单词,他已经不感兴趣了,他可以拼写不少单词,但更像是为了完成功课。

自我刺激也让我们和老师感到头疼,他常常念火星语、傻笑,整天撕书。

行为方面,脾气还算温和的他,居然几次打人。

有些停滞不前可能是泛化问题,孩子在机构里学到的技能没能在自然情境下用出来。

有些可能是前备技能没有掌握牢固就跳到了下一个课程造成的,根基如果没打牢就不停往上堆东西,坍塌是早晚的事。

有些是动机、强化物的改变造成的,之前管用的,现在不一定管用。

有些可能是课程设置大方向的问题,如果一直在教一个个很具体的认知,比如1+1=2,'猫'念'mao',只有给指令'跟我做'时,孩子才会模仿,那随着孩子年龄的增长,家长会发现要教的内容太多太多了。

另外,孩子也许是在积累,又或是受到了生理的困扰限制,比如长牙、青春期。

如果这些因素都不是,那我们可能需要放手,给自己一点时间和空间,在条条框框之外,去转转去看看,也许会有新的发现。"

(案例来源:https://baijiahao.baidu.com/s?id=1758044741435723746&wfr=spider&for=pc)

（四）潜能发展观

潜能发展观强调人的发展是不断挖掘自身未开发的潜在能量的过程。每个人都具有一定的潜能有待发挥。根据此种观点，学前特殊儿童与普通儿童一样，也是具有潜能的个体，只是他们的潜能还未被充分挖掘，还未得以充分地展现，学前特殊儿童教育的关键就在于通过合理的教育方法与干预手段，促使他们的潜能得到更大程度的发挥。

（五）主动发展观

主动发展观认为遗传、环境、教育、个体自身的主观能动性等因素都会影响儿童的发展，其中遗传是不可控的内因，环境是不可控的外因，教育是可控的外因，个体自身的主观能动性是可控的内因。因此，个体要抓住可控的内因，发挥自身的主观能动性来促进自身的发展。该观点强调学前特殊儿童教育要着眼于激发儿童的主观能动性，发挥儿童的主体性作用，促使儿童主动地促进自身的发展。

◇ **思考讨论**

在学前特殊儿童教育中如何激发特殊儿童的主观能动性？

二 教育学观点在学前特殊儿童教育中的应用

（一）活动本位模式

如前所述，以上五种教育学基本观点注重激发儿童的主观能动性来发掘人的潜能，克服动态发展过程中的倒退、停滞等问题，强调抓住儿童发展的关键期，促进儿童的全程发展、全面发展。根据这些观点，教育者在针对学前特殊儿童进行训练时要将儿童的被动地位转化为主动地位，重视发挥儿童的主体性作用，以达到早期干预的目标，基于这种思想，学前特殊儿童教育的活动本位模式应运而生。该模式将学前特殊儿童生活中的关键活动作为干预训练主题，开展认知、情感、行为等多领域的综合教学，以达到提升特殊儿童动作技能、沟通能力、社会交往能力、认知能力、自理能力等的多维目标。例如，教育者可组织擦桌子的训练活动来提高特殊儿童的沟通能力（如让儿童说："我需要一块抹布。"）、社会能力（如不同的特殊儿童轮流使用抹布）、自理能力（清理桌面）、动作技能（拿到与抓住抹布并擦拭等）、解决问题的能力（发现抹布，运用擦桌子的方法）。

1. 活动本位模式的基本要素

活动本位模式下的教学训练以儿童为主体，并注重儿童与他人之间的互动。

（1）将教学训练融入例行性、计划性或儿童自发产生的活动中；

（2）习得的是功能性和类化性的技能；

（3）系统化地运用合理的前事与后果。

2. 活动本位模式需遵循的原则

活动本位模式需遵循以下原则。

（1）符合特殊儿童教育训练的目标；

（2）符合特定年龄的特殊儿童身心发展特点；

（3）活动设计多样化；

（4）运用社区资源作为活动素材；

（5）寓教于乐。

3. 活动本位模式采用的教学策略

（1）遗漏法（forgetfulness）。此种方法是指教师有意遗漏某项学习材料或用具，或者教师过度强调活动中儿童熟悉或重要的部分，而遗漏了其他部分。此种方法有助于提升儿童的问题解决能力与行动力，也有助于教师了解幼儿当前所知的状态或能做到的程度。例如，点心时间到了却不立即提供餐点，绘画课缺少水彩笔，绘本教学活动缺乏相应绘本，儿童会发现被遗漏的部分，并且提出询问、找寻缺少的物品或尝试以可能的方法来解决问题等。

（2）新奇法（novelty）。儿童通常会被新的玩具或活动所吸引，可利用儿童的这一特征，运用新玩具或新活动促使儿童出现教师期望的行为反应。重度障碍的特殊儿童很适合在例行活动或日常活动中使用新奇法来教学。例如，可以在儿童熟悉的儿歌或游戏中添加新的动作。对于年龄较大、能力较强或障碍程度较轻的特殊儿童，改变进出教室的路线或方式，或在区域中增加造型独特的新玩具，都是可行的策略。运用新奇法教学时，应注意新事物的出现不宜过度，不应超出儿童的预期，否则可能会适得其反。例如，在教学活动中设置一只恐怖的怪兽，虽然新奇却可能引起儿童的恐惧情绪，从而大大影响活动效果。

（3）看得见却拿不到法（visible but unreachable）。将物品摆放在儿童看得见但拿不到的地方，可以刺激儿童语言沟通能力、社会性和问题解决能力的发展，尤其是在沟通能力训练中，这是较为常用的方法，可以将儿童喜爱的食物或玩具作为相应的刺激物，实际使用时应将物品置于该儿童看得到，而教师或另一名儿童可以拿到的地方，以促使儿童与教师或另一名儿童进行沟通，让别人帮助其拿到玩具，从而增强其沟通能力。

（4）违背期望法（violation of expectation）。违背期望法是指省略或改变活动或例行作息中的某一个熟悉的部分或步骤，使其与儿童的期望相违背。这些不同寻常的变化会让儿童感到好奇、有趣。例如，教师用树枝来画画或书写。违背期望法的目的在于：一是从中了解并评估儿童的观察辨别力和记忆力；二是可促使儿童出现各种沟通行为和问题解决行为。例如，将手套穿在脚上或将袜子穿在手上等反常举动，即使是重度障碍儿童通常也能够注意到这种与预期不符的变化。

（5）片段分次法（piece by piece）。对于需要组合的物件或需要使用多项或多次物件的活动，教师可以逐次限量分配提供，使儿童必须逐次地提出要求，让他人给予其所需的工具。例如，需要用到积木、彩泥、水彩笔、剪刀等小物品的活动，或者是点心时间的糕点、巧克力等，教师都可以运用此原理分次提供。但是，教师必须注意，分段需要适度，过度分段也可能成为干扰因素，甚至会破坏活动的连续性和儿童学习的主体性。

（6）寻求帮助法（assistance）。提供需要教师或同伴协助使用的器材或安排需要师生共同参与的活动，促使儿童寻求教师或其他同伴的协助，以使活动顺利开展。这种教学法可用于训练儿童的语言沟通能力、粗大动作能力、精细动作能力和生活自理能力等。

经典案例

依据寻求帮助法，把儿童喜欢喝的果汁放在儿童打不开的瓶子里，促使儿童寻求教师的帮助以打开瓶盖，从而能够训练儿童的沟通能力。教师也可以将瓶盖松开，再让儿童练习运用抓握与旋转等技能开启盖子，以此训练儿童的精细动作能力。

（7）干扰妨碍法（sabotage）。干扰妨碍法即教师隐秘地进行干扰活动，以刺激儿童的问题解决和沟通行为。例如，教师趁儿童不注意时把水杯拿走，而后借机鼓励儿童想办法找水杯喝水；在歌唱活动时把音响的插头拔掉；等等。但应注意干扰妨碍法不宜过度使用，且使用时要慎之又慎，以免引起负面效应。

（8）中断或延迟法（interruption or delay）。中断是指教师将儿童的某一连锁行为予以中止，使其无法继续该行为；延迟是指暂停活动或稍加延缓，以引起儿童的行为反应。例如，串珠子是某位儿童喜爱的游戏，教师可以中断儿童使用珠子，并询问他："你要什么？"这时儿童就必须用语言沟通表示他需要珠子来完成串珠子的游戏。

（二）最近发展区的应用

维果茨基认为，儿童有两种发展水平：一是儿童的现有发展水平，指儿童在独立活动时所能达到的解决问题的水平；二是潜在的发展水平，即在成人或同伴帮助下能达到的潜在发展水平，这两种水平之间的差异就是最近发展区。教学应着眼于学生的最近发展区，把潜在的发展水平变成现实的发展水平，并创造新的最近发展区。在学前特殊儿童教育中，教师也应着眼于最近发展区。例如，在特殊儿童的个别化训练中，依据儿童的最近发展区，为其设定合理的短期教育目标。在特殊儿童的集体教学中，也可以根据最近发展区原理，依据不同层级水平儿童的最近发展区，设计不同层次的教学目标，让不同层级水平的儿童在原有水平基础上都获得一定的发展。

经典案例

《沙画——美丽的气球》孤独症儿童的分层教学目标设计

孤独症儿童小明，与爸爸妈妈没有任何沟通交流，运动发育迟缓，喜欢看图书，不喜欢玩玩具，具有严重的自我刺激行为。教师采用孤独症儿童心理教育评核——第三版（PEP-3）对其进行评估，以了解孩子目前的发展水平，并结合观察、与儿童游戏互动，以及与家长进行访谈沟通等方式对其进行动态评估。通过标准评估与动态评估相结合，了解小明现有的发展水平，将小明已有能力罗列出来，并据此推断他在教师支持下能达到的潜在水平，以此确定他的最近发展区，并制定短期个别化康复训练目标，确定训练内容，有针对性地对其进行康复训练。例如，训练其掌握精细动作，让其能够主动伸手抓握物件，并保持一定时长；训练其掌握独立行走上坡路、弯腰拾物、蹲下并保持平衡等粗大动作。

在集体教学活动《沙画——美丽的气球》中，教师对孤独症儿童进行手部小肌肉康复训练。教师根据孤独症儿童能力水平的层次，确定不同水平儿童的最近发展区，制定出分层教学目标，选择不同的教学方法，以满足各层级水平学生的发展需求。例如，A类生的教学目标为：独立或在言语提示下用大拇指、食指和中指正确捏、捻沙子作画；B类生的教学目标为：在手势提示或半辅助条件下，用大拇指与食指、中指正确捏、捻沙子作画；C类生的教学目标为：用整只手抓、撒沙子作画或在全辅助条件下用大拇指与食指、中指捏、捻沙子作画。通过设定分层目标，符合不同层级水平学生的最近发展区，让不同能力水平的特殊儿童都能得到一定程度的发展，体验成功的喜悦。

课外拓展

特殊儿童题材的影片：

《我的影子在奔跑》，该片讲述了一个患有轻度孤独症的孩子修直如何在其单身母亲田桂芳17年的悉心养育下长大成人的故事。

《漂亮妈妈》，该片讲述了母亲孙丽英独自抚养患有听觉障碍的儿子郑大，耐心地教儿子说话、识字，带领孩子一起勇敢地逾越了生命的一道道难关。该片主演获得蒙特利尔国际电影节最佳女演员奖，金鸡奖最佳女主角奖，百花奖最佳女主角奖等奖项；该片获百花奖最佳故事片奖。

请同学们通过网络查找并观看这两部影片，在观看后可以谈谈自己的感想。

实训操练

利用实践机会，运用活动本位模式的教学策略与学前特殊儿童进行互动，并结合实践效果进行反思。

真题再现

真题再现、过关练习
参考答案

对存在语言发展障碍的儿童来说，进行语言矫治的关键期是（　　）。
A.婴儿期　　　　B.学前期　　　　C.学龄初期　　　　D.学龄中期

过关练习

一、不定项选择（每题有1个或多个正确选项，请将选项字母填在括号里）

1. 强调儿童发展的整体性和协调统一性的观点是（　　）。
   A.全程发展观　　B.全面发展观　　C.潜能发展观　　D.主动发展观
2. 强调儿童发展的过程会出现波动和不平衡的观点是（　　）。
   A.全程发展观　　B.全面发展观　　C.动态发展观　　D.主动发展观
3. 强调要发挥人的主观能动性的观点是（　　）。
   A.全程发展观　　B.全面发展观　　C.动态发展观　　D.主动发展观
4. 对于需要组合物件或需要使用多项或多次物件的活动，教师可以逐次限量分配提供，使儿童必须逐次地要求给予所需的工具的教学策略是（　　）。
   A.寻求帮助法　　B.中断法　　C.干扰妨碍法　　D.片段分次法
5. 教师对儿童的某一连锁行为予以中止，使其无法继续该行为的教学策略是（　　）。
   A.寻求帮助法　　B.中断法　　C.干扰妨碍法　　D.片段分次法

二、简答题

1. 简述活动本位模式的遗漏法。
2. 简述全程发展观的基本观点。

第四章 学前特殊儿童教育的实践基础

◇ **学习目标**

1. 了解学前特殊儿童教育的物理环境的基本含义；掌握学前特殊儿童教育物理空间的组成。

2. 学前特殊儿童常用的设施设备、玩教具等物质条件，了解常见的学前特殊儿童评估工具。

3. 了解并运用学前特殊儿童教育的相关政策法规。

◇ **核心知识**

物理环境、学前特殊儿童教育物理空间的组成、学前特殊儿童教育的物质条件、学前特殊儿童的评估量表以及《中华人民共和国残疾人保障法》《残疾人教育条例》等学前特殊儿童教育有关的政策法规。

◇ **思维导图**

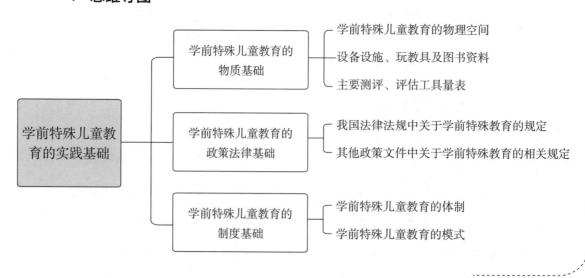

◇ **本章概要**

第一节介绍了学前特殊儿童教育的物质基础：一是要有相应的物理空间，包括合格的场地，基于儿童全面发展的各类用房；二是要有设备设施、玩教具及图书资料；三是要有相关的儿童发展测评、评估工具量表，具备这些基本条件才能开展学前特殊儿童教育。

第二节介绍了我国明确提出的与学前阶段特殊教育相关的法律法规以及学前阶段特殊幼儿、特殊或融合幼儿园教师、学前阶段教育康复等相关的条款。依法治教是我国教育事业的发展方向，我国从本国国情出发，制定了《中华人民共和国教育法》《中华人民共和国残疾人保障法》《中华人民共和国义务教育法》等一系列有关特殊儿童生存、保护和发展的法律法规。学习并运用学前特殊儿童教育的政策法规是推进教育公平、实现教育现代化的重要举措。

第三节阐述的是学前特殊儿童教育的制度基础。学前特殊儿童教育体制是关于学前特殊教育机构归谁所有以及由谁管理的问题，即"谁创办""谁管理"的核心问题。一是公办民办并举、民办康复机构居多的康复制度体系；二是学前特殊儿童教育的模式，在我国主要表现为以下几种方式：（1）以家长为主承担康复任务的家庭教育模式；（2）以机构为主承担康复任务的机构教育模式；（3）以学校为主承担康复任务的学校教育模式；（4）以医疗机构为主承担康复任务的医疗康复模式；（5）将以上几种模式综合在一起的综合康复模式。

第一节　学前特殊儿童教育的物质基础

20世纪50年代前后，列斐伏尔（Henri Lefebvre）将空间划分为物理空间、精神空间和社会空间[①]。物理空间即所谓的自然空间，作为内部客观事物的外在容器，主要反映空间的本体存在[②]。优质的学前特殊儿童教育离不开一个具有科学的教育理念、完善的空间规划与布局，且合理配置资源的物理空间。为学前特殊儿童提供一个能满足其需求的物理空间，是保证有效地促进特殊儿童生长发育和心理发展的基础。

一、学前特殊儿童教育的物理空间

学前特殊儿童教育的物理空间是教育者与特殊儿童生活与活动的物质媒介，主要指特殊儿童生活、学习必要的场地、房屋建筑及建筑中的设施设备。根据教育场地及其服务功能可以将物理空间划分为室外公共空间、班级空间、功能性空间三大区域。

---

① 张子凯.列斐伏尔"社会空间"思想研究 [D].北京：北京大学，2008.
② 曹宇.列斐伏尔空间生产理论研究 [D].哈尔滨：黑龙江大学，2018.

（一）有合格的场地

合格的学前特殊儿童教育场地必须符合"以儿童为本"的原则。选址须是独立、安全、相对稳定的场所，总体平面布置的功能布局应是合理、齐全的。建筑的选址应尽量避开交通主干道，远离集贸市场、娱乐场所、灾害易发地区、垃圾中转站、输气管道或高压供电线路等不利于儿童身心健康的场所，且场地还应根据特殊儿童的身心状况和需求做无障碍环境设计。

本文所说的场地，主要指室外场地。学前特殊儿童教育场地一般由室外公共游戏场地、集中绿地两部分组成。

室外公共游戏场地主要包括用于运动的、开展各种活动的塑胶操场，空间可变化的玩水区、沙土地等，以及配备在这些场地内适用于所有儿童的设施、设备，包括体育活动设备如单双杠、蹦床等。好的机构或学校、幼儿园具备上述所有类型的场地。

室外公共游戏场地的人均面积应合理。例如，教育部组织编制的《幼儿园建设标准》（建标175—2016）①提出"室外地面游戏场地人均面积不应低于4㎡。其中，共用游戏场地人均面积不应低于2㎡，分班游戏场地人均面积不应低于2㎡"。室外游戏场地宜为软质地坪，且地面应具有防滑功能，以降低儿童活动危险系数。

集中绿地主要包括种植区（自然生物园地）、草地、绿化带。在种植园中严禁种植有毒、有刺、有飞絮、病虫害多、有刺激性的植物，如带有毒性的夹竹桃、带有尖刺的仙人掌等。

（二）有基本的生活与学习用房

学前特殊儿童教育房屋建筑主要由儿童活动用房、服务用房、附属用房三部分组成，主要应用于儿童与老师的基本生活与学习。房屋建筑应符合国家现行的建筑设计规范的相关规定，坚持安全、适用、绿色、节能、环保、经济、美观的原则，营造功能完善、适合儿童身心健康发展的教育环境。

1. 儿童活动用房

儿童活动用房主要包括班级教室、综合活动室。儿童活动用房应有足够的空间、功能分区明确，且空间设计应有利于儿童的发展与安全管理。例如，《幼儿园建设标准》（建标175—2016）中提出的幼儿园各项用房人均使用面积指标如表4-1所示。

表4-1 全日制幼儿园各项用房人均使用面积指标

用房类别和用房名称	面积指标（㎡/人）			
	3班	6班	9班	12班
一、幼儿活动用房	5.10～6.30	5.10～6.30	5.00～6.20	4.90～6.10
1. 班级活动单元	4.40～5.30	4.40～5.30	4.40～5.30	4.40～5.30
2. 综合活动室	0.70～1.00	0.70～1.00	0.60～0.90	0.50～0.80

---

① 教育部. 教育部关于贯彻执行《幼儿园建设标准》的通知 [EB/OL]. http://www.moe.gov.cn/srcsite/A03/s3012/201612/t20161230_293510.htm

续表

用房类别和用房名称	面积指标（m²/人）			
	3班	6班	9班	12班
二、服务用房	0.49～0.74	0.99～1.24	0.84～1.07	0.69～0.90
1.办公室	0.10～0.35	0.60～0.85	0.50～0.73	0.40～0.61
2.保健观察室	0.10	0.10	0.08	0.06
3.晨检接待厅	0.20	0.20	0.18	0.16
4.洗涤消毒用房	0.09	0.09	0.08	0.07
三、附属用房	0.60～0.80	1.22～1.34	1.15～1.26	1.08～1.18
1.厨房	0.40～0.50	0.70～0.72	0.69～0.71	0.68～0.70
2.配电室	—	0.05	0.04	0.03
3.门卫收发室	—	0.10	0.09	0.08
4.储藏室	0.10～0.20	0.20～0.30	0.18～0.27	0.16～0.24
5.教职工卫生间	0.10	0.10	0.09	0.08
6.教师值班室	—	0.07	0.06	0.05
人均使用面积合计	6.19～7.84	7.31～8.88	6.99～8.53	6.67～8.18

例如，学前特殊儿童康复机构可以设置用于集体上课的集体（小组）训练室、康复训练评估室、用于生活自理训练的生活自理能力区、言语康复训练室、运动训练室等，还可以根据服务对象的年龄段和障碍情况设置融合教育场所。各区域的地面都应采用防滑地砖，儿童活动用房宜设置双扇平开门，禁止设置弹簧门、推拉或旋转玻璃门，在门缝处还应安装防夹手保护贴。儿童活动用房的窗台距离地面不宜高于0.6米，并应设置安全护栏，所有的内墙阳角、方柱及窗台应做成小圆角。

2. 服务用房

服务用房主要包括教师办公的办公室、儿童保健观察室、晨检接待厅、儿童休息的寝室、卫生间、盥洗室等。服务用房除了最基本的安全设计以外，还应做无障碍处理。例如，厕所、儿童出入的门厅、走廊等不应设台阶，应采用防滑楼梯和地面，楼梯要双侧安装扶手，高度不高于0.6米；地面有高差时，应设置防滑坡道。

3. 附属用房

附属用房包括门卫收发室、储藏室、配电室、教职工卫生间、厨房、加热间、医务室、值班室等。

（三）有基于儿童全面发展的各功能用房

为了满足儿童全面发展的需求，学前特殊儿童教育机构或幼儿园还应配备除了儿童和教师基本的生活与学习的场地与用房以外的多种功能用房，如心理宣泄室、生活坊（如烘焙房）、阅览室、音乐舞蹈室、感统室、动感教室、情境训练教室等。幼儿园还可以根据特殊幼儿的障碍程度、个别化教育需求、学校融合教育的主客观条件，建设资源教室。

资源教室是为随班就读的残疾学生及其他有特殊需要的学生、教师和家长提供特殊教育专业服务的场所。[①]资源教室的主要功能是为特殊需要儿童提供咨询、测查、评估服务，并为对其进行学科知识辅导、生活辅导、社会适应性训练及基本的康复训练提供支持性教育环境和条件，还间接地对普通班级教师、学生家长、有关社区工作人员提供咨询，进行相关特殊教育专业知识与方法的培训，帮助普通班级教师和家长更全面地了解特殊儿童的需要或问题，以便更好地对儿童进行个别化的教育教学，使其能更好地在普通班级中随班就读。

1. 资源教室的场地及环境

资源教室应有固定的专用场所，建议避免选择高层，可选择低楼层和位置相对安静、距离适于各班特殊幼儿往返于普通教室和资源教室的地点。其面积应不小于 $60m^2$，一般由一个房间组成，若由多个房间组成，应尽可能将房间安排在一起。资源教室中的基础设施要符合《无障碍环境建设条例》《无障碍设计规范》《特殊教育学校建筑设计规范》中的有关规定。

2. 资源教室的区域设置

为了满足资源教室的功能需要，资源教室可设置学习训练、资源评估、办公接待等基本区域。

学习训练区主要以个体形式或小组形式对学生进行学科学习辅导，以及相关的认知、情绪、社交发展方面的训练。根据学生的需求，对学生进行动作及感觉统合训练、视觉功能训练、言语语言康复训练等；资源评估区主要用于存放学生教学训练计划、教师工作计划以及教具、学具、图书音像资料等，对学生进行学习需求测查，各种心理、生理功能基本测查和评估等；办公接待区主要用于教师处理日常工作事务及开展相关管理工作，接待校内学生、教师、家长等来访者。

在不影响资源教室基本功能的情况下，各学校的资源教室的各功能区域可以根据实际需求相互兼容，适当拓展。

七维教育资源教室区域设置如图4-1所示。

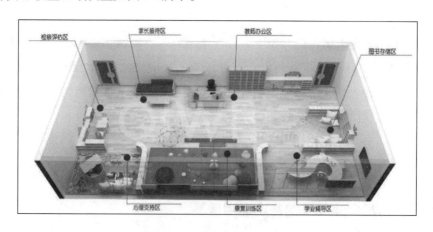

图 4-1　七维教育资源教室

① 教育部.教育部办公厅关于印发《普通学校特殊教育资源教室建设指南》的通知[EB/OL].http://www.moe.gov.cn/srcsite/A06/s3331/201602/t20160216_229610.html，2016-01-27.

拓展阅读：
资源教室建设案例一

 拓展阅读：
资源教室建设案例二

3. 资源教室设备

资源教室的设备大致可以分为三类，即基本设备、教学康复训练设备、评量工具。

 拓展阅读：
普通学校特殊教育资源教室配备参考目录

（1）基本设备主要包括办公用具，如黑板、教师办公桌椅、计算机、电子白板等；学生学习用具，如课桌椅（含肢体障碍学生使用的轮椅桌、矫形椅和低视力学生使用的升降桌椅等）、文具等；储物用具，如各种文件柜、书柜、置物架、储物柜等。

（2）教学康复训练设备包括教学电脑一体机、声像设备、录像机、幻灯机等工具，还有各类绘本图书、教科书、益智类教学工具（蒙台梭利教具、认知板、字母数字列车、塑封的实物或卡片）、生活自理训练工具、肢体运动辅助类器具（步态训练器、助行器、帮助精细统整教学的小型拼接积木、感统训练所用的大龙球、跳袋等）、听觉及沟通辅助类工具（手语训练卡片、语音训练的哨子、蜡烛等）、视觉辅助类工具（便携式助视器、放大镜、可调式照明灯）等。

（3）评量工具设备包括智力测验工具、能力测验工具（如学习风格评估量表、数学学习能力评估量表、阅读学习能力评估量表、认知评估量表、情绪行为问题评估量表）等。

二 设备设施、玩教具及图书资料

"工欲善其事，必先利其器。"教育场地中的设施设备、玩教具是教师开展教育教学的重要工具，也是促进儿童全面发展的重要物质载体。环境中的设施设备、玩教具、图书资料等必须充分考虑特殊儿童的特殊需要，尽可能减少环境对特殊儿童的限制，使特殊儿童也能独立自由地享受周围的环境，让所有儿童都有参与感及归属感。

（一）必要的设备设施

学前特殊儿童教育的教室应配备满足各类儿童生活和学习所需的设施设备。首先，应配有上课使用的基础设施设备，如桌椅（最好具有灵活性，可以调节高度和宽度）、垫子、黑板、书架，以及儿童生活中常用的柜子、饮水机、洗手盆（不宜过高，四角打磨平滑）、午休床、储物架等。其次，应配备教师教学常用电子类设备，如计算机、电视、教学一体机、投影设备、摄像机等。最后，教育机构还可以根据特殊儿童的需求配备无障碍设施设备，如方便肢体障碍儿童上下楼的无障碍电梯或平缓坡度的无障碍通道，方便视觉障碍儿童行走的导盲砖盲道，方便听障儿童观看教师口型的电子显示屏。

（二）常用的玩教具

学前特殊儿童教育的幼儿园、机构等场所应配备的常用玩教具主要包括体育活动器材类、角色游戏玩具类、结构游戏玩具类、沙水玩教具类、科学启蒙玩教具类、美工玩教具类、音乐玩教具类、劳动玩教具类等。

（1）体育活动器材类，包括跳绳、球类、跷跷板、秋千、滑梯、平衡木、攀登架、蹦床、钻圈、体操圈、拱形门等。

（2）角色游戏玩具类，包括娃娃类和动物类仿真玩偶、小家具、头饰、服饰、仿真医疗玩具、仿真厨房玩具等。

（3）结构游戏玩具类，包括大中小各种类型的积木、结构性玩具、拼图、各种巧板、各种插件、串珠等。

（4）沙水玩教具类，包括沙池、沙类模具、沙水玩具、水上充气沙滩球等。

（5）科学启蒙玩教具类，包括万花筒、放大镜、磁铁片、地球仪、钟表模型、逻辑几何块、计算器、昆虫盒、温度计、量杯、挂画、教学试验盒、镜面教具等。

（6）美工玩教具类，包括彩色水笔、油画棒、蜡笔、小画架、图形块、调色盘、泥工板、美工教具盒等。

（7）音乐玩教具类，包括钢琴，奥尔夫打击类器乐，如响板、铃鼓、木鱼、加沟单响筒、双响筒、节奏棒、摇铃、带柄碰铃、沙蛋、沙锤、枣午板、环保铃、三角铁、八音敲琴、手腕铃等。

（8）劳动玩教具类，包括小铲子、小锤子、儿童铁铲、喷壶、小背篓、小篮子等。

常用的玩教具如图4-2所示。

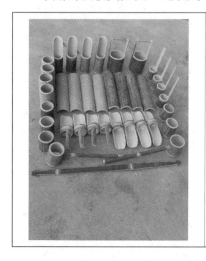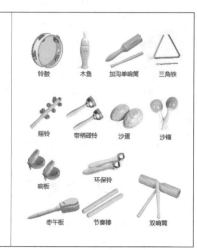

图4-2　常用的玩教具

学前特殊儿童教育的幼儿园机构等场所可以根据学前特殊儿童的障碍类别和特殊教育需求配备用于认知训练、粗大动作训练、精细动作训练、语言训练等训练活动的玩教具，如用于言语训练的言语训练器T字咬胶、口腔按摩海绵棒、压舌板、口部感知按摩刷等，用于感觉综合训练的感统触觉刷、A字架秋千悬吊组合、独木桥过河石万象组合等。

特殊儿童常用的玩教具如图4-3所示。

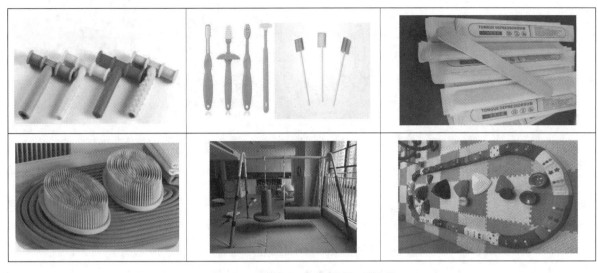

图4-3　特殊儿童常用的玩教具

（三）基本的图书资料

阅读可以激发儿童的想象力，促进儿童语言表达能力的提高。教育部2012年颁布的《3～6岁儿童学习与发展指南》中指出，要为儿童提供良好的阅读环境和条件，提供一定数量的符合幼儿年龄特点且富有童趣的图画书，让儿童喜欢听故事、喜欢看图书，培养其初步阅读理解能力。[①]

购置图书时需考虑到儿童的年龄特征、儿童的阅读兴趣、主题活动、季节变换等。《北京市幼儿园玩具配备目录》（2010年版）[②]依据幼儿的年龄段对图画书的题材、种类和规格提出了具体的要求。小班幼儿适合游戏、认物、童话、大开本图书，每个班配备1～2套图卡（如常见动物、果蔬卡等）、1～2本有声读物；中班幼儿适合经典童话、心理故事、科普知识图书，每个班配备1～2套图卡（如排序讲述卡、动植物图卡等）、2～4本有声读物；大班幼儿适合童话、寓言、科普故事图画书，美劳、社会工具书，每个班配备1～2套图卡（如社会、生物、交通工具、军事图卡）、4～6本有声读物。

适合小班年龄段幼儿的游戏类、认物类等认知启蒙书，主要采用图文并茂的方式呈现，简单明了，内容有趣、易懂。如《魔法亲亲》《小种子》《找到一个好朋友》《爱上表达》《爱上幼儿园》《一口袋的吻》《小猪呼噜习惯养成》《牙齿大街的新鲜事》《肚子里有个火车站》《我的爸爸》《我的妈妈》《阿力会穿裤子了》等，可以帮助儿童认识周围环境，如形状、颜色、常见物品，也可以提高儿童的观察力、自我情绪管控力，还可以让儿童通过阅读做好入园准备，养成良好习惯，学会认识自己并做好情绪管理等。

适合小班年龄段的游戏类、认物类等认知启蒙书如图4-4所示。

---

① 中华人民共和国教育部制定. 3～6岁儿童学习与发展指南[M]. 北京：首都师范大学出版社，2012.
② 北京市教育委员会学前教育处，北京市幼儿园玩具配备目录[M]. 北京：北京出版集团公司，北京少年儿童出版社，2010.

图 4-4　适合小班年龄段幼儿的游戏类、认物类等认知启蒙书

适合中班年龄段儿童阅读的经典童话、心理故事、科普知识图书等，以生动形象的插图及幽默的语言展现故事或生活中的某些事件、现象，既可以提高儿童的语言表达和理解能力，又可以增强儿童对自然现象的了解，培养儿童的好奇心和科学兴趣，增加儿童的知识量，协助儿童建构自己的经验世界，让儿童通过阅读养成符合规矩和良好的社交能力，懂得自我保护，塑造良好的品格。适合中班年龄段儿童的游戏类、认物类等认知启蒙书有《奇先生妙小姐》《幸福的小土豆》《一寸虫》《宫西达也系列》《苹果园的12个月》《母鸡萝丝去散步》《给孩子的安全书》《孩子，没关系》《生气王子》《菲菲生气了》《一颗种子的旅行》等，如图4-5所示。

图 4-5　适合中班年龄段儿童的游戏类、认物类等认知启蒙书

适合大班年龄段儿童阅读的童话、寓言故事、科普故事等图书，能培养孩子对生活的理解和认识，增强儿童的概括与推理能力。适合大班年龄段儿童游戏类、认物类等认知启蒙书有《儿童自我保护——安全教育绘本系列》《西游记绘本系列》《玩具太多了》《风到哪里去了》《字母树》《彩虹色的花》《如果地球被我们吃掉了》《长大以后做什么》《不跟你走》《小怪兽》《海马先生》《这是谁的家？》等，如图4-6所示。

图 4-6　适合大班年龄段儿童的游戏类、认物类等认知启蒙书

三 主要测评、评估工具量表

特殊儿童评估是指评估者根据心理测量结果和其他资料（如日常观察记录、个人病史、家族病史、个人生长发育史、受教育经历等），对特殊儿童个体或群体的心理特征、发展水平及存在问题做出判断、解释的过程。[①] 评估是教学的基础。科学有效的能力评估是为特殊儿童制订和修订IEP的标尺，是为特殊儿童提供精准支持的保障，是让特殊需要儿童获得更适切教育的前提。对特殊儿童的评估既可以采用标准化的评估方法，也可以采用非标准化的评估方法。不同取向的评估方法使用的评估工具也截然不同。

（一）标准化的评估工具

标准化的评估方法一般借助的是标准化的评估工具，如智力评估工具、适应性行为评估工具、语言评估工具、发展性评估工具、感觉动作统合测验评估工具、成就测验评估工具等。

（1）智力评估工具包括韦氏儿童智力量表第四版、斯坦福-比奈智力量表第五次修订版、考夫曼儿童成套评价量表第二版等。

（2）适应性行为评估工具，包括适应行为评定量表第二版（ABAS-Ⅱ）、文兰适应行为量表（VABS）等。

（3）语言评估工具，包括皮博迪图片词汇测验（PPVT）、林宝贵等编订的学前儿童语言障碍评估表等。

（4）发展性评估工具，包括张厚粲等编订的中国儿童发展量表（CDCC）、孤独症儿童心理教育评核（第三版）（PEP-3）、Peabody运动发育量表（PDMS-2）、基本语言和学习技能评估修订版（ABLLS-R）等。

（5）感觉动作统合测验评估工具：婴儿感觉功能评估量表（TSFI）、感觉信息处理评估表（ESP）、感觉统合与动作计划测验（SIPT）、米勒学前测验（MAP）、任桂英等引进的台湾地区郑信雄编写的《儿童感觉统合评定量表》等。

（6）成就测验工具，包括皮博迪个人成就测验（修订本）（PIAT-R）、韦克斯勒个人成就测验（WIAT-Ⅲ）等。

这些标准化的评估工具需要受过专业训练且已获得资格认证的评估人员，在特定的场所，按照评估手册上标准化的评估程序，通过个体施测或集体施测，才能获得评估结果资料。由于特殊儿童通常容易受周围环境的影响，注意力不集中，语言沟通能力或情绪控制能力较弱，测试过程中容易产生评分偏差，导致测试结果不能反映特殊儿童的真实能力水平。

[①] 韦小满. 当前我国特殊需要儿童心理评估存在的问题与对策[J]. 北京师范大学学报（社会科学版），2006，193（1）：62-67.

(二)非标准化的评估工具

非标准化的评估方法有生态评估、功能性评估、课程本位评估、档案评估等多种评估形式,不同评估形式采用的评估工具和搜集资料的方法也不尽相同。

1. 生态评估

生态评估是指利用生态评估表(见表4-2),通过观察、访谈、记录等方法直接对特殊儿童在其所属的各种环境(家庭、学校、社区等)中所表现出来的各种能力进行评估分析,以便于设计教学目标及教学过程。[1]

生态评估以特殊儿童目前和未来可能接触的各种环境为评估重点,通过评估,发现学生的学习需求或环境需求,然后再通过各种形式或程度的辅助,尽可能地帮助儿童成功地适应并参与到这些环境中。

表4-2 生态评估表

主要领域	主要环境	常常/喜欢去的地方	经常/喜欢做的活动	日常表现	应备技能	所需的协助训练及辅具
学校生活	学校					
居家生活	家庭					
社区生活	社区					
职业生活	工作场所					

2. 功能性评估

功能性评估是指搜集行为资料并分析行为功能的过程,它运用观察、访谈等方式找出行为的前因后果,以确定问题行为对行为者个人所产生的影响,从而提高行为支持或介入的效果、效率。[2] 功能性评估一般采用A-B-C行为观察记录表或问题行为功能性评估量表搜集特殊儿童问题行为的相关数据,并分析其行为能力,以便采取有效的行为干预支持策略。

功能性评估量表如表4-3所示。

---

[1] 王辉. 特殊儿童教育诊断与评估 [M]. 南京:南京大学出版社,2018:308.
[2] 王辉. 特殊儿童教育诊断与评估 [M]. 南京:南京大学出版社,2018:326.

表 4-3 功能性评估量表

观察者：		个案姓名：	目标行为：		
日期	地点	前提事件（A）	目前的行为表现（B）	行为后果（C）	功能

实训操练

见习期间利用生态评估表，选取一位有特殊需要的儿童对其进行生态评估，并对其学校生活环境进行生态分析，为其设计教学内容。

过关练习

过关练习
参考答案

一、不定项选择（每题有1个或多个正确选项，请将选项字母填在括号里）

1. 关于资源教室表述不正确的是（　　）。
A. 资源教室是为随班就读学生提供教育资源的场所
B. 资源教室是为随班就读学生提供的实验教室
C. 资源教室相当于就读学校的资源中心
D. 资源教室可以提供有效的支持与专门服务

2. 为肢体障碍学生创设的无障碍环境是学校环境调试中最基本的条件，以下哪种设置属于学校接纳肢体障碍学生融入学校教育的保证？（　　）
A. 助听器　　　B. 盲人道　　　C. 无障碍卫生间　　　D. 普通楼梯

二、填空题

校园内的柱子、墙壁的拐角都应改建成圆角或涂上鲜艳的色彩，让_____学生减少碰撞。

第二节　学前特殊儿童教育的政策法律基础

特殊教育是党和政府始终高度重视和关心的一项民生事业。发展特殊教育是推进教育公平、实现教育现代化的重要内容，是坚持以人为本理念、弘扬人道主义精神的重要举措，是保障和改善民生、构建社会主义和谐社会的重要任务。

依法治教是我国教育事业的发展方向，制定并实施学前特殊儿童教育相关法律法规是依法治教的重要体现。新中国成立以来，我国从本国国情出发，以《中华人民共和国宪法》为蓝本，参照世界各国有关儿童权益保护的法律和文件，制定了包括《中华人民共和国教育法》《中华人民共和国残疾人保障法》《中华人民共和国义务教育法》等在内的一系列有关特殊儿童生存、保护和发展的法律法规。[①]

同时，党的十八大明确提出支持特殊教育，党的十九大提出办好特殊教育，党的十九届五中全会提出完善特殊教育保障机制。2022年在中国共产党第二十次代表大会上，习近平总书记代表党中央在报告中明确提出要强化特殊教育普惠发展。这是我党关于特殊教育性质、使命和任务最为明确、深刻的宣示，对于办好特殊教育、促进教育公平，为新时代我国特殊教育现代化发展指明了方向。

资料链接

2023年6月2日，国务院常务会议上讨论并通过《中华人民共和国学前教育法（草案）》，决定将草案提请全国人大常委会审议。会议指出，学前教育是终身教育的起点，是重要的社会公益事业，关系亿万儿童健康成长，强化法治保障十分重要。要统筹当前和长远，根据新型城镇化进程和学龄人口变动趋势，科学规划学前教育资源配置，既有效满足需求，也避免造成资源浪费。要加强财政投入保障，提高学前教育投入比重，加大对农村地区、民族地区倾斜力度，增加学前学位供给，促进学前教育事业普及普惠、安全优质发展。

2023年8月28日，《中华人民共和国学前教育法（草案）》提请十四届全国人大常委会第五次会议初次审议，2024年6月25日，学前教育法草案二审稿提请全国人大常委会会议审议。二审稿增加了更多与学前特殊儿童权益相关的条款，保障了学前特殊儿童的受教育权，在国家层面立法确保学前融合教育的推进。

法律法规：
《中华人民共和国学前教育法（草案）》

学前特殊教育相关法律法规是指我国明确提出的与学前阶段特殊教育相关的法律法规，包括与学前阶段特殊幼儿、特殊或融合幼儿园教师、学前阶段教育康复等相关的条款。[②]本书梳理了我国有关学前特殊教育的政策法律条款，如表4-4所示。

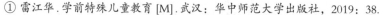

① 雷江华. 学前特殊儿童教育[M]. 武汉：华中师范大学出版社，2019：38.
② 张欣，张燕，王先达. 新时期我国学前特殊教育法规发展：法制与师资保障[J]. 绥化学院学报，2022，42（4）：121-125.

表 4-4　我国有关学前特殊教育的具体政策法律

层级	具体法律法规、政策文件
法律法规	《中华人民共和国残疾人保障法》（1990 年通过，2008 年修订）
	《残疾人教育条例》（1994 年颁布，2017 年修订）
其他政策文件	《幼儿教育指导纲要（试行）》（2001 年 9 月起试行）
	《特殊教育提升计划（2014—2016 年）》
	《第二期特殊教育提升计划（2017—2020 年）》
	《"十四五"特殊教育发展提升行动计划》（2022 年 1 月颁布）

一　我国法律法规中关于学前特殊教育的规定

（一）《中华人民共和国残疾人保障法》

1990 年 12 月 28 日，第七届全国人民代表大会常务委员会第十七次会议审议通过《中华人民共和国残疾人保障法》。《中华人民共和国残疾人保障法》是根据宪法制定的，是维护残疾人的合法权益，发展残疾人事业，保障残疾人平等地参与社会生活和共享社会物质文化成果的有力武器。《中华人民共和国残疾人保障法》是我国第一部针对残疾人群体的专门立法，也是促进残疾人事业发展的基本法。

法律法规：
《中华人民共和国残疾人保障法》

其中，与学前特殊儿童教育相关的法律条例如下。

1. 保障残疾儿童受教育的权利

《中华人民共和国残疾人保障法》第二十一条规定："国家保障残疾人享有平等接受教育的权利。各级人民政府应当将残疾人教育作为国家教育事业的组成部分，统一规划，加强领导，为残疾人接受教育创造条件。"

《中华人民共和国残疾人保障法》第二十二条规定："残疾人教育，实行普及与提高相结合、以普及为重点的方针，保障义务教育，着重发展职业教育，积极开展学前教育，逐步发展高级中等以上教育。"

2. 要求普通幼儿教育机构接收能适应其生活的残疾幼儿

《中华人民共和国残疾人保障法》第二十六条规定："残疾幼儿教育机构、普通幼儿教育机构附设的残疾儿童班、特殊教育机构的学前班、残疾儿童福利机构、残疾儿童家庭，对残疾儿童实施学前教育。"

《中华人民共和国残疾人保障法》第六十三条规定："违反本法规定，有关教育机构拒不接收残疾学生入学，或者在国家规定的录取要求以外附加条件限制残疾学生就学的，由有关主管部门责令改正，并依法对直接负责的主管人员和其他直接责任人员给予处分。"

（二）《残疾人教育条例》

法律法规：
《残疾人教育条例》

《残疾人教育条例》由国务院批准，于1994年8月23日颁布实施。该条例是我国第一部有关残疾人教育的专项法规，它的颁布实施，从法律上进一步保障了我国残疾人平等受教育的权利，促进了残疾人教育事业的发展。

2017年，我国修订了《残疾人教育条例》，进一步完善了残疾儿童教育保障机制。该条例这次修订的思路主要把握了以下几点：（1）总结实践经验，将近几年有关促进残疾人教育事业发展的文件中行之有效的政策、措施上升为法律制度；（2）立足实际情况，推进融合教育，在统筹规划、合理配置特殊教育资源的基础上完善残疾人入学安排，规范教育教学活动，使残疾学生接受与其身心状况相适应的教育；（3）明确政府责任，加强对残疾人教育的保障和支持。①

为了方便特殊儿童入学，提高残疾人教育普及程度，该条例做出了如下规定。

1. 积极开展学前特殊教育

《残疾人教育条例》第三条规定："发展残疾人教育事业，实行普及与提高相结合、以普及为重点的方针，保障义务教育，着重发展职业教育，积极开展学前教育，逐步发展高级中等以上教育。"

2. 保护残疾儿童学前阶段受教育的权利

《残疾人教育条例》第七条规定："学前教育机构、各级各类学校及其他教育机构应当依照本条例以及国家有关法律、法规的规定，实施残疾人教育；对符合法律、法规规定条件的残疾人申请入学，不得拒绝招收。"

3. 重视残疾儿童学前教育

《残疾人教育条例》第三十一条规定："各级人民政府应当积极采取措施，逐步提高残疾幼儿接受学前教育的比例。""支持特殊教育学校和具备办学条件的残疾儿童福利机构、残疾儿童康复机构等实施学前教育。"

4. 为经济困难学生提供免费学前教育

《残疾人教育条例》第五十一条规定："国家鼓励有条件的地方优先为经济困难的残疾学生提供免费的学前教育和高中教育，逐步实施残疾学生高中阶段免费教育。"

该条例将学前教育的部分单独列出来，清晰地规范了特殊儿童学前教育的相关内容。在特殊儿童教育安置方面，提出支持普通幼儿园、特殊教育学校、残疾儿童福利机构与残疾儿童康复机构等开展学前教育活动；在教育结合实施的内容方面，除了包含普通幼儿的保教结合以外，还纳入了康复这一重要内容，提出特殊儿童的学前阶段的教育应当与保育、康复相结合。②

① 王萍. 学前特殊儿童教育[M]. 北京：清华大学出版社，2019：219.
② 张欣，张燕，王先达. 新时期我国学前特殊教育法规发展：法制与师资保障[J]. 绥化学院学报，2022，42（4）：121-125.

二 其他政策文件中关于学前特殊教育的相关规定

近年来，国家相继出台各种政策促进特殊教育的发展，对特殊教育重视程度的不断提高。

（一）《幼儿园教育指导纲要（试行）》

政策文件：
《幼儿园教育指导纲要（试行）》

为进一步贯彻第三次全国教育工作会议和全国基础教育工作会议精神，落实《国务院关于基础教育改革与发展的决定》，推进幼儿园实施素质教育，全面提高幼儿园教育质量，从2001年9月起试行《幼儿园教育指导纲要（试行）》。

其中，与特殊儿童相关的规定有以下几条。

（1）幼儿园的教育是为所有在园幼儿的健康成长服务的，要为每一个儿童，包括有特殊需要的儿童提供积极的支持和帮助。

（2）关注幼儿的特殊需要，关注各种发展潜能和不同发展障碍，与家庭密切配合，共同促进幼儿健康成长。

（二）《特殊教育提升计划（2014—2016年）》

党的十八大提出"支持特殊教育"，党的十八届三中全会要求推进特殊教育改革发展。党中央、国务院领导多次批示，要求加强完善特殊教育的政策措施。针对我国特殊教育发展中农村残疾儿童少年义务教育普及率不高、非义务教育阶段特殊教育发展水平偏低等问题，教育部、国家发展改革委、民政部、财政部、人力资源社会保障部、卫生计生委和中国残联共同研究制订了《特殊教育提升计划（2014—2016年）》。[①] 该计划提出了三大任务：一是提高残疾儿童少年义务教育普及水平，特别是对未入学残疾儿童逐一安排其接受义务教育；二是加强条件保障，重点是保障特殊教育学校正常运转和提高办学水平；三是提升教育教学质量，重点是建立完善的特殊教育学校课程和教材体系。该计划中与学前特殊教育相关的条例有以下几条。

1. 提高学前教育普及水平

针对实名登记的未入学残疾儿童少年残疾状况和教育需求，采用多种形式逐一安排其接受义务教育。积极发展残疾儿童学前教育，大力发展以职业教育为主的残疾人高中阶段教育，加快发展残疾人高等教育，逐步提高非义务教育阶段残疾人接受教育的比例。

2. 积极发展非义务教育阶段特殊教育

各地要将残疾儿童学前教育纳入当地学前教育发展规划，列入国家学前教育重大项目。支持普通幼儿园创造条件接收残疾儿童。支持特殊教育学校和有条件的儿童福利机构增设附属幼儿园。

---

① http://www.moe.gov.cn/jyb_xwfb/s271/201401/t20140120_162842.html.

(三)《第二期特殊教育提升计划(2017—2020年)》

教育部例行新闻发布会上提到,通过第一期特殊教育提升计划的实施,我国特殊教育取得了前所未有的成就,呈现了崭新的面貌。截至2016年年底,视力、听力、智力三类残疾儿童少年义务教育入学率已经达到90%以上,全国有特殊教育学校2080所,比2013年增加了147所,增长7.6%;在校生有49.2万人,比2013年增加了14.2万人,增长了40.6%。但是,特殊教育仍然是各级各类教育的薄弱环节,面临着许多困难,主要表现在:一是残疾儿童少年义务教育在中西部地区特别是边远贫困地区普及水平仍然偏低;二是学前、高中和高等特殊教育也就是非义务阶段的特殊教育还相对滞后;三是特殊教育条件保障机制还不够完善;四是特教教师数量不足、待遇偏低,专业水平还有待提高。要破解这些难题,必须采取更加有效的措施,可以通过实施《第二期特殊教育提升计划(2017—2020年)》来解决。①

《第二期特殊教育提升计划(2017—2020年)》坚持以问题为导向,积极应对新形势、新挑战,提出了四项基本原则:一是坚持统筹推进,普特结合;二是坚持尊重差异,多元发展;三是坚持普惠加特惠,特教特办;四是政府主导,多方参与。《第二期特殊教育提升计划(2017—2020年)》围绕"完善特殊教育服务体系、增强特殊教育保障能力、提高特殊教育质量"三大重点任务对未来几年我国的特殊教育工作进行部署,这是落实"办好特殊教育"要求的具体举措,也是我国特殊教育从外延发展走向内涵发展的具体表现,同时,二期计划也指出不仅要关注残疾儿童的义务教育,也需要加快发展非义务教育阶段的特殊教育。②其中,与学前特殊教育相关的要求有以下几条。

(1)加大力度发展残疾儿童学前教育。

(2)支持普通幼儿园接收残疾儿童。在特殊教育学校和有条件的儿童福利机构、残疾儿童康复机构普遍增加学前部或附设幼儿园。在有条件的地区设置专门招收残疾孩子的特殊幼儿园。鼓励各地整合资源,为残疾儿童提供半日制、小时制、亲子同训等多种形式的早期康复教育服务。为学前教育机构中符合条件的残疾儿童提供功能评估、训练、康复辅助器具等基本康复服务。

(3)在制定学前教育的生均财政拨款标准时,重点向特殊教育倾斜。

(4)学前教育阶段优先资助残疾学生,逐步加大资助力度。

(5)加强学前特殊教育师资培养。

(6)加强学前课程资源建设。

《第二期特殊教育提升计划(2017—2020年)》的颁布,为学前特殊教育的发展提供了新思路,同时各地结合自身实际情况先后发布了第二期特殊教育提升计划。国家五大中心城市(北京、天津、上海、广州和重庆)依托《第二期特殊教育提升计划(2017—2020年)》的政策文本建立了一个完整的特殊教育体系,并对各个阶段做出了规定。学前教育阶段,积极创造早期融合教育的机

---

① http://www.moe.gov.cn/jyb_xwfb/xw_fbh/moe_2069/xwfbh_2017n/xwfb_20170728/201707/t20170728_310281.html.

② 张燕,赵斌,张欣.从外延到内涵:我国特殊教育发展的策略调整——基于《第二期特殊教育提升计划(2017—2020年)》的视角[J].现代特殊教育,2018,333(6):7-12.

会，以普通幼儿园开展随班就读、在特殊教育学校和有条件的儿童福利机构及康复机构设置学前部或附属幼儿园等多种形式开展早期融合教育。[①]

政策文件：
《特殊教育提升计划（2014—2016年）》

政策文件：
《第二期特殊教育提升计划（2017—2020年）》

（四）《"十四五"特殊教育发展提升行动计划》

2021年，《"十四五"特殊教育发展提升行动计划》发布，提出"到2025年，高质量的特殊教育体系初步建立"，对新时代特殊教育发展做出了重要部署，开启了特殊教育高质量发展的新征程。《"十四五"特殊教育发展提升行动计划》提出了特殊教育发展提升要坚持四条基本原则：坚持政府主导、特教特办，在普惠政策基础上给予特别扶持；坚持精准施策、分类推进，实现残疾儿童青少年科学评估施教；坚持促进公平、实现共享，让每一名残疾儿童青少年都有人生出彩机会；坚持尊重差异、多元融合，让残疾儿童青少年和普通儿童青少年共同成长进步。

《"十四五"特殊教育发展提升行动计划》中针对学前特殊儿童教育提出了以下两大举措。

1. 拓展学段服务，加快健全特殊教育体系

大力发展非义务教育阶段特殊教育。积极发展学前特殊教育，鼓励普通幼儿园接收具有接受普通教育能力的残疾儿童就近入园随班就读，推动特殊教育学校和有条件的儿童福利机构、残疾儿童康复机构普遍增设学前部或附设幼儿园，鼓励设置专门招收残疾儿童的特殊教育幼儿园（班），尽早为残疾儿童提供适宜的保育、教育、康复、干预服务。

2. 提升支撑能力，巩固完善经费投入机制

各地应落实学前、高中阶段生均拨款政策，继续向特殊教育倾斜。

政策文件：
《"十四五"特殊教育发展提升行动计划》

◇ **课后思考**

1. 请思考并分析我国学前特殊教育法治化进程的努力方向。
2. 请结合所在地区实际情况探讨如何保障本地区学前特殊儿童受教育的权利。

---
① 吴婕，赵斌，秦铭欢. 新时代中国大陆特殊教育的发展趋势——基于五大国家中心城市第二期特殊教育提升计划（2017—2020）文本分析[J]. 绥化学院学报，2019，39（7）：121-123.

课外拓展

北京盲人女孩两次报名自考遭拒　致信教委讨公平

盲人姑娘董丽娜两次报名北京高等教育自学考试均被拒。近日，董丽娜向北京市教委致信，希望有关部门能够倾听残疾人的声音，为他们打开自考大门。

专家表示，残疾人受教育权利受法律保护，拒绝残疾人报名自考的行为涉嫌歧视。

董丽娜是一级视力残疾人，但她用盲文笔抄写了所有普通话考试的教材，终于获得了播音专业中最艰难的普通话一级甲等证书。她还多次参加电台、电视台的播音主持活动，并曾在全国播音主持大赛中获奖。

2011年年初，在一些老师的支持下，董丽娜进入了中国传媒大学远程与继续教育学院，参加播音主持专业自考本科班的学习。

2011年1月、7月，董丽娜两次报名参加高教自考播音与主持专业本科考试均遭拒绝。朝阳区自考办称，市自考办不允许盲人参加笔试课程的考试。

9月6日，市自考办回复称，自考办已将董丽娜的问题反映至她的主考学校、考区和有关专家，并征求这三方面的意见。三方均指出董丽娜目前的身体状况不宜参加该专业的考试。据此，自考办建议考生在已开考的专业中，结合自身情况，选择恰当的专业，并将专业选择的情况上报自考办，该办将另行研究。

报名屡屡被拒，董丽娜感到难以理解，根据《中华人民共和国残疾人保障法》第五十四条规定："国家举办的各类升学考试、职业资格考试和任职考试，有盲人参加的，应当为盲人提供盲文试卷、电子试卷或者由专门的工作人员予以协助。"

董丽娜称，2001年广东省、2002年河南省、2008年宁夏回族自治区都有视障人士参加自考；北京地区1983年开考以来也有过盲人参加自考并最终获得学历的情况。董丽娜认为，市自考办剥夺了她参加自考报名的资格，影响了她的受教育权。无论从事实上还是从法律上都不能令她和其他视障人士信服。

北京助残机构红丹丹教育文化交流中心主任郑晓洁表示，残疾人受教育权利受法律保护，拒绝残疾人报名自学考试的行为涉嫌歧视残疾人，教育行政主管部门应当鼓励残疾人自强不息。[1]

政策文件：
《上海市特殊教育三年行动计划（2018—2020年）》

拓展阅读：
新时期我国学前特殊教育法规发展：法治与师资保障

---

[1] 魏铭言. 北京盲人女孩两次报名自考遭拒 致信教委讨公平[N]. 新京报，2011-09-29.

实训操练

请结合所在地区的实际情况，调查当地学前年龄段特殊儿童的入学情况并开展学前特殊教育法律法规宣传活动。

过关练习

过关练习参考答案

不定项选择（每题有1个或多个正确选项，请将选项字母填在括号里）

1. "国家保障残疾人享有平等接受教育的权利"来自（　　）。
   A.《中华人民共和国宪法》　　　　B.《中华人民共和国残疾人保障法》
   C.《中华人民共和国教育法》　　　D.《第二期特殊教育提升计划（2017—2020年）》

2. 《中华人民共和国残疾人保障法》，是在（　　）年召开的全国人民代表大会上通过的。
   A. 1990　　　B. 1995　　　C. 1992　　　D. 1998

3. 《幼儿园教育指导纲要（试行）》于（　　）开始试行。
   A. 2001年9月　　B. 1981年9月　　C. 1996年9月　　D. 1998年9月

4. 设立学校及其他教育机构，必须具备下列基本条件（　　）。
   A. 有组织机构和章程
   B. 有合格的教师
   C. 有符合规定标准的教学场所及设施、设备等
   D. 有必备的办学资金和稳定的经费来源

5. 下列有关《残疾人教育条例》的说法中正确的是（　　）。
   A. 发展残疾人教育事业，实行普及与提高相结合、以普及为重点的方针，保障义务教育，着重发展职业教育，积极开展学前教育，逐步发展高级中等以上教育。
   B. 国家鼓励有条件的地方优先为经济困难的残疾学生提供免费的学前教育和高中教育，逐步实施残疾学生高中阶段免费教育。
   C. 国家保障残疾人享有平等接受教育的权利。各级人民政府应当将残疾人教育作为国家教育事业的组成部分，统一规划，加强领导，为残疾人接受教育创造条件。
   D. 支持特殊教育学校和具备办学条件的残疾儿童福利机构、残疾儿童康复机构等实施学前教育。

第三节 学前特殊儿童教育的制度基础

教育体制是教育机构与教育规范的结合体、统一体,它是由教育的机构体系与教育的规范体系组成的。"面向现代化,面向世界,面向未来"是中国教育发展的方向,也是进行教育改革和建设的指南。学前特殊儿童教育体制是关于学前特殊教育机构归谁所有及归谁管理的问题,即"谁创办""谁管理"的核心问题。健全的学前特殊儿童教育体制对于落实特殊需要儿童控辍保学具有重要意义。本节主要介绍我国大陆地区学前特殊儿童教育的制度体系。

一、学前特殊儿童教育体制

（一）公办学前特殊教育

1. 公办学前教育机构

公办学前教育机构是指由政府相关部门（如教育行政部门、残疾人联合会、民政部门和卫生医疗部门等）举办的招收特殊幼儿为生源的学前教育机构。由不同政府职能部门主管的学前教育机构又可细分为教育部门下属的学前教育机构和其他部门下属的公办学前教育机构。教育部门下属的学前教育机构包括普通幼儿园、普通幼儿园的特殊班、特殊幼儿园、特殊学校的幼儿班。其他部门下属的公办学前教育机构包括在康复机构下设的幼儿园等。以下重点介绍除普通幼儿园之外的学前特殊教育机构的优势与发展困境。

2. 公办学前特殊教育机构的优势

公办学前特殊教育机构属于国有单位,由政府相关部门直接创办和监管。这意味着该类机构在资源配置、机构管理、教师队伍整体素质方面会得到政策倾斜式扶助,因此更具有优势。第一,资源配置合理。公办学前特殊教育机构由于是国家所有,在现实中会优先获得政府财政拨款,办学费用有稳定来源。为了实现国家大教育战略,在费用方面会向普通大众家庭倾斜,普及受众度较高；第二,机构管理具科学性、规范性。公办学前特殊教育机构具有一定的办学历史基础,在管理体制机制上形成了较为成熟的管理体系；第三,师资队伍较稳定。由于其公办属性,在对大众公信度、认可度方面更具有基础和吸引力,在长期的办学过程中形成了一定的保育、干预、康复有关的有益经验。

3. 公办学前特殊教育机构的发展困境

公办学前特殊教育机构在整个教育体系发展中处于相对"弱势"的地位,在自我发展的过程中依然存在自身发展的困境。

（1）"星状"管理,财政投入占比少,"缺钱"依然是主要的劣势。公办学前特殊教育机构办学主体涉及不同的政府职能部门，办学主体形式呈现多元化。但这也导致该类机构各自为政，联合力度不强，难以形成合力。虽有上级明确管理部门宏观调控制度，但自主空间较小，制度行政化，不利于资源和积极性的调动。此外，虽然公办学前特殊教育机构均属国家，有一定的财政支持力度，但是教育经费在同级同类分摊情况下，到本机构所得的也只是杯水车薪。

（2）地缘因素限制公办机构辐射力。现实中公办学前特殊教育机构多在经济发达地区或者城市创建，而偏远农村地区的特殊儿童难以进入这类机构，得不到很好的保育、教育和康复服务。

（3）融合教育师资职前职后培养体系缺失。融合教育师资职前培养缺失、职后培训不足，意味着该类机构的师资数量严重不足，整个特殊教育师资力量不能满足现实需要。

4. 公办学前特殊教育机构的高质量发展

公办学前特殊教育机构要获得高质量发展需要学习国内国外有益的经验，调动各方协作共同完善特殊教育制度。首先，宏观层面，国家应发挥统揽全局的指向性作用，不断规范完善学前特殊教育机构的各项制度，统一在政策理论上进行指导，明确各办学主体的办学职能，形成科学合理的管理制度。其次，国家政策应向特殊教育机构倾斜，尤其是加大对薄弱地区的关注、帮扶力度以及在人、财、物等各方面的支持力度，尤其是在经济方面落实财力支持，为学前特殊教育机构的发展护航。最后，教师的素养和能力高低决定着公办学前特殊教育机构内涵式发展的程度。我国特殊教育师资的培养模式应做出相应的改变，在职前培养体系中注重融合教育师资的培养，在职后培训方面，应该发挥国家的主导作用，为该类机构的教师提供专业发展培训平台，为其整体素质的提升提供专业指导与服务。

（二）民办学前特殊教育

1. 民办学前特殊教育机构

拓展阅读：
四川省民办学前特殊教育的困境与发展路径探析

民办学前特殊教育是指由个人承包或完全由个人独立出资举办以学前特殊儿童为教育对象所组织的、有目的、有计划的教育。民办学前特殊教育机构是指由个人出资举办的学前特殊教育机构。一般可以分为专门的学前特殊教育机构和随班就读班（普通幼儿园附设）两种。

2. 民办学前特殊教育机构的优势

学前期是特殊儿童教育与康复的最佳时期，民办特殊教育与公办特殊教育共同组成了完整的特殊教育体系。民办学前特殊教育机构承担着满足残疾儿童早期干预需要的重任。公立教育机构资源有限，调查数据显示，特殊儿童有不容忽视的数量群体被排除在公办教育范围外。

民办学前特殊教育机构可以弥补公办学前特殊教育机构的不足之处。在教育公平视角下，民办学前特殊教育机构起着举足轻重的作用。民办学前特殊教育机构具有灵活的管理体制机制，并拥有一定的办学自主权，为适应市场需求，以市场调控为主，寻得自身生存发展，提供优质、特殊、创新的高质量服务，操作运行灵活是其内在的市场逻辑，这点是公办学前特殊教育机构所没有的。

3.民办学前特殊教育机构的发展困境

特殊教育逐渐受到国家的重视,《国家中长期教育改革和发展规划纲要(2010—2020年)》明确指出"关心和支持特殊教育"。因此,特殊教育进入了社会民众的视线。国家鼓励社会力量办学,民办特殊教育逐渐成为一个不容忽视的教育组成部分。民办学前教育机构承担了相当一部分学前特殊儿童的教育任务,但由于复杂性因素,民办特殊教育机构办学发展举步维艰。

(1)"边缘化"处境、低关注度制约了民办学前特殊教育机构的发展。首先从相关部门的官方统计数据中可以看出,民办学前特殊教育数据鲜有甚至缺失,学界研究中对民办学前特殊教育的研究数据也少之又少。"民办"和"特殊教育"双重身份注定了民办教育机构是被政府"忽视的群体"[1],这种"边缘化"处境、低关注度严重制约了其可持续发展。虽然国家态度上对其大力鼓励,有部分政策支持,但是财政上的扶持力度疲软,各项费用多数承担主体落到集体或个人身上。办学教育经费主要来自企业单位或个体投入及家长缴纳的学费。由于民办机构收费高昂,多数由家庭承担,生源方面招收面临困境,而且生源稳定性差。

(2)"多头领导"内外管理体制不规范,缺乏"归属感"。在宏观层面,民办学前特殊教育机构在我国办学得到合法化地位后,可多头登记立足,这就造成了"重审批,轻管理服务",同时"星状管理"致使管理体制机制的完善性、科学性严重不足。"无家可归"是当下民办学前特殊教育机构的心头痛。从民办学前特殊教育机构管理上来看,由市场主导运营的营利性或半营利性的该类机构,自身管理规范性欠缺或由家族式运营,内部不良竞争及无序管理阻碍其正常有效管理运作。可见,"多头领导"内外管理体制不规范,缺乏"归属感"对民办学前特殊教育机构发展制约明显。

(3)"弱势群体"身份致使发展滞后与不均衡并存。纵观民办教育发展情况,可知民办学前特殊教育机构在推动特殊教育发展中起着重要作用,然而由于其"弱势群体"身份,导致民办学前特殊教育发展相对滞后。对民办学前特殊教育机构的内在发展而言,民办学前特殊教育机构迫切需要改善办学环境、优化师资队伍以提升办学质量。目前,学前特殊教育机构呈现出内在发展强劲势头与整体发展不匹配的发展势态。调查研究显示,民办学前特殊教育机构发展存在地域发展失衡、内部发展失衡并存现象。

(4)师资双向正常有序流动不足,稳定性差。有关数据显示,各层级阶段特殊教育师资整体严重缺失,师生比例不合理。处于"弱势群体"的民办学前特殊教育机构师资面临"量""质"双重困境。此外,由于体制机制缺失和自身弊端,导致民办特殊教育机构的教师地位低、待遇差。此外,由于特殊教育对象的复杂性等多重因素,特教教师幸福感不高,还增加了特教教师的不合理流动性。

4.民办学前特殊教育机构的高质量发展

民办学前特殊教育机构要获得内涵式发展,需要外部支持与自身反思。

政府领航,协力促发展。首先,各级政府从政策理论上进行引导,指明方向。政府制定完善对民办学前特殊教育机构发展有利的政策,地方政府依据国家导向借鉴其他地方经验,制定符合当地特点的政策。从规章制度上规范办学行为,克服多头领导管理弊端。健全管理机制,加大监管力

---

[1] 童琳.四川省民办学前特殊教育的困境与发展路径探析[J].四川文理学院学报,2018,28(4):134-139.

度，强化对民办学前特殊教育机构的规范化管理。教育财政经费扶持上倾斜，调动各社会力量积极性，吸引不同社会力量加入民办教育行列，促进民办学前特殊教育机构的发展。其次，可以借鉴国内外民办教育有益的办学和运作经验，取长补短，内外使力，"量""质"双腿协调发展。最后，相关职能部门应重视民办办学主体，加大对民办学前特殊教育机构的关注度，在数据上弥补该类主体数据库的不足，从人、财、物等方面给予其最大限度的支持。从宏观调控力的视角，调控民办教育市场，促进民办教育良性竞争与有序发展。

自我"造血"，左右寻源谋发展。民办学前特殊教育机构应该注重内涵式发展，调整自身发展思路，转变办学机制，整合多种办学模式，灵活办学，拓展生存空间。从自身管理机制下手，不断规范化自身的管理，建立鲜明的责任体制机制和科学灵活的管理制度，实现民主化管理。加强自有师资团队建设，从薪资待遇、社会地位、职称晋升、奖励激励制度、发展平台等各个方面激发教师的内在热情，不断促进其自我主人翁意识的觉醒。

各方开拓综合资源助发展。"全媒体"时代，民办学前特殊教育机构应把握信息时代脉络，把握机会，增加社会曝光率，合理宣传，吸引大众视野、资源加入特殊教育领域内。同时引导全社会关注残疾人，树立正确的残疾观，为特殊儿童营造更和谐、温馨的空间环境。此外，民办学前特殊教育机构应明白"独木难成林"，积极强化同类机构的联合协作力度，以合作交流促自身发展，以"众力"推动行业水平，以"合力"效应争取政府及社会力量的支持。微观层面上，加强与家长的有效合作，以特殊儿童发展为协作的切入点，双管齐下，双方"抱团"协力共谋长远发展出路。

二 学前特殊儿童教育的模式

学前特殊儿童教育的模式，在我国主要表现为以下几种方式，即以家长为主承担康复任务的家庭教育模式、以机构为主承担康复任务的机构教育模式、以学校为主承担主要康复任务的学校教育模式、以医疗机构为主承担康复任务的医疗康复模式、将以上几种模式综合在一起的综合康复模式。

（一）家庭教育模式

家庭是特殊需要儿童最自然、最安全的生活环境，特殊需要儿童的社会性功能依靠与家人、亲近的照顾者以及社会环境的不间断互动来实现。脑瘫儿童、智力障碍儿童等程度重、康复难度大的特殊需要儿童，需要长期康复治疗，而我国康复中心数量少，很多家庭负担不起治疗费。家庭康复越来越受到重视，逐步演化出"去机构化，以家庭为中心"的国际康复理念，使家长掌握儿童康复的基础知识和基本方法具有非常重要的意义。家庭教育是一切教育的基础，其他教育形式是家庭教育的补充，家庭教育模式成为学前特殊教育的主要模式之一。

一般家庭教育模式的教育对象主要涵盖不能进入公办学前特殊教育机构的幼儿和学前期之前年龄尚未达到入学年龄的幼童。要实施家庭教育模式，首先需要家庭能够接受孩子是特殊儿童的事实,并了解和重视0～6岁是特殊儿童干预、康复的关键时期,早发现、早诊断、早干预。同时需要各个家庭成员协力为特殊儿童康复成长创造温馨和谐的环境,主动承担起孩子的教育、康复工作,探索孩子适宜发展的教育方法。同时,积极学习养护、干预、康复知识与技能。此外,还需要得到国家或相关部门提供的类似于送教上门的师资力量支持。这种模式的优点在于对幼儿的养护与干预、康复的主体是家长,家长作为主要的教育者不但对幼儿具有深厚的感情,也是对幼儿优缺点最为了解的教育者。利用家庭教育康复模式,可以从人、财、物等方面降低成本,发挥随机教育价值。该模式的劣势是家长的康复知识、技能等质量参差不齐,家庭教育模式随意性大,效果作用难以预料,同时生活环境的单一性制约了该类儿童的社会性发展。

(二)机构教育模式

机构教育模式是指在专门的特殊儿童康复机构,机构有固定的训练场地,由专职、兼职特殊教育专业人员对学前特殊儿童进行专门训练和教育的模式。该模式办学主体由公办民办结合运营,以民办康复机构为主,部分包括残联或民政部门下属的儿童康复中心,主要涵盖的教育对象是学前期的幼儿。该教育康复模式的优势在于为幼儿康复提供必要的社会环境,能为特殊儿童康复制订科学的康复计划,进行系统的康复训练。此外,该类机构的作用是能够很好地为特殊儿童的家长提供必要的定时、定量的专业咨询和培训。同时,为该类家庭找到"同类群体",有助于形成协作学习共同体,为特殊儿童康复提供更多实际支持。但是该模式也有劣势,它多处于经济发达地区,数量不多,费用较高,因地缘因素其辐射范围不广,对偏远地区该类家庭来说,负担较大,且多数侧重对特殊儿童某些方面能力的培训,不利于特殊儿童全面发展。

(三)学校教育模式

学校教育模式主要是指在学校或幼儿园里由融合教育教师或其他专业人员对特殊儿童进行专门的教育和训练的一种教育康复模式,既包括接收特殊儿童的普通教育学校(幼儿园),也包括专门招收特殊儿童的特殊教育学校(幼儿园)。该类模式形式多样,结合了健全儿童的教育目标、内容、形式,同时针对特殊儿童的康复、干预需要融入了必要的缺陷补偿和功能康复训练内容。融合教育的学校教育模式的优势在于把特殊儿童与普通儿童融合,将普通儿童学龄前要获得的生活技能、行为养成内容和必要的康复训练内容相结合,有效倡导了普遍性和个性教育的落实,利于特殊儿童步入正常的教育路径,符合了我们培养的是"生活在当下"的儿童的教育理念。其劣势是特殊教育师资,尤其是融合教育的师资当前极度缺乏,而一般的幼师对特殊儿童的指导胜任力不足。此外,相较于其他训练模式,该模式主要以学校为主体而家长的重要作用凸显不足。

(四)医疗康复模式

除教育康复之外,医疗康复也是当下特殊儿童寻求出路的一种重要的形式。其主要特征是把医疗与康复训练相结合。其主要受众是中重度特殊儿童。该类康复机构包括医院、疗养院中的康复医疗科、儿童康复医院和残疾儿童康复机构三种。这种康复模式需要专业性强、多个专业的人全力合作。工作流程一般是"鉴别诊断—康复教育—提供咨询或上门医疗服务"。该类模式的不足是医疗与教育脱节，教育内容缺乏系统课程和系统档案管理，使得教育康复难以做到连贯、系统和全面。

（五）综合康复模式

综合康复复式是指集家庭教育、机构教育、学校教育于一体，同时结合医疗机构的康复，具有时间和方式灵活的优点的一种特殊教育模式。这种模式把特殊儿童康复时间安排分成几个模块同时进行，称之为综合康复模式。特殊儿童在工作日进入学校教育模式，在休息日进入训练中心康复模式，结合医院的康复训练，剩余时间进入家庭康复教育模式。该模式的优势是为特殊儿童创设了一个有利于儿童社会性发展的社会环境，可以把特殊儿童全方位投入教育康复视角下，非常有利于该类孩子的教育康复，也能有效激发其发展潜力。但是因为该模式是全天候的教育康复视角，对特殊儿童家长的人力、物力、财力提出了更高的要求，给家长带来了不同程度的负担压力。

新闻链接

全国政协委员李庆忠：建议加强特教学校和学前融合教育师资建设

《"十四五"特殊教育发展提升行动计划》提出，要积极促进非义务教育阶段的普通教育和特殊教育融合，探索适应残疾儿童和普通儿童共同成长的融合教育模式。教育部网站公开数据《学前教育分年龄幼儿数（总计）》显示，2020—2021学年初全国在园残疾幼儿共计36832人，当年入园残疾儿童13361人，在园及入园残疾幼儿占同口径所有儿童总数量的比例仅为0.07%。实践经验也表明，不少残疾儿童不能入园接受融合教育。其中，教师特殊教育专业能力不足成为制约幼儿园接受特殊儿童的主要障碍。

2023年，一项针对河南省的《学前融合教育师资培养现状调研》结果显示，教师专业能力不足是阻碍幼儿园接收特殊儿童的第一原因（54.3%）；幼儿教师职前培训对融合教育重视不足，培训内容与教师未来业务需求衔接不够。调研中只有六成的被访者入职前在其所在的院校学习过学前特殊、融合教育相关课程，其中有关个别化教育计划的制订与实施，以及跨专业团队合作的实务课程内容不足；教师入职后有关学前融合教育的在职培训及专业支持也不足。调研经对照显示，获得过融合教育培训的教师，对特殊需要儿童的接纳程度显著高于没有接受过培训的教师，只有30%的教师反馈其学习内容是来自国培和省培体系。教师们反映培训实操内容少，对特教技能提升帮助有限。此外，对于激励和支持幼儿园园长及教师重视儿童差异发展的措施也明显不够。

基于此，李庆忠建议，切实落实《"十四五"学前教育发展提升行动计划》提出的"在高等学校学前教育专业增加特殊教育专业课程"要求，注意课程内容的针对性和有效性；组织幼教师范生前往开展融合教育的幼儿园观摩学习，进行综合式跟岗或顶岗实习，提升幼教师范生的学前融合教育专业素养和实践能力,并推动在教师资格考试中设置含有特殊教育和融合教育的相关内容。进一步完善幼儿教师在职培训体系,在幼儿教师职后国培、省培等各级培训计划当中丰富学前特殊教育及融合教育内容。建议建立针对幼儿园及幼儿教师开展学前融合教育实践的长效激励机制。

◇ **课后思考**

请思考如何促进民办学前特殊教育机构高质量发展。

实训操练

请结合所在地区的实际情况,对当地学前特殊教育的办学质量进行实证调研。

过关练习

过关练习
参考答案

一、不定项选择(每题有1个或多个正确选项,请将选项字母填在括号里)

1. 公办学前特殊教育机构主要有(   )。

A. 普通幼儿园

B. 普通幼儿园的特殊班

C. 特殊幼儿园

D. 康复机构

E. 特殊学校的幼儿班

2. 学前特殊儿童教育的模式主要包括(   )。

A. 家庭教育模式

B. 医疗康复模式

C. 机构教育模式

D. 学校教育模式

E. 资源中心模式

二、简答题

什么是学前特殊儿童教育体制?

第五章 学前特殊儿童教育的产生与发展

◇ **学习目标**

1.了解国内外学前特殊儿童教育思想的产生与发展历程。重点掌握国外人文主义和启蒙思想运动对特殊教育的推动作用,代表人物有夸美纽斯、卢梭、蒙台梭利。重点了解国内"幼教之父"陈鹤琴的学前特殊儿童教育思想。

2.了解国内外学前特殊儿童教育机构的产生与发展历程。理解国内外学前特殊儿童教育机构的特点,能根据国内外学前特殊儿童教育机构的演变过程分析其未来发展趋势。

◇ **核心知识**

夸美纽斯的特殊教育观、蒙台梭利的特殊教育观、儒家思想中的特殊教育思想、道教思想中的特殊教育思想、佛教思想中特殊教育思想观念、陈鹤琴的特殊教育思想等;国内外听障教育机构的产生、视障教育机构的产生、智力障碍机构及孤独症机构的产生、当前国内外学前特殊儿童教育机构的特点等。

◇ **思维导图**

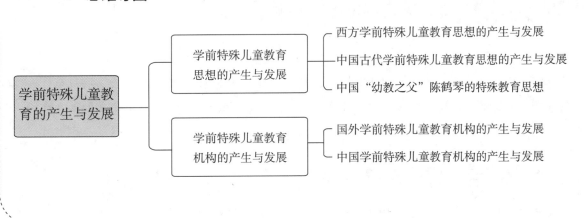

◇ **本章概要**

本章分为两节,第一节介绍了国内外学前特殊儿童教育思想的产生与发展。西方学前特殊儿童教育思想的产生与发展主要体现在一些教育思潮的产生及一些具有代表性的教育思想当中,比较重要的有人文主义教育思想、启蒙运动思想,代表人物有夸美纽斯、卢梭、蒙台梭利。在中国古代,儒、佛、道三家思想对特殊教育的影响较为明显,儒家思想中的"仁爱""大同"推动了残疾人教育的产生与发展,道家思想中的"善待一切""善恶报应"推动了残疾人慈善事业的发展。佛教的"慈悲"思想、"善恶报应"思想也推动了残疾人的教育发展。中国"幼教之父"陈鹤琴将特殊儿童分为七类,重视和强调学前特殊儿童教育,陈鹤琴主张的生活教育和教学法对残疾特殊儿童的教育也非常适用。

第二节介绍国内外学前特殊儿童教育机构的产生与发展。核心知识有国内外听障教育机构的产生、视障教育机构的产生、智力障碍教育机构及孤独症教育机构的产生以及当前国内外学前特殊儿童教育机构的特点。随着学前特殊儿童教育思想的不断发展,学前特殊儿童教育机构的形式也随之发展与变化。欧洲的文艺复兴运动后,人文主义精神、科技进步、宗教改革等促使人们对残疾人教育产生了更理性的认知,人类对残疾人教育的探索从16世纪的欧洲开始,国外学前特殊儿童教育机构便由此产生与发展。中国特殊教育的起源可追溯到早已在特殊教育领域取得辉煌成就的周代,但专门的特殊儿童教育机构发展较为缓慢,直到19世纪,中国特殊儿童教育机构才逐渐产生,国内特殊儿童教育进入新的快速发展阶段。

第一节 学前特殊儿童教育思想的产生与发展

学前特殊儿童教育思想的产生与发展经历了一个漫长的过程。在这个过程中,西方国家与中国因政治、经济、文化等的不同,产生了不小的差异。

一 西方学前特殊儿童教育思想的产生与发展

西方学前特殊儿童教育思想的产生与发展主要体现在一些教育思潮的产生及一些具有代表性的教育思想当中,比较重要的有人文主义教育思想、启蒙运动思想,代表人物有夸美纽斯、卢梭、蒙台梭利等。

(一)人文主义教育思想与特殊教育

文艺复兴时期受人文主义思想的影响,人文主义教育最初从意大利兴起。弗吉里奥率先阐述了人文主义教育思想，主张以人文学科为主要内容，应用适合学前儿童特点的方法来培养身心全面发展的人。维多里诺首先创办了人文主义"快乐之家"学校。由意大利兴起的人文主义教育快速覆盖整个欧洲，促进了欧洲教育思想的转变。虽然各个时期人文主义教育有不同的特点，但这些教育也有以下共同点：（1）人本主义。以人为本，注重儿童的个性和天性，反对禁欲主义。（2）古典主义。古希腊、古罗马经典著作成为课程的重要内容。（3）世俗性。教育的目标和内容更关注尘世生活。（4）宗教性。人文主义反对宗教神学，但仍希望以人文精神来改造神学。（5）贵族性。人文主义教育主要服务于上流阶层子弟。人文主义教育尽管还掺杂着许多落后的因素，但它对人文精神的凸显、对儿童的尊重，终将有益于残疾人及其教育。

（二）夸美纽斯的特殊教育观

夸美纽斯对特殊教育的贡献不仅表现在他的儿童观、教育观为特殊教育的产生进一步积累了支持性力量，而且表现在他已开始直接讨论与特殊教育有关的话题。

1. 承认人人具有教育的必要性和可能性

同其他人文主义者一样，夸美纽斯高度肯定人的价值，肯定教育的必要性。他认为，人是上帝最崇高、最完善、最美好的创造物，而不是带着所谓的"原罪"来到人间的，"他们既然是人，他们就不应当变成野兽，不应当变成死板的木头"。因此，"凡是生而为人的人都有受教育的必要"。夸美纽斯对人的价值的肯定、对人人具有教育的必要性和可能性的信仰，为残疾人也要接受教育做了思想上的铺垫。

2. 肯定儿童的价值，反对残害儿童

夸美纽斯将儿童视为"无价之宝"，他认为"对于父母，儿童应当比金、银、珍珠和宝石还要珍贵"。因此，关心、爱护儿童是夸美纽斯儿童观的基本特色。在他看来，"儿童比黄金更为珍贵，但是比玻璃还脆弱"，因此，成人务必给予儿童细心的保护和教育。夸美纽斯对儿童价值的肯定和反对残害儿童的观点，无疑是有利于残疾人及其教育的。

3. 看到了孕妇营养保健和残疾病儿产生之间的关系

夸美纽斯在《母育学校》中从孕妇营养健康的角度，要求"主妇们应特别保护其身体的健康而不致伤害其儿女"，这显示出他对孕妇营养保健与残疾儿童的出生之间的关系已经有了一定的认识。为了减少残疾患儿的出现率，他要求孕妇们"注意节制和饮食"，以免使其子女"消瘦或虚弱"；"不要蹒跚而行、避免走路不小心被绊倒或碰撞着东西"，以免"软弱和发育不健全的婴儿受到伤害"；要"约束一切情感"，以免"生育一个怯懦的、易动感情的、忧虑和沮丧的婴儿"。应该肯定的是，夸美纽斯的这些建议有利于减少残疾患儿的出生率。

4. 首次在图画书中帮助儿童认识、了解残疾人

1658年，夸美纽斯为幼儿编写的《世界图解》出版。该书用图画配以文字，向幼儿介绍大千世界，内容不仅涉及动物、植物，还涉及了人类的起源、各年龄阶段的名称、人的机体的组成、人的活动、道德、家庭、城市、国家和教会等内容，附插图200幅，图画逼真生动、形象鲜明。书中还含有向儿童介绍残疾人的内容。虽然夸美纽斯在这里提到的只是残疾人中的一部分，介绍也不完全正确，但他试图让人们从幼年时代起就对残疾人有客观的认识和了解，这种努力是值得称道的，因为这种努力终将有利于形成客观认识残疾人的社会氛围。

5. 肯定迟钝和愚笨的人也可以受教育

他反对以"智力迟钝"为借口拒绝给儿童以教育。在他看来，一般人都可以接受教育，因智力极低而不能发展的人极少，夸美纽斯对智力落后者施予教育的这种信心是值得称赞的。当然，因为时代的局限性，夸美纽斯对残疾人教育和康复前景的肯定还是有所保留的。

6. 首次将"狼孩"故事引入教育理论中

夸美纽斯在《大教学论》中介绍了两个"狼孩"的故事，"狼孩"一旦回归人类社会，通过精心教育，仍然可以恢复人性，具有一定的可教育性。这在客观上为后世智障者的教育埋下了伏笔。

作为承上启下的教育家，夸美纽斯对特殊教育展开了此前从未有过的广泛的直接和间接思考。他从文艺复兴时代人文主义教育的立场出发，肯定了人的价值、儿童的价值，论述了人人俱可受教育的必要性与可能性，为特殊儿童教育的产生提供了有力支持。他对智力迟钝者教育的信心、对孕妇营养保健和残疾儿童出生之间关系的认识、对"狼孩"故事的引用，使人们不得不联想到，教育家们正在一步步接近特殊教育的目的地。

（三）启蒙思想与特殊教育

启蒙运动（The Enlightenment）是17—18世纪在欧洲兴起的、波及整个世界的又一次思想解放运动，崇尚理性、高扬批判精神。正如康德所述："启蒙运动就是人类脱离自己所加之于自己的不成熟状态。""不成熟状态就是不被别人引导，就对运用自己的理智无能为力。"启蒙思想的旗手们虽然没有从事或提出任何有实质意义的残疾人教育计划，但他们的唯物主义经验论思想，尤其是有关感觉经验的论述，为破土萌发的特殊教育提供了理论基础。

卢梭（Jean-Jacques Rousseau，1712—1778）是法国18世纪杰出的启蒙思想家。在教育上，他提倡自然主义的教育，要为他的理想社会培养新人。卢梭虽然没有直接讨论残疾人的教育问题，但他对等级社会的批判、对自然教育的倡导，为残疾人教育的发展提供了积极的力量。

卢梭激烈批判了造成残疾人处境不利的社会制度。卢梭在《论人类不平等的起源和基础》中将社会的不平等分为两种，卢梭以人类天赋的自由、平等的自然权利证明私有制及其造成的社会不公平是违背自然的、不合法的，通过宣扬封建专制社会是暴虐的、腐朽的、反人道的社会，宣告了长期以来维持残疾人不平等状况的等级社会的终结，卢梭以其对社会不平等的批判和对自然主义教育的倡导，为人们改变对待残疾人的陈旧看法、发展残疾人教育事业奠定了思想基础。

（四）蒙台梭利的特殊教育观

玛丽亚·蒙台梭利（Maria Montessori，1870—1952）是20世纪享誉全球的教育家，但她的幼儿教育实践是从其对特殊儿童的教育开始的，她曾说："实际上'儿童之家'所采用的教育体系起源更早。如果说关于正常儿童教育工作的经验似乎太短暂,那么应该知道这一短暂的教育工作来源于以往对非正常儿童进行教育的经验。"可以说,蒙台梭利是一位成功的特殊教育实践家和理论家。

蒙台梭利肯定教育对于特殊儿童的发展具有重要意义。她总结出:"儿童智力缺陷主要是教育问题,而非医学问题。教育训练比医疗更为有效。"还呼吁"智能低下儿童应当与正常儿童一样,有同等的受教育的权利","低能儿童并非社会之外的人类","他们即使无法得到比正常儿童更多的教育,也应该和正常儿童所得到的教育一样多"。"我觉得我能理解那些同低能儿童打交道的人的沮丧情绪,也明白他们为什么往往放弃这种方法。教育者必须把自己置于被教育者的地位,否则这种偏见将使缺陷儿童教师变得冷漠无情。因为他们不得不接受这样的事实:他所教育的是次等人,因此也就无所谓成就……然而这些想法都是不对的,我们必须知道怎样唤醒带着童心而沉睡着的人。我直观地感受并且相信,鼓励他们使用这些教具,在使用中教育自己。我在工作中遵循的是:非常尊重孩子们,同情他们的不幸;爱他们,让这些不幸的孩子知道怎样唤起他们周围的人心中的爱。"在研读了伊塔德及塞甘等人的研究著作后,她更加确信自己的看法:"只要以特殊的教育方式教导他们,就一定能有效地改善他们智力不足的问题。"在她5年的智障教育生涯中,蒙台梭利也确实为保障智障儿童的受教育权利竭尽所能,她说:"我为了让这些不幸的存在获得新的生命,能够重新投入人类的社会,在文明的世界里有立足之地,从别人的圆柱中站起来,并且拥有人类生活的尊严,这些年来我竭尽了所有的心力。"

蒙台梭利肯定教育提出了特殊教育的四项原则,对于特殊儿童的发展具有重要意义。(1)早期教育原则。蒙台梭利不仅强调要对特殊儿童实施教育,而且还强调这种教育越早越好。对于儿童的缺陷,蒙台梭利认为只要在儿童发展的敏感期之前进行教育就能得到很大的改善,而儿童的敏感期多集中在0~6岁这一阶段,因此对于缺陷儿童的干预越早越好。(2)系统观察原则。蒙台梭利认为,无论是从事特殊儿童教育还是从事正常儿童教育,最重要的就是观察。"(教师)最基本的素质就是'观察'能力,这种能力如此重要,以致实证科学也叫作'观察的科学'。"蒙台梭利认为,教师只有努力使自己成为一名观察者,才能耐心地等待,不干涉儿童,尊重儿童的各种活动,使儿童主动地为他们显示其需求。只有如此才能真正地了解儿童的精神,并揭示生命的法则——内在的秘密,而给予适时与适量的帮助。(3)尊重个体差异原则。尽管蒙台梭利认定正常儿童与特殊儿童有某些相同之处,并且她后来也将对特殊儿童的教育方法应用到正常儿童身上,但她仍看到特殊儿童与正常儿童之间存在着差异,需要区别对待。(4)循序渐进原则。蒙台梭利特别强调由简到难、循序渐进地教授特殊儿童。她认为特殊儿童的思维发展缓慢,缺乏学习的兴趣和主动性,且情感发展迟滞。在实施智障儿童感官教育时,必须从相对简单的预备性练习入手。

此外,蒙台梭利还接受了早期德国实验心理学家冯特的观点:"把复杂的现象分析成各种最小元素,再以这些元素的统合来说明现实复杂的现象。"例如,在实施智障儿童的感官训练时,她首先把儿童的感觉系统地划分为五个元素(视觉、触觉、听觉、嗅觉和味觉),对不同的感觉分别进行训练,然后再引导特殊儿童通过每个元素间的联系来认识事物或现象。在蒙台梭利把任务进行分解逐步教授时,这样的做法取得了极好的训练效果。

二 中国古代学前特殊儿童教育思想的产生与发展

中国古代的特殊教育在先秦有所实践，但秦汉以后就停滞不前。神童教育虽然延续时间较长，但也只是普通教育的翻版。因此，严格地说，我国古代还没有产生专门的特殊教育思想的实践基础，但这并不意味着我国古代就没有有助于特殊教育萌生的思想资源。对中国传统文化影响深远的儒、佛、道等思想中就蕴含着有助于特殊教育萌生的力量。孔子、朱熹等思想巨匠的理念中也包含着特殊教育的思想资源。这些均可视为我国古代特殊教育思想的萌芽。

在中国诸多的传统思想流派中，儒、佛、道三家思想的影响最为显著。儒家自孔子以后，虽经流变，但始终是中国古代文化的主流，儒家之于中国，"犹如基督教文明之对于西方人一样，实际上久已转化成民族文化的印记，是一个民族无论如何都难以真正彻底摆脱的文化符号"。道教奉先秦老子等道家思想为源头，通过吸纳神仙方术、天人感应说，衍生为汉代以后的本土宗教，流传了两千年之久，影响广泛。佛教自两汉之际传入中国，通过与本土文化的融合，也成为传统文化不可分割的组成部分。三家思想借助教育制度、民间宗教信仰等力量，广为传布，各家思想中有利于残疾人的观念也因此直接或间接地为特殊教育提供了支持，成为我国特殊教育思想萌生的源头。

（一）儒家思想中的特殊教育思想资源

1. 一以贯之的"仁爱"思想有助于残疾人及其教育的发展

在对残疾人充满种种疑虑的古代社会，能不能关爱残疾人，甚至教育残疾人，根本观念在于人们对人的认识。在儒家思想中，一以贯之的以人为本的"仁爱"思想无疑是有利于学前特殊儿童及其教育的发展的。"仁"是儒学创始人孔子的核心思想。孟子（前372—前289）是儒家思想谱系中的关键人物，他进一步发展了儒家的仁爱思想，并将其提升到了先验的本体论的高度，认为仁、义、礼、智均出乎人的本性，而不是外在强制的结果。从孔子提出"仁者爱人"的主张以后，儒家思想虽然经历了发展变迁，但这一主张始终没有改变。相反，历代儒家阵营的思想家们，均从不同的角度强化了儒家"仁者爱人"的思想，将其从最初的格言警句式的论断，渐次提升至本体论的高度，从而赋予仁者爱人思想以不可移易的坚实基础。这种思想所阐扬的"爱人""博爱""民吾同胞"等多种理念，最终指向对包括残疾人在内的所有人的关爱，我国古代之所以能从先秦时代就开始奉行宽疾、养疾政策，历经千年而不辍，除了政治的需要以外，儒家思想的"仁爱"主张的影响是重要原因之一。遗憾的是，儒家的仁爱思想最终没有为我国古代的残疾人开拓出教育的天地，但其对残疾人教育的发展奠定了基础，也促进了学前特殊儿童教育的发展。

2. 大同思想对残疾人及其教育的支持

"天下大同",曾经是人类对自己所生存社会的理想建构。这种理想社会设想着不分贵贱,男女老幼、富贵健残,人人皆有平等的生存和发展的权利。孔子提出,大同社会不仅应有选贤任能的政治组织、讲信修睦的人际关系,还应让每个人都能得到生存和发挥其能力的保障,特别是应让"矜寡孤独废疾"等"有所养",而不是将他们抛弃。大同理想对残疾人的这种制度设计,无疑是有助于他们的生存和发展的。儒家的大同思想,从古代的儒家学者开始就一直在提倡,到近代,康有为、孙中山等政治家、思想家也发挥着重要作用。在绵延数千年的传承和传播中,这一思想不仅对社会政治改革产生了影响,也为残疾人生存状态的改变和特殊教育的萌生提供了思想启发。

(二)道家思想中的特殊教育思想资源

1. 先秦道家有利于残疾人及其教育的思想

老子是先秦道家的创始人,他的思想中也包含着有利于残疾人及其教育的思想观念。老子著有《道德经》,主张"自然天道观""无为而治""使民不争"的政治观,"清静无为""返璞归真"的人生观。老子独特的伦理道德观中包含着有益的因素。他反对儒家的伦理教条,要求"绝仁弃义",主张道德应该"惟道是从"。他在《道德经·二十一章》中说:"孔德之容,惟道是从。"也就是说,大德遵从"道",以"道"为转移。从道德义务的角度来看,《道德经·二十七章》曰:"是以圣人常善救人,故无弃人;常善救物,故无弃物。"可见,老子从"天道"出发,提出了"循天道而行是大德"的主张,而天道利人而不相害、损有余而补不足,于是就得出了善待一切、常使天下无弃人的伦理道德的结论,这些结论对残疾人处境的改善来说是有利的思想资源。

2. 道教思想中有利于残疾人及其教育的思想观念

本土道教于东汉末年形成,唐宋时达到鼎盛,在道教典籍《太平经》《抱朴子》《太上感应篇》等著作中,都包含着有助于残疾人的思想。

《太平经》又称《太平清领书》,是东汉末年的道教经典,宣扬神仙方术、善恶报应等思想。《太平经》提出,经过一定时期,自然和社会就会发生大灾难,只有善良的人才能存活下来。"昔之天地与今天地,有始有终,同无异矣。初善后恶,中间兴衰,一成一败。阳九百六,六九乃周,周则大坏。天地混齑,人物糜溃。唯积善者免之,长为种民。"由此,《太平经》中提出了以"乐以养人""周穷救急"等作为善人的标准,若非如此,"积财亿万,不肯救穷周急,使人饥寒而死,罪不除也"。《太平经》中还提出了一种善恶"承负说",人的善恶行为不仅报应自身,而且会延及子孙,"凡人所以有过责者,皆由不能善自养,悉失其纲纪,故有承负之责也"。《太平经》中提出了六种不能祛除的大罪,其中包括了不行"周穷救急",认为这最终会流报于自身乃至子孙。《太平经》中的这种善恶报应、因果承负说,对信众行善起到了极大的推动作用。总之,东汉以后的道教虽然神秘主义色彩浓厚,但它宣扬的善恶报应观推动了民间慈善救济事业的发展,有利于残疾人的生存境况的改善。

(三)佛教思想中有利于残疾人及其教育的思想观念

佛教之于中国是一种外来宗教,公元前6世纪诞生于印度,西汉末年传入中国,在与中国本土文化的冲突融合过程中,最终发展为中国文化不可分割的一部分。佛教本身就是一种"伦理道德色彩相当浓厚的宗教"。佛教主张人生与世界的一切皆"苦",只有通过修行,消除痛苦,才能得到解脱,实现涅槃的理想。修行解脱的根本办法是"诸恶莫作、众善奉行"。大乘佛教将修行之法概括为"六度",即布施、持戒、忍辱、精进、禅定和智慧,其实质不外乎去恶从善。佛教在隋唐本土化以后,教义虽有变化,但其劝善化俗、扬善止恶的道德教化功能未有稍变,也正是在佛教的伦理道德思想中,蕴含着有利于残疾人及其教育的思想因素。

1. 佛教的慈悲思想

佛教的"慈悲"就是指对众生的怜悯、同情和爱。由于佛教主张"缘起说"和"无我说",因此世间每个人都可能与其他众生的前世今生有关,人与人之间产生"同体大悲"之心就是势所必然,慈悲精神贯穿于佛教的全部精神之中。大乘佛教强调慈悲是佛教的根本,《大智度论》:"慈悲是佛道之根本。"慈悲之心必然促使人们关注他人的疾苦,这是佛教为残疾人及其教育提供的最积极且有力的思想武器。

2. 佛教的善恶报应思想

佛教将人们的善恶行为称为"业力",这种业力会对人们的今世、来生产生作用,从而使得众生在"三界"不断流转,遵从天、人、畜生、饿鬼、地狱和阿修罗"六道"之序运转,形成业报轮回。善行的业报是天界,而恶行的业报只能是地狱。佛教的这种善恶报应思想对人的伦理启示是:今生修善德,来生可至天界,今生造恶行,来生堕入地狱;止恶行善是出离三界、摆脱轮回的必由之路。如何修善德呢?佛教提出了"布施""修福田"等具体办法。"布施"就是以己财分布于他人,"修福田"就是积功德。显然,这种观念及做法,能够促使人们去关爱残疾人等处境不利之人的生活。

三 中国幼教之父陈鹤琴的特殊教育思想

在中国近现代最著名的幼儿教育家就是被称为"中国幼教之父"的陈鹤琴。陈鹤琴的教育思想在学前教育健全孩子的教育上有着巨大的贡献,也涉及了学前特殊儿童的教育。

陈鹤琴认为特殊儿童教育是对特殊儿童施加有效的教育。他将特殊儿童具体分为视觉缺陷儿童、听觉缺陷儿童、语言缺陷儿童、肢体缺陷儿童、问题缺陷儿童、低能儿童、天才儿童七类。

陈鹤琴认为残疾儿童具有接受教育的能力,可以凭借教育的力量把残疾儿童教育成为对社会有用之人。传统的观念中,有很多人认为残疾儿童是对社会没用的人,但是陈鹤琴却指出这些儿童虽然有缺陷,但却是残而不废的:"借教育的力量,可以把他们变成有用的人。这是何等可喜的事啊。"通过对特殊儿童施加教育,可以使他们达到"做人,做中国人,做世界人"这一教育目标。

他主张，身为教育者应该以各种有效的方法使这些特殊儿童在可能的范围内实现普遍的教育目标，而对有着严重残疾的儿童，应该根据他们的具体程度进行救济和收养。

对特殊儿童施加教育对社会有着重要意义。陈鹤琴根据他在海外的学习经历和见闻指出，任何国家或者地区都会由于各种先天或者后天的原因诞生很多特殊儿童，对他们施加教育是国家和社会的基本责任。他依据美国特殊儿童的比例对我国民国时期特殊儿童的数量进行了大致推算，当时我国有两千多万残疾儿童。数量庞大的特殊儿童如果不接受好的教育势必会给社会造成巨大的负担。反之，如果对他们施加良好的教育，他们就能像正常儿童那样愉快、健康地生活，成为社会上的有用之才，这也是国家和政府必须重视特殊教育的原因。

课外拓展

孔子与盲人乐师

瞽人失明，听觉却很灵敏，师旷"生而目盲，善辨声乐"（《仪礼·大射礼》）。以其"目无所见，于音声审也"（《毛诗》郑笺），"以目无所见，恩绝外物，于音声审故也"（《毛诗正义》），"以其无目，无所睹见，则心不移于音声，故不使有目者为之也"（《周礼·春官·序官》）。瞽人又长于记忆，擅长讽诵诗文。

孔子推崇周礼，《论语·八佾》：子曰，"周监于二代，郁郁乎文哉！吾从周"……

孔子"恶郑声之乱雅乐也"（《论语·阳货》），认为治理国家就在于"放郑声，远佞人"（《论语·卫灵公》）。因为"使夷俗邪音不敢乱雅，太师之事也"（《荀子·乐论》），所以孔子与太师的关系特别密切。

实操训练

结合我国特殊教育思想的发展谈谈我国现代特殊教育机构的发展。我国特殊教育思想有何特点？

过关练习

过关练习参考答案

简答题

1. 简述夸美纽斯的特殊教育观。
2. 简述儒家思想中的特殊教育思想资源。

第二节 学前特殊儿童教育机构的产生与发展

案例导入

自20世纪60年代以来,世界特殊教育界兴起了一场回归主流运动,即提倡融合教育,鼓励特殊儿童与普通儿童共同接受教育。我国许多学前教育机构也纷纷进入融合教育实践阶段,如北京大学医学部幼儿园。它成立于1956年,经过60多年的发展,先后被评为北京市一级一类幼儿园、海淀区示范幼儿园、北京市示范幼儿园、北京市早教基地和北京市特教基地、"A"级二星儿童食堂。目前幼儿园共有15个教学班,在园普通儿童近400名,有特殊需要儿童近30名,教职工75名。

该园践行"全纳教育"理念,依托北京大学医学部及北京大学六院专家资源,研究与实践融合教育,在对有特殊需要儿童进行教育干预的同时,关注他们与普通儿童的融合,将特殊教育有机地融入各项活动之中,促进普通儿童和有特殊需要儿童共同成长。2006年至今,该机构已接待近七百个孤独症儿童家庭的咨询业务,干预250多名孤独症儿童,有21名孤独症儿童顺利毕业,13名升入普通小学或学前班。北京大学医学部幼儿园作为最早开展融合教育的幼儿园之一,多次应邀参加在中国举办的国际或国内孤独症研讨会,并作融合教育专题发言。北京大学医学部幼儿园以其八年融合教育经验的优势,荣获北京学前教育研究会"十二五"课题"孤独症儿童支持性游戏的研究"优秀奖,编写"孤独症儿童融合教育游戏指导丛书"四册,由北京大学医学出版社正式出版。

21世纪以来,为了满足学前特殊儿童的特殊教育需求,越来越多的幼儿园开始开展特殊儿童随班就读工作,极大地促进了教育公平。

由此,我们不禁思考,在回归主流运动到来之前,国内外是如何满足学前特殊儿童教育需求的呢?国内外学前特殊儿童教育机构又是如何产生与发展的呢?

随着学前特殊儿童教育思想的不断发展,学前特殊儿童教育机构的形式也随之发展与变化。欧洲文艺复兴运动后,人文主义精神、科技进步、宗教改革等促使人们对残疾人教育产生了更加理性的认知,人类对残疾人教育的探索从欧洲开始。

一、国外学前特殊儿童教育机构的产生与发展

(一)听障教育机构

听障教育在早期兴起的时候多以个别教学的形式呈现,当时专门的听障教育机构还没有出现。

如在西班牙北部的贝尼迪克汀修道院里，一位名叫庞塞的修道士用自己设计的听障教育方法，对某些西班牙富有家庭的后代进行教育。庞塞所教听障儿童能够学会流利地说话，他的特殊儿童教育实践证明了特殊儿童接受教育的可能性与可行性，为听障教育机构的建立奠定了良好基础①。

直至1760年，法国一位天主教神父莱佩（Abbé de L'Epée，1712—1789）在巴黎创办了世界上第一所聋人学校，这也是世界上第一所真正的特殊教育机构，开启了近代聋人系统教育的先河。莱佩用他创造的以手语教学为基础、以口语学习训练为辅助手段的聋人语言教学法，进行了成功的聋教育实践。他的成功不仅让人们承认了聋人有接受教育的能力，而且使人们认识到聋人完全有接受更高层次教育的可能。

随后，欧洲其他国家也纷纷建立听障教育机构。1773年，英国人托马斯·布雷沃（Thomas Braidwood）在爱丁堡开办了英国第一所听障儿童学校。1778年，德国教师海尼克（Samuel Heinicke，1727—1790）在莱比锡建立了德国第一所聋校。与莱佩不同的是，他进一步发展了纯口语教学方法，强调唇读和发音技能训练，成为听障教学史上口语派的先驱倡导者②。此后，聋教育界展开了一场延续至今的口语教学法与手语教学法孰优孰劣的争论③。1807年，丹麦建立了第一所聋校。约20世纪中叶，丹麦出现了世界上第一家助听器厂，大力助推聋人康复事业。1815年，加劳德特（Thomas Hopkins Gallaudet，1787—1851）开启了他的欧洲之旅，去学习教育聋哑人的知识。1817年，加劳德特和法国聋人教师克拉克（Laurent Clerc，1785—1869）在哈特福德（Hartford）共同创建了美国第一所聋校——克那克提克特聋哑人士教育与训练收容所。截至1880年，聋人教育机构在美国增至55所。

从19世纪早期开始，到20世纪20年代，大量隔离的特殊教育养护机构陆续在美国建立。特殊教育发展的中心也随之从欧洲转移到了美洲。

到19世纪末20世纪初，欧洲国家的聋校颇具规模，数量可观（见表5-1），其中美国的聋校数量最多，1910年已达145所，这极大地推动了听障教育事业的发展④。

表5-1　19世纪末20世纪初部分国家聋校和师生数量统计

国别	聋校数（所）	教师数（人）	学生数（人）	调查年份（年）
法国	65	—	3894	1907
德国	89	829	7226	1909
奥地利	38	277	2339	1901
比利时	12	181	1265	1901
丹麦	5	57	348	1901

---

① 本书编写组.《国家中长期教育改革和发展规划纲要》实施全书（2010—2020年）[M].北京：开明出版社，2010：240.

② 盛永进.特殊教育学基础[M].北京：教育科学出版社，2011：34.

③ 本书编写组.《国家中长期教育改革和发展规划纲要》实施全书（2010-2020年）[M].北京：开明出版社，2010：240.

④ 盛永进.特殊教育学基础[M].北京：教育科学出版社，2011：34.

续表

国别	聋校数（所）	教师数（人）	学生数（人）	调查年份（年）
意大利	47	234	2519	1901
荷兰	3	74	473	1901
挪威	5	54	309	1901
葡萄牙	2	9	64	1901
俄罗斯	34	118	1719	1901
西班牙	11	60	462	1901
瑞典	9	124	726	1901
瑞士	14	84	650	1901
加拿大	7	151	832	1910
美国	145	1673	12332	1910

（二）视障教育机构

当16、17世纪听障教育蓬勃兴起的时候，视障教育并没有像听障教育一样得到太多的关注，但听障教育的成功使人们对残疾人教育的观念有了很大的改善，一些教育家开始把残疾人教育的视角转向了盲人，到了18世纪，视障教育机构开始出现。

1784年，法国慈善家霍维（Valentin Haüy，1745—1822）在巴黎创办了世界上第一所盲童学校，后来又远赴德、俄等国协助建立盲人学校。他的盲人教育以感觉主义的"替代刺激"为理论基础，教学内容包括阅读、音乐和地理，教学材料采用了有着凸起文字的书籍、乐谱和地理学习所用的地图等。由于凸字书造价高昂，学生也难以书写，因而不利于教育的普及。后来他的学生布莱尔（Louis Braille，1809—1852）创造了用凸起的点字代替字母的方法，经不断完善最终形成世界通用的布莱尔点字系统①。

随后，盲校如雨后春笋般在其他国家陆续涌现。1791年英国的利物浦开办了盲校。1804年奥地利的维也纳设立盲校。1806年德国的柏林设立盲校。1807年，意大利的米兰建立盲校。1808年荷兰的阿姆斯特丹建立盲校。1809年，俄国的彼得堡设立盲校。1811年，丹麦建立盲校。②

1829年，美国第一所盲人教育机构"新英格兰盲人养育院"在波士顿建立，这就是现在著名的帕金斯盲校的前身。1831年，美国建立了纽约盲人学校。1832年，豪（Samuel Gridley Howe）前往巴黎、爱丁堡、柏林参观，掌握了欧洲特殊教育机构的运作模式，并从巴黎与爱丁堡请来两名教师协助他办学。豪在马萨诸塞州建立了一所盲人教育机构——帕金斯与马萨诸塞盲人养育院。1833年，美国又建立了宾夕法尼亚盲人学校。截至1890年，全美国共有37所盲人教育机构。

---

① 盛永进. 特殊教育学基础[M]. 北京：教育科学出版社，2011：34.
② 王军，滕星. 世界教育史大事记[M]. 北京：职工教育出版社，1990：486.

（三）智障及其他教育机构

1837年，法国精神科医生谢根（Édouard Séguin，1812—1880）在巴黎创立了世界上第一所智障儿童学校，并使用感觉运动训练的方法对智障儿童进行教育训练。谢根在智力障碍教育领域的探索深受他的老师伊塔德（Jean-Marc-Gaspard Itard，1775—1838）影响。曾担任过聋校校医的法国医生伊塔德在法国南部山区森林里发现一个自幼被野狼掳走并且在狼群中长大的男童阿韦龙（Aveyron），年龄10—12岁，不晓人言、习性如狼。1799年，伊塔德对这个"狼孩"开展了长达5年的智力训练研究。他设计了一套社会化行为和感觉训练方法，以培养阿韦龙的社会性习惯。经过长期训练，"狼孩"掌握了部分基本技能，并学会了使用简单的语言。比如他想喝牛奶的时候，就用字母拼出这个单词。在情感与社会性方面，他逐渐学会表达与爱、感激相关的情绪。比如，他会轻抚对方的膝盖，或者用力压几分钟，有时他还会把嘴唇贴在上面。伊塔德对这个"狼孩"的智力训练最终取得了一定成效，并形成专著《关于一个野人的教育》，他对智障儿童个案教育的探索引起了社会的广泛关注，吸引了医生、教师、哲学家等人员关注智障领域，为智障教育机构的产生创造了有利条件。

谢根创立的世界上第一所智障学校及其使用的感觉运动训练的方法引起社会的广泛关注，并迅速发展到美洲。1848年，谢根移民到美国，并将法国的寄宿制智力落后训练学校的理念与方法介绍到美国，对美国智力落后教育的产生与发展做出了巨大的贡献。

1848年，帕金斯与马萨诸塞盲人养育院院长豪在其领导的养育院里开设了一个智力落后儿童实验学校，开创了美国智力落后教育的先河。

1855年，丹麦建立第一所招收智力残疾儿童的学校。①

随后，1859年德国、1864年英国、1882年俄国也纷纷建立了智力落后学校，以此来收容和教育智力残疾儿童。

1907年，意大利著名的医生、幼儿教育家蒙台梭利（Maria Montessori，1870—1952）在罗马贫民区建立"儿童之家"。她认为"智力缺陷主要是教育问题，而不是医学问题"，并向社会呼吁，智障儿童应当与正常儿童一样享有同等受教育的权利。"儿童之家"招收3～6岁的儿童加以教育，她以感官训练为核心，结合认知、生活技能训练，最后取得了惊人的成果。那些"普通的、贫寒的"儿童，几年后心智发生了巨大的转变，他们被培养成聪明自信的、有教养的、生机勃勃的少年英才。蒙台梭利崭新的、具有巨大教育魅力的教学方法，轰动了整个欧洲，关于这些奇妙儿童的报道，像野火一样迅速蔓延。人们仿照蒙台梭利的模式建立了许多新的"儿童之家"。到1952年蒙台梭利逝世时，欧美和印度等地都建立了"蒙台梭利协会"，"儿童之家"遍及世界各地。

随着特殊教育的发展，人们对特殊教育的认知不再局限于听力障碍、视力障碍、智力障碍等特殊儿童，而是从广义上认识到精神障碍、行为不良、情绪障碍等特殊儿童都属于特殊教育的范畴。因此，继专门的聋校、盲校、智力残疾学校之后，19世纪一些其他类型的特殊教育机构也开始出

---

① 赖德胜，赵筱媛，等．中国残疾人就业与教育现状及发展研究[M]．北京：华夏出版社，2008：106．

现（见表5-2）。1832年德国慕尼黑、1845年法国、1851年英国、1861年美国等陆续建立了针对肢体残疾者的专门学校。针对行为不良者的学校于1817年在法国首次出现，随后德国（1819）、美国（1825）、英国（1840）也分别建立了该类学校。

表5-2 欧美几个主要国家近代第一所特殊教育学校设立的时间

国家	盲校	聋校	智力残疾学校	肢体残疾人学校	行为不良儿童学校
英国	1791	1771	1846	1851	1840
美国	1832	1817	1848	1861	1825
德国	1806	1778	1859	1832	1819
法国	1784	1770	1837	1845	1817
俄国	1807	1805	1882	1892	1918
澳大利亚	1804	1774	1816	1900	1848

除此以外，自20世纪以来，随着各类精神障碍儿童被发现，精神障碍教育矫正机构也逐渐产生，如孤独症教育机构、情绪障碍教育机构等。

孤独症最早于1938年被约翰斯·霍普金斯大学的儿童精神疾病医生利奥·凯纳（Leo Kanner）发现。1938年，凯纳医生见到了来自密西西比州的求诊者唐纳德（Donald）。唐纳德的父亲详细描述了唐纳德从出生到5岁时的生活细节：唐纳德从来没有表现出想要和妈妈在一起的愿望，也完全无视周围的人。他经常发脾气，别人叫他名字经常不答应，且沉迷于不停地转各种东西。在他的所有发育问题之外，唐纳德还表现出了不同寻常的天分，比如他2岁就可以背诵23篇《圣经》上的诗篇，还可以一字不差地背诵长老会教义问答（25个问题和答案）；他喜欢倒背字母表，甚至还有完美的音准。

随后几年里，凯纳医生陆续发现了和唐纳德有类似特征的其他孩子。在1943年，凯纳医生在《紧张不安的儿童》（Nervous Child）杂志上发表了论文《情感交流的孤独性障碍》（Autistic Disturbances of Affective Contact）。论文中呈现了11位儿童的案例，凯纳医生认为他们患有同一种综合征，即婴儿孤独症，这些儿童都有共同的病症：需要独处，不喜欢变化，需要独自一人待在一个永不改变的世界里。①

此后的70多年中，越来越多符合凯纳所描述症状的儿童出现，但关于孤独症的诊断标准直到1980年才被作为一项单独的诊断类别明确下来。1980年颁布的DSM-Ⅲ中儿童期孤独症与儿童期起病的广泛性发育障碍、非典型广泛性发育障碍共同组成新的诊断类别，即广泛性发育障碍。

而对于孤独症的矫治与教育，西方早期更加倾向于进行医学矫治，选择封闭、隔离的训练环境进行机械、单调的行为矫正训练。奥地利出生的美国心理学家贝特尔海姆（Bruno Bettelheim）就是典型代表之一。贝特尔海姆以其在治疗情绪障碍儿童，特别是孤独症患儿方面的大量工作而著称。

---

① （美）天宝·格兰丁，理查德·潘内克.孤独症大脑：对孤独症谱系的思考[M].燕原，译.北京：华夏出版社，2016：4.

1944年，贝特尔海姆被任命为芝加哥大学的心理学助理教授，同时担任附属学校索尼亚香克曼发展矫正学校校长。①这所芝加哥大学康复培训学校是一所专为6～14岁有严重情绪问题的儿童设立的实验住宿学校。他以此校作为孤独症患儿的研究中心。

贝特尔海姆基于精神分析理论，认为孤独症的产生有其心理根源，如父母教养不当。他设想，人类既然能建立集中营来摧毁人们的人格，就应该有能力创造某种环境，通过培养使被毁坏的人格得以复苏。②因此，他将儿童从影响他们的父母身边带走，尽可能长久地安置到寄宿学校中，采用爱、护理和保护、培养自主性的方法进行矫治。

随着越来越多不同领域学者们对孤独症的深入探索，以及20世纪60年代以来世界特殊教育界兴起的回归主流运动，人们对孤独症的矫治教育逐渐从封闭、隔离的康复训练学校转为开放、生态的融合教育，孤独症教育机构也在专门的特殊教育学校、康复培训中心基础上逐渐多元化，如普通学校的特殊班级、部分时间开设的普通班级和特殊班级、普通学校的普通班级和部分时间开设的资源教室、普通学校的普通班级等。

整体而言，16世纪特殊教育兴起以来，西方特殊教育的产生就具有了探索性质，办学主体以私人为主，教育者则多为医生和神职人员，因此早期的特殊教育手段、教育方法尚未形成体系，仍在不断探索与发现的进程中。这些多样化的教育方法、专门的特殊教育机构的出现，对近代特殊教育的快速发展起到了不可磨灭的奠基作用。③

另外，国外这些早期的特殊教育机构主要面向的招生群体为义务教育阶段的特殊儿童，极少招收学前教育阶段的特殊幼儿。以丹麦为例，20世纪初，丹麦特殊教育呈现出较快的发展趋势。丹麦教育部的数据显示（见表5-3），1981—1987年，接受特殊教育学生群体中，学前儿童接受特殊教育的百分比最低，平均约为6%。④

表5-3　1981/2-1986/7学年学前班至10～11年级接受特殊教育学生占全体学龄儿童的百分比

年级 \ 特殊儿童占学龄儿童百分比（%）	1981—1982学年	1981—1985学年	1985—1986学年	1986—1987学年
学前班	7.1	5.87	6.02	5.97
1年级	7.3	7.41	7.47	8.08
2年级	11.4	12.28	12.81	12.45
3年级	15.6	15.77	16.74	17.37
4年级	17.5	17.47	17.81	18.65
5年级	17.4	17.30	17.66	17.82

---

① 美国不列颠百科全书公司.不列颠百科全书(12)[M].中国大百科全书出版社不列颠百科全书编辑部,编译.北京：中国大百科全书出版社,1999：432.
② 邵道生.儿童心理百科辞典[M].呼和浩特：内蒙古人民出版社,1993：13.
③ 盛永进.特殊教育学基础[M].北京：教育科学出版社,2011：34.
④ 牟玉杰.丹麦特殊教育研究[D].大连：辽宁师范大学,2004.

续表

特殊儿童占学龄儿童百分比(%) \ 年级	1981—1982学年	1981—1985学年	1985—1986学年	1986—1987学年
6年级	17.5	16.69	17.31	17.19
7年级	16.0	15.32	15.49	15.37
8年级	12.0	10.47	11.24	10.63
9年级	9.0	8.48	8.32	7.90
10~11年级	10.4	6.72	6.70	4.94
总数	12.9	12.61	12.97	12.76

二、中国学前特殊儿童教育机构的产生与发展

中国特殊教育最早可追溯到早已在特殊教育领域取得了辉煌成就的周代,但专门的特殊儿童教育机构的发展较慢,直到19世纪,中国特殊儿童教育机构才逐渐产生,国内特殊儿童教育进入新的快速发展阶段。

(一)听障教育机构

中国特殊教育机构的产生从19世纪80年代开始。

1887年,美国基督教长老会的传教士查理·米尔斯(Charles Mills)夫妇在山东登州(今蓬莱区)创建了中国第一所聋校"登州启喑学馆"(现烟台市特殊教育学校),经费由美国基督教长老会提供。1895年,米尔斯先生去世。长老会停止经费供给,学馆被迫停办,但其夫人安妮塔·米尔斯(Annetta Mills)继承"夫业",她一面在乡间布道,一面写信联系欧美各国友人,以恢复中途停办的学馆。

1898年,米尔斯夫人将学馆迁至山东芝罘,租赁了两间小平房继续办学。1900年,米尔斯夫人让人在芝罘建了一栋楼房和数间平房,学馆从此有了自己的校舍。1906年,学馆改名为"烟台启喑学校"。1938年,更名为"烟台市立启喑学校"。1948年,烟台市人民政府接管该校,改校名为"烟台市聋哑小学"。1952年7月,学校成立了盲生班,校名改为"烟台市盲哑学校"。1987年9月,经市政府批准,学校分别设置了两个校牌:"烟台市聋哑中心学校"和"烟台市盲人学校"。

登州启喑学馆开办之初,只收教了一个贫苦木匠的儿子,之后增至4人。该校先招男生,1907年起招收女生,1932年设立师范科。登州启喑学馆以美国罗切斯特聋校教材和自编的《启喑初阶》教材,采用口语、手指语和手势语进行教学,帮助学生掌握知识技能,让他们学会语言文字的应用。当时学校对学制无明确规定,以特殊儿童成功掌握自谋生活技能为学习结束的标准。

1892年法国传教士在上海创办了上海法国天主堂圣母院附属聋校，这所聋校主要是教养圣母院所收养的一些中国聋哑孤儿的内部机构，早期对外既不挂牌，也不正式招生。①

1919年，杜文昌先生创办了私立的北平聋哑学校，这也是北京地区第一所聋校。当时，北平城已经是有百万人口的大城市，其中聋哑人数量巨大，但由于当时全市只有这一所聋哑学校能够接纳学龄聋生，因此，全市最终能够进入学校的聋哑儿童不足百分之一。②

1923年，吴燕生（1900—1958）在沈阳创办了辽宁聋哑职业学校。1929年，苏州张一麐创办了吴县救济院附属盲哑学校。1931年，杭州聋人龚宝荣创办了杭州吴山聋哑学校。1938年，成都人罗蜀芳女士在成都创办了私立明声聋哑学校，这是四川最早的私人办学的特殊学校。1944年，著名牙科医生安龙章在重庆办了一所私立扶青聋哑学校。1951年秋，成都市军事管制委员会接管了成都中西慈善团盲哑学校，并接办了成都私立明声聋哑学校，将其合并更名为成都市盲聋哑学校。

当时全国所有的聋校当中，公立性质的教育机构只有南京盲哑学校一所，其他均为私立或外国传教士创办。

21世纪以来，党中央、国务院高度重视特殊教育，各类特殊教育机构数量剧增，聋哑学校也不例外。2021年教育统计数据显示，2021年全国聋校有380所。

（二）视障教育机构

近代中国第一所视障教育机构——瞽叟通文馆，由英国传教士威廉·穆瑞（William Murray）于1874年在北京东城甘雨胡同创办，即现在的北京市盲人学校。1870年，英国传教士威廉·穆瑞受苏格兰圣经公会的派遣来到中国，随后驻留北京。在工作过程中，穆瑞接触到一些盲人，深感他们接受教育训练的不易，决定为其尽一份力。在教授2个盲童获得初步成功以后，穆瑞认为办一所专业盲校的条件已基本成熟。1874年，穆瑞借用长老会在北京甘雨胡同的房舍，创办了"瞽叟通文馆"。"瞽叟通文馆"为中国近现代特殊教育提供了基本范式，提供了学制、课程、教材等样板。同时，"瞽叟通文馆"也成了近代中国早期特殊教育的重要人才培训基地。学校的课程除《圣经》外，还有读书、算术、音乐等。穆瑞将近代盲人教育引入中国。到1914年，从学校毕业的盲生已超过250人。1921年，学校更名为"启明瞽目院"。1954年8月，北京市人民政府接管该校，将其更名为"北京市盲童学校"，1985年又将其更名为"北京市盲人学校"。

穆瑞在中国最早引入了布莱尔盲文系统，并对其进行中文认读的改造。盲文的中文建构是一项难度极大的工作。穆瑞经过不断试验，初创了中国历史上第一套中文盲字系统——"康熙盲字"，又称"瞽目通文"（The Murray Numeral System）。该系统根据布莱尔的六点盲字符型和康熙字典的音韵，以北京语音为基准，整理了代表中国北方常用单字的408个字音，用40个数字符号组成408个音节，每个音节由两个数字盲符编成编码以表示不同的读音，并以前后两个盲符位置的高低区分声调。这套系统有很强的规律性。康熙盲字是中国最早使用的盲文。

---

① 马建强. 中国特殊教育史话 [M]. 北京：新华出版社，2015：264.
② 马建强. 中国特殊教育史话 [M]. 北京：新华出版社，2015：266.

由外国传教士创办的特殊教育学校还有很多，如1888年英国循道会大卫·希尔（David Hill）在湖北武汉创办的"汉口训盲书院"、1912年英国传教士在上海虹桥路创办的"上海盲童学校"等。教会和慈善机构在中国创办特殊教育学校，带来了西方社会中比较先进的思想、观念和方法，在一定程度上推动了我国特殊教育事业的兴起和发展。①

1915年元月在汉口训盲学校的盲人刘先骥先生在长沙创办了"湖南导盲学校"，这是中国近代史上由中国人自己创办的第一所规模较大的特殊学校，开办当年就招收盲童25人，并呈国民政府教育厅注册备案。由中国人自己创办的一所特殊教育学校——南通盲哑学校，是近代著名的实业家张謇于1916年在江苏南通创办的，现为南通特殊教育中心，这是中国人自办的最早的特殊学校之一。创办人张謇于1903年和1911年分别考察了日本京都岛津盲哑院和烟台启喑学校，1912年他决定由中国人自建残废院和盲哑学校，于是购地建校舍，1915年招收盲哑师范科学生9人，聘烟台、北京盲哑校的教师任教。1916年，学校正式开学，张謇任首届校长。1952年，该校由南通市人民政府接管，改私立为公立。

1918年，英国圣公会差会干事裴成章（A. A. Phillips）于绵阳县城黄家巷创办了一所私立盲哑学校，最初只招到学生4人（年龄在12～18岁）。1921年迁至汉州（今广汉市），三年内该校培养学生已达30人，1922年又由汉州迁至成都王家坝，由美国浸礼会牧师夏时雨（H. T. Openshaw）接管，担任校长，校名改为社会服务团盲童学校。1925年，易名为中西慈善团盲哑学校。1939年，因日本战机对成都狂轰滥炸，打乱了学校正常的教学和生活秩序，加之经费困难，校务废弛，中西慈善团盲哑学校遂宣布停办。②

1927年，南京市政府教育局创办了中国第一所公立盲聋教育机构——南京市盲哑学校（现南京市聋人学校和南京市盲童学校）。该校设盲、哑两科。1937年，学校迁至重庆。1942年，学校隶属教育部，更名为"教育部特设盲哑学校"。1946年，学校迁回南京，1947年，恢复"南京市盲哑学校"的校名。1981年，学校被分设为南京市聋哑学校和南京市盲童学校。

截至1949年，全国设有盲聋学校42所，在校学生数2380人，教职工数60人。绝大多数的学校都是由宗教和慈善机构主办的，没有全国统一的培养目标、课程设置，也没有规定的教学内容，可见旧中国的特殊教育无论是办学规模，还是办学效益与质量，其发展的速度都是较为缓慢的。

新中国成立以来，在中央和地方政府以及社会各界的关心与支持下，特殊教育事业取得长足发展，办学条件得到较大改善，特殊教育学校数量不断增加，入学人数稳中有升，办学体系进一步完善，教育质量进一步提高，因此视障教育机构发展迅速，数量陡增，质量也逐步提升，现在的北京市盲人学校正是典型代表之一，包括视障教育机构在内的特殊教育机构的质量提升，离不开国家发布的一系列方针政策的指导，如《特殊教育提升计划（2014—2016）》《第二期特殊教育提升计划（2017—2020年）》《特殊教育教师专业标准（试行）》等，以更好地规范特殊教育学校课程建设，提升特殊教育教师专业化水平。

---

① 马建强. 中国特殊教育史话 [M]. 北京：新华出版社，2015：35.
② 谢新农. 民国时期成都盲聋哑特殊教育 [D]. 四川师范大学，2005.

（三）智障及其他教育机构

同西方国家一样，相比听障视障教育，中国智力障碍儿童教育的发展速度更加缓慢。20世纪伊始，智力障碍教育机构产生并发展。

1958年，北京第二聋哑学校开设了"低能班"。1959年，辽宁省办智力障碍儿童班。1979年，上海市长宁等区设立了智力障碍儿童辅读班。可见，智力障碍教育机构发展早期以普通学校辅读班或特殊学校辅读班为主。早期这些特设智力障碍辅读班的经验为后续智力障碍专门学校的成功创办奠定了扎实基础。

1984年，我国创立了第一所智力障碍学校——北京市西城区培智中心学校。自此之后，各地智力障碍教育发展速度加快，据统计，到1994年，我国已有智力障碍学校370所。[1] 到1998年，我国大陆有智力障碍儿童学校425所。[2] 到2021年，我国有培智学校591所。

目前，我国已有的学前智力障碍教育形式主要有融合幼儿园（随园/班就读）、幼儿园特殊班（辅读班）和特殊学校（辅读、培智）。[3]

纵观我国学前特殊教育发展史，我国学前特殊教育的对象以听力障碍为主体，相对而言，智力障碍、视力障碍、孤独症等其他类型的特殊幼儿早期教育工作还处于初步发展阶段。

在我国，孤独症案例最早于1982年由我国著名儿童精神疾病专家、南京脑科医院儿童心理研究中心的陶国泰教授报告出来，陶教授在其论文中描述了4例我国孤独症儿童的具体情况。[4] 20世纪90年代，北京医科大学的杨晓玲教授组织了对我国部分地区儿童孤独症发病情况的抽样调查。结果显示，福建省患病率为万分之0.27，江苏省常州市患病率为万分之1.7。近年来，我国孤独症及其广泛性发育障碍儿童的发病率也呈明显上升趋势。2001年，孤独症首次被列入全国残疾儿童调查。调查显示，孤独症已成为儿童精神致残的最大病种。

早期，国内并没有服务于孤独症群体的康复机构，因此许多孤独症儿童错过了孤独症的最佳干预期，也错过了3岁前这一语言学习的黄金时期。随着孤独症儿童数量不断攀升，社会对于专门面向孤独症儿童的康复治疗教育机构的需求显著提高。

国内开始增设面向孤独症的康复治疗中心，如成立于1988年的北京博爱医院，它是以康复为特色的三级甲等综合医院，隶属中国康复研究中心。北京博爱医院设有康复临床、综合临床、康复治疗、医技等52个科室，具有的以下特色技术：①脑性瘫痪及孤独症综合康复技术；②综合康复评定技术；③语言障碍和吞咽障碍的综合康复；④智能化康复技术；⑤影像尿动力学及神经电生理诊断技术。

1993年12月，北京市成立了孤独症儿童康复协会，以对孤独症儿童开展康复教育训练。

还有一些是儿童精神疾病研究中心的康复治疗中心，如北京大学第六医院、上海市精神卫生

---

[1] 王忠民等. 幼儿教育辞典 [M]. 北京：中国大百科全书出版社，2004：1091.
[2] 北京未来新世纪教育科学研究所编. 特殊教育的研究与概况 [M]. 呼和浩特：远方出版社，2005：40.
[3] 方俊明. 特殊教育学 [M]. 北京：人民教育出版社，2005：223.
[4] 谢明. 孤独症儿童的教育康复 [M]. 天津：天津教育出版社，2007：05.

中心、南京医科大学附属脑科医院等。南京医科大学附属脑科医院于2002年开展多项医疗新技术、新项目，如儿童心理卫生中心开展孤独症儿童实用行为分析训练，使用计算机软件评估儿童青少年心理障碍。①这些康复治疗中心能够接纳的孤独症儿童数量有限，无法满足社会需求。因此，许多民办的培训康复机构逐渐兴起，其中不乏一些由家长自发创立的孤独症儿童训练中心，如北京的"星星雨"、青岛的"以琳"、广西南宁的"方舟至爱"等。1993年，田惠萍女士来到北京创办了中国第一家服务于孤独症儿童的公益机构——北京星星雨教育研究所。她的儿子杨弢，是电影《海洋天堂》中文章所饰演的孤独症人士"大福"的原型。自此以后，全国各地有越来越多的孤独症机构出现，中国的孤独症机构大部分都是按照"星星雨"的模式运行的。

虽然孤独症教育机构的创办面临众多困难，如人员编制、资金投入等问题，但可喜的是，随着政府及各部门的支持力度不断提高，全国范围内的孤独症专门教育机构在质量上有了显著提升，数量也明显增加。

2006年，《中国残疾人事业"十一五"发展纲要（2006—2010年）》的精神残疾人实施方案中首次将"儿童孤独症"作为精神残疾之一，对其给予了充分重视，并将其纳入重点康复工作。选择包括北京、上海、广州、深圳等在内的31个城市试点，发挥现有妇幼保健、特殊教育网络的作用，探索建立孤独症儿童早期筛查、早期诊断、早期康复训练的干预体系。整合资源，建立省级孤独症儿童康复训练机构。②

截至2009年，我国完成了全国31个试点城市以及省级康复训练机构的筛选和认定工作，制定了《"十一五"孤独症儿童康复训练试点工作实施办法》，成立了全国专家技术指导组，召开了"十一五"孤独症儿童康复工作研讨会，组织目前国内孤独症教育与康复领域的专家和有实际工作经验的专业人员共同编写了《孤独症儿童的教育与康复训练》一书，作为"十一五"期间开展孤独症儿童康复训练的全国统一培训教材，同时开办了全国孤独症儿童康复训练骨干技术人员培训班。

据新闻报道，截至2010年，深圳市已培育和发展了一批专业的社会孤独症患者康复服务机构，目前深圳市开展孤独症康复服务的机构有22家，其中公办机构14家（包括医院、福利中心），如康宁医院、深圳市儿童医院、深圳市特殊儿童早期干预中心、各区级特殊儿童早期干预中心或康复中心、元平学校等。在这些机构进行康复治疗，户籍儿童大致可享受每年1万元的训练补助。③

截至2011年，全国已建立34个省级儿童孤独症康复训练中心。如广东省有2家全国性孤独症康复示范基地，分别是广东省残联下属事业单位广州康纳学校和惠州护苗培智学校。

综上所述，我国公办学前特殊教育机构多为城区特殊学校开设的学前班，民办学前特殊教育机构虽在一定程度上满足了社会需求，促进了学前特殊教育事业的发展，但在准入情况、资质、教育质量和安全等方面亟待加强监管。

---

① 张帆. 南京卫生年鉴 2003[M]. 长春：吉林文史出版社，2003：182.
② 骆文智，刘银燕. 广东省医学会第五次计划生育学术会议暨孕前优生健康检查研讨会论文汇编[G]. 广东省医学会计划生育学分会，广东省人口与计划生育委员会科技处，2012：236.
③ 骆文智，刘银燕. 广东省医学会第五次计划生育学术会议暨孕前优生健康检查研讨会论文汇编[G]. 广东省医学会计划生育学分会，广东省人口与计划生育委员会科技处，2012：236.

教育部2021年教育统计数据显示，2021年特殊教育学校基本情况为：分布在盲人学校、聋人学校、培智学校及其他特殊教育学校的学前教育阶段幼儿共计5035人。2021年全国学前教育在园幼儿共计48052063人，其中残疾人33076人。

2021年数据统计也再次证明，现阶段普通幼儿园接收学前特殊儿童入学已呈现明显趋势，但是总体上不少学前教育阶段的残疾儿童没有进入到幼儿园教育机构，这从2021年的这组数据中就可以看出：2021年，全国共有特殊教育学校2288所，在校生91.9767万人。其中学前教育阶段在园5264人，一年级在读生71967人。

◇ 思考讨论

参考答案：
壮壮妈妈的两难选择

壮壮妈妈的两难选择

5岁的北京男孩壮壮在海淀区一家幼儿园上学。他会数数，会拼音，会背古诗，在知识的学习上没有什么困难，但是他会在上课的时候忽然站起来走掉，会在表演节目的时候在队伍中走来走去，会忽然大声骂人。经过医生诊治，他患有"妥瑞氏综合征"，会不受控制地多动。壮壮的妈妈总被老师叫到幼儿园向别的小朋友道歉。"他在功课的接受程度上没问题，上特殊学校会不会不适合？但是如果直接进入普通学校，我担心他能否坚持下来。"壮壮妈妈说。

如果你是壮壮妈妈，在普通幼儿园随班就读与特殊学校学前班二者之间，你会如何选择？

课外阅读

中国特殊教育的快速发展离不开许多义无反顾地投身于这项崇高、正义、人道、公益的事业中的教育者们，人民教育家吴燕生就是其中的典型人物之一。请同学们搜索互联网，了解人民教育家吴燕生的特教生涯，并谈谈自己的感受。

实训操练

请同学们在课后实践环节，通过查找资料、采访、走访等方式，整理家乡所在地孤独症教育机构的产生与发展。

真题再现

较早涉及学前特殊儿童教育的、较著名的教育家是（　　）。

A.杜威　　　　　　B.福禄贝尔　　　　　　C.蒙台梭利　　　　　　D.卢梭

过关练习

真题再现、过关练习参考答案

一、不定项选择（每题有1个或多个正确选项，请将选项字母填在括号里）

1. 1887年，中国出现的第一所聋哑学校是（　　）。

A.北平聋哑学校　　　　　　　　B.登州启喑学馆

C.上海法国天主堂圣母院附属聋校　　D.杭州吴山聋哑学校

2. 1907年，意大利著名的医生、幼儿教育家（　　）在罗马贫民区建立"儿童之家"。她认为"智力缺陷主要是教育问题，而不是医学问题"，并向社会呼吁，智障儿童应当与正常儿童一样享有同等受教育的权利。

A.杜威　　　　　　B.福禄贝尔　　　　　　C.蒙台梭利　　　　　　D.卢梭

3. 1760年，法国一位天主教神父（　　）在巴黎创办了世界上第一所聋人学校，也是世界上第一所真正的特殊教育机构，由此开创了近代聋人系统教育的先河。

A.克拉克　　　　　B.霍维　　　　　　　　C.杜威　　　　　　　　D.莱佩

4. 中国人自己创办的第一所盲校（　　）是近代著名的实业家张謇于1916年在江苏南通创办的。

A.南通盲哑学校　　B.瞽叟通文馆　　　　　C.汉口训盲书院　　　　D.上海盲童学校

5. 现今的"北京市盲人学校"的前身是（　　）。

A.南通盲哑学校　　B.瞽叟通文馆　　　　　C.汉口训盲书院　　　　D.上海盲童学校

二、判断题

早期西方特殊教育的产生具有探索性质，其办学主体基本为私人，其教育者多为医生和神职人员，当时的教育手段、教育方法还不够完善。（　　）

中篇实践篇

如何理解各类学前特殊儿童并实施教育

第六章 生理发展障碍儿童的教育

第七章 智力异常儿童的教育

第八章 其他有特殊需要儿童的教育

第六章　生理发展障碍儿童的教育

◇ **学习目标**

1. 了解视觉障碍的基础知识，了解视觉障碍儿童的鉴定方法、发展特征和教育干预方法。
2. 了解听力障碍的基础知识，了解听障儿童全面康复的原则与方法，了解听障儿童康复的基本技能技巧。
3. 掌握各类言语和语言障碍的基本概念，了解形成言语语言障碍的原因、表现、评估和治疗方法。
4. 了解肢体障碍的基础知识，了解肢体障碍儿童的鉴定方法、发展特征和教育干预方法。

◇ **核心知识**

视觉障碍、视障儿童的评估与鉴定、视障儿童的发展特征、视觉障碍儿童的教育干预、听力障碍、听障儿童的评估、听障儿童的全面康复、听障儿童的康复技巧、构音障碍、嗓音障碍、言语障碍、言语语言障碍的表现评估、肢体障碍儿童的心理特征、肢体障碍儿童的教育干预。

◇ **思维导图**

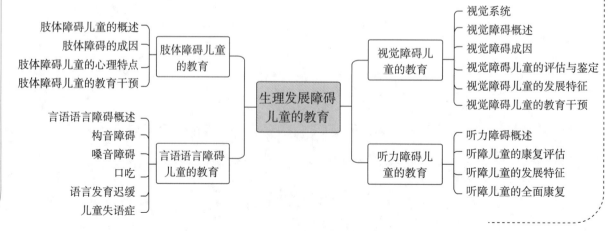

中篇实践篇　如何理解各类学前特殊儿童并实施教育

◇ **本章概要**

第一节主要介绍视觉障碍的定义、分类、成因，视力障碍儿童的评估与鉴定、早期保教原则、干预方法和保教内容。

第二节主要介绍听力障碍的定义、分类、成因，听力干预，以及听障的康复评估、全面康复的理念和方法。

第三节主要介绍言语语言障碍的各种类型，以及每种言语语言障碍的基本概念、产生原因、评估及治疗方法。

第四节主要介绍肢体残疾障碍的定义、分级、成因，以及心理障碍儿童的心理特点、教育干预方法。

第一节　视觉障碍儿童的教育

案例导入

幼儿园大班某儿童在与家人外出期间患重感冒，并引发肺炎等多种并发症，导致眼疾再次发作，身体恢复后回到幼儿园。此前，该名幼儿表现正常。但是，幼儿归园后老师发现，他经常揉眼睛，摇晃身体，摔倒，同时性格变得孤立、暴躁。老师在活动室呈现的东西这名幼儿看不清楚，因为老师提问，他很多答不上来。你作为幼儿园教师，应该做些什么？

俗话说"眼睛是心灵的窗户"，眼睛是人类感官中最重要的器官，大脑中约有80%的知识和记忆都是通过眼睛获取的。读书认字、看图赏画、欣赏美景等都要用到眼睛……在幼儿园的一日生活中，我们需要帮助幼儿树立正确的爱眼护眼意识，保护幼儿视力，让幼儿在学前教育阶段形成受益终身的用眼好习惯。

一　视觉系统

视觉系统是人类最为重要的感觉系统，人的大脑皮层有1/3的区域都和视觉有关。人从外界接收的信息中，视觉占绝大多数，并且视觉能够有力地影响人们的认知、决策、情感乃至潜意识活动。从这个角度来看，把人称为"视觉动物"也不为过。

（一）视觉系统

众所周知，人要看到某个东西，首先要有光，其次要有眼睛，最后经过大脑的处理才能看见物体。具体来讲，人想要看到一个东西（指的是"人意识到自己看到了东西"），需要经历如下的"三级跳"过程：光线进入眼睛——眼睛把光线携带的信息转化成电信号，传给大脑——大脑对视觉信号进行处理，变成视觉体验，并影响人的行为和思想。

（二）视觉的具体过程

人们要想看到东西，具体过程如下。

光（本质是电磁波）携带着外部世界的结构信息，经过一系列折光系统（如晶状体、玻璃体等），投射在眼球底部的视网膜上。

视网膜上的光感受器细胞将光信号转换为电信号（光电转换），传递给视网膜的其他细胞（比如双极细胞、水平细胞、无长突细胞等）进行初步的信息整合加工。

视网膜的各种细胞最终将整合好的信号传递给视网膜神经节细胞，由它将视觉信息通过视神经传入大脑。如图6-1，就是眼球的结构。

视觉信息进入大脑后，先进入位于丘脑的一个小小的核团——外侧膝状体。在那里，视觉信息被进一步整合加工，关键的视觉信息被提取出来，无用的信息被舍弃或扣留在低级脑区。经过加工后的关键视觉信息通过名为"视放射"的神经纤维束，传递到初级视觉皮层。

初级视觉皮层进一步提取视觉信息中的关键特征（如朝向信息、运动信息、色彩信息等），向高级的视觉皮层传递。

高级视觉皮层有好多个区域，它们各司其职，有的专门负责检测运动，有的专门负责检测形状，有的专门负责识别人脸……它们通过等级森严的协同分工，共同完成了对视觉信号的处理，并将最终结果传递给其他脑区，从而影响人的行为和思想。

但故事没有结束，高级脑区还能反过来影响初级脑区，调节初级脑区的敏感性和偏好性（甚至能调节眼球的细微转动轨迹），从而更加精细地控制信息流的入口，帮助大脑更加精细地认识外在世界。

到此为止，一个完整而专业的视觉系统框架就搭建完成。

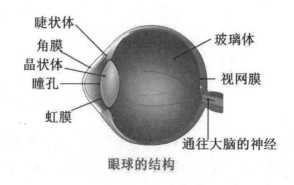

图 6-1　眼球的结构

二 视觉障碍概述

（一）视觉障碍的定义及分类

视觉障碍又称为视力障碍、视力残疾、视觉缺陷。视觉障碍是指由于各种原因导致的不能通过矫正改善的双眼视力低下或者视野缩小，视觉障碍会影响个体的日常生活和社会参与。视力是指眼睛识别物体形状的能力；视野是指眼球固定注视一点时所能看见的空间范围。一般人的视野范围为上方60度、下方75度、鼻侧60度、颞侧100度。

有些人因为疾病或外伤等原因，辨别物体形状的能力有所下降，有的视力甚至全部损失，这属于视力损失；有的人虽然视力正常，能看清楚东西，但是所能看到的范围是非常狭窄的，他们注视一点时只能看到非常狭小的局部区域，视野小到一定程度也属于视觉障碍。

根据视力损伤程度或视野大小，视觉障碍被划分为盲和低视力两类。根据我国《第二次全国残疾人抽样调查残疾标准》的数据，视力残疾分为2类，共有4个等级，列表6-1如下。

表 6-1　视力残疾标准

类别	级别	最佳矫正视力
盲	一级盲	＜0.02～无光感；或视野半径＜5度
	二级盲	≥0.02～＜0.05；或视野半径＜10度
低视力	一级低视力	≥0.05～0.1
	二级低视力	≥0.1～＜0.3

视力残疾分类标准中的盲或低视力均以双眼视力为标准。若双眼视力不同，则以视力较好的一只眼睛为准；若仅有单眼为盲或低视力，而另一只眼睛的视力达到或优于0.3，则不属于视力残疾范畴。最佳矫正视力是指以适当镜片矫正所能达到的最好视力，或是以针孔镜测得的视力。视野半径＜10度者，无论其视力如何均属于盲。

（二）视觉障碍的发生率

世界卫生组织的数据显示，全世界估计有1900万儿童有视觉障碍，其中140万儿童是盲人。由于视觉障碍儿童生活在致残环境下的时间长，若从"视力残疾年数"角度来进行计算，则视觉障碍儿童的比例占视觉障碍人口的20%。2006年第二次全国残疾人抽样调查的数据显示，我国残疾人总数为8296万人，视觉障碍总数为1731万人。根据数据推算，我国视觉障碍的出现率为0.94%。每年新增盲人约45万人，低视力者约135万人，视觉障碍儿童占同年龄儿童总数的0.06%～0.1%，其中0～5岁的学前视觉障碍儿童约为7.45万人。截至2019年，中国每80人中就有一名是视觉障碍患者。

据统计，截至2019年，中国有4592万人患有中度视觉障碍，467万人患有重度视觉障碍，869

万人失明。中、重度视觉障碍的主要病因是未矫正的屈光不正、白内障和黄斑变性等；失明的主要病因是白内障、未矫正的屈光不正和青光眼。其中，女性视觉损伤总体患病率高于男性。在视觉障碍患者中，儿童是一个特殊群体，儿童处于身体机能、心理个性快速发育的时期，视觉缺损对其正常发育、身心健康都有极大的影响。

三 视觉障碍成因

（一）先天性因素

先天性因素主要是指由于遗传、围产期和近亲结婚等因素导致的与生俱来的与后天因素无关的眼病，即出生时就表现出的眼部异常。

1. 遗传因素

因遗传因素而罹患的眼病称为遗传性眼病。遗传因素可以是生殖细胞或受精卵内遗传物质结构和功能的改变，也可以是体细胞内遗传物质结构和功能的改变。一些遗传性眼病为先天性疾病，婴儿出生时即显示症状，如先天性白内障、黄斑缺损等。但先天性疾病不一定是遗传病，比如妊娠妇女在怀孕早期感染风疹病毒会致使刚出生的婴儿患先天性白内障。另外，有不少遗传性眼病视障个体出生时毫无症状，要到一定年龄才会发病。通常情况下，遗传性眼病往往表现为家族性疾病特征，即在亲代和子代中均有视障个体，或在正常父母所生同胞中出现一个以上的视障个体。遗传性眼病也可能呈散发性，即正常亲代的生殖细胞发生基因突变或染色体畸变而使子代得病。有些遗传性眼病还可能有不外显的亲代遗传特征，视障个体的出现也可呈散发性。但需要说明的是，家族性疾病并不一定就是遗传病，一个家族有多个成员患同一眼病（如沙眼），可能是由于共同的生活环境所引起。

2. 胎儿期因素

国外学者提出的宫内编程学说认为，胎儿期是生长发育的关键期，在这一时期宫内环境的不利改变，会影响到生命体的编辑，并产生永久性的影响。这一学说的出现为研究疾病和发育异常的胎生起源奠定了理论基础。例如，母亲怀孕前3个月经常接触电脑电视，其子女视力异常发生率较高；母亲妊娠期缺乏维生素A和维生素D，也会导致胎儿视觉发展障碍；母亲妊娠前期受到风疹病毒感染，可能会导致胎儿患先天性白内障。

3. 近亲结婚

近亲通婚子女中隐性遗传病的发病率一般高于非近亲通婚所生的子女的发病率。以先天性青光眼为例，据统计，表兄妹通婚而使子代发病的概率比随机婚配高出10倍以上。所以限制近亲通婚，可有效预防出现遗传性眼病。我国婚姻法已明确规定，禁止近亲结婚。

（二）后天性因素

1. 眼外伤

眼外伤是指由于机械性、物理性或化学性损害等因素作用于眼部，引起眼睛的结构或功能损伤，可导致严重的视觉障碍。眼外伤的原因有机械性损伤，例如爆炸伤、穿透伤、异物损伤、钝挫伤等；还有非机械性损伤，如离子辐射、强光照射、化学药物、热烧伤等。由于学龄前幼儿喜动，自我安全防护意识较差，且儿童的眼球损伤，即使得到了及时救治，有时也难以保证原有的视觉功能，所以眼外伤是导致他们出现视觉障碍的最主要后天因素。因此，在幼儿园日常生活中，应当注意避免儿童眼外伤情况的发生。

2. 眼部疾病

眼部疾病是指视觉器官本身的器质性病变。视觉器官包括眼球、视神经传导系统和眼附属器三部分，这三部分中任何一个出问题都会导致视觉缺陷。在造成视觉障碍的疾病中，发育性青光眼、视神经萎缩、白内障、眼球震颤、角膜病、视网膜色素变性、斜视及弱视、白化病、屈光不正、沙眼等为我国目前主要的致盲眼疾。在各种致盲眼疾中白内障为最主要的眼部疾病因素，其次是角膜炎、沙眼和青光眼。

3. 心因性疾病

心因性视觉障碍是指无任何器质性疾病但又视力低下的患者，只能考虑其为精神心理因素所致的综合征。心因性视觉障碍儿童多见于性格内向者，其症状及表现如下：①对某些反应自我回避、态度消极，内心机械地维持某种附加条件；②对他人佩戴眼镜很感兴趣，渴望佩戴眼镜；③单纯心理紧张而产生的视觉障碍；④检查时，因暗示过重导致的视觉障碍；⑤其他不明原因引起的视觉障碍。据统计，日本心因性视觉障碍儿童约占视力低下受诊者总数的1.4%。

4. 环境因素

长时间近距离地看书、看电视，使用手机、平板等电子产品是导致儿童视力下降的主要原因，幼儿园和家长应共同努力、积极预防。幼儿园要让孩子意识到视力正常的重要性及不良因素对视力的影响，老师应教会孩子注意用眼卫生，做好眼保健操，和其他有针对性的预防措施。家长应注意培养孩子良好的看书习惯，及时纠正不良现象，同时避免让孩子长时间用眼。对于视力不良的孩子，应及时治疗与干预，不可听之任之。

四 视觉障碍儿童的评估与鉴定

视觉障碍儿童的临床症状一般包括视物距离近、按压眼睛、视物时歪头、流泪、畏光、常揉眼、对眩光敏感性强等。

（一）鉴定与评估的内容

视觉障碍儿童的鉴定主要包括客观检查和主观评估两个方面，即视力检查与视能评估。

1. 视力检查和视野检查

视力检查，也被称为视觉量的评估，包括视敏度量的评估和视野量的评估。视敏度量的评估一般借助于视力表进行，如《标准近视力表》《国际标准视力表》，其结果用数值来表示；视野量的评估则需借助于视野计测定，如"自动视野计""周边弧形视野计"，其结果用视野图来表示。

2. 视能评估

视能，被称为功能性视力。是指人们应用视觉的能力，也就是在周围环境中观察事物时可利用的实际有效视力，其结果往往是通过教育人员、心理医生以及医疗卫生人员的努力做出临床报告，而不能被准确测量。每个人的视能不仅受生理视力的影响，而且智力、情绪、动机、视觉障碍病因、控制眼睛运动的能力、环境因素等都可能影响视觉功能的正常发挥。

视能评估，被称为视觉质量的评估，是指在日常生活情境中评估视障儿童如何利用剩余视力进行日常生活的活动。视能评估结果应从生活的各种情境中做系统的观察与记录，内容需要包括个体的视觉能力、环境线索及现存可用的个人经验。

（二）鉴定与评估的方法

视觉障碍的鉴定与评估的方法可分为两类：筛查和诊断。

1. 筛查

筛查主要是指通过观察儿童的视觉行为和眼睛的症状去判断、发现疑似视觉障碍的儿童，一般由家长或教师完成。家长和教师可以用普通儿童的发展过程作为衡量标准，当发现儿童有下列情况，就要引起家长或老师的高度重视，家长应及早带孩子前往医院就诊。

（1）视觉行为。

斜视或皱眉；

倾斜脑袋或者往前伸头；

看东西模糊不清或很难看到；

闭上或遮住一只眼睛；

不停地揉眼睛；

难以完成阅读或其他需要近处观察的任务，或者把东西靠近眼睛看；

过于频繁地眨眼，或者在做需要近处观察的任务时很暴躁。

（2）眼睛的症状。

眼睑有红晕、结痂或肿胀；

眼睛运动不整齐，一只眼睛好像与另一只交叉或向外看；

眼睛潮湿或红肿（发炎的）；

（3）儿童的抱怨。

在做完需要近处观察的任务后，儿童表示："我感到眩晕"，"我头疼"或者"我觉得不舒服或恶心"；

"所有东西看起来都模糊不清"或者"我看到了两个物体"；

"我的眼睛痒"，"我觉得我的眼睛像火烧一样"或者"我感到我的眼睛很刺痛"；

"我看不清"。

2. 诊断

接受过训练的教师运用各种有效的工具，或专业的医学人员（如眼科专家、验光师等）对儿童的视觉及眼睛状况进行专业的检查，检查的方法主要有远视力检查、近视力检查和视野检查三种。

（1）远视力检查。

远视力是指5米或5米以外的视力。远视力检查是指视网膜黄斑部中央凹处视力机能的检查，检查方法有视力表检查、实物检查和观察检查三种。

视力表检查：对3周岁以上儿童，用《儿童对数视力表》（见图6-2）、《国际标准视力表》（见图6-3）（"E"字标准视力表）或《标准对数视力表》测试视力。

图 6-2　儿童对数视力表

实物检查：一般包括两种方法，乒乓球测试和硬币测试，对年龄幼小、不能用视力表测视力的儿童可用实物检查。其计算公式如下：视力=1.5/实物大小（毫米）×实物距离（米）/5。

观察检查：对2岁以下的儿童可根据儿童视觉发育的规律，对儿童的视觉行为进行观察，从而做出粗略的判断。

（2）近视力检查。

近视力是指30厘米距离的视力。近视力检查也称调节机能或阅读视力检查，是指两眼受调节作用下的视敏度的检查，主要采用《标准对数视力表》检查。

（3）视野检查。

视野是单眼注视正前方一点不动时所看见的空间范围，视野包括中心视野和周边视野两种。中心视野是指以视网膜黄斑区为中心的30度以内的视野范围；周边视野是指30度以外的整个视野范围。检查方法主要有动态检查和静态检查两种。

动态检查：是利用运动着的视标测定相等灵敏度的各点并连接各点成线的方法（所连之线为等视线），记录视野的周边轮廓从而

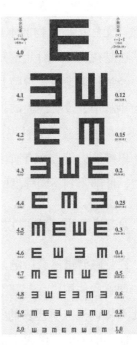

图 6-3　国际标准视力表

对周边视野进行检查，主要了解儿童视野范围的大小情况。

静态检查：是视标不动，通过逐渐增加视标刺激强度来测量视野中某一点的光敏度或光阈值的方法，是将测定一子午线上的光灵敏度阈值连成曲线以得出视野缺损的深度概念。目前，最常用的静态检查方法是使用自动视野计。

比起动态视野检查，静态视野检查更有优越性，对一些视网膜变性、黄斑病变、视神经炎等眼部疾病，能查出用一般方法不能查出的视野改变。

五、视觉障碍儿童的发展影响

儿童处于身心发育发展的关键时期，而视觉是其主要接受外界信息的器官，所以当视觉产生缺陷或完全丧失时，对儿童早期发展的影响是格外重大的。视觉障碍会影响其对世界的理解，也影响其认知、语言、社交和动作等多方面能力的发展。

（一）对认知能力发育的影响

认知能力是指人脑加工、储存和提取信息的能力，即人们对事物的构成、性能及与他物的关系、发展的动力、发展方向以及基本规律的把握能力。儿童的认知能力包括知觉、注意、记忆、想象、思维的能力等，儿童认知内容包括物品命名概念、形状概念、颜色概念、数量概念、空间感概念等。正常儿童可以通过各种感官去感知事物，而视觉障碍儿童却缺失了认识世界的清晰的视觉感性材料，所以他们对事物的认知就会受到一定的局限，往往会根据其他感官得来的特征进行分析、推理，无法把握事物的本质特征，造成方位和空间知觉形成困难、知觉完整性差等一系列消极影响。这是视觉障碍对儿童发展最直接的影响。

经过长期锻炼，视障儿童的触觉、听觉更加灵敏，但接收的信息仍有局限，分析与判断常常出错。年龄小、没有经验的视障儿童在认知能力上受到的限制更大。随着年龄的增长，视障儿童逐渐能以"学习经验"弥补发展上的迟缓，"认知角色"逐渐取代"知觉功能"。视障儿童在感知、记忆、思维能力等方面有阶段性的发展滞后现象，但如果能创造良好的教育条件，再结合视障儿童的努力，能够得到不同程度的补偿。

（二）对语言能力发育的影响

视觉障碍虽然会影响儿童对语言的模仿，但视障儿童的语言能力并不会长期落后于正常人。他们在理解和使用语言上基本不会受到影响，但视觉障碍使得儿童缺乏视觉感性材料，限制了视觉障碍儿童将词汇与所代表的实物正确地联系在一起的能力，他们会把事物视作一个名字而不是概念。虽然他们的词汇可以很丰富，但往往只是照搬和模仿，因此视障儿童经常会出现一些语义不合或不精确、不完整的现象，造成词汇与事物形象脱节。

由于看不见或看不清发音时的精细动作，也看不见人们使用目光、手势、表情等辅助手段进行交流，有些视障儿童可能难以借助动作、表情及姿势帮助语言表达，因此不可避免地会出现发音不准、口吃、颤音或面部僵硬、表情呆板等情况，有时甚至在发音时出现多余的面部动作。同时，由于缺乏视觉表象，视障儿童只能通过听觉模仿、记忆并积累词汇，很少能够感知到一些视觉词汇，在他们所使用的语言中，日常俗语占了大部分，词汇积累受到一定的限制。

（三）对运动技能发育的影响

视觉障碍影响运动技能的形成。由于存在视觉障碍，儿童一方面无法通过视觉对成人的动作进行模仿，另一方面也无法掌握自己在环境中的相对位置，所以一般他们都对运动缺乏主动性，存在恐惧感，其活动量就会相应减少，运动能力也会随之下降，进而影响其体格的发育，导致定向与行走方面发生问题。所以不少视觉障碍儿童在活动时存在明显的"盲态"。视障儿童动作发展迟滞，抓握、爬、走、跑等在儿童神经生理成熟和早期智力发展中扮演重要角色的动作的习得明显要晚于视觉正常的儿童。低视力儿童的爬行动作习得比视力正常儿童平均约晚2个月，部分视障儿童的行走动作习得甚至比视力正常儿童晚2年多。

视觉缺陷导致视障儿童的空间认知能力不足，表现为大动作发展水平明显低于普通人，精细动作发展缓慢。早期动作发展水平会影响儿童智力发展，所以视觉障碍会对儿童早期智力和其他方面的发展造成消极影响。由于视力障碍，视障儿童无法像视力正常儿童那样通过手眼协调来学习和控制精细动作，取而代之的是"手耳协调"，但听觉获取的信息量远比不上视觉，所以"手耳协调"的局限性较大，视障儿童很难完成像"串珠子"这样的精细动作，所以视障儿童需要用更多的时间来练习精细动作。

（四）对个性心理发展的影响

视觉障碍影响儿童的社会适应能力及个性的形成。视障儿童因行动能力的限制，与视觉正常儿童相比活动范围有限、活动量少、家庭保护过度，因而与外界接触的机会较少，导致部分视障儿童在对外交往、接触社会等方面产生障碍。大部分情况下，视障儿童在参与社会活动时会感到无能为力，多数显得被动、依赖、无助，缺乏自信及归属感，而且容易遭人误解。所以他们的生活自理能力、人际交往能力及以后的就业都会受到不同程度的影响。

在个性心理气质方面，他们中的多数为黏液质和抑郁质类型，而多血质和胆汁质类型的人数较少；在兴趣方面，他们对听觉信息和触觉信息更感兴趣，接收到的视觉刺激信息不够广，但兴趣的稳定性则稍强；在情绪情感方面，邓晓红等人的研究显示：男生的孤独倾向高于女生，且不同年级的视障小学生过敏倾向和社交焦虑有所不同；在性格方面，视障儿童主要表现为不够坚韧、依赖性强和不果断，易出现情绪不稳定、消沉、抑郁、焦虑等消极情绪。

六 视觉障碍儿童的教育干预

（一）学前视觉障碍儿童的教育原则

1. 早发现、早诊断和早教育的原则

视觉障碍儿童并非都是全盲的，他们中许多儿童的视力恶化是一个渐进的过程，早期发现、早期诊断、早期教育，可为他们以后的发展提供更好的基础条件。由于儿童的表达能力有限，在进行视力检查时会有很多困难，家长往往无法得知自己孩子确切的视力状况，很难做到尽早发现问题。然而视力一旦受到严重损害，就难以通过药物或手术改变。所以，幼儿园教师在日常生活中要经常注意观察孩子的视觉表现，及时发现异常情况，一旦发现孩子可能有某种视觉障碍，应当及时前往医院确诊。确诊的目的并不是将所有的希望寄托在医疗上，而是为了确切地了解孩子的视力状况，根据其视力状况及视力恶化的情况制定出相应的教育策略。早期教育是最有效的改善儿童视觉障碍的手段，虽然已经无法挽回视力受损的局面，但却能为孩子的发展打好基础，使其能够补偿视觉的第一性缺陷。

2. 多感官协同原则

由于视觉障碍儿童在视觉功能上的不足，有必要对他们加强多感官协同训练。多感官协同并非将各种感觉器官相加或混合，而是要求根据视觉障碍儿童的特点来开展各种感官的整合活动训练：一是，要注意根据孩子的特点合理使用残余视力，在了解孩子的视力状况后有效地帮助他们选择合适的阅读材料，开展一系列用眼能力训练，保护和合理使用他们的残余视力，尽可能丰富他们的感觉经验，为以后的发展打好基础。二是，还应借助于其他感觉途径来丰富和发展儿童的感知能力，在听觉和触觉的主导作用下，充分发挥各种感觉的积极作用，使他们从小得到较为广泛的信息。

3. 自然性原则

根据学前儿童的特点，在对视觉障碍儿童进行早期教育时，应尽量为他们提供自然情境，使他们在生活中获得知识、提高能力。儿童天性好动、好玩，通过自然生活来学习，是一种比较好的获取信息和提高能力的途径，这样的学习比专门设置特定条件要效果好得多。儿童视力受损后，就更要求从其自身特点出发来学习，因此，在自然情境下应当使他们掌握同龄人都要学会的行为。例如，在游戏活动中，儿童接触到各种各样的事物，教师要一一告诉他是什么，并让他亲手摸一摸。遇到下雨天，让儿童到户外感受一下雨是怎样的，让儿童穿上雨靴，打上雨伞，体验一下下雨的情景等。

4. 安全性原则

儿童的视觉障碍，限制了其行动能力，也降低了其自我保护能力。特别是处于幼儿阶段的视觉障碍儿童尚未形成自我保护意识，因此在对他们进行教育时要特别强调安全原则。与此同时，注意不要过分限制这些儿童的行动，否则会降低他们的自我保护能力，形成依赖心理，对他们今后的安全有着不良影响。为了防止由于忽视对安全的考虑而带来的依赖心理，就要求幼儿教师要合理使用他们的残余视力,保护其触觉、听觉、运动觉,避免过度疲劳,防止意外伤害。随着儿童年龄和知识经验的增长,对旁人的依赖会逐渐减少,这时就可以更多地让儿童自己行动,在实践中提高其自我保护的意识和能力。

5. 全面性原则

在儿童时期,许多家长仅仅注意他们的饮食、起居、穿着打扮,却忽视对孩子尽早进行早期教育。也有的家长只重视智力开发,忽视对孩子品德和良好个性的培养,结果导致儿童的片面发展。视觉障碍儿童因视觉障碍而失去了很多自然地获得知识和能力的机会,在生活中遇到的困难和障碍比普通儿童要多,只有加强全面的早期教育和训练,才有可能缩小他们与普通儿童之间的差距。忽视对儿童的全面培养,会给他们以后的成长带来不利影响,全面发展并不是要在各个方面都齐头并进,在儿童阶段,身体的发展是最基本的,其他方面的发展也不能忽略。对于儿童经常出现的心理或行为问题,如缺乏信心、畏惧困难、过分依赖等,要及时矫治,帮助他们塑造良好的行为习惯。在社会适应和交往方面,还应有步骤地发展其交往能力。

6. 持久性原则

教师和家长在教育儿童时必须要有耐心,仅靠零星的、时断时续的教育和训练,是不可能有成效的。教育视觉障碍儿童,特别是幼儿,一定要从出现视觉障碍情况的那一刻开始,并持之以恒。

经验表明,在学龄前对视觉障碍儿童及时开展教育和训练是最为有效的方法。教师要正确面对儿童的特殊性,充分抓住儿童在幼儿园生活的每一个瞬间,不放弃任何机会,尽最大努力来教育好儿童。这个过程是艰苦的,也是非常有意义的。

(二)学前视觉障碍儿童教育的内容

1. 感官训练

感官训练是指对视觉障碍儿童的听觉、触觉、嗅觉、味觉及残余视觉等感官功能进行有计划的干预训练,以使其他感官更好地代偿视觉的损失,使得视觉障碍儿童能客观地认识世界、学习各种技能并适应社会生活。

(1)残余视觉技能训练。视觉技能训练包括固定注视、视觉追踪、眼球运动、手眼协调能力等内容的训练。正常儿童在日常生活中获得了大量的视觉技能,但视觉障碍儿童的视觉技能发育不同程度地受到各种阻碍,因此,对视觉障碍儿童进行视觉技能的训练是十分有必要的。

最初的视觉技能训练是让视觉障碍儿童对光亮产生注意。可以利用手电筒的亮光向上、下、左、右及近、远移动,训练他们的视觉追踪能力以及辨别远近的能力。随后可以把各种色彩鲜艳、反光良好的玩具拿到背景对比明显的环境中进行上述训练。在儿童1岁左右开始能够爬、站立及行走时,应该在他的周围放一些玩具,让他去寻找。在这个时候要逐步让儿童注意周围的事物,如家具、人物等。在儿童两三岁时,就要开始让他学习辨别目标物体的形状。这时他们的语言理解能力已经得到一些发展,可以呈现给他们不同形状和大小的物体,用语言来说明物体的名称及特点,在讲述时应该着重讲明物体的直线、曲线、点、角等。接下来便是画图及其他视觉训练,开始时要给儿童看一些简单的单色图或颜色对比较强烈、颜色鲜明的图画，开始练习时图要大一些，简单一些，以后慢慢变小、变复杂，直到儿童刚刚能看到为止。当儿童能看清并说出图的名称后，就应让他们练习描画形状各异的图形，要从不同的角度来表现图的整体或全貌，这样视觉障碍儿童在看到实物时，无论从前面或侧面，都能把它辨认出来。另外，视力严重受损儿童的手眼协调能力比较差，通过描图也能提高这项能力。3岁以后，视觉障碍儿童便可以开始进行视觉分类、视觉记忆、辨别方位、认识符号等训练。这些训练可以利用画线条、走迷宫、点连画、剪纸、搭积木等游戏活动进行。在训练视觉障碍儿童时应该多使用语言，告诉他所看到的是什么，或让视觉障碍儿童运用他的触觉，用手去触摸所看到的目标。这样大脑可以将视觉和其他感官传来的信息进行综合，促进视觉识别能力的发展，提高视觉效率。

（2）听觉训练。听觉是人们接收外界信息、认识客观世界的重要工具之一。由于视觉障碍儿童丧失了部分或全部的视觉，所以听觉成为他们认识世界、获取外界信息的主要手段，也是他们学习、交流、活动的主要途径。在婴幼儿出生后的几个月，就可以开始对其进行听觉训练了。

在0～6个月的时候，家人进入房间时，要随时跟儿童交流，或者播放电视或收音机，或者把小铃铛或其他产生柔和声音的玩具放在他的周围，让他了解声音的存在；在6～12个月的时候，家人可以通过改变有声玩具的位置，让儿童转头追寻声源；在1～2.5岁时可以让儿童通过触摸了解声源，如触摸水龙头、抽屉、闹钟等声源，家长这个时候还可以带儿童外出去听声音，并指出声音的来源，如超市的嘈杂声、马路上的车鸣声等；在2.5～4岁时，家长可以指导儿童听更多的声音，可以到郊外倾听大自然的声音，辨别声音的远近，也可以把发声体藏起来，让儿童去寻找。接下来就是训练儿童的听觉记忆，可以通过执行家长的指令、玩耳语传话游戏、打电话等活动来进行。对于视觉障碍儿童而言还有一项特别重要的听觉训练，就是在嘈杂的环境中进行有选择地听，接收有用的信息，对没有意义的声音不予关注，可以通过在嘈杂环境中听拍球的次数，在音乐中听指令等方式来进行训练。

（3）触觉训练。人们对事物空间特性的认识和触觉分不开。触觉不仅可以帮助人们认识物体的软、硬、粗、细、轻、重等特性，而且通过与其他感觉联合，还能够帮助人们认识物体的大小和形状。触觉是视觉障碍儿童获得经验与知识的重要感觉。

触觉训练首先是要教会视觉障碍儿童通过触摸的方式认识物体，包括认识日常实物和模型。在6～12个月时，家长可以给幼儿提供一些既方便抓握又能避免吞食的触觉玩具，鼓励儿童在玩耍的过程中认识物体；在1～2.5岁时，家长可以帮助儿童认识事物的一些特性，如冷、暖、干、湿、软、硬等，当视觉障碍儿童在辨认物体的时候，家长和教师应给予生动的语言描述，如柔软的枕头、硬的地板、冷的水、热的馒头等；在2.5～3.5岁的时候，就要给视觉障碍儿童介绍尺寸的概念，依据尺寸、长度、形状去分类，如积木、纽扣、小塑料瓶等；在4～5岁的时候可以指导儿童串珠子，走路时让儿童感受不同的路面，如人行道、泥土、草皮、柏油路面等。在训练的过程中家长要教给视觉障碍儿童正确的触摸方法，要按照一定的顺序进行触摸，先整体、再局部、最后再整体；从头到尾、从上到下；触摸较大的物体要借助基准点、线、面，避免观察遗漏和重复。另外，还要进行视觉障碍儿童的触摸分配训练，可以让视觉障碍儿童的两手同时触摸两种不同的物体，观察其异同，这对提高其触摸效率、拓展观察范围非常有效。

（4）嗅觉与味觉训练。美妙的气味会引导视觉障碍儿童去主动探索外界的事物，嗅觉可以帮助视觉障碍儿童辨认物体、辨别方位以及为定向行走提供线索。

家长首先要帮助儿童认识和分辨不同的气味，然后区别各种物品特有的气味特征，以此来区分不同的物体。等儿童稍大一些，可以让他们根据气味来认识环境，如小吃店的气味、书店的气味等。在味觉训练中，视觉障碍儿童一方面需要区分不同的味道，如酸、甜、苦、辣、咸等；另一方面还要能通过品尝来辨认食物。在味觉训练中需要注意以下事项：①要使儿童知道不是所有的东西都能放到嘴里去品尝，有毒的物品是不能随便吃的。②结合嗅觉训练，让儿童能区分出鲜奶与馊奶、鲜肉与腐肉、鲜水果与坏水果等的不同，一旦尝到了腐烂有毒的味道，要立刻吐出来，并用清水冲洗嘴部，以防食物中毒。

2. 运动技能训练

通常，运动技能的训练包括粗大动作训练和精细动作训练两类。粗大动作是指身体的大肌肉运动，精细动作是指身体的小肌肉运动。视觉障碍儿童由于其自身的缺陷，自发的运动会相应减少，与普通儿童相比，他们更倾向于待在某个地方不动，以保证自己的安全，这就会造成视觉障碍儿童的运动技能发展明显落后于普通儿童，还有可能出现"盲态"，所以要加强对视觉障碍儿童的运动技能的训练。

（1）粗大动作技能的训练。视觉障碍儿童坐、爬、站、蹲、走等基本动作的发展顺序与普通儿童是一致的，由于视觉障碍儿童缺少运动动机，所以其发育相对于普通儿童来说要晚一些。粗大动作的训练从婴儿期的变换体位开始，这个时候视觉障碍儿童需要家长的帮助，不然他们会长期地保持一个体位不动。不同的体位不但能使不同部位的肌肉得到训练，更重要的是能激发视觉障碍儿童的运动兴趣。

（2）精细动作技能的训练。当儿童能控制自己身体的时候，就要开始训练其精细动作的发展。精细动作训练包括手和手指的动作以及手眼协调的能力，如手指对捏、捡拾、捻压、揉搓等动作。精细动作可以通过以下内容来训练。

首先是取物练习。在儿童还没有懂得伸手触摸物体的时候，家长可以协助儿童伸手触摸发声玩具，让幼儿发现声源并主动抓取玩具；在儿童仰卧时，家长可以在两旁放一些不同声音的安全玩具，鼓励幼儿伸手探索和抓取。其次是要训练儿童的手指对捏动作。家长可以手把手地教孩子通过食指和拇指对捏来拾取物品，串珠训练是一个很好的练习手指对捏的游戏。

精细动作的训练应遵循以下年龄顺序。

在0～1岁时，学会利用前三指及掌心抓握物体、能够将玩具在桌上敲击、将两块积木相向碰撞敲击、将物件从一只手交到另一只手中、利用前三指抓握物件、用拇指及食指拾起小物件、将玩具放入容器内或将玩具从容器中拿出、将小物件放入瓶中或从瓶中取出等。

在1～2岁时，要学会将四个大圆圈套在柱上、圆木棒插在圆形柱板上以及用蜡笔随意涂写、用玻璃丝或小电线穿扣子洞、扭开物件等。

在2~3岁时，能够将6~7块积木叠高、用锤子敲打小柱子、用前三指握蜡笔、模拟折纸、用剪刀剪纸等。训练要求尽可能全面并注意安全，玩具最好有味道、由不同材质制成或能发出不同的声音，这样有利于儿童的运动感觉统合能力的发展。

3. 语言训练

人类发音器官的运动是一系列非常精细复杂的运动，口形的变化、舌的伸缩、面部肌肉的运动以及发音时的呼吸，任何一项发生障碍都有可能会影响语言的表达。视觉障碍儿童由于视觉上的缺陷，看不见或看不清人们发音时的动作，也看不到人们使用目光、手势、表情等辅助手段进行交流，因此他们学习说话时会遇到很多普通儿童所想不到的困难和障碍。0~3岁是语言发展的关键期，这就要求父母在儿童学习语言时注意他们的特殊需要，帮助他们学习语言。

对视觉障碍儿童的语言训练包括发音、语言理解和语言表达三个方面。发音训练在视觉障碍儿童学说话时就要开始进行。另外，在生活环境中要直接告诉儿童每一个物品的名称。如杯子、饭碗、脸盆等，并不断地重复直到视觉障碍儿童理解和掌握为止。在教视觉障碍儿童说话的时候，要尽量让他理解词语所表达的意义，除了详细的描述和触摸外，还要结合各种情境让儿童理解语言，如反复地告诉儿童他正在做什么（如"你正在刷牙""你正在吃饭"等），以结合不同的生活情境来理解语言。当儿童掌握了大部分的名词和动词后，就要鼓励儿童跟家长进行交流。如果他想要某种东西，可以问他："你想要牛奶还是果汁？"直到他回答问题了再给他。当其他人同视觉障碍儿童交流的时候，家长要让儿童自己来回答问题，而不要代替他们回答。要用具体的、清晰的声音跟儿童交流，不要使用耳语，要注意避免使用含糊的非特指性的短语如"这里""那里""它"等，因为视觉障碍儿童根本不知道你说的"这里""那里"指的是哪里，也不知道"它"代表什么。另外，对视觉障碍儿童的语言指导应该兼顾表情教育。在生活中鼓励儿童多利用面部表情来表达内心的喜怒哀乐，这可以让他们避免因表情呆板而显得冷漠。

4. 生活自理及社交技能的培养

随着视觉障碍儿童年龄的增长及活动能力的增强，家长和教师要逐步训练他们基本的生活技能，教给他们社交常识。视觉障碍儿童生活自理能力训练的主要内容通常包括：独立吃饭、穿脱衣服、洗澡、独立上厕所等。

在0~1岁阶段，训练视觉障碍儿童自己抱奶瓶吃奶，可以在奶瓶外裹上不同质料的布，从而加强触觉刺激；学习用勺子进食，手握固体食物放入口中，知道家长"把"大小便等。

在1~2岁阶段，能触摸各种固体食物，学会自己用勺子进食，配合家长穿脱衣或自己脱外衣、裤子，会自己坐盆大小便，能独自安静入睡等。

在2~3岁阶段，能熟练用勺进食，用杯喝水，学习使用筷子，会脱袜，在穿外衣、长裤时能依靠触觉辨别衣物的正反、上下等，会擦鼻涕等。训练的时候家长应该把这些过程分成几个小部分，手把手地教或者进行解释，需要注意的是，当教会他们独立做这些事情以后要注意保持他们的生活规律，使其养成良好的生活习惯。

视觉障碍儿童生活自理能力训练是一个漫长的过程，家长要有耐心，不能因为孩子做得慢或做得不好就放弃努力，自己来代办，这样不利于孩子以后的学习和生活。视觉障碍儿童要在社会上生活，就必须与各种各样的人进行交往，良好的社交技能能帮助他们更好地融入社会、被人们接受。由于视觉障碍儿童不能经常参加一些有益于培养他们社交能力的活动，所以跟普通儿童相比，他们在社交场合显得比较安静和消极，这就需要家长在视觉障碍儿童小的时候就注意培养他们的社会交往能力。

在0～1岁阶段，在逗引视觉障碍儿童时，应使其能微笑、将头扭向声音的方向，在家长的指引下能挥手说再见、模仿声音等。

在1～2岁阶段，会和其他儿童一起玩耍，学习一些简单的社交技巧，家长向儿童示范，使他们学会适当地表达自己的情绪，在吃饭或玩耍时懂得等待食物或玩具；学习独处至少3分钟等。

在2～3岁阶段，学习与他人相处的技巧，如不擅自触摸他人、适当表达自己的要求。懂得批评与表扬、玩角色扮演游戏、学习不同角色的社交技巧等。

要从小培养视觉障碍儿童良好的独立性，儿童能做到的事情就让他自己去做，即便是儿童不能独立完成的事情，家长也应只给予适量的帮助，而不是全权代替。要鼓励儿童多交朋友，与他人合作完成游戏，体会和同伴交往过程中的各种感受，加强社交技巧的训练，教给儿童合适地表达友谊的方法，家长应以身作则给予良好的示范。对家长和教师来讲，为儿童及时提供周围环境的信息，向他们解释周围发生的事是非常重要的，例如，告诉孩子"宝宝，小明正坐在你旁边，他也在玩串珠游戏"。

表情和语言在社会交往中是很重要的，家长和教师教儿童学习语言的时候，可以通过语言描述和面部示范，并结合让儿童触摸的方式，让视觉障碍儿童认识到面部表情与情绪的关系，让他们懂得在交往中如何正确地运用面部表情。

另外，父母可以通过潜移默化的影响来帮助儿童建立伙伴关系。生活中，父母可以经常与儿童讨论与伙伴相处的态度和彼此之间的关系，如问他们交往中开心的事情等。在与儿童相处的过程中，父母要与儿童保持一种好朋友的关系，跟儿童分享生活中的事情，这样亲子关系会更加亲密。

总体来说，对视觉障碍儿童进行早期干预是一个复杂和艰辛的过程，它涉及社会、学校、家庭等各方面，只有一起配合才能收到实效。

（三）学前视觉障碍儿童教育的方法

1. 多感官教学法

鉴于视觉障碍儿童获取视觉信息方面存在很大困难，在对视障儿童进行教育训练时应坚持多感官并用的原则，从而使他们有可能得到更加丰富的刺激，也就有更多机会认识和了解周围世界。这就要求充分发挥儿童的各种感官能力，尽量获得对事物完整、清晰的认识，以补偿视觉缺陷，提高其认识事物的能力。

2. 操作法

儿童在视觉功能失去或下降后，面临的最大困难就是缺乏视觉表象，无法获得对事物形象的完整把握。对每一个事物的教学都应结合实物或模型，使儿童得到直观的印象，从不同的侧面理解该事物所具备的各种特征。特别是对后天失明的儿童，要争取将他头脑中残留的有关事物的形状、颜色、大小等特征保留下来，这对以后的学习非常有好处。通过加强对这些事物的记忆，他们在生活和学习中可以经常提取头脑中的形象，从而巩固记忆。这样即使听觉或触觉不能完全代替视觉，也可以在一定程度上补偿其视觉缺陷。

3. 实践活动

随着素质教育的实施，我们应加强对视觉障碍儿童基本素质的培养。在教育中不仅要教给儿童基本的知识，同时要培养孩子的生活自理能力、与人交往的能力，以及观察事物、分析事物的能力。因此，不能因为视障儿童行动不便而将他们限制在家中，应该为他们提供大量的实践机会。学校和家庭都应给儿童提供大量的学习机会，这种学习应紧密地与日常生活联系在一起。首先要从熟悉的生活环境开始，学习自我服务的技能。还要带孩子去大自然中感受，增进知识，使他们得到充分的放松和休息。要让孩子多与同龄儿童接触，在参与活动的过程中了解社会，这一切都是要靠实践来提高和获得的。

经典案例

触觉训练《神奇的球》

【活动目标】

（一）能力目标

（教师依据对幼儿的了解，根据幼儿的视力损伤程度、肢体能力、参与主动性、模仿能力的强弱，将幼儿分为A、B、C三组。其中，A组综合能力最强，C组最弱。）

A组视觉障碍幼儿：①能随音乐节奏完成标准的双手揉搓球、单手揉搓球动作。②独立地随音乐节奏完成大龙球动作。

B组视觉障碍幼儿：①一起做双手揉搓球、单手揉搓球动作，保持球不掉落。②通过辅助随音乐节奏完成大龙球动作。

C组视觉障碍幼儿：在辅助下能参与到活动中。

（二）康复目标

1. 提高视觉障碍幼儿的注意力，延长有意注意的时间。

2. 通过触觉垫、透明按摩球、颗粒大龙球的练习刺激视觉障碍幼儿的触觉神经，增强他们的触觉识别能力，促进触觉系统的快速发展。

（三）情感目标

1. 参与活动，使视觉障碍幼儿产生愉悦的情绪。

2. 在互动活动中培养视觉障碍幼儿的小组合作意识和能力。

【活动准备】

音乐、透明按摩球、颗粒大龙球。

【活动对象】

2～3岁视觉障碍幼儿。

【活动过程】

（一）营造气氛，律动导入

1. 教师：今天老师请来了两位圆圆的好朋友和大家一起做游戏，它们是透明按摩球和颗粒大龙球（让视觉障碍幼儿触摸感受）。

2. 教师带领视觉障碍幼儿完成热身律动《向前走》（点点头，摇摇头，动动肩膀，手拉手啊向前走）。

（二）感受音乐，学习律动

1. 感受音乐：视觉障碍幼儿听前半段音乐感受节奏的变化。

2. 动作分解

（1）双手揉搓球。

①教师示范讲解双手揉搓球动作并辅助视觉障碍幼儿练习：双手五指并拢绷直，掌心向内用力夹住球，左手向上右手向下揉搓球，右手向上左手向下揉搓球，保持球不出手掌。

②教师手把手进行指导。

③播放音乐，教师与视觉障碍幼儿跟随节奏共同完成双手揉搓球动作。

（2）单手揉搓球。

①教师示范讲解单手揉搓球动作并喊口令带领视觉障碍幼儿练习：先把球放在地上，一只手五指并拢绷直，掌心向下稍用力按住球，手掌下压带球画圆，球不离开手掌。

②播放音乐，教师与视觉障碍幼儿共同完成快、慢两部分单手揉搓球动作。

（3）传球。

①教师讲解传球动作并指导幼儿练习。

教师：两人面对面坐好，两腿分开，同时将手中的球传给对方。

②播放音乐，跟随节奏完成传球动作，教师指导。

（4）大龙球。

A组、B组幼儿独立随音乐节奏在大龙球上做动作，C组幼儿在辅助下随音乐节奏在大龙球上做动作。

（三）巩固练习

播放音乐，教师与视觉障碍幼儿共同完成律动《神奇的球》。

（四）身体放松

播放轻音乐，教师带领视觉障碍幼儿进行放松活动。

实训操练

精细动作训练《穿珠子》

【活动目标】

提高视觉障碍幼儿双手控制能力及协调性（训练手指间的协调及控制能力）。

【活动准备】

小、中、大号珠子若干个，绳子若干条。

【活动对象】

2~3岁视觉障碍幼儿。

【活动过程】

1. 教师与幼儿面对面坐好，让幼儿用食指与拇指相碰，并协助他们握紧另外三个手指。技能熟练后，跟着儿歌进行食指与拇指相碰游戏。

2. 让幼儿用食指和拇指捏大珠子，放到碗里。在整个过程中如果幼儿出现使用其他三个手指进行协作的现象，教师要加以提醒或肢体辅助。捏大珠子熟练以后，可学习一手捏珠子，一手拿绳子穿大珠子。如果幼儿不能将绳子对准珠孔，教师可扶着他的手将绳子穿进珠孔，之后逐步放手让其独立穿珠。

3. 当幼儿可独立完成用大珠子穿线后，可慢慢用中号珠子或小号珠子进行替换练习。

【活动建议】

1. 在进行此游戏时，教师要关注幼儿注意力是否集中。

2. 每当幼儿成功穿进一个珠子时，教师要及时给予鼓励表扬。

3. 鼓励有残余视力的幼儿使用残余视力，练习手眼配合。

真题再现

在制定学前特殊儿童个别化教育计划时，不需要参考的基本因素是（　　）。

A. 特殊儿童的特点　　　　　　　　B. 安置形式的特点

C. 特殊儿童的家庭状况　　　　　　D. 当地的风俗习惯

过关练习

真题再现、过关练习参考答案

不定项选择（每题有1个或多个正确选项，请将选项字母填在括号里）

1. 我国残疾人抽样调查中规定的一级盲是指（　　）。

A. 好眼的最佳矫正视力等于或高于0.1，而低于0.3

B. 好眼的最佳矫正视力等于或高于0.05，而低于0.1

C. 好眼的最佳矫正视力等于或高于0.02，而低于0.05，或视野半径小于10度

D. 好眼的最佳矫正视力低于0.02或视野半径小于5度

2. 早期发现和早期干预对特殊儿童发展的作用主要体现在（　　）。

A. 克服和减轻由障碍带来的不良后果，提供幼儿发展的支持性教育环境

B. 消除特殊幼儿的障碍和问题，让他们恢复正常

C. 改善特殊儿童家庭的亲子关系

D. 促进家庭和幼儿园之间合作关系的建立

3. 在学前视觉障碍儿童教育中，对每一个事物的教学都应结合实物或模型，使儿童得到直接的印象，从不同侧面了解该事物所具备的各种特征，这是（　　）。

　　A.综合多种感官法　　　　B.操作法　　　　　　C.愉快学习法　　　　D.试误法

第二节　听力障碍儿童的教育

一、听力障碍概述

（一）听力障碍的定义及分类

听力障碍也称为听力残疾，主要是指各种原因导致双耳不同程度的永久性听力障碍，听不到或听不清周围环境声及言语声，以致影响日常生活和社会参与。

日常生活中，人们把有严重听力障碍的人称为"聋人"，把有听力障碍的儿童称为"聋儿"，本书简称"听障儿童"。

1. 听力障碍的分类

听力障碍有许多分类方法，最常用的是按照病变部位进行分类。

（1）传导性听力障碍是指由于外耳及中耳病变，声音无法正常传入内耳而引起的听力障碍。常见的原因有：外耳道耵聍、异物、中耳炎、先天性外耳道闭锁等。

（2）感音神经性听力障碍指内耳及听神经、听觉传导通路病变导致的听力障碍。常见的原因有毛细胞缺失或受损（如耳蜗畸形、前庭导水管扩大、药物中毒、长期噪声暴露等）、听神经受损（如听神经病、听神经纤细及肿瘤压迫等）。

（3）混合性听力障碍是指传音和感音机制同时存在病变。常见原因多为慢性中耳炎、耳硬化症等。

2. 听力残疾标准

1997年世界卫生组织（WHO）日内瓦第一次非正式磋商会议对于听力损失的分级，是以0.5 Hz、

1 kHz、2 kHz、4 kHz的平均纯音听阈为准。即损失26 dB HL～40 dB HL为轻度，41 dB HL～60 dB HL为中度，61 dB HL～80 dB HL为重度，大于或等于81 dB HL为极重度。

2006年我国进行了第二次全国残疾人抽样调查，根据听力障碍程度不同，从结构、功能、活动和参与、环境和支持4个方面，将听力障碍分为4级。阈值以好耳言语频率（0.5 Hz、1 kHz、2 kHz、4 kHz）听阈的阈值计算。听力障碍≥90 dB HL为一级，听力障碍81～90 dB HL为二级，听力障碍61～80 dB HL为三级，听力障碍41～60 dB HL为四级。

（二）听力障碍的成因

听力障碍与遗传因素、环境因素、耳部病变、外伤等有关。

（1）遗传因素。家族中存在耳聋，就可能会导致先天性听力障碍。

（2）环境因素。长期暴露在嘈杂的环境中，例如长时间佩戴耳机，会对神经末梢产生持续性的刺激，从而导致听觉神经的异常兴奋，就容易引起听觉疲劳和听力异常。

（3）耳部病变。外耳道病变，例如，耵聍堵塞、耳道异物、外耳道新生物等，可能会堵塞外耳道，导致听力异常。此外，外耳道的轮廓畸形、狭窄甚至闭锁也会使声音无法在耳道中传播也会引起听力异常。并且患有慢性化脓性中耳炎或者胆脂瘤型中耳炎，也会造成明显的听力异常情况。

（4）外伤。外界损伤，包括鞭炮、车祸等损伤，导致耳朵传声结构受损从而引起听力异常。

（三）听力干预

1. 听力测试与诊断

（1）主观测试。主观测试需要儿童的参加和配合。听力师将根据儿童配合检查的能力，选择不同的测试方法。主观测试可以帮助了解儿童听力损失的程度和性质，为选配助听设备提供准确数据，也可直接看到助听设备带来的好处。主观测试主要包括纯音测听、行为观察测听、视觉强化测听、游戏测听、言语测听等。

（2）客观测试。客观测试不需要儿童配合，可从仪器中直接读取数据，根据测试仪器记录到的客观数据与正常结果进行比较来判断听力是否正常，客观测试对于判断儿童特别是低龄婴幼儿听力损失程度、性质以及病变部位有很重要的意义。客观测试主要包括：听觉脑干诱发电位、耳声发射、声导抗测试、40 Hz听觉诱发电位、皮层诱发电位等。在临床中，需要根据儿童的生理年龄、身体、智力发育情况、听力损失程度等选择多种主、客观测试方法进行组合检测，相互印证、综合评估才能明确诊断儿童特别是婴幼儿的听力状况。

（3）听力图。听力师把儿童的检查数据画在一张图表上，制作成听力图。听力图可以显示其听力损失程度及类型，如图6-4所示。横轴从左到右125、250、……、8000等数字代表频率，也就是声音的粗细，单位是赫兹（Hz），数值越大表示声音越细。竖轴从上到下-10、0、10、……、120等数字代表音量，也就是声音的大小，单位是分贝（dB HL），数值越大表示声音越大。听力测试分为气导和骨导，经颅骨振动传输至内耳的声音传播为骨导，测试记录符号为左耳＞，右耳＜；经由外耳、中耳、传输至内耳的声音传播为气导，测试符号为：左耳×，右耳○。根据世界卫生组织的标准，以平均听力损失程度即以平均气导听阈计算。平均气导听阈是指500、1000、2000、4000 Hz这4个频率听阈阈值的平均值，也就是这4个频率听到的最小分贝数相加除以4。例如图6-4中左耳听力损失是（60+65+55+50）÷4=57.5dB HL。

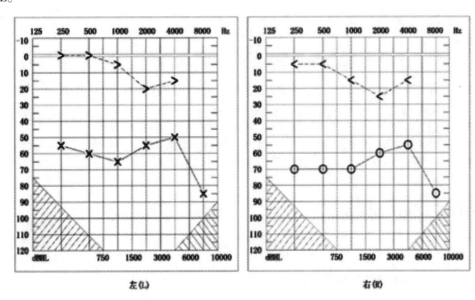

图6-4　听力图

2. 助听设备的选择

助听设备的选择要根据听障儿童的年龄及听力损失程度决定，主要包括助听器、人工耳蜗、人工中耳、听辅设备等。一般来说听力损失40分贝以上就需要佩戴助听设备，损失80分贝以上则考虑植入人工耳蜗。

（1）助听器包括盒式、耳背式、耳甲腔式、耳道式、深耳道式等，6岁以下儿童首选耳背式助听器。耳模是助听器和鼓膜之间建立的一个封闭的连接，起到了固定助听器，改善助听效果的作用。耳模可分为软耳模、半软耳模和硬耳模。小龄段的听障儿童建议使用软耳模，避免硬耳模划伤耳道。

（2）人工耳蜗也称为电子耳蜗、仿生耳、电子仿生耳等，是重度、极重度听障儿童重建听力的电子装置。最佳植入年龄为12个月～5岁。适合于助听器选配后听力无显著改善且医学检查无手术禁忌证的听障儿童植入使用。人工电子耳蜗主要组成部件有体外的麦克风、言语处理器、传送线圈，通过手术植入体内的接收器–刺激器、电极。

3. 助听效果评估

为了了解听障儿童使用助听器或人工耳蜗后，听障儿童的听力和理解言语的状况，应对助听设备的助听效果进行评估，常用的评估方法有助听听阈测试、言语测试、问卷调查、真耳测试等。根据各频率的听阈及言语识别率的大小判断助听的效果，可分为最适、适合、较适、看话四个等级（如表6-2所示）。

表 6-2 言语识别率与助听效果

听力补偿（Hz）	言语最大识别率（%）	助听效果
250～4000	≥ 90	最适
250～3000	≥ 80	适合
250～2000	≥ 70	较适
250～1000	≥ 44	看话

4.听能管理

听能管理是指通过对听障儿童的助听状况及其所处的声学环境进行动态观察、评估和调整，以确保听障儿童的听觉功能始终处于最佳状态的过程。在康复机构内，听能管理工作以听力师为主导，康复教师及听障儿童家长三方面协作，共同实施完成。包含了建立和管理听障儿童听能管理档案、主动且动态观察听障儿童的听力和助听装置的使用状况、声学环境的维护等。

二 听障儿童的康复评估

（一）听障儿童听觉言语评估

1.林氏六音测试

林氏六音测试是由Daniel Ling于1977年提出的一项应用相当广泛，实施也极为简便的听觉测试方法。该测试选用/u/、/a/、/i/、/s/、/sh/、/m/ 6个音作为测试音，考察听障儿童的察觉或识别能力。这个测试方法可以帮助家长和康复教师快速地检测助听器和人工耳蜗是否工作正常。这六个音包含了低、中、高不同频率的语音范围（如表6-3所示）。

表 6-3 林氏六音的频率范围

语音	频率（Hz）	频率范围
m	250～500	低频
u	300～900	低频
a	700～1300	中频
i	250～2500	第一共振峰低频、第二共振峰高频
sh	2000～4000	高频
s	3500～7000	高频

2.听觉能力评估

中国聋儿康复研究中心孙喜斌等专家于1991年编制、2001年和2009年两次修订的《听障儿童听觉能力评估》是目前广泛应用于我国听障儿童康复教育听觉言语能力评估的工具。该评估工具主要应用于听障儿童佩戴助听器或植入人工耳蜗后的听觉效果评估。内容包括自然环境声响识别、声母、韵母、声调、单音节词、双音节词、三音节词、短句识别等各种声音材料。

3.语言能力评估

语言能力评估与听觉能力评估是组合式评估工具，是中国聋儿康复研究中心孙喜斌等专家编著的《听障儿童听觉、语言能力评估标准及方法》评估工具的重要组成部分。主要包括语言清晰度、词汇量、模仿句长、听话识图、看图说话、主题对话等内容。

（二）听障儿童心理评估

近些年，在我国听障儿童康复工作实践中，对格雷费斯精神发育测验和希-内学习能力测验应用较多。

（1）格雷费斯精神发育测验由英国心理学家路斯·格雷费斯编制，20世纪80年代澳大利亚专家首次在我国推荐，后由山西医科大学在2011年修订。包括了六个分测验：一是运动，主要测查听障儿童大运动的协调能力及有目的应用大肌肉的能力。二是个人与社会，主要测查儿童对外部环境的应答、适应及生活自理能力，包括吃、穿、社会交往及社会适应等能力。三是听力与语言，主要测查儿童理解和应用语言的能力。四是手眼协调，主要通过手工操作细小物件反映精细动作的协调能力及手的灵活性。五是操作，主要测查有目的地使用工具完成精细操作的能力，同时反映感知觉能力。六是推理，评定儿童对实际生活中各种事物的理解能力，抽象概念以及对形态、长度、时间概念的形成与应用。

（2）希-内学习能力测验是1941年美国心理学家黑思科教授为听障学生设计的一套智力测量表。1990年曲诚毅、张佩瑛等在我国完成信效度和常模的制定，2011年再次修订常模。它考察儿童的手眼协调、伴随记忆、注意力、距离知觉、空间定向、抽象推理等能力，包括了穿珠、记颜色、辨认图画、看图联想、折纸、短视觉记忆力、摆方木、完成图画、记数字、迷方、图画类推、空间推理共十二项测试。一般来说，八岁以下儿童测试前八项，八岁以上儿童测试后七项，智力落后儿童除外。

三 听障儿童的发展特征

（一）听障儿童的言语、语言发展

俗话说得好"十聋九哑"，听力障碍对言语和语言发展的影响是最为直观的。听障儿童由于听不到或听不清自己和他人的言语声，因此，很难准确地模仿别人的发音或者对自己发出的声音进行调整。因而，产生以下几个问题：发音不清、音量不当、音色或音质不佳、语调、声调不准或缺乏、语流不畅或语速不当。

语言是人们交流的符号系统，包含语音、语义、语用、语法四要素。在语音方面，由于听不到或听不清某些语音，使得听障儿童的言语清晰度较差。听障儿童的语义方面表现为词汇量较少且进步缓慢，对成语、比喻、双关语、同义词、多义词理解困难，在语法方面表现为结构简单，较少使用连接词、副词等富有语法功能的词汇，且语法容易出错。在语用方面，听障儿童不擅长表达交流，沟通策略不当，不懂得导入话题、分享话题、转移话题等策略。

（二）听障儿童的认知发展

认知指的是个体了解与认识世界的一系列心理活动，是智力活动的基础。传统观点认为听障儿童比普通儿童聪明，这实际是一种误区。听障儿童由于听力受损，视觉代偿功能充分发挥，比起健听儿童，其视觉敏锐，观察事物更仔细。听力障碍影响儿童的交流能力和运用语言进行思维的能力，因而会影响听障儿童的认知能力，在给予及时有效干预的情况下，听障儿童同样遵循健听儿童的认知发展规律，能够获得与健听儿童一样的认知能力。

（三）听障儿童的个性、社会性发展

由于听力障碍，听障儿童言语、语言能力发展滞后，获取外部信息和表达自身意愿的途径不畅，交流中会遇到情绪困扰和情感挫折，进而引发个性和社会性发展问题。

四 听障儿童的全面康复

随着科学技术进步以及现代儿童观、残疾观等文明思想的影响，听障儿童康复的理念、方法、手段发生巨大的变化。20世纪80年代，数字化助听器、人工耳蜗等现代助听设备的问世，为听障儿童的听力补偿（重建）效果带来了质的飞跃，帮助绝大部分听障儿童运用听觉学习言语、语言，发展交流能力。听障儿童全面康复模式指的是以促进听障儿童全面发展为宗旨，以听觉言语康复为基础，以听力干预、听觉言语训练、言语矫治等专项技术为支撑的康复模式。

（一）听障儿童康复的原则

1. 坚持早发现、早诊断、早干预

有关早期干预对儿童语言发展影响的研究认为，早期干预不仅使听障儿童尽早听到自然的母语，而且可以使其保留早期的反射性发音和重复性喃语。有利于其扩大发音范围和对自身发音质量进行准确控制，有关儿童听觉神经通路和听觉中枢发育的研究同样证实了早期干预的作用。听觉刺激对听觉中枢发育至关重要，能够影响中枢听觉通路的神经结构。接受听觉刺激越早，人的中枢听

觉通路发育越好，越能为儿童言语、语言学习创造有利条件。

2. 坚持医教结合，综合干预

听障儿童康复涉及听力补偿（重建）、听觉言语训练、言语矫治、语言教育、学前教育等诸多方面，必须坚持以教结合，综合干预。由听力师、听觉言语康复教师、言语病理师、学前教师等组成跨学科团队共同参与，协调实施。

3. 坚持遵循儿童发展规律

儿童的身心发展是康复的依据，听障儿童首先是儿童，听障儿童的发展自然受到儿童一般发展规律的制约。开展听障儿童康复必须遵循儿童听觉、言语的发展规律。儿童的听觉、言语发展具有阶段性、渐进性，有鲜明的阶段特征和递进增长的规律，新能力的获得需要建立在已有能力的基础上。

（二）听觉口语法

听障儿童的个别化教学方法有听觉口说法、听觉口语法等，本书主要介绍听觉口语法，听觉口语法指的是听障儿童在佩戴上合适的助听辅具后，教导其学习聆听、听懂语言并表达，使其成为一名听觉的学习者，最终融入主流社会的一种适合听障儿童康复教育的方法。它是听障儿童学会听说的首选方法，它为听障儿童学习聆听、说话与交流打开一扇神奇的大门。听觉口语法包括听能、言语、语言、认知、沟通五大领域。教学过程分为四个步骤：告知、示范、参与、回馈。

1. 听障儿童听觉能力的发展

听力是指感受声音的能力，听觉是人们认识和理解声音的能力。听力是听觉能力发展的基础，只有声音信息传递到大脑，个体接受丰富的听觉刺激，具备充足的听觉经验，才能发展良好的听觉能力。听力干预只是帮助听障儿童听到声音，但是听到声音并不意味着听懂、理解声音，听觉训练可以帮助听障儿童获得这种能力。在听障儿童获得理想的听力补偿（重建）后，应尽早对其实施科学系统的听觉训练以帮助其建立良好的聆听意识和技能。

（1）听障儿童听觉能力发展的四个阶段。

听觉察知是最基础的听觉能力，指可以感受声音的有无，包括环境声音和语音的开始与结束，并能够有意识地聆听声音。是人耳对不同频率、不同音强、不同音色的声音的感受能力。例如，正在吸吮乳汁的小婴儿听到敲门声，会停止吸吮动作，直到敲门声音消失，他（她）才继续吸吮乳汁。

听觉分辨是指能判断声音的异同，区分不同的声音，包括音质、音量、音长、音高或者元音和辅音的差异，对在声学方面有相似特征的字和声音做出分辨，能对声学相似的字与声音做出区分。例如，当孩子听到"兔"和"肚"后，能表示两种声音是不一样的。

听觉识别又称为"听觉确认"，是一种比较高级的听觉能力。指能够理解已经标记或命名的东西，或者去标记、命名某种物品。理解不同声音所代表的意义不同，能从备选项中指出目标声音，明确声音的特性。例如，大人说"杯子"，孩子能拿杯子给大人。

听觉理解是指能够理解说话的语言，合成整体的意义，且能将其与已知的信息发生关联。是人的大脑对通过听觉通道得来的声音信息的一种思维活动。例如，当门铃响了，孩子能跑去开门。

（2）听觉训练的内容和方法。

①感知声音的有无，在助听器佩戴初期，听到言语声或环境声响时，康复教师要立刻引导听障儿童聆听并帮助他理解声音的意义。例如，当环境中突然响起鼓声的时候，康复教师要立即将食指指向听障儿童的耳朵说："听！有没有声音？找一找，是什么声音？再听一听，还有声音吗？"然后找到敲鼓的人和鼓，说："哦！找到了，是鼓的声音，××在敲鼓。"

②听觉训练分为闭锁式和开放式两种训练方式。闭锁式听觉训练指的是给出一个选择范围，让听障儿童听到口语内容后，从备选的物品中拿取。开放式听觉训练是指不给出选择范围，在没有线索的情况下对听障儿童实施听觉训练。听觉记忆和听觉描述两种训练内容均可采用闭锁式和开放式两种训练方式。

听觉记忆是指能够对听到的口语信息进行加工处理、储存于大脑中，并且能够回忆出听到了什么，这个过程中包含了注意、倾听、处理、储存、回忆的技能。听觉记忆的项数可从一项至五项以上，可把名词、动词、形容词、方位词等不同词性的词语组合在一起，例如，听觉记忆三项，数量词+名词+动词，句型为三只小猫在吃饭。

听觉描述是指主要以描述性的语句来描述所要表达的人、事、物，而不直接说出该事物的名称，让听障儿童听完后做出正确选择或自主说出该名称。听觉描述分为闭合式和开放式。闭合式听觉描述从易到难分为四个阶段训练：重复拟声词、加入关键词、相似特征和属性相同。开放式也从易到难分为四个阶段训练：重复拟声词、复杂描述和问问题、找答案。

2. 听障儿童语言能力发展

（1）听障儿童语言发展的特点。

语法方面的主要问题，听障儿童在语言中，遗漏功能性词语，语句不完整。听障儿童使用的句式简单，大多是主谓结构或主谓宾结构，很少或基本不使用复合句式。例如会说"下雨了，小明要打伞"而不会说"因为下雨了，所以小明要打伞"。被字句和把字句常常混淆不清，"小明把花瓶打碎了"说成"小明被花瓶打碎了"。听障儿童的语序时常发生错误，前后顺序颠倒。例如把"这是爸爸的鞋子"说成"鞋子，爸爸的"。

语义方面的问题。听障儿童词汇量不足，由于听力受损，即便佩戴上合适听力设备，他们仍然是一名有着轻度听力损伤的孩子。另外，即便是及早干预，听障儿童比健听儿童获得语言刺激的时间仍然短。因此，他们的词汇量较同龄儿童要少，且对词语理解单一，同义词、近义词、一词多义、双关语等仍然掌握不好。例如，在表达心情的时候，常会说"我很高兴（开心）"，但比较少说"我很快乐（愉快、兴奋）"。听障儿童对有具体意义的词汇的理解强于抽象意义词汇，例如对他们而言,"苹果、红色、喜欢"就比"星球、彩色、怨恨"等好理解。

语用方面的问题。不了解社交礼仪,例如,不懂得轮流讲话,等待他人说完再说,不会转换话题、分享话题的主动权等。当没有听清楚别人说什么的时候,不懂得请求别人重复或解释;当别人没有听清楚自己说什么的时候,不会换一种说法,进一步解释说明,让他人听懂自己在说什么。对语言掌握刻板、不灵活,实际运用语言能力差,不能进行问答交流,只会鹦鹉学舌。例如,有人问"你叫什么名字?"他会回答"名字"。或者会回答"我叫×××"。如换一种问法"你的名字是什么?"他就不知道该如何回答。

(2)语言教学技巧。

声学强调是指将目标词置于句尾、句中、句首,进行重复、强调、停顿及强调言语中特定的声音信息等。教师在语言教学中,为了听障儿童听清楚要学的词汇,可在说目标词时先稍做停顿,再通过提高音量、提高声调、延长音长的方式使其引起听觉注意,更易建立声音与意义的联结。

自言自语是指家长和教师对听障儿童讲述自己正在做的事情或描述当前心理活动。例如,教师在教孩子说"苹果"的时候,可以一边说一边拿出苹果,"今天,我在魔术袋里装了一个苹果,我来摸一摸,哦,我摸到了一个大大的、圆圆的,它是苹果吗?是的,它是苹果哦!"

平行谈话是指将别人正在做的动作或心理状况用语言表达出来。例如,老师看见孩子在玩切苹果,老师一边观察一边说"哦,你选了一个又红又大的苹果,你要把它切开是吗?你的刀子切下去了,哦,你把苹果切成两半了"。

重述语言是指家长或教师将听障儿童所说的不完整、不符合语法等的语句用正确的方式再讲一次,协助他正确地表达。例如,听障儿童说"苹果,宝宝吃"。家长和教师说:"哦,你是说'宝宝要吃苹果',对吗?"

扩展语言是指在听障儿童已有语言的基础上,进一步丰富其词汇、句式的表达。可使用新旧联结的方法,就是在使用已知词汇时加入新词来诠释,也就是换句话说,例如,听障儿童已经会说"湿湿的",家长和教师可加入"潮湿的、湿润的"。

3. 听障儿童认知能力的发展

认知是指人认识外界事物的过程,是对作用于人的感觉器官的外界事物进行信息加工的过程,内容包括注意、感知觉(视觉、听觉、嗅觉、味觉、触觉等)、思维和解决问题、想象、创造、记忆、言语等活动,是个体对感觉信号接收、转换、编码、储存、提取、判断和问题解决的信息加工处理过程。

听障儿童由于听力损失,在感知觉方面,听觉功能未得到完整发挥,但其视觉、嗅觉、味觉、触觉功能的代偿功能得以充分发挥。因此,听障儿童的认知相比健听儿童需要更多感官参与其中。例如,认识"苹果",教师需要提供不同颜色、不同大小的苹果,通过摸、闻、看、洗、削皮、品尝等活动来全面认识。具体的认知活动有以下几种。

(1)分类就是把相同或者具有某一共同特征(属性)的东西归并在一起。常见的分类形式有按物体的名称分类,例如,把球放在一起,那么大球、小球、篮球、皮球……都要放在一起;按物品的外部特征分类，即按照物体的形状、颜色分类，例如，把红色的球放在一个盒子，蓝色的球放在另一个盒子；按物品量的差异分类，即按物体的大小、长短、粗细、厚薄、宽窄、轻重等量的差异分类，例如，把粗的树枝放在一起，细的树枝放在一起；按照物品属性或类别、功能或用途等分类，例如，把用来吃的东西放在一起，用来洗澡的东西放在一起。

（2）配对就是根据事物之间某种内在关系，将物体与物体一一对应，配合成双。内容包括在一起使用的用品配对，例如把扫把和垃圾斗、牙刷和牙膏配在一起；职业与用品的配对，例如医生和听诊器配在一起；职业与地点的配对，例如医生和医院；动物与食物的配对，例如猫和鱼配在一起。

（3）比较与对照就是对事物之间相同及相似点的理解和表达。听障儿童在生活中能理解"一样""不一样"的概念，当能进行分类时，就可以练习在几个物品中指认相同与不同。如能在4样物品中指认其中3个相同、1个不同；对于能力较好的听障儿童进一步启发相同（相似）或不同的原因。

（4）顺序概念就是按照一组物体的某种特性的差异或某种规则进行排列，包含时间顺序、空间顺序、事件顺序等。按照物体的外部特征，如形状和颜色排序。按照物体量的差异排序，如从高到矮、从大到小、从粗到细等。按照事件发生时间的先后顺序进行排序，如"小明的一天"，早上7点起床、7点半吃早餐、8点上学……21点睡觉。

（5）预测与推理是一种理性的认知技能，指儿童根据观察和提供的各种线索，结合已有的认知结构和经验，对原因和结果做出预先推断。如今天小明没有来上幼儿园，原因可能是小明生病了。天上有很多乌云，又响起打雷声，推断出要下大雨了。

听障儿童的认知发展规律与健听儿童是一致的，同样遵循着由近及远、由偏到全、由浅入深的规律，认知领域教学内容也十分广泛，常见的还有颜色的认知、数学教育（数概念、量概念、几何图形、空间方位、时间、货币）等内容，本章节未将一一赘述，可参考健听儿童的认知发展顺序进行。

4. 听障儿童言语能力的发展

言语是指人运用语言材料和语言规则进行交际活动的过程，也称为"话语"，就是人们说出的话和听到的话在社会交往中运用的过程。

（1）听障儿童言语问题的主要表现。

听障儿童由于受听力损失的影响，错听或漏听某些语音，获取言语的信息存在不完整和不准确的现象，导致其在言语表达方面存在不准确性。听障儿童言语障碍主要表现为构音障碍，嗓音障碍和语畅障碍也有所表现，但相对少见，口吃在听障儿童中并不常见。

构音障碍中最常见的是替代、省略、添加和歪曲，例如把"苹果"说成"苹朵"、把"手表"说成"手笔"、把"小猫"说成"小喵"等。

嗓音障碍主要表现在响度、音调方面的异常。响度异常主要包括响度过强、响度过弱和响度单一等。音调异常主要包括音调过高、音调过低和音调单一。

（2）听障儿童言语训练的主要内容。

超语段训练内容包括长短音、大小声、高低音、四声调、歌曲旋律。长短音的练习有助于听障儿童学会声气结合、控制气息，说话更有节奏，为以后说长句子打基础。运用游戏的方式引导听障儿童模仿发出一个连续的长音a---------，有控制、有节律地发出一个短音a-a-a-。学习控制好自己的音量是为了帮助听障儿童更好地与他人沟通交流，如在嘈杂的环境中，需要增加音量才能让他人听清自己的说话，而在安静的公共场所或者需要与他人分享私密，或者有人在休息时则需要我们小声说话。在训练的时候，可以手工制作一个大大的话筒和一个小小的话筒，当使用大大的话筒时就大声说话，当使用小小话筒时就小声说话。高低音的练习可以使声音更加富有变化和自然，听起来更加抑扬顿挫，富有感情变化。在训练中，可以引导幼儿模仿公鸡打鸣的声音"O～"，也可以模仿从滑梯上滑下来的声音"咻～"等。四声调是中国汉语独特之处，是区别外语的重要特征。在四个声调中，一声和四声是儿童较早能够区分和习得的声调，二声和三声相对较难。在训练中，可设计汽车过山坡的游戏，一声是平路，二声上山坡，三声下山坡又上山坡，四声下山坡。歌曲和旋律中包含了大量的超语段信息，在先进的助听设备的帮助下，听障儿童是可以欣赏优美的旋律的，并有大量的案例证明，听障儿童同样也能歌唱。

韵母训练内容，在汉语言中韵母的训练内容包含了单韵母练习、复韵母练习和鼻韵母练习等。可通过游戏的方式引导听障儿童学习6个单韵母/a/、/o/、/e/、/i/、/u/、/ü/。例如，扮演医生，让病人张开嘴巴发"a"的音，学习公鸡的叫声"o"，火车开来了"u"，衣服真漂亮发"i"，小鱼吐泡泡"ü"。为了帮助孩子顺利过渡到复韵母的学习，教师和家长还可以进行单韵母交替练习，例如，练习"a-i-a-i"是为了让孩子说出"ai"。

声母训练内容，这部分的内容可参考下一章节。总的来说，听障儿童的声母训练应遵循儿童语音发展的顺序，通过游戏活动的方式引导其学习如何正确地发音。例如，设计p这一声母，可通过喷水壶喷水的游戏，在盒子里放入各种含p音的词汇，如脸盆、跑步、拍手、小朋友、皮球等卡片，水喷到哪张卡片就练习哪个词语。

5.听障儿童沟通能力的发展

听障儿童由于听力损失和语言表达存在一定缺陷，可能造成在与他人交流时缺乏一些合适的沟通行为和沟通策略，从而影响沟通的效果。因此，教师应将一些正确的沟通行为和良好的沟通策略作为听障儿童的教学目标，通过创设沟通情境，促使听障儿童有机会习得正确的沟通行为和沟通策略，为与他人顺畅地沟通打下坚实的基础。

（1）基本的沟通行为。

眼神注视是一项非常基本的沟通行为，在与人说话时，我们的眼睛通常都会注视对方的眼睛或者脸部，以表示对谈话内容感兴趣，对说话者表示尊重。教师可以从与孩子见面的第一刻起就开始训练，"嗨，你好！"教师蹲下身体，和孩子平视，主动与孩子的眼神进行交流。

轮替和等待是在日常生活中必须遵守的社交规则，例如，等待滑滑梯、等待洗手，但是由于在家庭中都是以孩子为中心，很多时候不需要等待，大人都会第一时间满足孩子，因此，在课堂中可创设轮流玩的游戏，不是每一次游戏的机会都是由孩子获得，而是通过一定的顺序轮流玩，如教师准备一个好玩的滑道赛车玩具，大家要按照老师先玩，然后是家长，最后是孩子的顺序一起玩。做这个目标训练的时候一定要告知家长，为什么要这样做，请家长回家后也要注意这方面的训练。

礼貌用语和问候语，在人际交往中，礼貌用语的使用，能够帮助听障儿童建立良好的人际关系，使其顺利地达到沟通的目的。教师可在生活中鼓励听障儿童经常使用，例如，在每天上幼儿园时与教师和小朋友打招呼，说"你好！"在得到别人帮助时说"谢谢！"在不小心碰到别人的时候说"对不起！"听障儿童在刚使用"谢谢、不用谢""对不起、没关系"的时候常常会混淆，教师不用太着急纠正，而是通过与家长的反复示范来使其慢慢理解。

提问题，在沟通中遇到疑惑时可通过询问获得更多、更丰富的讯息。因此，应教会听障儿童主动向别人提问，常用的问句有"这是什么？""什么颜色的？""在哪里？""是谁的？""什么时候？""怎么了？""为什么呢？"等。在鼓励听障儿童提问题时，可以有意识地创设让孩子发问的情境，例如，每天单训室都有三把椅子，可是教师故意藏起一把，引导孩子观察，并发问"椅子呢？""椅子在哪里？"

主动与他人互动，在沟通中，能主动与他人互动的人往往获得更多更丰富的信息，有利于培养孩子开朗、活泼的性格。因此，在教学中，要时常鼓励听障儿童主动与他人互动，创设孩子需要他人帮助的情境，例如，给孩子一盒盖子拧得很紧的颜料，孩子想打开瓶子，就需要他人的协助，这事后就引导孩子说出"请帮我打开盖子好吗？"

开启话题，使用适宜的语言开启话题能够很好地引起他人的注意，在日常生活中，教师和家长需要多跟听障儿童分享自己的见闻和想法。例如，主动和听障儿童说，"老师今天在上班的路上看见了一只小猫啦！"也可以创设开启话题的情境，如改变上课地点、教师穿一套特别的衣服、上课的桌子改变了位置等。

（2）沟通策略。

沟通策略包含请求重复、证实部分信息、请求说明、提供说明、分享对话的主导权、维持话题、延伸话题和转换话题等初阶策略，还包含能够用正式的言语问候与道别、能够使用合宜的方式引起对方的注意、能够使用适当的语言征询他人的同意、能够询问更多的信息、能够请求对方重复、能够予以评论的意见、能够适当地表达同意或者不同意、能够适当地直接请求对方行动或以间接的方式表达自己的需求以及能够合宜地表达抗议等高阶的沟通策略。

（三）听障儿童集体教学

学前阶段的听障儿童集体教学，指的是听力语言康复机构或幼儿园为促进听障儿童身体、认知、情感、意志、性格、行为等方面的发展，整合儿童周围的资源，以班级为单位，以保教结合为主要手段，由学前教师承担，开展的有目的、有计划、系统的影响活动，从而促进听障儿童体、智、德、美全面、和谐发展。

1. 听障儿童学前教育的目标

制定听障儿童的学前教育目标要符合国家对于学前教育的总体要求和学前儿童发展的一般规律。应遵照《幼儿园工作规程》和《幼儿园教育指导纲要（试行）》，根据听障儿童在听觉、言语、语言、认知、沟通方面的发展水平，进行合理调整、合理分班。同时，还应考虑听障儿童的个别差异性，了解本班级每位孩子的听力状况、语言和其他方面的发展水平制定、调整本班等教学目标。纵向教学目标包含课程总目标（领域目标）、年龄阶段目标（学年目标）、学期目标、单元主题目标（月目标、周目标）和教育活动目标。每一个层面的目标包含教育内容、儿童的心理结构、心理发展水平等。

2. 听障儿童集体教学的内容

听障儿童学前教育的内容与健听儿童是相一致的。《幼儿园教育指导纲要（试行）》中明确指出：幼儿园的教育内容是全面的、启蒙性的，可以相对划分为健康、社会、科学、语言、艺术五大领域，各领域的内容相互渗透，从不同的角度促进幼儿情感、态度、能力、知识、技能等方面的发展。

（1）听障儿童获得基础知识的内容包含关于听障儿童自己及其周围环境粗浅的知识经验。对于听障儿童来说需要学习的内容很多，最重要的是与自己生活息息相关的基础知识，掌握基础知识有利于听障儿童认识自己生活的环境以利于适应环境、发展自我。例如：交通规则、安全标志、食物、生活用品等。

（2）听障儿童掌握基本活动方式的内容包括基本活动的方式、方法和技能。儿童的基本活动包括生活活动、游戏活动、学习活动和交往活动。

（3）发展儿童智力和能力的内容包含解决各种问题的能力。听障儿童在一日生活的各个环节中都会问问题，教师要利用听障儿童经常遇到的感兴趣、有价值的问题作为教育内容，既有利于激发儿童学习的积极性，又有利于发展儿童的智力和能力。

（4）培养听障儿童情感态度的内容包含对人、事及自己的良好倾向性。教师应选择适当的内容，创设良好的情境，发挥环境的积极影响，让听障儿童在活动中体验愉快、满足的情绪，培养良好的情感态度。

课外拓展

1. 请扫码阅读詹华英老师的讲座课件《听觉记忆》，了解其中内容并尝试寻找机会进行练习。
2. 请扫码阅读詹华英老师的讲座课件《听觉描述》，了解其中内容并尝试寻找机会进行练习。

拓展阅读：
听觉记忆的实操练习

拓展阅读：
听觉描述的实操练习

实训操练

林氏六音检测。扫码观看视频《林氏六音的实操练习——林氏六音的辨识》《林氏六音的实操练习——林氏六音的察觉》。

视频资料：林氏六音的实操练习——林氏六音的辨识

 视频资料：林氏六音的实操练习——林氏六音的察觉

真题再现

1. 林氏六音测试时，让孩子只对声音的有无做出反应，是听能发展阶段中的（　　）阶段。
   A.察知　　　　　　B.分辨　　　　　　C.辨识　　　　　　D.理解

2. 下列认知目标中，（　　）更适合生理年龄1岁10个月、植入人工耳蜗11个月的听障儿童。
   A.能数出容器中有几个物体，物体数量不超过5个　　B.能够对简单的故事图卡进行排序
   C.找出2的相邻数　　　　　　　　　　　　　　　　D.认识五官中的眼睛和嘴巴

过关练习

真题再现、过关练习参考答案

一、不定项选择（每题有1个或多个正确选项，请将选项字母填在括号里）

1. 下面哪个测试不属于主观听力测试（　　）。
   A.听觉脑干诱发电位　　B.游戏测听　　　　C.言语测听　　　　D.纯音测听

2. 平均气导听阈是指500 Hz、1000 Hz、2000 Hz、（　　）Hz这4个频率听阈阈值的平均值。
   A.3000　　　　　　　B.4000　　　　　　C.5000　　　　　　D.6000

3. 一般来说听力损失（　　）分贝以上就需要佩戴助听设备，损失（　　）分贝以上则考虑植入人工耳蜗。
   A.40　　　　　　　　B.60　　　　　　　C.80　　　　　　　D.100

4. 某听障儿童听力补偿在250～3000Hz范围内，言语最大识别率为85%，判断该儿童的助听效果为（　　）。
   A.最适　　　　　　　B.适合　　　　　　C.较适　　　　　　D.看话

二、填空题

1. 听力障碍按照病变部位进行分类分为传导性聋及＿＿＿＿。
2. 听障儿童全面康复模式可表述为：以促进听障儿童＿＿＿＿为宗旨，以学前教育为基础，以听力干预、＿＿＿＿、言语矫治等专项技术为支撑的康复模式。
3. 听觉言语训练的五大领域是：＿＿＿＿、言语、语言、认知及＿＿＿＿。

4.学前阶段的听障儿童集体教学的内容是全面的、启蒙性的，可相对划分为健康、_____、社会、科学和_____等五大领域。

第三节 言语语言障碍儿童的教育

一 言语语言障碍儿童的概述

20世纪80年代，言语治疗专业在我国悄然兴起，21世纪得到了快速发展，与耳鼻喉科、听力学、特殊教育、语言学、嗓音医学和康复医学密切相关，相互交织在一起。随着中国残联康复协会听力语言专业委员会、中华医学会耳鼻喉头颈外科分会嗓音学组等专业组织的成立，我国言语治疗专业发展进入了崭新的时期。

（一）言语语言障碍的概念

语言是由特定群体所使用的基于声音组合、书面符号、手势等构成的一种符号系统。言语是特定的神经肌肉运动协调的结果，有声语言形成的过程。语言和言语两者相互影响，互相依存。

言语语言障碍指的是在与人交流和沟通的过程中，口语的产生及运用时出现的异常，阻碍了与他人交流。它包括声音的发出、语音的形成、正常的语流节律，以及语言在大脑的加工和产生过程中出现了问题。言语障碍指的是人们在交际活动中，运用语言材料和规则的过程出现障碍，它分为构音障碍、嗓音障碍和语畅障碍三大类。语言障碍指的是人们在表示事物和现象的符号系统时出现障碍，它包括语言发育迟缓、失语症等。

（二）言语器官的解剖和生理

发音是在神经系统控制下，由动力系统、振动系统、共鸣系统、构音系统的各器官协调运动、共同参与完成的生理过程。

（1）动力系统是由呼吸系统构建产生的气流及声门下压力，呼吸系统的组成器官包括气管、支气管、肺及胸廓、胸膜及相关肌肉系统。

（2）振动系统是在空气动力作用下产生振动，产生基础的声音，喉既是人体的呼吸器官，也是发音的振动器官，具有呼吸、发声、保护、吞咽和发射功能。声带的活动是振动系统的关键。喉的支架软骨由会厌软骨、甲状软骨、环状软骨及成对的杓状软骨、小角软骨、麦粒软骨组成。声带位于喉腔内室带下方，由黏膜层、声韧带和声带肌组成。

（3）共鸣系统包括鼻腔、咽腔、口腔、胸腔等共鸣腔体对声音增强某些频率的声波成分的能量。咽腔是一个肌性管道，可扩大或缩小，还可以拉长或缩短，对喉原音或基音起到不同的共鸣作用。口腔中舌的位置和运动影响了口腔的形态，是重要的共鸣和构音器官。在软腭和悬雍垂的作用下，形成鼻音和非鼻音。胸腔共鸣是由于声带振动激起气管和支气管内空气柱的振动，从而传到肺再扩及整个胸腔引起的共振。

（4）构音系统经唇、齿、舌、腭、颊等构音器官的协调活动形成最终的声音。唇是共鸣和构音的重要器官。它主要参与双唇音和唇齿音的构音，也通过变圆、外展、突出和回缩的运动参与其他辅音和元音的发音。牙齿对辅音的发音很重要，舌抵触牙龈和牙齿的部分和面积的不同，构成不同的辅音，另外，气流通过前牙的边缘，参与塞音、擦音和塞擦音的发音。舌分上、下两面及两面之间的肌层。舌下面的舌系带过短或附着过前会造成言语、吸吮和咀嚼障碍。舌内肌收缩时改变舌的形状，对辅音的产生很重要；舌外肌收缩时对元音的产生很重要。

（三）儿童语言发展

学前儿童时期是人类语言发展最快速的阶段。一般指学前儿童对母语口语的理解与产生能力的获得性发展。由语境、语音、词汇、语法和语用五个系统组成。

1. 语言的五大系统

（1）语境就是语言的交流环境，一般分为背景语境、情景语境、上下文语境。背景语境，指的是语言使用所处的特定时代、政治、经济、文化、民俗等。情景语境是指交际的具体场景。上下文语境，指的是一句话的上下文。

（2）语音是指人类发音器官发出的，被大脑和听觉中枢感知并形成一定心理印象，表达一定意义的声音，具备物理、生理、心理和社会属性。

①语音的物理属性包含了音高、音强、音长、音质四个物理指标。

音高：声音的高低，由频率决定，表现为汉语普通话的声调。

音强：声音的强度，与振幅有关，表现为语音音量的大小和句子词语中的重音部分。

音长：发音持续时间的长短，表现为汉语中的长短句，声调也有音长问题。

音质：声音的质量，也称为音色，与共振峰有关，是一个音区别于其他音的重要特征。

②语音的单位。

音节：最自然的语音单位，音节由音位组合构成。

音位：最小的能够区别意义的语音单位叫作音位。从音质角度分为音段音位和超音段音位。

音素：最小的语音单位，从音质角度分为元音和辅音。元音发音时气流在口腔中无阻碍，且声带振动。可分为舌面元音和舌尖元音。辅音发音时气流在口腔中受阻，声带可振动也可不振动。

（3）词汇指的是语言的意义。

（4）语法指的是组词成句的规律。

（5）语用指的是语言的实际运用。

2.儿童语言发展

儿童语言发展存在一定规律，语言的发展以聆听为基础，在充分的听觉积累和语言理解的基础上培养表达和交流能力，如图6-5所示。

```
                    阅读、书写、拼音等技巧
                语言成熟期
          （所使用的语言符号语法规则，拥有5000个以上的词汇）
                语言的交流
            更多的表达性语言
          有限的表达性语言
        仿音
      自由理解
    情境理解
  注意
提供语言刺激环境
```

图6-5　儿童言语、语言发展的完成过程

0～3岁是儿童语言发展最迅速、最关键的阶段，是一个连续的、有次序、有规律的发展过程。1.5岁之前是儿童语言发展的准备期，又称为前语言阶段，1.5岁之后的时期称为语言发展期。语言发展分为六个阶段即单音节阶段（0～4个月）、多音节阶段（5～10个月）、学话萌芽阶段（11～12个月）、单词句阶段（1～1.5岁）、简单句阶段（1.5～2岁）、复合句阶段（2～3岁）。

二 构音障碍

（一）构音障碍的概念、分类及临床表现

构音障碍是指由于构音器官在构音的过程中，由于运动异常或者协调运动异常，导致发音不清的现象。

1.构音障碍的病因分类

器质性构音障碍是指由于构音器官（软腭、舌、下颌、口唇、颌面部）的肌肉系统及神经系统的疾病或者外伤所致的运动功能障碍。例如，言语肌肉麻痹、先天性唇腭裂、舌系带过短等。

功能性构音障碍是指没有器质性构音器官异常，构音器官无形态或者结构的异常，而是由错误构音方法习惯化导致的构音异常。

2. 构音障碍临床表现

构音障碍主要表现为韵母音位异常、声母音位异常、声调异常以及鼻音功能异常四个方面。

（二）构音障碍的评估

构音障碍的评估包含构音器官功能、构音能力、鼻音功能的评估，目的在于找出构音障碍的原因，制定合适的治疗方案。

1. 构音器官检查和评估

构音器官检查需要使用压舌板、笔式手电筒、长棉棒、指套、秒表、鼻息镜等。对肺、喉、面部、口部肌肉、硬腭、腭咽肌质、下颌反射等进行检查。先于安静的情况下观察构音器官的结构，再通过指示和模仿进行粗大运动的检查，对部位、形态、程度、性质、运动速度、运动范围、运动肌力及精确性和圆滑性进行评估。

在进行构音器官功能评估时，需特别注意下颌、唇、舌和软腭的结构和运动，它们是影响构音最主要的因素。下颌能否正常开合直接影响唇、舌的运动，以及舌与上颚的位置关系。唇的圆展、闭合功能的正常与否影响到元音以及部分辅音能否准确发出。舌的位置和力量以及灵活性影响到元音和辅音的构音准确性。软腭的完整性以及运动正常与否直接影响到能否准确发出鼻音与非鼻音。

2. 构音能力评估

构音能力评估是为了全面评估患者的构音能力，找到语音错误，明确构音异常的问题所在以及构音异常的类型，提供治疗依据。利用图片命名的方式诱导儿童自主发音，记录结果，分析构音准确性和错误走向。常使用《构音能力评估记录表》对构音障碍者、听力障碍者、语言障碍者以及普通学龄前儿童进行构音能力的评估。

3. 鼻音功能评估

评价腭咽闭合的方法有口腔内视诊、发音检查、镜面检查、鼻流计检查、鼻内窥镜检查、共振峰测量等多种方法，这些方法可以从不同的角度对腭咽闭合情况进行检查。

（三）构音障碍的干预

声母和韵母的发音是影响儿童言语清晰度的重要原因，对于儿童言语能力的发展和学习非常重要。构音障碍干预的最终目的是以接近普通话的水平，舒适、清晰和流利地发出24个韵母、21个声母、4个声调以及由其组合而成的音节，并在日常口语对话中熟练运用。

1. 韵母的发音及干预

在汉语普通话中，韵母由元音组成。发元音时，气流经过声门处，无阻塞地进入声道，由于舌位的高低、舌位的前后、唇的圆展以及下颌关节的开合度形状大小不同造成元音不同。所以韵母的治疗中主要包括对舌位、唇形、下颌开合度以及送气强度与时间的准确与协调性进行干预。例如，韵母/i/是舌面前、高、不圆唇元音。发音时，口微开，嘴角展开，两唇呈扁平形、上下齿相对，舌前伸，舌面前部隆起，舌尖触下齿背，声带振动。软腭抬起，鼻腔通路关闭。教师可让儿童用舌尖抵住下齿背，并咬住平放的压舌板，做微笑状发音，可以和孩子玩"挂衣服"的游戏。

2.声母的发音及干预

声母是从分析音节结构的角度划分出来的，在汉语普通话中，声母包括b、p、m、f、d、t、n、l、g、k、h、j、q、x、z、c、s、r、zh、ch、sh一共21个声母和y、w 2个零声母（见表6-4）。

表6-4 普通话声母表

发音方法	发音部位	塞音		塞擦音		擦音	鼻音	边音
		清音				浊音		
		不送气音	送气音	不送气音	送气音			
双唇音	上唇下唇	b	p				m	
唇齿音	上齿下唇					f		
舌尖前音	舌尖上齿背			z	c	s		
舌尖中音	舌尖上齿龈	d	t				n	l
舌尖后音	舌尖硬腭前			zh	ch	sh	r	
舌面音	舌面硬腭			j	q	x		
舌根音	舌根软腭	g	k			h		

由于声母构音运动的复杂程度不同，儿童在获得声母时的难度也就不同。通常来说，发音时，舌尖部位靠前的声母早于发音部位靠后的声母，塞音早于摩擦音，鼻音早于非鼻音。通过大量的研究结果表明，掌握声母的顺序为最先掌握双唇音/b/、/m/、/p/，其次为舌尖中音/d/、/t/、/n/，然后为舌根音/g/、/k/，较难掌握的是舌尖前音和舌尖后音/zh/、/ch/、/sh/、/z/、/c/、/s/。

可从发音部位对儿童进行干预，例如，唇齿音（/f/）：上齿轻轻置于下唇上，留一个小缝隙，气流缓缓送出。教师可设计一些简单的活动，如在孩子下唇抹上蜂蜜，指导其用上齿轻轻地去舔蜂蜜，或提醒孩子上齿接触下唇后，保持露出牙齿的微笑姿态，并提醒在上齿与下唇间保持一条小缝，气流持续呼出。还可从发音方式对儿童进行矫治，例如，儿童不会送气，则教师设计简单活动，如吹纸条、吹泡泡、吹蜡烛等，让其发送气音时体会以送气发音。如果能够吹气，但气流弱，则进行增加肺活量的训练，如仰卧起坐、蹲起、爬楼梯、跑步等。

3.鼻音功能异常的干预

鼻音功能障碍主要有两大类：鼻音功能亢进和鼻音功能低下。鼻音功能亢进主要是由于鼻咽部开放异常所致。可能存在的一些器质性病因有软腭短小、腭裂或者腭肌张力低下等，如果存在这些器质性病因，应该首先接受耳鼻喉或口腔科医师的手术治疗，然后再进行康复。在正常情形下，在发非鼻音时，无论捏鼻与否，均不应该出现鼻腔共鸣的现象，即应该是口腔共鸣音而无鼻腔共鸣的成分。可通过发一些单词音，来刻意练习口腔共鸣从而改善鼻音。另外，如果儿童是鼻音功能低下，教师先让孩子拿一手指放在鼻翼两侧感受发音时鼻腔的振动，然后进行鼻音和非鼻音字词的对比训练，发非鼻音时鼻翼两侧是不振动，而发鼻音是振动的。例如（妹—背）、（米—笔）等。

4. 声调异常的干预

汉语普通话的声调有四个调值：一声55（阴平）、二声35（阳平）、三声214（上声）、四声51（去声）。儿童通常先发展出一声调，然后四声调，最后是三声调和二声调。音高是影响声调的重要因素，因此，要训练音调的变化及控制能力。此外，音强和音长对音调也有影响，音强主要与声门下压有关，因此，需要练习呼吸和发声的协调性；音长与呼吸能力相关，因此，还要训练呼吸能力。

三 嗓音障碍

（一）嗓音障碍的概念、病因及表现

当嗓音的音量、音调、音质、发音持续时间以及发音的轻松程度、共鸣等出现异常，无法满足日常生活和工作需要时，即称为嗓音障碍。发音滥用、用声不当及不良的生活习惯、发声器官感染与炎症、全身因素如反流性喉炎、内分泌功能异常等均可导致噪音障碍。嗓音障碍常见症状有声音嘶哑、发音费力、音量减小、音域发声改变、咽部干燥、异物感等。嗓音障碍主要表现为音调、音质、音量三个方面的异常。音调异常分为音调过高、音调过低、音调变化过大和音调单一。音质异常主要由于声带周期振动的异常、声门闭合不全等因素所导致的嘶哑声、粗糙声、气息声、声音紧张、声音颤抖、异常鼻音等。

（二）嗓音障碍的评估

嗓音功能评估主要包括声带振动特征评价，嗓音质量的主、客观评估，气流动力学喉功能评估，喉神经肌肉电功能评估，咽喉反流24小时pH监测，影像学评估等方面，这些功能评估也是嗓音疾病诊断所必需的检查手段。

1. 声带振动特征评价

声带振动产生基音是发声的基础，声带的振动可达每秒100～250次。自然状态下，人眼不可能分辨如此快速的运动，可以借助频闪喉镜检查进行观察。通过频闪喉镜，医生不仅可以观察到患者喉的形态改变，还能通过对声带黏膜波、声带振动幅度的观测，对早期声带癌、声带麻痹、声带白斑、异感症等进行及时诊断。同时由于放大的倍数大，可以检查到其他喉镜看不到的黏膜细小病变。

2. 嗓音发音质量的主、客观评估

嗓音的主观听感知评价是判断病变程度和评价治疗效果的必备方法之一。很多情况下嗓音的异常往往首先通过主观听觉发现，促使患者就医。这些异常可能是由说话者本人或他人发现的。目前国际上常用的嗓音主观听感觉评估评估方法包括日本学者提出的GRBAS分级法和美国学者提出的

CAPE-V 分级法。

嗓音客观声学分析包含嗓音障碍指数、音域图、语谱图、嗓音疲劳测试、频率微扰、振幅微扰、噪声测试等指标，可客观地评价嗓音质量。通过声学分析可以初步分析发音有无病理改变，是否使用自己合适的发音特性发音，声音中是否含有较多的噪声成分。

（三）嗓音障碍的干预

嗓音训练的目的是纠正不正确的发声习惯和方法，在确定音域范围的基础上调节气声及呼吸，充分利用胸腔、喉腔、口咽腔、鼻腔及头颅的共鸣作用，并通过听觉反馈不断循序渐进地达到最佳效果，使孩子们恢复正常发音。

1. 嗓音保健

嗓音训练的核心部分为嗓音保健，主要包括以下12点：

①减少嗓音滥用，避免喊叫、争吵、乱发脾气、模拟怪声；

②每天保证适量饮水，避免化学物质及其他刺激物质的刺激；

③避免长时间不停地用声；

④说话语速不宜过快；

⑤避免在嘈杂的环境中大声说话；

⑥避免使用不恰当的音调说话（如说话音调过高/过低）；

⑦避免使用不恰当的音量说话（如音量过大）；

⑧忌吸烟、喝酒，饮食不宜过于辛辣、油腻；

⑨睡觉前3个小时不宜进食，避免引起反流性喉炎；

⑩尽量回避干燥、污染的环境；

⑪保证充足的睡眠、饮食规律；

⑫多做一些放松训练，尤其是颈部、肩部。

2. 呼吸训练的方法

良好的气流即正确的呼吸支持是正确发音最基本的要素。呼吸训练的方法大致可分为快速的吸气与呼气练习、快速的吸气与慢慢呼气练习以及慢速吸气与呼气练习。最初阶段练习采取坐姿来完成此项，上半身保持自然挺立，身体保持自然放松的状态。

以下是几种放松训练的方法。

（1）咀嚼哼鸣：此练习有助于放松喉部相关的肌肉和起到按摩声带的作用。练习步骤如下：①先通过哼不同音高的音，尽量找到一个自己较为舒适的音调；②通过有意识地打哈欠来放松喉腔；③在喉腔相对较放松的状态下，发出类似蚊子在耳边环绕时的哼鸣声；④边哼鸣边咀嚼。

（2）喉部按摩：此方法有助于放松喉外肌群。练习步骤如下：①弯曲食指和中指，用这两个手指的第二节指骨抵在甲状软骨（喉结）的两侧；②围绕着甲状软骨板周边转动手指抚揉喉结；③辅以咀嚼哼鸣练习。

(3)哈欠叹息法：此练习有助于放松喉腔。练习步骤如下：①有意识地先打一个哈欠；②呼气同时轻轻叹一口气；③在叹气的状态下发带"h"的或短促或延长的声音，如：he/he——、hu/hu——。

3.发声训练

（1）音量异常训练。音量过强主要以放松练习为主，训练步骤为呼吸练习—咀嚼哼鸣—哼鸣带发音—呵气发音。音量过弱：主要由于呼吸支持不足导致，训练步骤为呼吸练习—咀嚼哼鸣—快速起音练习—咳嗽发音。

（2）音调异常。音调过高首先以放松练习为主，再采用发气泡音或较低的哼鸣音发音，训练步骤为呼吸练习—咀嚼哼鸣—低哼鸣音发音—气泡音—低音调。音调过低首先进行放松训练，然后通过发较高的鼻音来提高音调，训练步骤为呼吸训练—咀嚼哼鸣—鼻音发音—高音调。

（3）起音异常训练。起音异常的方法主要介绍两种：张大口伸舌发音练习和呵气发音练习。

四 口吃

（一）口吃的概念、病因及临床表现

语畅障碍是一种言语的流畅性障碍（俗称"口吃""结巴""磕巴"），表现为言语频繁，且非自愿地重复（语音、音节、单词或短语），也包括言语前反常犹豫或停顿（被口吃者称为"语塞"）和某些语音拖长（通常为元音）。同时，口吃还附加了喘气、歪嘴、弹舌、眨眼、抽噎、闭眼、面部抽搐、清嗓、跺脚等动作。口吃的许多表现不能被他人观察到，这包括对特定音素（通常为辅音）、字和词的恐惧，对特定情景的恐惧、焦虑、紧张、害羞和言语中"失控"的感觉。它牵涉到遗传、神经生理发育、家庭和社会等诸多方面，是非常复杂的语言失调症。遗传因素、心理原因、生理疾病、模仿和暗示是产生口吃的主要原因。

（二）口吃的评估

如果儿童的阅读能力低于小学三年级，视为无阅读能力，需采取父母问诊、对话等方法评估；如果儿童有阅读能力，需要增加测试的难度和朗读的内容。其中朗读的内容包括自由会话、命名描述、单词朗读、句子朗读、短文朗读、回答提问和自我评价。

（三）口吃的预防与干预

1.口吃的预防

（1）解除说话时的紧张情绪，并注意消除不良刺激。

（2）加强说话训练。

（3）说话前不要乱想，不要给自己心理暗示，语速适当放缓，使表达自然。

2.口吃的干预

（1）发音法。发音法就是要在每句话的开始轻柔地发音，改变口吃者首字发音经常很急、很重的特点。说话的速度要降到很慢的程度，开始时一分钟说60～100字，而人们平时说话的速度要达到每分钟200字。这样有两个效果，一是慢速让人心态平静，二是有一种节奏感。这两点都能有效地减少口吃。口吃者在朗诵和唱歌的时候不口吃，就是因为有一种稳定的节奏感在里面。

（2）呼吸法。提倡腹式呼吸法。由于深呼吸能使肌肉获得适当的运动和协调，能松弛与缓和身体各部分和面部肌肉的紧张状态，能逐渐消除伴随运动。深呼吸能影响人的情绪，使激动的情感得以缓和。

（3）突破法。教师把口吃儿童组织在一起或单独到人群密集的地方去表演朗诵、演讲、唱歌等语言类节目，逐步克服说话的恐惧心理。

（4）鼓励和肯定。教师应解除儿童说话时的紧张情绪，并注意消除不良刺激。例如，教师不使用负面评价的词语，例如"错了""不对""不好""坏了"等。多使用肯定的词语，例如"好棒""有进步""答对了"等。

（5）回避困难语音。当儿童预期会遇到语音困难的时候，我们不必告诉其哪些语音困难，而是告诉其哪些语音容易，帮助其回避困难语音，其目的是让儿童暂时忘记自己的困难，避免恐惧心理。

五 语言发育迟缓

（一）语言发育迟缓的概念、病因及表现

语言发育迟缓是指由各种原因引起的儿童口头表达能力或语言理解能力明显落后于同龄正常儿童的发育水平。智力低下、听力障碍、构音器官疾病、中枢神经系统疾病、语言环境、学习障碍、注意力欠缺（多动性障碍）、发育性运动性失语、发育性感觉性失语等因素均是儿童语言发育迟缓的常见原因。

（二）语言发育迟缓的评估

语言发育迟缓可以从语言的构造形式（语法规则）、辨别、记忆、产生，范畴化的内容（语义）、交流关系的建立，维持、展开等使用方面（语用学）三个侧面进行评估。

S-S语言发育迟缓评估法，由三个侧面组成，即语言符号-指示内容关系、交流态度、基础性过程。该评估方法能比较全面地对各种儿童语言障碍进行评估，并对引起语言障碍密切相关的交流态度和非言语功能进行评估。

听力检查：对每个怀疑有语音发育迟缓的儿童都应进行听力检查，如发现听力问题要进行详细的听力学分析，有条件的要进行500～4000 Hz主要语言频率的纯音测听。

构音障碍检查：在部分语言发育迟缓儿童中可能存在发音和言语困难。因此，要评估儿童的哪些音不能发出，发哪些音时出现歪曲音、替代音等；还要掌握其问题的基础，如运动障碍，特别是口唇和舌的运动机能、发声时间、音量、音调等的变化，另外还要评估儿童的口腔感觉能力等。

皮博迪图片词汇检查（Peabody Picture Vocabulary Test，PPVT）。此检查应用较普遍，共有150张黑白图片，每张图片包含有4个图，其中还有150个分别与每张图片内每个图词义相符的词，测验图片按从易到难的顺序排列。通常情况下，由于PPVT只考虑到词汇的理解，对儿童语言发育的水平很难做出系统完整的评估。

韦氏学龄前儿童智力量表（Wechsler Preschool and Primary Scale of Intelligence，WPPSI），由美国心理学家韦克斯勒于1963年制定，该测验分成语言测验和操作测验两部分，每部分又分成若干个分测验。结果用离差智商表示，同时可评估儿童整体智力发育的情况，适用年龄为4～6.5岁。

（三）语言发育迟缓的干预

认知训练：语言发育迟缓常常伴随着认知落后，为了更好地促进语言的发展，提高儿童的认知能力很有必要，可以从一些简单的指令开始，如认识物品、颜色、数字、分类等。认知是语言训练的基础，通过认知训练可以增加对语言的理解和认识，增加词汇量。

口部训练：语言发育迟缓常常伴随着口部运动异常，吃的食物过于精细，使口唇部的肌肉没有得到足够的锻炼。要根据儿童的情况进行相应的下颌、唇、口部的肌肉训练，提高口部运动的灵活性和稳定性，为发声和构音打下基础。

构音训练：语言发育迟缓常常伴随着构音障碍，在对儿童进行构音评估以后，针对其具体情况进行对应的构音训练。

社交训练：通过社交训练，儿童能跟人进行沟通，在家庭生活中表达自己的需求和意见，能够更好地融入社会环境。

六 儿童失语症

（一）儿童失语症的概念、病因及临床表现

儿童失语症主要指的是中枢神经系统损伤后导致的儿童获得性失语。典型的儿童失语症也会像成人失语症那样，出现语言功能的多模式受损及听、说、读、写的各模式受损，主要表现为理解和表达两方面功能的受损。

1. 儿童失语症的病因

癫痫：患上癫痫的孩子有明显的遗传倾向，大多数患者有家族病史。癫痫失语综合征以儿童抽搐、不能辨别声音的急性或存在获得性语言障碍为主要表现形式。

脑损伤：包括脑血管病、脑外伤、脑炎、脑肿瘤、脑缺氧引起的脑损伤都会造成儿童失语症。

2. 儿童失语症的表现

儿童失语症言语方面主要表现为儿童缄默、言语不流畅、命名困难、复述障碍及语音、语义、语法、阅读、书写障碍等，儿童失语症非言语表现为感知觉、注意力、操作能力、沟通交流能力障碍等。

（二）儿童失语症的评估

儿童获得性失语筛查表，该表格适用于3～7岁由于脑损伤或疾病导致的失语症儿童的语言能力和语言前能力的评估。由25项测验组成，每项测验又包括5个项目，其中12项针对理解能力检查、13项针对表达能力测验。该检查结果可为儿童失语症的治疗和管理计划提供较为客观的依据，也可为语言治疗的效果做出评估。

失语症综合检查：使用失语症检查量表（SLTA）针对6～18岁的儿童进行九大项30个分测验，包含了词、句子的理解和单音、词、句子的朗诵。

儿童版代币测验检查适用于3～12岁11个月的儿童。该测试由20个不同尺寸、大小和颜色的代币组成一套检查工具。该表格属于理解能力的单项检查，具有较高的敏感性，能对失语症儿童的理解能力进行量化评分，可直观地反映出儿童理解障碍的严重程度。

神经影像学检查：通过磁共振成像（MRI）和计算机断层扫描等技术（CT），观察其脑部结构和功能，检查是否存在脑部病变和损伤，并评估其严重程度。

除以上几种儿童失语症语言能力的评估之外，还可进行儿童失语症的非语言能力评估，如儿童发育水平、儿童认知水平、儿童感知觉能力的评估。教师应根据儿童个体差异，选择相应的评估工具，为后续康复治疗打好基础。

（三）儿童失语症的治疗

失语症的刺激治疗由Wepman和Schuell提出，是指对受损的语言系统使用强烈的、适当的、反复的感觉刺激，进而促进其语言重建和恢复。对于儿童来说，选择的训练材料应符合其发展阶段，例如彩色图片、有趣的玩具、动听的儿歌等。儿童失语症的治疗主要有以下几种方法。

模块模型法：该方法认为语言是多个模块，如果失语症儿童叫不出物品的名称，可以通过复述法帮助其重新记忆。

认知加工法：该方法认为语言需完成一系列认知环节才能实现，可通过声音、图形、口腔等感知觉的训练和注意力、记忆力、想象力的训练帮助失语症儿童康复受损的语言环节。

旋律音调疗法：通过唱歌的方式，将歌词过渡转化为口语，利用右脑半球通过旋律语调的发音控制机制来代偿和支持左侧大脑语言的口语输出处理通路，从而引导失语症儿童进行有目的的发音说话的过程。

计算机辅助治疗：充分利用图像、声音及动画，让失语症儿童投入语言康复训练，如语言障碍诊治仪康复系统，有不同方面的语言训练任务，可自选任务进行训练。

还可使用补偿和替代交流训练（AAC），即使用非语言交流，具有直观、易于理解和易于学习的特点，适用于严重的失语症儿童、缄默期的儿童，可以避免儿童存在被忽略状态，从而主动参与到生活交流沟通中去，改善其理解力。同时，失语症儿童的家庭指导和支援非常重要，家长应避免替代儿童语言的交流，避免使用强迫和惩罚的行为，应该积极参与到孩子的治疗中来，使用鼓励、欣赏、肯定的态度对待儿童。除此之外，对失语症儿童的社会生活的指导与支持也十分重要，应帮助幼儿适应幼儿园、社会生活的环境，以使儿童较快地回归主流社会。

拓展阅读：
构音语音能力评估记录表

拓展阅读：
构音障碍——韵母训练

视频资料：
声母X的构音训练

真题再现、过关练习
参考答案

真题再现

1. 言语障碍分为构音障碍、_____和语畅障碍（口吃）三大类。语言障碍包括_____、失语症等。

2. 请说出声母k发音部位以及发音方法（　　）。
   A.舌根音、塞音、送气　　　　B.舌根音、擦音、送气
   C.舌面音、擦音、送气　　　　D.舌尖后音、塞擦音、送气

过关练习

一、填空与单项选择题

1. 发音是在神经系统控制下，由动力系统、_____、共鸣系统、_____的各器官协调运动、共同参与完成的生理过程。

2. 请说出声母ch 的发音部位及发音方法（　　）。

A. 舌尖中音、塞音、不送气　　　　B. 舌尖前音、塞擦音、不送气

C. 舌尖后音、塞擦音、送气　　　　D. 舌面音、塞擦音、送气

3. 以下不是嗓音放松训练的方法有（　　）。

A. 哈欠叹息法　　　　　　　　　　B. 喉部按摩法

C. 咀嚼哼鸣法　　　　　　　　　　D. 起音异常训练

二、简答题

请谈一谈嗓音保健的几种方法。

第四节　肢体障碍儿童的教育

肢体障碍儿童是指因四肢残缺或四肢、躯干麻痹、畸形，导致人体运动系统不同程度的功能丧失或功能障碍的儿童。肢体障碍儿童的身体运动能力受到限制，并且影响到儿童的生活活动。与感官残疾相比，肢体障碍儿童致残的部位是四肢和躯干，他们主要的困难是运动障碍。

一、肢体障碍儿童的概述

（一）定义

肢体障碍又被称为"肢体残疾"，根据2011年发布的《残疾人残疾分类和分级》（GB/T 26341-2010）中的描述，肢体障碍是指由于运动系统的结构、功能损伤造成四肢残缺或者四肢、躯干麻痹（瘫痪）、畸形等而致运动功能不同程度丧失以及活动受限。在《残疾人残疾分类和分级》中，肢体残疾包括以下三种情况：

（1）上肢或下肢因伤、病或发育异常所致的畸形或功能障碍。

（2）脊椎因伤、病或发育异常所致的畸形或功能障碍。

（3）中枢、周围神经系统因伤、病或发育异常造成的躯干或四肢功能障碍。

肢体障碍儿童残疾程度的划分主要是依据残疾对多种动作技巧的影响程度，通常分为轻度肢体障碍、中度肢体障碍及重度肢体障碍。

（二）出现概率

肢体障碍严重影响个体的活动能力和生活质量。由于各国的经济发展水平和卫生医疗条件不尽相同，因此肢体障碍儿童的出现率也各有不同。根据2006年第二次全国残疾人抽样调查的资料可知，我国肢体残疾人数为2412万人，占残疾人总数的20.07%。其中，0~6岁肢体障碍儿童约有43.4万人，每年新增6.2万人。

（三）肢体残疾的分级

以残疾者在无辅助器具帮助下，对日常生活活动的能力进行评价计分。日常生活活动分为八项，即：端坐、站立、行走、穿衣、洗漱、进餐、如厕、写字。能实现一项计1分，实现困难计0.5分，不能实现的计0分，据此划分为三个等级，见表6-5。

（1）重度（一级）：完全不能或基本上不能完成日常生活活动（0~4分）。

四肢瘫或严重三肢瘫。

截瘫、双髋关节无主动活动能力。

严重偏瘫，一侧肢体功能全部丧失。

四肢均截肢或先天性缺肢。

三肢截肢或缺肢（腕关节和踝关节以上）。

双大腿或双大臂截肢或缺肢。

双上肢或三肢功能严重障碍。

（2）中度（二级）：能够部分完成日常生活活动（4.5~6分）。

截瘫、二肢瘫或偏瘫，残肢有一定功能。

双下肢膝关节以下或双上肢肘关节以下截肢或缺肢。

一上肢肘关节以上或一下肢膝关节以上截肢或缺肢。

双手拇指伴有食指（或中指）缺损。

一肢功能严重障碍，两肢功能重度障碍，三肢功能中度障碍。

（3）轻度（三级）：基本上能够完成日常生活活动（6.5~7.5分）。

一上肢肘关节以下或一下肢膝关节以下截肢或缺肢。

一肢功能中度障碍，二肢功能轻度障碍。

脊柱强直：驼背畸形大于70度；脊柱侧凸大于45度。

双下肢不等长，且差距大于5cm。

单侧拇指伴食指（或中指）缺损；单侧保留拇指，其余四指截除或缺损。

侏儒症（身高不超过130cm的成人）。

表 6-5　肢体残疾等级

级别	程度	计分（分）
一级（重度）	完全不能或基本上不能完成日常生活活动	0～4
二级（中度）	能够部分完成日常生活活动	4.5～6
三级（轻度）	基本上能够完成日常生活活动	6.5～7.5

三 肢体障碍的成因

导致肢体障碍的主要原因有两大类：肌肉骨骼系统（肌肉、骨骼及关节）的损伤、神经系统（脑、脊髓及神经）的损伤。绝大多数肢体障碍是由于脑神经和脊椎神经的损伤和肌肉的萎缩造成的，小部分是由于意外的肢骨折断、肢体切除或者关节病损所致。

（一）脑中枢麻痹症

脑中枢麻痹症也称脑性小儿麻痹症。这不是一种单一的疾病，而是由脑部控制动作的神经缺陷所造成的障碍，是由脑的运动中枢部位的故障引起的肢体运动障碍。由于脑中枢麻痹是母体内带来的或出生时脑损伤及出生后的受伤（脑部受撞击或缺氧）所致，无传染性，但是会影响肌肉的张力，干扰自主动作与肌肉的控制度，延缓大动作与精细动作的发展。由此造成的肢体运动障碍的程度也各有不同。脑性小儿麻痹的残疾儿童中约有40%的儿童智力发展正常，其他则可能带有轻度的智力障碍，而且障碍的程度越严重，智力正常的概率就越小，同时产生其他障碍（智力迟钝、精神痴呆、癫痫发作等症状）的概率就会越多。有时还不同程度地附有下列症状：①全身性运动障碍，必须依靠轮椅行走；②局部性动作障碍，如因麻痹而手无握物能力，有时只能写大字，没有写小字和做精细动作的能力；③语言障碍，因发音器官麻痹而发音不清或不能发音。

（二）脊髓灰质炎

脊髓灰质炎又称小儿麻痹症。这是一种病毒侵入脊髓灰质体引起的传染性骨膜炎或骨髓炎，会造成脊髓神经的伤害，幼儿期尤其容易被感染。可累及躯干和肢体，尤以下肢常见，遗留不对称性迟缓性肢体麻痹伴肌肉萎缩和肢体发育障碍等病态。

20世纪80—90年代初，我国已由以省为单位到以县为单位实现儿童计划免疫，婴儿出生后2个月、3个月和4岁各接种脊髓灰质炎三价混合型疫苗（糖丸或滴剂口服）一次，1995年又全国性强化计划免疫接种一次，此病已基本消灭。据世界卫生组织报道，目前世界上有145个国家已彻底消灭小儿麻痹症，中国是世界上做得最成功的国家之一。

(三)骨骼和肌肉方面的疾病

导致骨骼与肌肉方面疾病的原因主要有:脊椎结核、骨关节结核或非结核性关节炎、肌炎、骨髓炎、渐进性的肌肉无力(肌肉萎缩)、丧失身体的某个部分(切除)及严重的脊柱侧弯等。大多数肌肉骨骼系统损伤的儿童都有正常的智力,他们不一定有学业上的困难,但是由于肢体上的残疾限制了他们的社会交往,从而导致他们情绪上的失调。

肌肉萎缩主要表现为肌肉逐渐萎缩及肌肉坏死,多发于男性。初发病的年龄在三四岁左右,然后越来越恶化,直至不能行走。

非结核性关节炎是一种关节的炎症,主要表现为关节的发炎、僵硬和发热,急性发作时会有关节痛,关节发炎时间过长会导致关节的损坏,并最终导致影响正常行走。

另外,有一些儿童是由于新陈代谢失调而导致的肌肉萎缩,如肌营养不良性退化、先天性肌无力症等。

(四)先天性畸形

如先天性畸足、脊柱裂和斜颈等。

1. 畸足

畸足主要包括脚踝或脚部的异形:内翻足、跟骨的外翻足及外翻足。其中最常见的是外翻足,大多数畸足都可以用物理治疗的方法来解决,早期的治疗可以使大部分畸足儿童正常参与学校的活动,如图6-6所示。

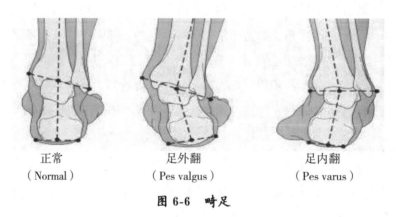

正常　　　　足外翻　　　　足内翻
(Normal)　　(Pes valgus)　　(Pes varus)

图6-6　畸足

2. 脊柱裂

这是脊椎骨未能整合而产生的先天性缺陷,根据其产生的部位,分为脑脊髓膜突出、脑突出、脊髓膜突出三种,后者是最为严重的脊柱裂。初生婴儿如产生脊柱裂,可加以外科手术治疗。脊柱裂会导致神经系统的障碍及姿态的异常,严重时会导致四肢瘫痪、大小便失禁等不同症状,同时会导致不同程度的智力障碍。

以上四类原因中,脑性小儿麻痹症引起肢体障碍的比例最高。

三 肢体障碍儿童的心理特点

（一）心理发展的一般规律

肢体障碍儿童由于生理上的明显残缺，行动很不方便，可能产生不同程度的心理障碍。比较严重的肢体障碍儿童多缺乏自理能力，饮食、排泄与起居需要家长帮助照顾，因此很容易产生自卑和依赖心理。大多数肢体障碍儿童从小除了生活上的不便，还可能会遭受冷眼、欺凌、取笑或不合时宜的同情，这些都会增加他们的挫折感。肢体障碍对不同年龄段儿童可以产生不同的影响。

1. 婴儿期

婴儿期是初涉人世的儿童对父母建立信任的时期，患有先天性肢体障碍的儿童多数一生下来就被发现不正常，这对父母来说是突然的沉重打击，父母往往一开始不能接受这一现实，表现为焦虑甚至恐惧。有的父母怕碰伤儿童，不敢接触他们，再加上儿童反复住院治疗与父母分离，这些都使儿童和父母间的感情联系中断，儿童会产生一种不信任的感觉，这种早期建立的不信任感将会影响儿童未来与他人的相处和对他人的信任。

2. 幼儿期

幼儿期更加关心周围事物，也认识到了自身参与外部活动的一些能力，玩耍是他们进行发现和表达自己的主要手段。肢体障碍会干扰儿童正常发育的连续性，并使他们趋向独立的愿望受到打击。由于肢体障碍，他们往往受到父母或他人的特殊对待，甚至吃饭、穿衣、上厕所这些基本活动都要在别人的帮助下才能完成。因此，他们无法像正常儿童那样度过这一时期，在心理和行为上仍表现得像是婴儿。同时，由于受到肢体障碍的影响，使他们缺乏与同伴玩耍和娱乐活动的机会，从而导致他们的性格发生某种程度的改变，如怕生、无法像同龄儿童一样与人交往等。

此外，有些肢体障碍儿童往往为了弥补自己在身体方面的不足而特别用功学习。他们中有一些人通过调整自己，能很好地适应现实，并且经过努力学习能取得比正常儿童还要好的学习成绩。然而，部分肢体障碍的学龄期儿童由于受到肢体障碍的影响（有时还会伴有其他障碍，如器官障碍、智力障碍等），完成学业存在困难，这会使他们逐渐产生比较强烈的自卑感，甚至害怕上学。

（二）认知发展的特点

1. 感知觉

肢体障碍儿童由于身体缺陷，他们的感知觉和运动能力存在一定的障碍。很多肢体障碍儿童遗留有感知觉障碍，包括视觉、听觉、触觉、位置觉等障碍，这会使他们对外界刺激的感知能力下降甚至缺失。但同时，因为肢体障碍儿童经常会伴随身体疼痛，所以他们的痛觉感受能力要高于普通人。

2. 注意力

肢体障碍程度较轻的儿童，他们的注意力相对较好；而肢体障碍程度较重、经常会伴随身体疼痛和其他疾病的儿童，他们的注意力很难集中，难以专注从事某项活动，习惯于随性而动。

3. 语言

大多数肢体障碍儿童，尤其是在学语后致残的儿童，他们的语言发展与普通儿童并无太大差异。但有的肢体障碍儿童如脑瘫儿童，他们的语言发展缓慢，经常会伴随无法控制的自言自语。

4. 思维

思维的发展依赖于语言、表象、动作的发展。许多肢体障碍儿童长期因病不能上学，或伴有智力低下或视、听觉障碍等问题，使他们的语言发展缓慢。此外，他们行动困难，表象和动作发展也落后于普通儿童，这也使他们的思维发展缓慢，形象思维多于抽象思维。

四 肢体障碍儿童的教育干预

肢体障碍儿童由于自身的缺陷使得他们在生活自理、对外沟通与交往方面与普通儿童存在差异，这些儿童需要得到外界的关心与爱护，需要外界接纳、帮助他们，让他们有社会融入感。此外，他们也可以借助一系列的辅助技术，打开走向外界的通道。

（一）常见引导式教育方式

肢体障碍的儿童，尤其是后天外部原因导致的肢体障碍，往往会表现出心理上压力较重、沮丧、不思进取、不愿与人接近等心理。作为家长一方面要让儿童明白父母是爱他们的，另一方面也要让儿童认识到自己是有能力的，并非一无是处。家长要常常开导儿童，对儿童的训练要有充分的耐心。对肢体障碍儿童进行心理治疗可采取：暗示疗法、爱抚疗法、游戏疗法等。

1. 暗示疗法

暗示疗法是指利用相关指导语对肢体障碍儿童进行暗示，从而使其心理康复的一种方法。3岁后的儿童易受暗示影响，负面暗示会导致诸多负面影响，如改变儿童观念、自信心减弱、出现怪异行为等；积极的暗示则能改善儿童的异常心理。

2. 爱抚治疗

对于后天外部原因导致肢体障碍的儿童，爱抚治疗作用很大，有助于儿童释放内心的不平衡，稳定紧张的情绪。父母要常常抚摸肢体障碍儿童并与之进行轻松的交谈，让儿童体会到自身对于父母的重要性。

3. 游戏疗法

游戏疗法是一种特殊的教育方法，它利用游戏本身的属性，将治疗元素加入游戏情境，通过游戏活动的媒介作用，让儿童能充分自由地表达自己的思想、情感及行为，从而使儿童在这种特殊的情境中得到治愈的一种治疗方法。对于肢体残疾儿童来说，可能存在自卑、退缩以及可能因为肢体残疾影响活动完成的胆怯等消极心理，运用游戏疗法比较轻松和自然。总而言之，对肢体障碍儿童的干预主要是从心理方面着手，帮助其树立自信心，让其多与外界接触，逐步融入社会。

(二)医教结合保育实施

肢体障碍儿童的保育需要医护与教育相结合,医疗护理首先要会区分不同的肢体障碍可能遇到的不同障碍。例如,由骨、关节病引起的肢体障碍,无论是先天的还是后天的,手和脚的活动都有一定的障碍,表现为行走、写字的困难较大。不过,在智力发育上与正常儿童并无差别,有的还可能智力较好。但是,在某些脑性麻痹症造成的肢体障碍儿童中,有的还伴有语言障碍、痴呆和智力迟钝,还有的伴有视觉和听觉障碍,属于多种残疾的儿童。特殊教育工作者应该仔细地听儿童父母讲述他们孩子的病史,充分地掌握儿童情况。

此外,肢体障碍儿童由于行动不便,有的饮食、排泄、起居需要他人照顾,所以,要特别重视他们的个人卫生,防止交叉感染和生病。需要接受医治的肢体障碍儿童应根据医嘱进行照顾。

总的来讲,肢体障碍儿童活动较少,抵抗力偏弱,严重的残疾者更需要特别护理。凡从事特殊教育的工作者,除医生、护士外,其他人员也应掌握一定的护理知识,以保证肢体障碍儿童少生病,防止发生意外事故。另外,应尽早矫正肢体障碍儿童的畸形,装配必要的器械,以帮助他们扩大活动范围,并坚持进行物理治疗,防止肌肉萎缩,增加活动能力。

(三)教育方法

关于肢体障碍儿童的教育,下列事项是必须注意的。

1. 功能代偿和功能重建

对于许多后天肢体障碍儿童来说,顺利度过适应期之后,最重要的任务就是身体功能的代偿,这是肢体障碍儿童的生活所必需的。失去的肢体无法再生,肢体障碍儿童要适应丰富的社会生活和复杂的学习任务,必须不断地将健全肢体的代偿作用与残肢的剩余功能重新组合,使它们协调动作。这种功能上的重建,一方面需要肢体障碍儿童自己摸索努力,另一方面也需要教育上的帮助,需要给予有目的、有计划的训练,使功能重建的过程尽可能加快。

2. 心理重建

不管是先天肢体障碍儿童还是后天肢体障碍儿童,在某一个阶段都会或多或少地出现自卑甚至轻生的想法。先天肢体障碍儿童在意识到自己和他人的不同时,首先会问为什么,这时也开始了艰难的心理适应期。而那些后天肢体障碍儿童在生命的危险消失后,马上就会进入"我为什么会这样"的心理适应期。这时给予足够的心理支持,帮助他们建立心理自信是非常重要的。

3. 采用多种教学方法

在文化课学习上的教学方法与普通教育差别不大,但是,在身体能力的训练、生活能力的培养等方面,要采用一些独特的方法,如物理疗法、运动疗法、作业疗法、感觉统合训练等。此外,肢体障碍儿童的教育要遵循一些特殊的教学原则,如教学内容和教学方法的个别化原则、文化知识教育和身体缺陷补偿相结合的原则、心理康复和教学训练相结合的原则等。

（四）肢体障碍儿童的自理能力干预

对肢体障碍儿童进行多方面干预的主要目的是让他们能够独立生活，为他们的发展奠定好的基础。肢体障碍儿童自理能力的早期干预主要涉及饮食、穿衣、洗漱、排泄等内容，此外结合他们在自理方面的特点，还需要对其进行心理辅导。

1. 饮食能力训练

在训练肢体障碍儿童的饮食能力方面，双上肢残缺或者手残缺的儿童，若没有假肢，只能依靠家长帮助吃饭。若为其安装了假肢，则训练可以按正常儿童吃饭的步骤进行，但假肢与皮肤接触的地方可能会有疼痛的感觉，家长应该和儿童共同克服、早日适应，否则会造成儿童心理上的抵触。

另外，训练不能操之过急，要多几次耐心的辅助，少步骤高频率地进行。由于使用假肢的初期，关节活动不灵活，不能握紧汤勺，训练者要在动作上耐心辅助和指导，帮助儿童握住汤勺，或者帮助他们将碗或盘固定住，以便他们能够独立取食，随着其动作的改善和熟练，帮助可以逐渐减少。

2. 穿衣能力训练

穿衣能力的训练主要涉及肌力、关节活动、躯体的平衡与协调能力等生理层面的训练，还有对衣物认识与区分的训练，包括正反、上下、季节区分的训练，系腰带、系鞋带、扣纽扣等能力的训练以及衣物处理和保护能力等认知层面的训练。

3. 洗漱能力训练

刷牙需要儿童具备的能力包括口腔肌肉的控制能力、上肢和手部的协调能力和对上下、左右、里外等空间概念的理解能力。对使用假肢的肢体障碍儿童来讲，主要干预方法是按照假肢的使用说明，使其尽快适应假肢。

4. 排泄能力训练

排泄能力的训练内容包括以语言或手势表达要大小便的意图；男女厕所标志的识别；控制能力的训练；坐在马桶上排泄；衣物整理训练，穿裤、拉平衣服；冲洗厕所以及使用卫生纸的训练。

训练方法：示范法、帮助法。当儿童在上厕所的某环节出现困难时应给予帮助，随着技能的增进，慢慢减少帮助，直到他们能够独立完成大小便。

（五）训练注意事项

根据肢体障碍对儿童的影响，并结合肢体障碍儿童自身的身体特征，其训练注意事项如下。

1. 提供良好的训练环境

用于训练的环境要明亮、安静，确保儿童高度集中注意力，让儿童保持身心舒畅。

2. 合理安排训练时间

由于训练内容与日常生活息息相关，因此训练时间要尽量和儿童的日常生活保持一致，如早晚训练穿衣、洗漱，进食训练安排在就餐时间等。同时，训练时间也要视儿童的具体情况而定，不能让儿童产生厌倦感。

3. 选择合适的训练教具

训练教具的选择以利于儿童的训练、能引起儿童的兴趣为基准，日常生活中的物品都可以当作教具。

4. 适当提供辅助

适当给予儿童一些动作的引导、辅助，口头语言、肢体语言的提示，都会增加儿童训练成功的机会。

5. 训练的实用性

训练一定要结合实际并运用到实际中去。通过反复的练习，确保儿童掌握技能，并在实际生活中加以运用，以免训练和实际脱节。

总之，对肢体障碍儿童的训练一定要符合儿童的发展特征，注重实用性，并能充分考虑儿童的心理状况。

经典案例

脑瘫患者小明案例

小明，男，29周岁，特教学校学生、脑瘫患者，性格内向，不喜欢交流，智力低下，相当于3岁小孩的智商，人长得白白胖胖的，个头高大。现在各方面能力相对较差，在与老师配合上能积极听从老师的指令，就是完成的质量不好，生活自理方面不是很好。但是，他的父母关系融洽，家庭和睦，父母均有很高的学历。妈妈在怀孕6个月的时候发生过痉挛，那时的她忙于工作并没有在意、以为没什么事就没去医院及时治疗，当小明在1周岁之前时，并没有发现和其他小朋友有什么不一样，但是1周岁之后发现其粗大动作不协调，精细动作不灵活，生活自理能力差，沟通交流存在障碍，不能够很好地融入社会，其社会适应能力较差，经常会流口水，说话不清楚，出现用头撞墙等一些行为问题，由于家长都受过高等教育，因此父母从来没有放弃过给小明做康复治疗，前几年特教行业不像现在这么普及，小明一直没有受到专业的教育，导致现在他的很多行为没有得到改善，现在在机构学习后他在各个方面都有所好转。

阅读案例，分析案例中脑瘫患者症状的现状及产生该症状的原因。

课外拓展

肢体残疾作为特殊教育领域中存在的一种残疾类型，肢体障碍学生也成为随班就读环境下的主要教育对象，由于自身的生理缺陷，他们在随班就读的过程中同时肩负着身体和心理的双重压力。但是只要给予一定的支持和帮助，肢体障碍学生是可以在普通学校随班就读的。同时，在普通学校随班就读也能更好地促进肢体障碍学生的健康成长。究其原因，有以下几点：在普通学校里，有着极为丰富的环境刺激,这些是其他教育环境里所不具备的;在普通学校里,肢体障碍学生沟通交流的对象都是普通学生,这就为其提供了很好的与普通人交流的机会,为其将来面向社会,回归主流生活提供了很好的支持与帮助;与普通学生进行交流,不仅有利于肢体障碍学生的发展,也促进了普通学生对于特殊教育的理解,从而更好地促进社会和谐发展。

在普通学校就读的肢体障碍学生面临的最大困难可能并不是学业和康复方面的提高,更多的是来自心理方面的压力。我们需要做到以下几点:尊重肢体障碍学生的隐私,与其建立和谐信任的关系;宣扬对于肢体障碍学生的关爱,对其进行正向行为的支持和教导;为他们创设无障碍的学习环境;了解他们的基本信息,为他们制定更有针对性的个别化教育计划;调整课程设置,更好地促进他们康复,提高他们的生活自理和社会交往能力。

实训操练

走直线练习

【活动目标】

提高肢体障碍儿童身体协调能力。

【活动准备】

粉笔。

【活动对象】

能够行走的(可借助假肢)肢体障碍儿童。

【活动过程】

1. 教师在地面上画一条直线,示范儿童要按照直线行走。
2. 儿童根据教师的示范进行练习,教师在旁边辅助。
3. 熟练后可进行进阶练习,倒退行走或儿童手扶一根直线闭眼行走。

【活动建议】

教师要及时给予儿童适当的言语鼓励和支持。

过关练习

简答题

1. 造成肢体障碍的主要原因?
2. 脊髓灰质炎是由什么原因引起的?
3. 畸足最常见的类型是什么?

过关练习
参考答案

Note

第七章 智力异常儿童的教育

◇ **学习目标**

1.了解智力异常儿童的基本概念、特征和类别，了解智力异常儿童的教育支持方案。理解儿童，尊重特殊儿童，认同学龄前特殊儿童教育的价值。

2.尊重并接纳智力障碍儿童；了解智力障碍的基本含义、鉴别、发展特征及教育干预内容与方法。能使用任务分析法为智力障碍儿童设计教育干预方案。

3.了解智力超常儿童的概念、基本特征、教育模式和教育内容，能用所学理论与知识分析智力超常儿童教育现象。

◇ **核心知识**

智力障碍和智力超常儿童的概念、诊断标准、分类、发生率、原因、发展特征、教育干预内容与方法。

◇ **思维导图**

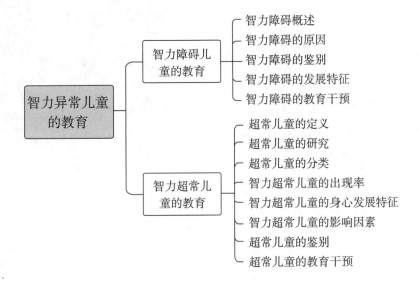

◇ **本章概要**

第一节介绍智力障碍儿童的教育。智力障碍儿童是特殊教育的对象之一，与普通儿童有着相同的发展规律和教育权利。通过介绍智力障碍的基本含义、鉴别及发展特征，对智力障碍形成初步的理解，从针对性角度对智力障碍儿童进行教育干预内容和方法的选择，提供适合智力障碍儿童的教育，促进儿童发展。

第二节介绍超常儿童的教育。超常儿童的才能可以根据潜能、成就与行为特征将他们分为智力型、语言型、艺术型、创造型和领导型等几种类型。对超常儿童特征的研究，有助于我们在日常生活中发现这类儿童。超常儿童的三大典型特征是：智力早熟，坚持按自己的方式行事，掌控欲极强。由于超常儿童的类型是多种多样的，因此鉴别也应采取多方面的指标，通过多种途径，运用多种方法来进行动态的比较研究。超常儿童需要早期教育，早期教育可以促进超常才能的形成，也可以促进已显露的超常才能的继续发展。但超常儿童的早期教育应遵循符合儿童实际、全面发展家庭教育与社会教育、幼儿园教育相结合等原则。同时，家庭是超常儿童成才的一个重要条件。学前教育机构中的超常儿童教育主要涉及学习内容、技能和学习环境三个方面，教师可根据幼儿的实际水平选择最佳的教育模式。

第一节　智力障碍儿童的教育

案例导入

特奥运动会上的李想为国争光

据央视新闻报道（图7-1），2019年3月，第十五届世界夏季特殊奥林匹克运动会在阿联酋的阿布扎比召开。唐氏综合征少年李想参加了第十五届夏季特殊奥林匹克运动会体操项目，在顺利完成一套规定动作后，15岁的他摘得金牌。这次出征，李想收获2金4银1铜，还见到了自己的运动偶像李小鹏。他在接受采访时表示，"我的目标就是为国争光，拿到更多金牌，让人们知道我是最强的"。

图7-1　央视新闻"面孔｜李想：我是一名特奥体操冠军"[①]

思考：你如何看待这件事？

[①] 面孔｜李想：我是一名特奥体操冠军.http://m.news.cctv.com/2019/05/02/ARTIguFb91KgTOJk8Tlph7ii190502.shtml.

一 智力障碍概述

（一）概念

智力障碍（也常被称为智力落后、智力低下、智力残疾）是指智力显著低于一般正常人的水平，并伴有适应性行为障碍，此类残疾是由于神经系统结构、功能障碍，个体活动和参与受到限制，需要环境提供全面、广泛、有限和间歇的支持。包括在智力发育期间（18岁之前），由于各种有害因素导致的精神发育不全或智力迟滞；或者智力发育成熟以后，由于各种有害因素导致智力损害或智力明显衰退①。

资料链接

ICD-11将智力障碍归属于神经发育障碍②

智力障碍是一组起源于发育期病因不同的疾病，其特点是智力功能和适应性行为明显低于平均水平，根据适当规范和个人管理的标准化测试，大约低于平均水平两个或更多的标准差（大约低于2.3百分位）。如果没有适当的规范化和标准化测试，智力障碍的诊断需要更多地依靠临床判断，以恰当可比行为指标评估为基础。

思考：你如何看待有人将智力障碍儿童称为"傻子""愚笨""蠢""痴呆"？我们应该以什么样的态度面对智力障碍儿童？

（二）分类

《残疾人残疾分类和分级》国家标准中的分类规定如下：

按0~6岁和7岁以上两个年龄段的发育商、智商和适应行为进行分级。0~6岁儿童发育商小于72的直接按发育商分级，发育商在72~75之间的按适应行为分级。7岁以上按智商、适应行为进行分级；当两者的分值不在同一级时，按适应行为分级。WHO-DAS Ⅱ分值反映的是18岁及以上各级智力障碍活动参与情况。具体分级见表7-1。

---

① 《残疾人残疾分类和分级》国家标准（GB/T 26341-2010）. 在线预览 |GB/T 26341-2010（gb688.cn）.
② 国际疾病分类第十一次修订本. https://icd.who.int/zh.

表 7-1　智力障碍分级表

级别	智力发育水平		社会适应能力	
	发育商（DQ） 0～6 岁	智商（IQ） 7 岁及以上	适应行为 （AB）	WHO-DAS Ⅱ 分值 18 岁及以上
一级	≤25 分	<20 分	极重度	≥116 分
二级	26～39 分	20～34 分	重度	106～115 分
三级	40～54 分	35～49 分	中度	96～105 分
四级	55～75 分	50～69 分	轻度	52～95 分

适应行为表现：
极重度——不能与人交流、不能自理、不能参与任何活动、身体移动能力很差；需要环境提供全面的支持，全部生活由他人照料。
重度——与人交往能力差、生活方面很难达到自理、运动能力发展较差；需要环境提供广泛的支持，大部分生活由他人照料。
中度——能以简单的方式与人交流、生活能部分自理、能做简单的家务劳动、能参与一些简单的社会活动；需要环境提供有限的支持，部分生活由他人照料。
轻度——能生活自理、能承担一般的家务劳动或工作、对周围环境有较好的辨别能力、能与人交流和交往、能比较正常地参与社会活动；需要环境提供间歇的支持，一般情况下生活不需要由他人照料。

◇ 思考讨论

小之小朋友的智力测评情况

如表 7-2，请根据以下小之小朋友的评估报告表（部分），结合智力障碍分级表，分析并判断案例中的儿童的发育情况：测试时，该儿童的实足年龄为多少？按照测试结果，他的发育商属于什么水平？各领域发育迟滞几个月？

表 7-2　小之小朋友智力评估报告表

姓名	小之		性别		男	
出生日期	2019 年 1 月 10 日		测试时间		2023 年 5 月 28 日	
测试项目	格赛尔智力发育诊断量表（Gesell）					
	测试结果					
	大运动	精细动作	适应性	语言能力	社交能力	总发育
发育年龄（月）	58.0	33.5	30.0	27.0	24.5	28.0
发育商（DQ）	90.0	52.0	47.0	42.0	38.0	43.0

（三）发生率

1991年我国开展了一项"全国0～14岁儿童智力低下流行学调查"，儿童智力障碍的总发生率为1.2%，男生略高于女生[①]。2001年我国0～6岁残疾儿童抽样调查报告显示，我国0～6岁智力障碍儿童的现患率为0.931%[②]。2006年第二次全国残疾人抽样调查显示，全国残疾人8296万人（占总人口的比例为6.34%），其中智力障碍554万人（占全部残疾人口的比例为6.68%）；0～17岁残疾儿童为504.3万人（占全部残疾人口的比例为6.08%），其中智力障碍儿童174.9万人（占全部残疾人口的比例为2.11%）；6～14岁学龄残疾儿童为246万人，其中智力障碍儿童76万人（占全部残疾人口的比例为0.92%）[③④⑤]。

近些年，我国尚未有更新的智力障碍发生率的全国性调查数据，有研究者基于各地实情展开调查发现，国内各地区发生率存在差异，近二十年的调查研究显示，学龄前（0～6岁）儿童智力障碍的发生率为6.1‰～25.43‰，男生略多于女生，但无明显差异[⑥]。

总体来说，学龄前（0～6岁）儿童智力障碍的发生率约为1%。国内外的发生率虽略有差别，但大体一致[⑦]。从不同障碍程度上来看，轻度智力障碍的比例约为40%，多于中度、重度和极重度的比例[⑧]。

二 智力障碍的原因

智力障碍的影响因素多且复杂，大脑疾病、脑损伤、感染和中毒、代谢障碍和营养不良、染色体异常、精神障碍或心理社会剥夺等都有可能造成智力障碍。这些因素可以从生物学因素、社会心理学因素两方面来划分，也可以从遗传、物理—环境因素、社会—心理因素三方面来划分，还可以从儿童出生前、出生时、出生后的时间顺序来划分。本部分内容选择按照时间顺序对智力障碍的原因进行梳理。

---

① 全国协作组，左启华，雷贝武，等.全国0～14岁儿童智力低下流行学调查——智力低下的患病率[J].中国优生优育，1991（3）：105-110.

② 朴永馨，顾定倩，邓猛.特殊教育辞典[M].3版.北京：华夏出版社，2015.

③ 2006年第二次全国残疾人抽样调查主要数据公报（第一号）. https://www.cdpf.org.cn//zwgk/zccx/dcsj/9ff8c67574af479dabaf6ac21b5305f4.htm.

④ 2006年第二次全国残疾人抽样调查主要数据公报（第二号）. https://www.cdpf.org.cn/zwgk/zccx/dcsj/8875957b9f0b4fe495afa932f586ab69.htm.

⑤ 叶奇，等.中国残疾儿童现状分析及对策研究[M].北京：华夏出版社，2008.

⑥ 刘颖，曹海花，班文芬，等.贵州省黔南州农村少数民族0～6岁儿童智力低下流行病学调查[J].现代预防医学，2019（18）：3333-3336.

⑦ McKenzie, K., Milton, et al. Systematic Review of the Prevalence and Incidence of Intellectual Disabilities: Current Trends and Issues. Curr Dev Disord Rep 3, 104–115（2016）. https://doi.org/10.1007/s40474-016-0085-7.

⑧ 叶奇，等.中国残疾儿童现状分析及对策研究[M].北京：华夏出版社，2008.

（一）出生前

1. 遗传因素

遗传是智力障碍产生的主要原因，涉及染色体异常、先天性代谢异常以及其他遗传因素。

（1）染色体异常。染色体异常包括染色体数目异常和染色体结构异常。

最常见的染色体异常而导致智力障碍的是唐氏综合征，也称为先天愚型或"21-三体综合征"，其在第21对染色体上有多出来的一条无法匹配的染色体。唐氏综合征的儿童在临床上有比较典型的外部体征（当然，由于个体差异，也有体征不太明显的儿童）：眼距宽、眼裂小且上斜；有的儿童眼球突出、内眦赘皮，上颚高尖，鼻根低平，颌小，口常半开，舌常外伸；有的有舌裂、流涎。新生儿可见第三囟门，肌张力低下，皮纹常有典型的变化。唐氏综合征的儿童大多数智商（IQ）在30～55之间，在智力障碍儿童中占5%～10%。

资源拓展

唐氏综合征日

2011年12月联合国大会将每年的3月21日定为"世界唐氏综合征日"。2023年3月21日是第12个"世界唐氏综合征日"，如图7-2所示，主题是"With Us Not For Us"（与我们同在，而不是为了我们），旨在立足人权，给予唐氏综合征个体平等的权利和尊严，让他们有权充分和有效地享受人权和基本自由。我国的宣传主题是"倡导适龄婚育，孕育健康宝宝"（见图7-3），旨在呼吁全社会提高对唐氏综合征的认知和关注，提倡适龄婚育，降低唐氏综合征发生风险，科学孕育健康新生命。历年唐氏综合征日宣传主题见表7-3。

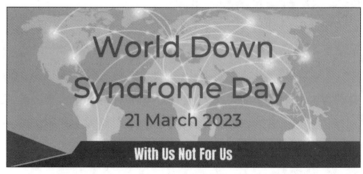

图 7-2　2023年世界唐氏综合征日宣传主题

图 7-3　2023年世界唐氏综合征日中国宣传主题

表7-3 历年唐氏综合征日宣传主题

时间	宣传主题
2012年	Building Our Future
2013年	Right to Work
2014年	Health and Wellbeing—Access and Equality for All
2015年	My Opportunities, My Choices
2016年	My Friends, My Community
2017年	My Voice, My Community
2018年	What I bring to my community
2019年	Leave No One Behind
2020年	We Decide
2021年	Connect
2022年	Inclusion Means
2022年	重视唐氏筛查，孕育健康宝宝（我国）

另一种染色体异常而导致智力障碍的是脆性X综合征（Fragile X Syndrome，FXS），也称为"马丁-贝尔综合征"，其在X染色体的长臂末端有一脆性位点，容易发生断裂，是一种X连锁的遗传性疾病。男性脆性X综合征的个体，绝大多数为智力障碍，80%以上为中度至极重度智力障碍，且随着年龄增加出现明显的面容特征（长条面型，双耳明显超大，前额和下颌突出，嘴大唇厚，青春期后可出现巨睾症）。女性脆性X综合征的个体，30%左右为轻度和中度智力障碍，个别为重度和极重度智力障碍。

此外，由于染色体异常而造成智力障碍的还有5-短臂缺失综合征（猫叫综合征）、4-短臂缺失综合征、18-三体综合征（Edwards综合征）、13-三体综合征（Patau综合征）、先天性卵巢发育不全综合征、先天性睾丸发育不全综合征等。

（2）先天性代谢异常。先天性代谢异常是由于个体参与代谢的酶的活性有缺陷，个体无法正常完成代谢运转，进而影响各器官和系统的功能，在严重的情况下会影响神经系统，进而造成智力障碍。

苯丙酮尿症是一种常见的氨基酸代谢性疾病，属于常染色体隐性遗传病。苯丙酮尿症个体由于肝内缺乏苯丙氨酸羟化酶，使得苯丙氨酸及其中间代谢产物苯丙酮酸、苯乙酸等在体内积聚，引起中枢神经系统损害、脑萎缩，造成智力障碍。若在儿童发育早期就已经筛查发现了苯丙酮尿症，可以通过调节饮食，限制苯丙氨酸食物，就能够在一定程度上预防后续智力障碍的出现。

此外，由于先天性代谢异常而造成智力障碍的还有半乳糖血症（糖代谢障碍）、肝豆状核退化症（铜代谢障碍）、克汀病（甲状腺激素缺乏）、黑蒙性痴呆症（脂类代谢异常）等。

（3）其他遗传因素。其他遗传因素中，由遗传引起的头颅畸形和脑畸形，如先天性脑积水、大头畸形、小头畸形、阿佩尔氏综合征（尖头并指综合征）、神经管闭合不全，还有一些可能由于染色体遗传引发的病因不明的疾病，如德朗热综合征、劳-穆-比三氏综合征、结节性硬化症等。

2. 先天获得性异常

先天获得性异常是指非遗传因素异常，涉及胎儿期病毒感染、中毒与过敏反应等。

（1）胎儿期病毒感染。母体在妊娠期间，特别是妊娠的前3个月，感染了某些疾病，如风疹、麻疹、梅毒、巨细胞病毒等，可能会通过胎盘使胎儿感染相应的病毒，引发胎儿脑部疾病，致使出现智力障碍。

（2）中毒与过敏反应。中毒反应通常有药物毒性损伤和酒精烟草损伤两类。母体在妊娠期间大量服用四环素、激素药物、安眠药物等，有可能会通过胎盘影响胎儿，增加胎儿出现智力障碍的风险。母体在妊娠期间酗酒，酒精进入胎盘，会阻碍胎儿的生长发育，破坏神经元和脑结构，使得中枢神经系统受损，造成胎儿酒精综合征，引起智力障碍。

Rh因子过敏也称为Rh因子不合，当母体与胎儿血液内Rh因子不一致时，可引起胎儿血型不合，发生溶血症。当母亲为Rh（D）阴性血型，胎儿从父亲处继承了Rh（D）阳性血型时，Rh抗原可在妊娠期间尤其是分娩时进入母体，促使母体产生抗Rh因子的抗体，当母亲再次怀孕时，该抗体可通过胎盘进入胎儿体内，若此时胎儿仍为Rh阳性抗原，则有可能出现抗原抗体相结合致使红细胞崩解，导致贫血和中枢神经系统损伤，严重者可引发智力障碍。

此外，大剂量的放射线、有毒有害的放射性物质或化学物质（如汞、铅、铬、苯等），也有可能对胎儿造成损伤，且暴露其中时间越长，对胎儿生长发育带来的危害越大，智力障碍的发生率也越高。孕妇在妊娠期间长期呕吐、胎盘早剥、情绪起伏过大、先兆流产、有妊娠期高血压或糖尿病等疾病、遭受外伤等也可能影响胎儿的发育，引起智力障碍。

（二）出生时

1. 早产、低体重

胎龄不满37周的新生儿被称为早产儿，出生体重不足2500 g的新生儿被称为低体重儿。早产儿和低体重儿由于在子宫内发育不够完善，出生后可能会引起智力障碍。

2. 窒息或产伤

在分娩过程中，由于胎位不正、胎儿体积过大、胎儿宫内窘迫、脐带绕颈、母亲生产脱力、母体骨盆较小等因素，胎儿在娩出时可能出现产程过长、头部过度挤压，或医生使用产钳助产时出现机械损伤，均有可能造成窒息或产伤，引起新生儿大脑缺氧。对于中枢神经系统脆弱的新生儿而言，缺氧很有可能影响大脑的发育，出现智力障碍。

（三）出生后

1. 高烧、抽搐

儿童在发育早期，大脑神经系统发育尚未完善，各种因素引发的高烧、抽搐，很容易引起脑细胞损伤或功能紊乱，若长时间的高烧、抽搐，很可能对大脑带来不可逆的影响，造成智力障碍。

2. 神经系统疾病

儿童若患有脑炎、脑膜炎等神经系统疾病，在之后可能会存有后遗症，其中之一便是智力或运动方面的障碍，如惊厥性疾病、视力障碍和听力障碍等。

3. 全身麻醉与脑外伤

有些儿童由于手术的需要，不得不接受全身麻醉，对于神经系统发育尚不完全的儿童而言，有可能增加智力障碍的风险。此外，由于各种因素造成的脑外伤，也会导致智力障碍的发生率增加。

4. 营养不良

学龄前（0~6岁）是儿童大脑快速发育的时期，神经节形成快、神经突触增加迅速，此时就需要充足的营养来保障神经系统的发育需求。若儿童长期营养不良，一方面，所摄入的营养不足以支撑个体发育所需，致使发育受阻；另一方面，营养不良可能带来各种疾病，反过来损害神经系统发育。

5. 社会心理因素

智力障碍的社会心理因素包括家庭经济水平不佳、家庭环境不佳、家庭教育不当、母亲孕期心理状况不佳等。值得注意的是，这些因素存在着交叉作用，例如，家庭经济水平不佳可能会影响家庭环境情况，还会影响父母的文化和受教育程度，进而影响家庭教育情况等。这些社会心理因素，有可能导致儿童产生轻度的智力问题。

除上述因素外，颅内出血、颅脑外伤、溺水、一氧化碳中毒、癫痫等也可能引起儿童出现智力障碍。

三 智力障碍的鉴别

（一）早期征兆

智力障碍的鉴别是一个专业且严谨的过程，为确保鉴别的准确性，一般由有相关资质的医生或专业人员进行。教师和家长可以根据自身的主观经验，在教育实践和日常生活中，通过观察发现疑似有智力障碍的儿童，再转介到医生或专业人员进行测验与评估。智力障碍儿童被发现的年龄越小，其后续的教育干预介入也会越及时，那么教育和发展成效也就会越明显，甚至能够接近同龄普通儿童的智力水平。

教师和家长可从以下几个方面，做初步的早期观察。

1. 面容

智力障碍中，有部分类型存在着特殊面容，如唐氏综合征、脆性X综合征、苯丙酮尿症、胎儿酒精综合征等，可以通过直接观察面容进行初步判断。

2. 运动

普通儿童均遵循着运动发展的一般规律，如"（1岁前）三抬四翻、七坐八爬、周站走""（1~2岁）单脚站、能后退""（2~3岁）能跳远、能攀爬、双脚跳、上下楼"等。当儿童迟迟不能达到该生理年龄所应达到的运动水平时，便需要引起警惕。

3. 认知

若儿童到了2岁还不能理解一些常用词、3岁还不能理解生活中熟悉的物品或不能根据一个特征把熟悉的物品分类、4岁还不能理解他人的话语、5岁无法辨认简单的形状，都需要引起警惕。

4. 语言

普通儿童在0~6岁阶段，语言处于快速发展时期，会说、爱说。若儿童出现1岁不会模仿发出简单声音、2岁不能用"是""否"来回答简单问题或从不开口说话、3岁不能说出生活中常见物品的名称等情况，都有可能是警惕信号。

拓展阅读：
0~6岁儿童发展里程碑

需要注意的是，由于儿童之间存在着明显的个体差异，在学龄前（0~6岁）阶段，个体差异会更加明显，应该全面地看待儿童的发展。教师和家长发现儿童有疑似相对落后的状态时，一方面需要提高警惕，另一方面也无须过于焦虑，出现"自己吓唬自己"的情况，尽可能带儿童到专门的医院科室进行鉴别。

（二）智力测验

智力测验是测量个体的观察力、注意力、记忆力、想象力和思维的概括力、分析力等，对个体各种基本能力进行综合评定[①]。对儿童进行智力测验，是对其进行智力障碍诊断的一项重要工作。

目前，针对学龄前（0~6岁）儿童，国内常用的智力测验包括：中国比奈智力测验、韦克斯勒学前儿童智力量表、格赛尔发展量表、瑞文彩色推理测验、0~6岁小儿神经心理发育检查表等。

中国比奈智力测验是比奈智力量表的中国化修订，适用于2~18岁的人群，测试时长为30~60分钟。测题共51题，每一岁有3个题目，按由易到难顺序排列。施测时，首先，计算儿童的实足年龄，并根据实足年龄找到开始作答的题号；其次，根据指导语逐题进行测试，通过计1分，未通过计0分，通过的题目数即为测验的原始分数；最后，根据儿童的实足年龄和原始分数，对照常模，即获得该儿童的智商分数。

韦克斯勒学前儿童智力量表（WPPSI-Ⅳ）发表于2012年，适用于2岁6个月~7岁7个月的儿童，测题包含言语理解、视觉空间能力、工作记忆、流体推理和加工速度五部分。其中，言语理解包含听词选图、常识、图片命名、词汇、类同、理解六个分测验，视觉空间能力包含积木和拼图两个分测验，工作记忆包含图片记忆和寻找动物园两个分测验，流体推理包含矩阵推理和图画概念两个分测验，加工速度包含搜索错误、划消、动物译码三个分测验。

瑞文彩色推理测验（RPM）是瑞文推理测验系列中的一种，主要用于幼儿、老年人及智力有

[①] 朴永馨，顾定倩，邓猛. 特殊教育辞典[M]. 3版. 北京：华夏出版社，2015：294.

缺陷的人，适用于5.5岁以上者。测验由一系列彩色图形组成，分为三组，每组12题，共36题。测题有两种题型，一种是题干为右下角被挖掉一块的大图形，选项为包括被挖掉的那一块在内的6个小图形；另一种是题干为缺少一个图形的矩阵图形，选项为包括所缺少的那个图形在内的6～8个小图形。测试时，儿童需根据大图形或矩阵图形的规律，从所提供的选项中选择一个合适填空的图形。

（三）适应性行为评估

对于智力障碍儿童的鉴别，除了要做智力测验外，还需要进行适应性行为评估。

目前，针对学龄前（0～6岁）儿童，国内常用的适应性行为评估量表包括儿童适应行为量表、婴儿—初中学生社会生活能力量表、文兰适应行为量表等。

儿童适应行为量表是AAMD适应行为量表的中国版修订，适用于3～16岁人群。测题包含两个部分，第一部分主要评估一般适应能力，由动作发展、语言发展、生活自理能力、居家与工作能力、自我管理和社会化6个分量表组成；第二部分主要评估不良的适应行为，由攻击行为、反社会行为、对抗行为、不可信赖行为、退缩、刻板与自伤行为、不适当的人际交往方式、不良的说话习惯、不良的口腔习惯、古怪的行为、多动和情绪不稳定12个分量表组成。施测时，由测试者将题目逐条念给儿童的家长或老师听，由他们报告儿童的相关情况后，记录总分和各领域原始分，并对照常模获得该儿童在各领域的适应行为发展情况。

婴儿—初中学生社会生活能力量表适用于6个月～15岁人群，测题包含6大能力，即独立生活能力、运动能力、职业能力、沟通能力、社会化和自我管理能力。施测时，先计算儿童的实足年龄，并根据实足年龄找到开始作答的题号；接着，根据指导语逐题进行测试，通过计1分，未通过计0分，连续10项通过，则认为这以前的项目均已通过，可向下提问，直到连续10项不能通过，则认为后面的项目均不能通过，测试可结束；测试结束后，对照常模，获得儿童的适应行为情况。

四 智力障碍的发展特征

智力障碍儿童也是不断发展中的儿童，与普通儿童有着相同的发展规律。由于先天或后天的影响，在发展的各方面与同龄普通儿童存在差距，且智力障碍程度越重，差距越明显，对其生活和学习的制约可能就越强。因此，需要了解智力障碍儿童的发展特征，为后续教育和干预提供基础。

（一）认知特征

智力障碍儿童的认知发展遵循普通儿童的发展规律，在感知觉、注意、记忆、思维等方面仍与同龄普通儿童存在差距。

1. 感知觉

智力障碍儿童的感知觉存在以下特征。

（1）智力障碍儿童的感受性慢，反应较迟钝。相比于同龄普通儿童，智力障碍儿童的感觉绝对阈限较高，对于能够引发普通儿童感觉的刺激，不一定能够引发智力障碍儿童的感觉。

智力障碍儿童的视觉感受性弱。不能敏锐地区分不同的大小、形状、线性尺度、颜色、明暗度、方位等，在分辨时容易受到其他因素的干扰，视觉搜索时间明显长于普通儿童且难以同时搜索。

智力障碍儿童的听觉感受性弱。对语音的识别存在困难，在拼音和字词学习时难以区分相似但不同的声母、韵母、声调，难以区分动物的叫声（如猫和羊），在集体教学情境中难以捕捉到教师或关键人物的声音。

智力障碍儿童的触觉感受性弱。难以区分不同物体的触觉属性（如粗糙光滑、轻重）；对冷热不敏感，在寒冷的冬天衣着单薄也毫无感觉；对疼痛不敏感，有时容易在受伤后不会报告疼痛，因而使伤处无法得到及时的处理。

此外，智力障碍儿童其他感觉的感受性也较同龄普通儿童弱，如闻不出料酒、醋和酱油的区别，尝不出食物的咸淡或新鲜腐败，难以感受到自己用力的大小和方向等。

（2）智力障碍儿童的知觉能力弱。对于时间、空间的知觉不准确，如难以判断时间的长短、难以判断上午下午晚上、难以判断所处空间位置（上下、里外、前后、左右）、对于倒放或翻转的物体无法辨认等。

智力障碍儿童的知觉恒常性差。例如，对于换了新的衣服或发型的同伴无法辨认；对于已经习得的知识或技能，当换了一个情境时，难以进行迁移和泛化。

2. 注意

智力障碍儿童的注意存在以下特征：

（1）注意广度狭窄。智力障碍儿童的注意广度狭窄，难以同时注意到情境中的多个刺激。有研究显示，智力障碍儿童的注意广度仅为同龄普通儿童的一半左右。例如，普通儿童走进公园，能够一眼就看到滑梯、沙坑、攀爬架、前方一大片的草地、拐角处的三角梅、放风筝的小姑娘、追逐跑的小男孩等，同时听到欢笑声、叫喊声、风声，而智力障碍儿童可能只能注意到其中的一部分，有的只看到风筝没看到人，有的听欢笑声没听到身后传来跑步叫嚷的声音，这就有可能让他们出现碰撞，造成危险。

（2）注意稳定性差。智力障碍儿童的注意稳定性差，注意易分散。研究和实践中均发现，智力障碍儿童的注意集中时间比同龄普通儿童短，容易受到环境中无关因素的干扰而分散，例如，有的儿童在集中教学活动过程中，出现东张西望、未跟随指令、无法回应提问等情况。此外还发现，当智力障碍儿童注意分散后，很难再集中回到当前活动中。这也是造成他们学习或活动困难和适应困难的重要原因。

（3）注意分配和转移困难。智力障碍儿童的注意分配困难，难以同时处理多个感觉信息。普通儿童在幼儿园阶段便能够熟练地参与注意分配的游戏，如一边唱歌一边做拍手跺脚、一边看老师的示范一边和同伴互动、手脚配合地完成音乐表演等，而智力障碍儿童在类似的活动中就会出现顾此失彼的情况。

智力障碍儿童的注意转移困难，难以跟随任务或情境的改变将注意从一个活动转移到另一个活动上。例如，普通儿童在幼儿园中，当听到教师弹钢琴时，就能够快速回到座位坐好并保持安静，而智力障碍儿童可能还停留在课间休息、游戏当中，要花更长的时间或者在教师的多次提醒下才能将注意转移到教学活动中。

（4）无意注意占优势。智力障碍儿童的有意注意发展缓慢，不需要意志努力、没有预定目的的无意注意占优势。与同龄普通儿童相比，智力障碍儿童更容易被突然出现的、强度大的、变化的、新颖的、自己感兴趣的事物或活动所吸引，而忽略当前需要进行或正在进行的任务。例如，有的智力障碍儿童在跟随教师做律动活动时，会因为注意到旁边风铃被吹动（律动活动的无关信息）而停下来。在有目的的搜索任务中，要花比同龄普通儿童更多的时间和精力才能完成。

3. 记忆

智力障碍儿童的记忆存在以下特征。

（1）识记速度慢、保持不牢固、再现不精确。智力障碍儿童的识记速度慢、保持不牢固、再现不精确。智力障碍儿童在进行记忆任务时，需要比同龄普通儿童花更多的时间才能记住，即"记得慢"。对于好不容易记住的内容，容易遗忘，需要通过不断的重复才能保持，即"记不牢"。智力障碍儿童对记忆内容的再认与回忆存在困难，容易出现错误，即"记不准"。智力障碍儿童的记忆准确情况与其障碍程度相关，程度越轻，记忆越准确。有研究显示，中度智力障碍及以下的儿童再认和回忆能力更差[①]。例如，有的智力障碍儿童在结束了到动物园的春游后，当被问起看到了什么动物时，可能只能回忆出一两种，当被教师引导是不是看到过某个动物时，儿童会回答"没有看到"；有的智力障碍儿童在被要求"去桌上拿3块积木"后，走到距离自己两三米外的桌子旁只拿了1块积木就往回走。

（2）记忆容量小。智力障碍儿童的记忆容量小。美国心理学家米勒的研究表明，人的短时记忆广度都为7±2个组块，智力障碍儿童只能同时加工2～3个组块。研究显示，普通儿童在3岁时的数字短时记忆广度可达3个，16岁时可达7～8个[②]，而智力障碍儿童要明显少于同龄普通儿童。这个特征使得智力障碍儿童会遗漏事物的部分相关信息。例如，当智力障碍儿童在幼儿园被教师要求先去上厕所、再去喝水，然后拿一本绘本坐回座位上阅读时，他们可能只记得上厕所这一个信息。

（3）无意记忆强于有意记忆，机械记忆强于意义记忆。智力障碍儿童的有意记忆比同龄普通儿童要弱，记忆缺乏明确的目的，更多是无意记忆。由于智力障碍儿童的思维水平低，记忆策略单一，难以有效建立不同内容之间的关联，更多采用单纯的重复来进行记忆。例如，当依次向智力障

---

① 郑虹，高北陵. 智障学生与正常学生再认记忆的比较研究 [J]. 中国特殊教育，2004（6）：26-29.
② 沈玫. 唐氏综合征儿童短时记忆的复述策略干预研究 [D]. 上海：华东师范大学，2007.

碍儿童呈现小猫—大树—小草—小狗—小兔子—小花的图片，让儿童看几遍后进行回忆时，普通儿童可能会将内容重组后记忆，"小猫—小狗—小兔子；大树—小草—小花"，而智力障碍儿童则不擅于运用这些策略。

4. 思维

智力障碍儿童的思维存在以下特征。

（1）具体形象为主，缺乏抽象逻辑能力。智力障碍儿童的思维多以具体形象思维为主，概括水平低，缺乏比较、分析、推理、综合等抽象逻辑能力。例如，当被问到"小鸟是什么样子的"时候，普通儿童可能会很快回答"会飞/有翅膀"，而智力障碍儿童可能会回答"黑色的/有眼睛/有毛"等。当要求判断两堆积木多与少的时候，智力障碍儿童可能会倾向于通过直觉形象来感知物体的数量，而非通过比较、排序的方式对数量关系进行判断。

一般来说，普通儿童在0～2岁便获得一定的分类能力，能够按照不同的感知特征（如视觉、触觉属性）进行分类，在3～5岁便主要按照主题关系进行分类，8岁左右便能够运用类概念进行分类，而智力障碍儿童的分类能力发展要晚得多，有的甚至到中高年级才能发展出学龄前普通儿童的分类能力。

（2）缺乏灵活性。智力障碍儿童的思维缺乏灵活性，相对呆板僵化，难以根据情境的变化而做出相应的判断，调整自己的思维和活动。例如，有的智力障碍儿童看到教师将一盒积木拿出来放在桌面上，就去搬自己的椅子坐在桌前双手放平坐好，哪怕教师说"还没有上课你再去后面玩一会"，也不离开；有的智力障碍儿童看到教师向他招手便说"老师早上好"，不管时间是否真的是早上，也不管老师是问好还是告别；有的智力障碍儿童学会了"我有一个苹果，老师又给了两个，我一共有三个苹果"后，但当再被提问"小东有一个苹果，你又给了他两个，他有几个苹果"的时候，还是难以回答。

（3）缺乏独立性，易随大流。智力障碍儿童的思维缺乏独立性，难以形成并坚持自己的判断和思考，容易跟随他人的想法而附和或行动，出现人云亦云的现象。例如，当教师要求"会的小朋友举手回答"，有许多儿童举手时，有的智力障碍儿童也会跟着举手，但被叫起回答时又不知道回答什么。这种特征可能导致智力障碍儿童出现盲目行动、独立判断能力弱、自我控制水平较低、易受他人驱使等情况。

（二）语言特征

智力障碍儿童的语言发展遵循普通儿童的发展规律，由于智力水平低，在研究和实践中发现，相比于同龄普通儿童，智力障碍儿童的语言发展总体缓慢。

1. 语言理解水平低

智力障碍儿童的语言理解水平低，出现"听得到，但听不懂""看得到，但看不懂"的情况。智力障碍儿童对于语言理解多依赖于具体形象思维，对于相对抽象或含糊的词汇、短语或句子难以理解。例如，有的智力障碍儿童能够理解苹果是"圆的、红色的"，但对于苹果是"水果"（类概念），是"吃了对身体好的"理解困难；有的智力障碍儿童能够听懂"小脚踩在圆点上"，但是不能理解"小脚站到对应的地方"。在实践中发现，智力障碍儿童常常不能正确理解他人话语中的含义，特别是在潜台词、白谎（"善意的谎言"）等非字面理解的语言上理解更加困难。障碍程度越重的儿童，语言理解水平越低。

2.语言表达困难

智力障碍儿童的语言表达困难，表现为语言发展晚，发音不准确、不流畅，词汇量少、句子简单、语法混乱。

智力障碍儿童语言发展晚。相比于普通儿童在1.5岁之后就迅速爆发的语言，有的智力障碍儿童到2～3岁甚至更晚才开口说话，有的智力障碍儿童直到进入小学还只能用单词句进行表达。

智力障碍儿童的发音不准确、不流畅。70%～80%的智力障碍儿童存在构音、声音和语流方面的问题[①]。例如，唐氏综合征儿童由于舌胖外伸，使得他们出现发育含混不清的情况，如将"fei"发成"hui"或"hei"，在说话过程中出现不规则不必要的重复和停顿，如将"我今天吃了汉堡和炸鸡"说成"我……我今天……吃……吃了汉……汉堡……和……和炸……鸡"。

智力障碍儿童的词汇量少、句子简单、语法混乱。普通儿童到6岁时已经能够掌握2500～3000个词汇，且能够灵活使用各种类型的句子。而同龄智力障碍儿童可能仅能掌握几百个词汇，且大多为名词、动词等相对具体的词汇，对于形容词、副词、连词的使用较少。受限于词汇量，智力障碍儿童的句子较为简单，多以"主—谓""主—谓—宾"句式为主，很少使用复合句，在使用时也会出现语法混乱的情况。学龄期智力障碍儿童语法结构的掌握水平可能仅相当于3～4岁普通儿童的水平。例如，当智力障碍儿童描述自己的玩具被同伴小西推倒了，自己很难过的事情，可能一开始会描述成"玩具，哭了"，然后在提问引导下描述成"玩具坏了，小西，哭了"，然后再在提示下描述成"玩具坏了，小西推倒了，哭了"。

（三）运动特征

智力障碍儿童的运动能力低于同龄普通儿童，包括粗大运动和精细运动。智力障碍儿童的运动动作速度更慢，熟练程度更低，显得更"笨拙"，在运动学习时，需要花费更长的时间。有研究显示，在动作协调性上，低年级轻度智力障碍儿童相当于4～5岁的普通儿童，中高年级轻度智力障碍儿童相当于5～6岁普通儿童[②]。

（四）情绪情感特征

智力障碍儿童的情绪情感发展相对较晚，情绪体验比较简单，主要受机体需要支配，没有特别明显的内心冲突，不同层次的情绪情感体验相对较少，难以随外界或他人调节自己的情绪和情感状态。例如，有的智力障碍儿童在参与幼儿园体育比赛时赢了，便会手舞足蹈开怀大笑，不论赢多

---

① 王书荃.智力落后儿童的早期发现与训练[M].北京：中国妇女出版社，2008：70.
② 李金花.智力障碍儿童动作协调性特点研究[D].上海：华东师范大学，2020.

少次，教师的表扬层次是否发生变化，都不太容易产生情绪的分化，当教师提醒他"笑得小声一点""再到后面排队，活动还没有结束"时，该儿童也不太受到影响，继续开心地手舞足蹈。此外，相比于同龄普通儿童，智力障碍儿童的高级情感发展要晚得多，如责任感、荣誉感、庄严感等。

值得注意的是，相比于其他障碍类型的儿童，唐氏综合征儿童情绪稳定性相对较好，能够积极关注他人的情绪情感，并愿意与他人有更多的情感交流。

（五）社会适应特征

1. 意志薄弱，缺乏持久性

智力障碍儿童的意志薄弱，不具备坚毅的品质来完成任务，因此经常容易放弃任务，特别是当遭遇挫折或困难时，智力障碍儿童往往更容易退缩，且在下次遇到类似任务时表示拒绝。智力障碍儿童依赖于外在动机的鼓励，因此，当他人通过表扬、肯定、给他想要的零食或玩具时，还是能够再一次尝试，但一旦再受挫就又想要放弃，有时候容易发脾气。

2. 自我照料和社会适应能力较弱

智力障碍儿童的自我照料和社会适应能力较弱，独立进餐、如厕、盥洗、穿衣、叠被、收拾等生活自理能力发展比同龄普通儿童要晚且水平较低，与他人进行社会沟通与交往的能力水平较弱。智力障碍儿童在经过学习后，能够在一定程度上获得对应的技能，可能在技巧上稍弱于普通儿童。

五　智力障碍的教育干预

智力障碍儿童在认知、语言、运动、情绪情感及社会适应方面与同龄普通儿童存在差距，需要为智力障碍儿童提供适合他们身心发展的教育和干预措施，才能使他们身心得到最大程度的发展。

（一）内容

1. 针对认知的教育干预

智力障碍儿童在感知觉、注意、记忆、思维等方面存在困难，在对其进行教育干预时，需要将此内容纳入其中。

针对感知觉方面的教育干预，包括通过在日常生活中提供丰富、多样的感觉刺激，提高儿童在视听触等各方面的感受性（追踪、区分、辨别、命名等）；教授观察或感受的方法（先……再……），充分调动多感官的结合。例如，可以在教学时使用各种教玩具，或建议家长多带儿童到公园、动物园、游乐场走一走，引导儿童有意识地对外界事物进行感知；可以通过多感官小游戏

（如"百宝盒里有什么""哪里不一样""猜猜谁来了"等）帮助儿童调动各感官系统对事物进行判断和认识。

针对注意方面的教育干预，包括增加儿童的注意广度、通过有趣的活动和有趣的互动（如教授语音要素、动作和表情的变化）提高儿童的注意稳定性、通过模仿游戏和互动提高儿童的注意分配能力、以任务式活动有意识地培养儿童的有意注意、减少环境中无关刺激的布置。例如，教室内前部的墙面、吊顶布置相对简单明了，将装饰性材料、无关的教玩具等放置在教室后部或收纳起来；教师适当地使用起伏变化的声音、适当的停顿、明晰的动作来开展教学，会更容易将儿童的注意集中在当前活动中，而减少分散的情况。此外，当儿童注意集中、分配合理、水平提高时，及时地给予正向反馈（如夸奖、肯定、鼓励）。

针对记忆方面的教育干预，包括培养儿童的有意记忆，引导儿童有目的地记忆日常生活事件和知识技能任务；通过游戏提高儿童的短时记忆容量（如"什么不见了""我是背诵小能手"）；利用记忆遗忘曲线，通过提问、线索等方式及时帮助儿童对知识和技能进行复习巩固；教授适合该儿童的记忆组织策略（归纳、系统、列表、分类、组块等）和精加工策略（谐音、联想、口诀、感官协同等）。例如，给儿童读完一本绘本后，有意识地让儿童回忆绘本的内容（如谁在什么地方做了什么事情、遇到了什么人或情况、他想了什么办法等），可以通过动作或表演帮助儿童进行回忆和巩固。

针对思维方面的教育干预，包括利用生活中常见的事物和活动帮助儿童学习分类和概括；通过变化性的游戏提高儿童的思维灵活性（如音乐活动"快快快慢慢慢"）；开展数学活动和科学活动培养儿童的抽象思维；引导儿童形成自我的判断、想法和行为。例如，家长可以带儿童到超市里，借助超市明确的分区，引导儿童理解"苹果、香蕉、橙子、荔枝等都是水果""白菜、菠菜、空心菜、茄子、南瓜都是蔬菜""饼干、薯片、糖果、果冻都是零食"；借助思维导图帮助儿童梳理分析故事的脉络，并引导儿童根据已有情境推理"接下来会发生什么"。

2. 针对语言的教育干预

智力障碍儿童在语言理解和语言表达方面存在困难，在对其进行教育干预时，需要根据不同儿童的实际发展情况，选择对应的教育干预内容。

针对语言理解方面的教育干预，包括词汇、句子的理解及情境的理解。在此过程中，注意从简单到复杂，从字面意思的理解到非字面意思的理解，在儿童需要的时候给予辅助，辅助程度由高到低。例如，有的儿童难以理解两步指令（"去A老师那里拿了东西给B老师"），这时可以引导儿童将两步指令拆成"先……，再……"；有的儿童难以理解"团结"这个词，可以通过让儿童体验一个团体完成的项目，或者讲一个团结的故事，来将抽象的词语具体化。

针对语言表达方面的教育干预，包括提供丰富的语言输入和输出机会，开展构音训练、声音和语流训练，以及语法结构的学习。在日常生活和学习过程中，多创造机会与儿童进行沟通（包括亲子沟通、师生沟通、同伴沟通），而不是让儿童单独待在一个人的地方自己看绘本、自己玩玩具、自己刷平板。在沟通过程中，鼓励儿童进行表达，及时给予肯定，给儿童充分的自信，练习的机会多了，语言发展也就更快了。对于存在某些音发音困难的儿童，可进行目标音的构音训练，并从单音到单字到词，再到短语到句子到段落，并在日常生活中进行巩固。例如，有的儿童将"fei"发成"hei"，可以引导儿童先进行唇齿音"f"和舌根音"h"的辨别学习，唇齿音"f"的发音需要"轻咬下唇，让下唇向上牙齿靠拢形成间隙，发音时气流从唇齿间隙流出"，而舌根音"h"的发音则需要"舌根抬高接近软腭，形成窄缝，发音时气流从窄缝流出"，然后结合韵母"ei"进行"fei"和"hei"的辨别。对于语法结构运用不当的儿童，借助动作提示、词卡填空等方式，进行语法的学习。

3. 针对运动的教育干预

智力障碍儿童的运动能力方面存在困难，在对其进行教育干预时，需要根据不同儿童的实际发展情况，在动作速度、熟练度和协调性上开展教育干预。开展体育活动、音乐活动培养儿童的粗大运动能力，如走、跑、跳、跨、攀爬、投掷、拍球、传递、抛接等粗大运动能力；开展美术活动、收纳活动、书写活动，锻炼儿童的精细运动能力，如捏合、取放、堆积、叠高、拼贴、折叠、撕或剪、涂抹、点压、串珠、连线、描摹等精细运动能力。

4. 针对情绪情感的教育干预

智力障碍儿童在情绪情感方面发展较晚，简单、分化少、受外界事物影响大。在对其进行教育干预时，一方面需要培养儿童自信、克服自卑，另一方面需要教授儿童恰当的情绪表达和情绪调节的方法，此外还需要应对儿童因情绪而产生的问题行为。培养自信的主要方式有设置合适难度的活动或任务（可与同龄普通同伴有所区别）、对儿童的尝试趋势给予肯定（维持参与的主动性和积极性）、对儿童的良好成果进行奖励（强化）、对儿童的不够完善的成果进行鼓励（虽然可能没成功，但可以强化其进步）。情绪表达和情绪调节主要从言语表达、动作表达、情绪宣泄、转移注意等方面进行，可以通过绘本讲述、角色扮演、社交游戏等形式开展情绪活动，让儿童在这些活动中掌握相应的技能并进行运用。这些恰当行为的教授在经由教师和家长的区别强化后，能够替代儿童因情绪产生的问题行为。此外，在日常生活中，还需要引导儿童对自我的情绪、情感进行有意识地识别与监测。

5. 针对社会适应的教育干预

智力障碍儿童在意志品质和社会适应方面存在困难，在对其进行教育干预时，需要根据不同儿童的实际发展情况，选择对应的教育干预内容。

针对意志品质方面的教育干预，包括抗挫折能力和不良情绪应对。对于抗挫折能力较弱的儿童，可以通过逐级调整任务难度和复杂程度来逐步提升儿童的抗挫折能力，也可以在儿童进展较顺利时"故意"设置难关，有意识地培养儿童应对挫折的能力。当儿童在应对挫折时产生焦虑、沮丧、恐惧、生气等不良情绪时，引导儿童使用前述所学习的情绪表达和情绪调节技巧进行自我情绪疏导。

针对社会适应方面的教育干预，包括个人自我照料（如用餐、如厕、刷牙、盥洗、穿衣、睡眠等）、居家生活适应（如知道家庭关系和家庭住址、叠被、清洁、收拾等）、校园生活适应（如入园进班、遵守规则、友好互动、合作或竞争等）、社区生活适应（如能在社区自如活动、乘坐电梯、与邻居打招呼或回答邻居问题等）、社会生活适应（如乘坐交通工具、购物、排队、在游乐场玩耍、就医等）以及社会沟通与交往（如听指令、使用礼貌用语、注意社交礼仪等）。

（二）方法

1. 任务分析法

任务分析法（Task Analysis）又称为"工作分析"，是将特定的学习任务（行为或技能）分解为易模仿、易掌握的几个步骤（或组成部分）（即"小步子"），按层次加以安排，让儿童逐步掌握操作要点，串联细小步骤，从而最终掌握整个操作技能。

经典案例

"穿搭扣鞋"任务分解

以"穿搭扣鞋"为例，可以将穿鞋的整个过程分解成如下步骤。

（1）拿出鞋子。

（2）手抓住鞋舌，将脚穿进鞋子里。

（3）手指放入后跟位置向后拉，脚在鞋内向前伸。

（4）扣上搭扣。

这一方法可以用在各种生活领域，如使用汤勺、喝水、穿脱衣物、如厕、睡眠、洗澡、收拾书包、购物等。

2. 以游戏为媒介的教学方法

游戏是儿童最自然的活动，是儿童愿意参与的活动，包括角色游戏、表演游戏、结构游戏、智力游戏、体育游戏、音乐游戏等多种形式。无论是在普通儿童还是在智力障碍儿童的教学活动中，游戏都是一种重要的媒介。许多研究和实践均表明，以游戏为媒介的教学方法，能够促进智力障碍儿童的认知、语言、运动、情绪情感和社会适应的发展。

以游戏为媒介的教学方法没有特别统一的策略和程序，但仍可归纳出几项共同的特点。

（1）教学发生在日常生活情境中，而非特定的结构化的环境中；

（2）提供多感官、可选择的机会和材料；

（3）跟随儿童的主导，教师或家长给予敏感的回应；

（4）适当的停顿，等待儿童反应；

（5）根据个体差异给予不同的辅助；

（6）强调过程中的互动；

（7）利用自然结果进行强化。

以游戏"寻宝小勇士"为例，教师可以在活动室里布置一个游戏环境，在不同的区域藏若干个装着不同宝藏（可以是兑换券、玩具、贴纸、小饼干等）的宝箱，等着儿童寻找，在区域与区域之间，设置攀爬架（"翻山越岭"）、绳网（"匍匐前进"）、平衡木（"横渡小河"）、皱纸布帘（"穿越草丛"）等障碍，还可以设置宝藏守护人，需要破解对方出的难题（如动作模仿、表演、互动等）方能有机会进入区域进行搜索。该游戏适用于一名儿童的干预训练，也适用于多名儿童的小组活动，甚至可以适用于班级活动。在游戏中，教师可以作为其中的一个角色，也可以作为观察者，适时提供引导和辅助。

3. 情境教学法

情境教学法是指随机选择、分析和利用日常生活、学习及工作的情境，或创设所需情境，来设计和实施教学。智力障碍儿童由于其发展的特殊性，难以像同龄普通儿童对所学知识快速地理解、运用和泛化，因此需要使用一种更有效、更容易迁移到日常生活中的方法。情境教学法广泛运用于智力障碍儿童的各领域的教育和干预中。对于情境教学法的实施，需要从教学情境的选择、教学情境的分析和教学情境的利用来进行考虑，教师需要熟练把握儿童的发展需求和发展目标，敏锐地发现并捕捉情境中的教学机会，把握机会当场开展教学活动，并适时进行评估和反馈。

课外拓展

1. 电影《篮球冠军》《我是山姆》《阿甘正传》《三傻大闹宝莱坞》。
2. 纪录片《舟舟》以及《不可说（You Can't Ask That）》第2季第7集《唐氏综合征》。
3. 公益广告《一条染色体的差异》。
4. 刘春玲，马红英.智力障碍儿童的发展与教育[M]. 2版.北京：北京大学出版社，2019.
5. 王雁，朱楠，王姣艳.智力障碍儿童社会技能训练[M].北京：北京师范大学出版社，2014.
6. 世界卫生组织（WHO）康复协作中心，香港康复协会，中山大学出版社本丛书项目组.智力障碍儿童沟通能力康复训练手册[M].广州：中山大学出版社，2015.

实训操练

请以一名4周岁中度智力障碍儿童为例，从"我会自己洗手"和"我会自己穿开衫"中选择任意一个主题，对目标生活技能进行任务分析，并根据任务分析情况，写出该活动需要什么基本能力，并设计针对性训练活动（活动要求写清具体如何操作）。

任务主题：_____		
任务分析 （目标生活技能的程序/要领）	所需能力 （该程序需要什么基础能力，是否可能为难点）	活动设计 （若具备对应能力，如何强化；若不具备对应能力，可以通过什么活动进行训练）
1.		
2.		
3.		
4.		
5.		

真题再现

1.某幼儿曾患有脑膜炎，他不能像其他孩子一样将看到的图片内容迅速复述出来，这是因为（　　）。

A.他是一名智力落后儿童，感知速度缓慢，加工速度缓慢

B.他是一名智力落后儿童，感知觉恒常性较差

C.他是一名孤独症儿童，感知速度缓慢，加工速度缓慢

D.他是一名孤独症儿童，感知觉恒常性较差

2.下列关于智力落后儿童注意力的说法，不正确的是（　　）。

A.其注意力容易分散　　　　　　　　B.其注意范围狭窄

C.其有意注意占优势，无意注意发展迟缓　　D.其注意力的转移和分配能力差

3.IQ值在35～50或40～55之间被认为是（　　）。

A.一级智力残疾　　B.二级智力残疾　　C.三级智力残疾　　D.四级智力残疾

4.智力落后儿童感知觉的特点是（　　）。

A.感知觉速度慢　　B.分辨能力强　　C.能看出事物之间的差异　　D.感知的容量大

5.苯丙酮尿症产生的原因是（　　）。

A.新陈代谢异常　　B.染色体异常　　C.药物中毒的伤害　　D.烟酒中毒

6.由于新陈代谢异常而导致出现的疾病是（　　）。

A.苯丙酮尿症　　B.唐氏综合征　　C.猫叫综合征　　D.脆性X综合征

7.智力落后儿童注意的特点是（　　）。

A.持久性强　　B.注意范围广　　C.分配能力差　　D.注意集中

8.对儿童进行智力鉴别运用最广泛的方法是（　　）。

A.观察法　　B.教育诊断法　　C.测验法　　D.作业分析法

过关练习

真题再现、过关练习
参考答案

一、判断题

1. 智力障碍是指IQ小于70分的人。（ ）

2. 智力障碍都是先天的。（ ）

3. 孕妇在妊娠期间酗酒，可能造成胎儿酒精综合征，影响其智力发展。（ ）

4. 智力障碍儿童的测查与诊断，可以让幼儿园教师或领导进行。（ ）

5. 智力障碍儿童的生活自理能力差，根本教不会。（ ）

6. 智力障碍儿童只能去特殊教育学校就读。（ ）

7. 唐氏综合征主要是由于第21号染色体上偏差引起的。（ ）

8. "眼裂小、眼距宽、鼻梁扁平、颈短而宽、舌胖、智力落后、生长发育迟缓……"是对苯丙酮尿症儿童的描述。（ ）

9. 智力障碍儿童常有自卑感。（ ）

10. 智力障碍儿童的行为常受高级情感支配。（ ）

二、简答题

请简述智力障碍儿童的思维特点，并举例说明。

第二节　智力超常儿童的教育

案例导入

最强大脑节目周玮挑战成功

江苏卫视的一档电视节目《最强大脑》曾经风靡全国，在2014年播出的一期节目中，选手周玮小时候被人当作"傻子"，但是在这期的最强大脑挑战中表现突出，能通过心算快速算出十几位数开方等难度极大的数学题目，并在节目中击败了上海交通大学数学副教授。在场的评委都高度评价，有的评委眼含热泪，有的评委高呼"最强大脑诞生了"，节目的科学判官、来自北京大学的脑科学研究专家魏坤琳更是给出"他不是白痴，他是天才"的高度评价。

视频资料：
最强大脑节目——周玮挑战成功

周玮从小被贴上"傻子""白痴"标签，在高难度的最强大脑挑战赛中获胜，你如何看待这件事情？如何评价周玮的表现？

事实证明，案例中的周玮在某些方面的确具有超常的能力。对于所谓的"特殊儿童"，我们要站在多元智能化的视角来看待，也许这些特殊儿童在某些方面能力较低，但在有的方面表现出超常的能力。以下我们来探讨一些智力超常儿童的教育。

一、超常儿童的定义

超常儿童相对于常态儿童有明显差异，两者在一定条件下可以转化，并无不可逾越的鸿沟。那些在整个儿童群体中相对落后的一小部分儿童就是"低常"。那些相对优秀突出的一小部分儿童就是"超常"，而那些介于这两者之间的绝大部分儿童就是"常态"。于是，"低常""常态""超常"就构成了一个连续的整体。只要条件适宜，常态儿童的智力也可以得到超常的发展，反之，教育不当或其他条件不利，超常儿童的智力也不会得到发展。

古今中外都有在学前教育阶段就表现出非凡才能的名人。如，唐朝的王勃6岁善文辞；宋朝的方仲永5岁就会写诗；德国的高斯3岁会计算。这些名人相对于同龄儿童来说就是超常儿童。

超常儿童在不同时期不同国家或地区，其含义略有不同。根据《特殊儿童教育辞典》的定义，超常儿童是指智慧和能力超过同龄儿童发展水平的儿童[①]。超常儿童在我国一般称为"神童""高天资儿童"，国外更多称为"天才儿童""英才儿童"。中国的台湾一般将天才儿童称为天赋优异儿童。资料显示，他们一般都有较好的遗传因素，但主要还是环境的影响，尤其是良好的早期教育具有关键作用。

英国的高尔顿通过对900多位历史名人的家谱研究，于1869年出版《遗传的天才》一书，提出天才是由遗传决定的观点。20世纪初，美国的心理学家推孟推行智力测验，将天才与智商IQ结合起来。后来有更多心理学家对天才儿童或超常儿童的概念做出一些不同表述，基本观点大同小异，后面把非智力因素也包括进去了。

---

① 朴永馨.特殊教育辞典[M].3版.北京：华夏出版社，2014：485.

二 超常儿童的研究

对智力超常儿童的研究，古今中外都有。国外的研究起源于欧洲国家，发展于美国。2000多年前古希腊的哲学家柏拉图就很重视神童，把智能特别优异的人称为金人，其余分别为银人、铜人或铁人。最早对天才儿童或英才儿童进行系统研究的是英国的高尔顿，他用历史的分析方法对977位著名人物的家谱进行分析，分析他们的血缘关系，运用了统计方法，得出天才是由遗传决定的观点。高尔顿的理论概括有错误，对天才人物的选择也有偏见，但他运用统计学的方法而不是采用思辨的方法，被很多研究者采用。到了20世纪，比较有影响的是推孟的一项追踪研究。他在1921—1922年用智力量表对学前到8年级的儿童进行测查，鉴别出1528名天才儿童，平均智商达151。推孟是第一个将智力测验用于天才儿童的定量鉴别和研究的人。吉尔福特1950年公布了他对创造力的研究，编制了分散性思维测验，探讨创造性思维的流畅性、变通性及创造性特征的鉴别。托兰斯在他的基础上编制了儿童创造性思维测验，探讨了儿童创造性思维的流畅性、变通性、独创性及精致性。20世纪80年代斯滕伯格根据信息加工理论提出了智力的三元理论，将智力分成三种成分：元成分、操作成分、知识获得成分，其中元成分体现了天才儿童的本质。①

国外对超常儿童的研究，表现出以下几个方面的特点②。

一是研究的发展较快。更多的国家参与研究超常儿童，有的建立专门的研究协会。1975年国际上召开第一届世界天才儿童会议。二是基本理论观点趋于全面。在影响因素方面，逐渐形成了遗传和环境相互作用的观点。三是研究内容逐渐扩大。如天才儿童的鉴别、教育形式、教育内容、超常儿童的创造力与个性等。四是鉴别的标准和方法趋向综合。除创造力测验外，其他如成就测验、个性问卷、家长和教师调查表、作品评定、教育实验等。五是研究促进发展。教育研究的项目更加多样化，内容更丰富，促进儿童的思维能力等发展。

我国对超常儿童的研究与培养也很早，超常儿童的教育很早就开始了，我国的超常儿童教育有着悠久的历史。③2000多年前，已经开始了对超常儿童进行选拔和培养，形成了我国特有的选拔、培养和任用超常儿童的制度——童子科，对超常儿童的年龄、考核科目、内容、方法、步骤、录取标准、培养或任用等做了详细规定，应试年龄一般规定在10～13岁，可见我国古代对超常儿童的重视。从西汉开始对超常儿童就已经有了系统的选拔和培养，从西汉（公元前206年）到清末（公元1840年）有2000多年的历史。我国近代有些学者开始在小学试办超常儿童实验学校，后因日寇侵华、上海被占而停办。中华人民共和国成立后我国的超常儿童研究多了起来，编制了《超常儿童认知能力测验》，中国科学技术大学创办少年班，部分大学跟进，在一些中小学开始超常教育实验，

---

① 周兢.学前特殊儿童教育[M].大连：辽宁师范大学出版社，2016：157-158.
② 周兢.学前特殊儿童教育[M].大连：辽宁师范大学出版社，2016：158-159.
③ 周兢.学前特殊儿童教育[M].大连：辽宁师范大学出版社，2016：159-160.

研究内容从智力研究扩展到非智力研究，学术研究会议与交流剧增。1996年中国人才研究会超常人才专业委员会成立。

对超常儿童的研究特别是早期研究，意义重大。在学前教育阶段，对超常儿童的早期发现和教育至关重要。如果能早期发现，早期培养，可以为我国的社会主义建设输送更多的高素质人才。

三、超常儿童的分类

时至今日，大多数人对超常儿童的认识，关注最多的还是智力方面，即智商高的就叫作超常儿童，对其他非智力因素相对比较忽视。根据国内外的教育研究与实践，人们对超常儿童的分类已经比较全面和客观了，下面介绍两种比较普遍的具体分类方法[①]。

（一）智力显著高于普通水平的儿童

智力发展比较全面的儿童，主要的特点是智商高。超常儿童的智力发展水平，有些儿童超出同龄儿童的平均水平2岁甚至7岁。国外把智商在170～180称为高天才，智商在130以上的称为中等天才。智力超常儿童往往在学习上能力强，在学业成绩上也比同龄儿童要好。

（二）具有特殊才能的儿童

一般的超常儿童一方面有较高的智力水平，另一方面又有某一方面的特殊才能。根据我国《特殊教育辞典》，超常儿童可分为多种类型，如文学型、数学型、舞蹈型、绘画型、音乐型、领导型、综合型等。

有的研究者将超常儿童根据其擅长或突出的领域分为[②]：①智力型。主要是智商高，在数学、物理等方面表现出超常的能力。②语言型。主要表现出优异的语言能力，主要反映在阅读和写作能力上。如下面案例一中的王华就是这样的类型。③艺术型。主要擅长美术、音乐、戏剧，有很高的艺术天分和素养。如下面案例二中的尼尔斯。④创造型。这类儿童智力不一定超常，但是创造能力很强，思维有较强的批判性。⑤领导型。这类儿童具有较强的组织能力、分析判断能力、感召力和自我控制能力等领导者的需具备的素质与潜能。

超常儿童有的偏好文学，三四岁就能认读两千多个汉字，能认读很多文学作品；有的数学能力特别突出，三四岁就能掌握很深的数学知识；有的偏向艺术才能，小小年纪就能歌善舞，举办画展，成为著名的童星、运动小健将等。这些超常儿童的学业成绩也往往较为突出，在有成绩或分数的项目或课程上都特别优秀。

---

① 刘玉华，朱源.超常儿童心理发展与教育[M].合肥：安徽教育出版社，2001：10-13.
② 周兢.学前特殊儿童教育[M].大连：辽宁师范大学出版社，2016：163-164.

> 经典案例

不同类型的超常儿童

超常儿童可以分为不同类型儿童。下面三个案例分别是不同类型的超常儿童[①]。

【案例一】王华是一名八岁的小男孩，他充满好奇，能阅读、书写，会说好几种语言。说话时，喜欢用精巧的文字形容他所感兴趣的事情。三岁时，自己学习打字，同时开始写小故事、剧本、片段散文和诗歌。五岁时就已经能够写出像样的小说。他的房间摆满了书，大概有三千多册，都是他喜欢看的。他的父母希望能有一个聪明的孩子，能够快乐而兴趣盎然地学习。在他出生前，他的父母就协商，在抚养孩子的时候，要非常在意其兴趣、需要。孩子出生不久，就显露出超凡的能力。王华三个月便开始说一些单字，然后不久就能说出语法正确的句子，六个月时，就会进行复杂的对话，并开始读一些简单的书。在满周岁的时候，就能纠正母亲的语言错误。

【案例二】尼尔斯是一名九岁的小男孩，身体轻巧，五官端正，戴着一副眼镜，有点傲气但很懂礼貌。两岁多的时候，他对音乐表现出强烈的兴趣。有一天，他的母亲正在放一首柴可夫斯基的小提琴协奏曲，尼尔斯被完全迷住了。他妈妈问他是否愿意学小提琴，他急切地说愿意。满三岁后他妈妈把他送去学习，一年以后，他就表现出罕见的天赋。他几乎只凭直觉就能理解乐谱，没有人逼他，他能够完全、真正地投入音乐中作曲、演奏。他的作曲老师艾伦博士这样评价他："尼尔斯实在太棒了，他好得不像真的，他没有一点缺陷，很了不起。"

【案例三】比利是一名七岁的美国小男孩，活泼开朗，喜欢引人注目。我见到他时，他正躲在一堆令人惊叹的书堆里。他告诉我："我正在读一本有关一种很有趣的粒子的书，它叫夸克。"他从幼儿园起就开始阅读，六岁时通过了全美中学数学鉴定考试，似乎对逻辑和数量格外感兴趣。他六岁时，已经读完了《数学元素》第一册第一章。他精力旺盛，极度自信，七岁时，读完了《大学物理》。他还知道很多领域的很多细节，特别是自然科学、科幻小说、地理、数学。

四 超常儿童的出现率

根据智力正态分布理论，人群中存在着大约3%的特殊个体，他们的智力水平远远高于同龄人。由于我国人口基数较大，智力超常儿童的绝对数量相当可观。在我国2亿多14岁以下的儿童中智力超常儿童的总数达到数百万人[②]。智力超常儿童的出现率约占全体儿童的2%～3%。

[①] 周兢.学前特殊儿童教育[M].大连：辽宁师范大学出版社，2016：162.

[②] 缴润凯，张锐，杨兆山.智力超常儿童的发展：从加速式教育到丰富式教育[J]，东北师大学报（哲学社会科学版），2008（6）：20-23.

五 超常儿童的身心发展特征

超常儿童具有一些明显的特征，包括身体发展特征和心理发展特征。

（一）超常儿童的身体发展特征

超常儿童虽然在智力上超出同龄儿童较多，但还是属于儿童，因此同龄儿童身体发展的特征，超常儿童的身体发展特征也大体如此，没有明显差别。

曾有人认为，超常儿童是一种超越生理发展阶段的不正常现象，超常儿童会早慧早衰。20世纪50年代，美国的心理学家推孟等人根据20年内对千余名超常儿童的研究，证明智商在140以上的儿童，在身体发育、健康水平等方面还优于同龄普通儿童。这项研究结果表明，超常儿童在儿童期就开始进行的大量脑力活动，不会对儿童身体其他方面的发展有直接不利的影响。①

（二）超常儿童的心理发展特点

超常儿童虽然在智力上超出同龄儿童较多，从儿童心理发展趋势来看，与普通同龄儿童的发展是一样的，如从简单到复杂（具体表现为从不齐全到齐全、从笼统到分化），从具体到抽象，从被动到主动（具体表现为从无意向有意发展、从主要受生理制约发展到自己主动调节），从零乱到成体系，从低级到高级。

国内外很多学者或研究者对超常儿童的特征进行了归纳，周兢综合他们的归纳主编的《学前特殊儿童教育》一书将其概括为三大典型特征②：其一，智力早熟。天才儿童的智力发育早，对某领域的知识掌握得早，掌握也较快。其二，坚持按自己的方式行事。他们在学习方式上往往不同于同龄儿童，独立性强，较少依赖成人的帮助，较多的是依靠自学。其三，掌控欲极强。天才儿童的内驱力强，对能显示智力早熟领域的知识表现出强烈而过分的兴趣。

我国特殊教育的泰斗人物北京师范大学朴永馨教授主编的《特殊教育辞典》一书，将超常儿童的特征也进行了归纳。相比普通同龄儿童，智力超常儿童表现出一些较为共同的心理特征：注意力集中，有持久性；有自信心，积极进取；兴趣广泛，好学强记；有洞察力，善于想象；思维敏捷，有独创性。③

1. 注意力集中，有持久性

超常儿童的注意力既广泛，又能高度集中。特别是对感兴趣的事情或现象，往往聚精会神，能

---

① 王萍. 学前特殊儿童教育[M]. 北京：清华大学出版社，2019：85.
② 周兢. 学前特殊儿童教育[M]. 大连：辽宁师范大学出版社，2016：165.
③ 朴永馨. 特殊教育辞典[M]. 3版. 北京：华夏出版社，2014：485-486.

坚持2～3个小时，甚至外面精彩有趣的活动都不会让他们分心。

2.有自信心，积极进取

超常儿童的进取心比较强，他们表现出明显的自信，喜欢与别人比较，好胜心强。为了达到目标，他们会想方设法去完成，哪怕碰到困难也会想办法完成，积极进取的心态比同龄普通儿童强。

3.兴趣广泛，好学强记

智力超常儿童往往表现出好学好问、求知欲强的特点。很多智力超常儿童在小时候就表现出探索知识和学习的浓厚兴趣，上知天文下知地理，兴趣广泛。这些超常儿童喜欢刨根问底，喜欢探索，有很强的记忆能力，有的超常儿童甚至过目不忘。

4.有洞察力，善于想象

超常儿童的感知觉能力强于同龄普通儿童，他们的视觉、听觉、触觉等辨别能力发展突出，对文字的音、形、义等方面细微的差别都能分辨。他们的空间知觉也明显优于同龄儿童，三四岁就能分辨上下、前后，而且有的还能正确分辨左右。他们的洞察力、想象力较强，在逻辑推理、分析条理上比同龄儿童要强很多。

5.思维敏捷，有独创性

智力超常儿童的类比推理和创造性思维能力明显要强于同龄普通儿童。超常儿童的思维敏捷，理解能力强，能迅速发现事物之间的关系，能抓住事物的本质特征进行思考，较少受到固有经验和思维习惯的束缚，思维的广度和深度比较好，能寻找到最佳策略或最好的办法来解决问题，表现出较明显的创造性。

六 智力超常儿童的影响因素

智力超常儿童的影响因素包括客观因素和主观因素，客观因素包括生物因素和社会因素。主观因素主要指个人的努力和兴趣等因素。

（一）智力超常儿童的客观影响因素

客观因素主要指儿童心理发展必不可少的外在条件。而这些客观条件是人脑和周围现实。我们可归结为生物因素和社会因素两大类。

1.生物因素

遗传因素和生理成熟是影响儿童心理发展的生物因素，生物因素为儿童心理发展提供了可能性。

遗传素质是儿童心理发展的最初的自然物质前提。遗传对儿童心理发展的作用表现在：提供人类发展的最初自然物质前提；奠定儿童心理发展个别差异的最初基础。

生理成熟为儿童心理发展提供自然物质前提。生理成熟对儿童心理发展的具体作用是：使心理活动出现或发展处于准备状态。美国心理学家格赛尔的"双生子爬梯实验"就证明了生理成熟对儿童心理发展的影响。儿童身体生长发育的规律明显地表现在发展的方向顺序和发展速度上。其方向顺序是按所谓的首尾方向（从头到脚）和近远方向（从中轴到边缘）。如儿童头部发育最早，其次是躯干、上肢，然后是下肢。儿童体内各大系统成熟的顺序是：神经系统最早成熟，骨骼肌肉系统次之，最后是生殖系统。当儿童生理还不成熟时，比如有的家长要求幼儿园或培训机构教3岁孩子学写字，就没有考虑写字需要儿童的手眼协调、手的精细动作能力发展等条件，导致"拔苗助长"影响儿童的成长。

2. 社会因素

对儿童心理发展起重要作用的是社会环境。社会环境（含教育）在一定条件下对儿童心理发展起决定作用。社会环境的作用表现在以下几个方面。

（1）社会环境使遗传所提供的心理发展的可能性变为现实。

（2）环境影响遗传素质的变化和生理成熟的进程。

（3）社会生活条件和教育是制约儿童心理发展水平和方向的最重要客观因素。教育对超常儿童心理发展起主导作用。

比如，印度狼孩的故事很多教材都提到了这个案例。从小被狼哺育大的"狼孩"卡马拉，在人的发展早期就脱离人类社会，在狼群中生活了七八年。当她回到人类社会时，人们发现她用四肢爬行，夜间潜行，喜欢吃生肉。没有人类的情感，智力只相当于6个月儿童的水平。后面通过大量的教育与训练，在其约16岁去世时智商仅相当于3岁普通儿童的智商。

我们认为遗传因素、生理成熟、社会环境和教育都是超常儿童心理发展的必要客观条件，他们之间的关系是复杂的，相互影响的。总之，脱离了社会环境因素，遗传的生物因素就不起作用，脱离了生物因素，社会因素也无从起作用。因为没有被反映者就没有反映（心理），没有反映的机制（生理基础）也不能有反映。

（二）智力超常儿童的主观影响因素

1. 儿童心理本身内部的因素是超常儿童心理发展的内部原因

影响儿童心理发展的主观因素，笼统地说，包含儿童的全部心理活动。具体地说，包括儿童的需要、兴趣爱好、能力、性格、自我意识以及心理状态等。

儿童的需要是最活跃的因素。儿童从出生时起，就有对食物的需要、对温暖的需要。稍大的孩子，有和人交往的需要、认识的需要、游戏的需要，等等。

兴趣爱好是影响心理发展的重要因素。比如，在有趣的游戏里，儿童的坚持性可以有明显的提高。儿童学钢琴，爱好弹琴的很快就掌握了一些基本能力，不爱好的则学习起来特别费力或始终学不会。

自我意识在人的心理活动中起控制作用。比如，自尊心强的儿童，心理活动的积极能动性比较突出。

心理状态包括注意、激情、心境等，是心理活动的背景，即心理活动进行时所处的相对稳定的水平，起着提高或降低心理活动积极性的作用。

2. 儿童心理的内部矛盾是推动超常儿童心理发展的根本原因或动力

儿童心理发展的动力：在儿童主体和客体相互作用的过程中，儿童心理内部矛盾的不断形成与解决是儿童心理发展的动力。一方面，儿童的需要依存于儿童原有的心理水平或状态。另一方面，一定的心理水平的形成，又依存于相应的需要。没有需要，儿童就不去学习任何知识技能，心理水平不能提高。教育的任务是根据已有的心理水平和心理状态，提出恰当的要求，帮助儿童产生新的矛盾运动，促进其心理发展。

影响儿童心理发展的客观因素和主观因素是相互联系的，他们之间又相互影响。只有正确认识它们的相互作用，才能弄清儿童心理发展的原因。首先，我们充分肯定客观因素对儿童心理发展的作用。其次，不可忽视儿童心理的主观因素对客观因素的反作用。最后，主客观因素相互作用的循环客观因素影响儿童心理的发展，儿童心理的发展又反过来影响客观因素的变化，这种主客观相互作用的循环过程，始终伴随着儿童心理的发展过程。

七 超常儿童的鉴别

超常儿童鉴别是指用科学的测量手段区分超常儿童与普通儿童的方法。鉴别方法有一个发展和完善的过程。1921—1922年，美国心理学家推孟用智力测验筛选出1528名超常儿童，他们的平均智商（IQ）超过140，其后即将IQ大于130者定为超常儿童。此法被广泛采用。20世纪50年代后，吉尔福特等学者认为，智力测验还不能测出创造力，因而增加了测验创造力的指标。从20世纪70年代开始，许多心理学工作者倾向于采用综合测验方法，除智力和创造力测验指标之外，又增加了学习成绩评定或成就测验、人格测验、行为核对、临床谈话、问卷调查等内容。这样便于从各个方面对超常儿童做出更可靠的鉴别。①

超常儿童的鉴别，有利于超常儿童的发现和培养，使他们能够健康地发展和成长。对超常儿童的评估和鉴定主要是从智力、成就、创造能力、非学术领域、个性特征或非智力因素等几个不同的方面来进行综合评估。

（一）鉴别超常儿童的原则

我国鉴别超常儿童的主要原则有以下几点。

---

① 朴永馨. 特殊教育辞典 [M]. 3版. 北京：华夏出版社，2014：488.

1. 采取多指标、多途径、多种方法鉴别

单一的方法往往无法全面鉴别超常儿童的发展能力，只有采用多指标、多途径、多种方法鉴别，这样的鉴别结果才有可能比较全面、准确。

2. 采用动态的、发展的眼光来鉴别

儿童是一个发展中的个体，在后天的教育和生活中，超常儿童的发展也是动态的，不能采用静止的眼光来看待鉴别。

3. 既要考虑智力因素，又要考虑非智力因素

对于儿童来说，鉴别他们的智力或发展能力，既要考虑智力因素，也要考虑非智力因素，超常儿童的智力虽然明显高于同龄儿童，但非智力因素也是重要因素。

4. 坚持鉴别要为教育服务

对超常儿童或普通儿童的鉴别，都不是为了鉴别而鉴别，最终目的都是为了儿童的发展，因此鉴别要为教育服务。

（二）鉴别超常儿童的方法

经典案例

喜欢中国象棋和围棋的小朋友

王某，男，5岁。父母都是重点中学教师。王某自幼生长发育优良，家庭教育环境较好。从出生起父母就开始为其提供适合的教育训练。

王某从不到1岁开始说话时就逐渐表现出高于同龄孩子的各种能力，尤其是学习能力。喜欢各种游戏，尤其是智力游戏；3岁就开始喜欢各种棋类，尤其是中国象棋和围棋；学习识字和数数也明显快于同龄孩子。到5岁时，小学一年级的课程已经基本掌握。家长及幼儿园老师都认为他智力超常，所以建议为孩子进行智力超常的鉴别诊断。

根据上述个案的初步情况，初步诊断该儿童可能是一般智力超常儿童。随即对其采取一般智力超常儿童教育鉴别评估。[1]

目前对超常儿童的鉴别，主要会使用如下一些方法。

1. 智力测验

智力测验主要使用《韦氏学龄前和学龄初期儿童智力量表》（WPPSI），严格按照测验指导手册进行测试。该量表适用于4～6岁半的儿童，测验内容包括言语和操作两方面（见表7-4）。该儿童的语言量表和操作量表明显高于同龄儿童的平均分，其操作量表得分略高于语言量表。上面案例中这位喜欢中国象棋和围棋的小朋友原始分析合智商值138标准分，这个就算一般智力超常儿童了。

---

[1] 王萍. 学前特殊儿童教育 [M]. 北京：清华大学出版社，2019：87.

表 7-4　韦氏智力量表

词语量表	操作量表
1. 普通知识	1. 填图
2. 一般理解	2. 图片排列
3. 算术	3. 积木图案
4. 找出事物的相似点	4. 物体装配
5. 词汇解释	5. 代码配对
6. 数字广度	6. 迷宫

除了韦氏智力量表用于测量智力，还有瑞文标准推理测验，这两种量表我国都有修订版。后者是英国心理学家瑞文于1938年设计的，是一种非文字智力测验。测验由60个图题组成，分5组，各组题的难度递增，每组12个题，由易到难，适应年龄5岁半至老年。这套测验不受文化、种族和语言限制，测验方法简便，结果评定容易掌握。这些标准化测验往往由专业人员进行。

2. 儿童认知能力测验

这套测验是中国科学院心理研究所研制的专门用于鉴别超常儿童的认知能力。这位喜欢中国象棋和围棋的小朋友测验得分为：图片词语类推7.12分，图形类推7.41分，数类推6.96分，创造性思维7.02分，记忆35.13分，观察15.12分。经过测验发现，该儿童的各项得分明显高于同龄组儿童两个标准差以上。①

3. 学业评估

该儿童在幼儿园大班中属于年龄较小者，但其各科学习早已远远超过班级的同龄孩子，尤其数学和语言知识。其他方面如音乐、美术与班级中的同龄孩子差不多，体育课更是没有什么优势。

以上是以这位儿童为例说明了智力超常儿童是如何鉴别的，采用了哪些方法。一些研究表明，单纯采用智力量表鉴别超常儿童，并不能测量儿童可测智能的所有方面，因此在鉴别超常儿童方面，还需要采用其他方法加以鉴别，其中包括标准化智力测验、创造力测验、成就测验或学习成绩评定、行为核对、人格测验、作品分析评定及书面谈话、向教师及家长进行问卷调查等方法。

上面介绍的主要是智力测验。对特殊才能的鉴别，主要采用专门编制的测验及对儿童的活动成果、创作产品进行分析评定的方法。用测验法鉴别特殊才能，首推桑代克推出的算术、图画等测验。此外，还有西索的音乐能力测验、推孟的机械能力测验以及美国流行的分异特殊能力测验。

（三）鉴别超常儿童的步骤

我国的超常儿童一般的鉴别程序是由家长或教师推荐、对主科知识与能力的考察、一般智力测查、复试（包括认知能力测验，特殊才能作品评定）、个性品质调查、体格检查等组成。

具体来说，超常儿童的鉴别大体可以分为以下几个步骤。

1. 与儿童见面

一般由家长填写调查表，包括儿童的发展史、超常的主要表现、家庭情况、家长对儿童的教育

---

① 王萍. 学前特殊儿童教育 [M]. 北京：清华大学出版社，2019：87.

情况等。

2. 智力和学业成就测试

初试主要有对主科知识和能力的考察、一般智力测查。

3. 认知能力测验和非学术能力测试

复试可以采用我国超常儿童研究协作组编制的《鉴别超常儿童认知能力测验》进行鉴别，对于具有特殊才能的儿童，还需要将他们的作品送给有关专家评定。

4. 向老师了解儿童情况

向原学校或幼儿园老师进行问卷调查，调查其个性、品质及表现。

5. 鉴别结论

最后做综合分析，初步确定是否属于超常儿童，如果是就还要进行追踪研究，或吸收他们参加超常儿童的教育或实验班，对他们进行培养，并做好进一步的考察。

对于家长和老师来说，可以通过以下几个途径来初步发现超常儿童。首先是观察。通过对儿童的各种活动，如学习活动、游戏活动、生活活动等，观察他们的言行。其次是注意儿童的教育过程。通过教育干预过程，从孩子的接受能力和学习能力、兴趣方面了解情况，发现儿童的超常才能或特殊能力。最后是通过孩子的作品或竞赛发现。通过以上几个步骤的初步筛选，再运用各种测验及量表鉴别发现，就能得出比较客观正确的结果。

我国学者根据国内外关于学前超常儿童表现的特点概括出《超常幼儿早期发展特点核查表》[①]（见表7-5），可以作为筛查超常儿童的参考。每个幼儿只要符合核查表中的1至2项或2项以上特征，就可能认定为是某方面的超常儿童。

表7-5 超常幼儿早期发展特点核查表

序号	核查内容
1	好奇心强。常爱打破砂锅问到底，喜欢拆卸玩具或用具，了解其中的奥秘
2	记忆力好。给他讲的故事、念的诗歌或阅读过的东西，不费力就能记住。有的甚至过目不忘
3	注意集中。对感兴趣的事（绘画、阅读或制作等）能专心致志。并能集中注意较长时间
4	感知敏锐。对周围的事物敏感，能发现别人没有注意的现象，或很小的时候就对形状、色彩、音阶等具有精确辨别能力
5	语言发展早。不少超常幼儿很小就喜欢识字、阅读，表现为口头语言与书面语言同步发展
6	想象力丰富。自编故事、歌谣、绘画，或利用玩具和用具进行制作、建造、编织等，表现出突出的想象力
7	理解力强。喜欢比较事物的异同，或对事物进行概括和分类，并喜欢运用类比和推理
8	喜欢动脑，有创造性。能把两个看上去关系不大的东西或事件联系在一起，并能提出新奇的想法
9	兴趣广泛、浓厚。一个阶段一旦对某件事（如下棋、认数、识字、绘画等）发生了兴趣，往往容易入迷
10	好胜心强，有坚持性。无论学习或游戏都不甘落后，一旦要学做什么事，学不会或做不好决不罢休

---

① 王萍. 学前特殊儿童教育 [M]. 北京：清华大学出版社，2019：89.

八　超常儿童的教育干预

1978年，中国科学技术大学成立"少年班"，此举揭开了对超常儿童进行特殊培育的序幕，吸引了教育界人士的广泛关注。继中国科学技术大学开创中国超常儿童教育先河之后，一些大学、中学和小学相继开展了超常儿童教育研究。几十年来，我国超常儿童教育取得了令人瞩目的成就，但与西方国家约200年的超常教育研究历史相比较，我们还处于幼稚阶段，超常儿童教育依然存在着许多问题亟待解决。

我国要加强对超常儿童的教育和培养，必须依靠法律法规予以保证。有些国家通过立法，从上层建筑的角度支持超常教育。如美国于1978年通过《天才儿童教育法》，韩国政府颁布的《超常教育法》于2002年正式生效，从法律上明确了超常儿童教育的地位，规范了超常教育的体制、培养目标、教育模式、办学经费、师资队伍等方面的内容，为超常教育的发展提供了强有力的法律保证。而我国至今还没有制定超常教育的法律，超常教育体制不健全，由此导致绝大多数超常儿童没有获得与其自身相适宜的特殊教育服务。因此，只有把超常教育上升到法律的高度，为超常教育提供法律和政策保障，才能使超常教育事业得以稳步发展。

资料链接

美国的英才教育

1968年美国成立"白宫资优及特殊才能特别委员会"。1969年，联邦法案规定由美国教育委员会指导天才教育研究工作，并支持州政府实施天才教育方案。1972年和1973年在美国教育署下设立天才教育处，而州层级的经费来源亦逐步增加。1972年，美国成立了"天才儿童教育局"，各州有相应的专职人员和机构，并拨专款用于这项开支。1978年11月，美国国会通过《天才儿童教育法》，该法案界定"资赋优异"的表现。1987年，美国国会以压倒性多数通过有关天才教育的法案，核拨790万基金重新建立资优及特殊才能的联邦办公室，从事提供训练及研究计划以及建立天才教育的全国研究中心等工作。1988年通过《杰维斯资赋优异学生教育法案》，1994年修正，强调学校必须提供资赋优异者特殊的活动或服务，以培养发展其特殊的潜能。此后，该法案每年均经国会再度确认，并确定联邦拨款额度。[①]

---

① 易泓. 英才教育制度的国际比较［J］. 教育学术月刊，2008（6）：16-18.

（一）学前超常儿童早期教育的意义

很多研究表明，早期的教育对超常儿童具有重要的影响。亨特的研究表明，环境对智力的影响起着决定性的影响。

1. 促进超常才能形成

超常儿童的记忆力和语言能力普遍较强，具有旺盛的求知欲、好强的性格等，在学习中更主动、更活跃、更有坚持力。早期的教育活动为婴幼儿提供有目的的适宜的环境刺激，从而激发他们潜在能力的发展。因此，适宜的早期教育能促进超常儿童潜能的发展。

2. 促进已显露的超常才能继续发展

超常儿童的各种才能，如阅读、数学、艺术才能等，处于不断变化发展的阶段，还不成熟。早期教育可以促进原有才能的进一步发展，还能因为他们更全面地发展。如果没有良好的早期教育，可能导致超常才能"昙花一现"。《伤仲永》描述的故事，也说明即便早期显示超常才能的儿童，如果离开了适宜的早期教育，也可能将来变成与普通儿童一样。

（二）学前超常儿童早期教育的基本原则

1. 符合儿童实际的原则

早期教育要考虑超常儿童的发展水平，提供适合他们年龄水平的教育，要考虑他们的生理和心理特点，不要急于求成、揠苗助长。

2. 全面发展的原则

超常儿童有可能表现出某一方面的优异水平，但也要注意全面发展，不能偏向他们擅长的能力。全面的早期教育一方面为超常儿童打好基础、培养能力，另一方面还能发展他们的非智力因素，使他们的主动性、坚持性、自制力、自信心、社会交往能力等非智力也得到健康发展。

3. 家庭、社会、幼儿园紧密共育的原则

家庭是孩子的第一任老师，也是孩子经常接触的重要环境，是重要的成长因素。幼儿园教育对孩子的成长起着非常重要的作用，对儿童成才起着最初的定向作用。另外，社会教育对儿童的发展也起着不可忽视的作用。在超常儿童的成长过程中，家庭、社会、幼儿园应紧密结合，共同做好教育。

（三）学前超常儿童的家庭教育

家庭在超常儿童的成长过程中起着相当重要的作用。其一，家长是孩子的第一任教师，家长能更早发现超常儿童。其二，家庭可以为超常儿童提供良好的成长环境。

我国的学者在超常儿童的教育研究实践中，总结出超常儿童的家庭环境包括如下几个方面。[①]

---

① 周兢. 学前特殊儿童教育 [M]. 大连：辽宁师范大学出版社，2016：179-180.

1. 能提供充足且适宜的材料和活动

如果家长发现儿童有特殊才能时，或有不同于普通儿童的特殊需要，就要及时提供充足、适宜的材料，提供或创造各种各样的活动，满足他们的需要，促进超常才能的发展。

2. 尊重儿童的特点

即便超常儿童在很多方面表现优秀，但是他们毕竟是未成年人，处于发展的最初阶段，对他们的教育也要符合儿童的身心特点，不能超过他们的承受能力，不能急于求成。

3. 创造求知的气氛

超常儿童往往有强烈的求知欲，进取心强，兴趣广泛。家长可以创造浓厚的学习氛围，使儿童的求知欲得到充分满足。

4. 保护儿童的好奇心

超常儿童经常提出问题，有的问题还很"古怪"。家长要注意保护儿童的好奇心，抓住时机进行教育。

5. 家庭气氛和谐

一般超常儿童的家庭氛围良好，如父母的关系和谐，教育方式民主，亲子关系良好，这样的家庭气氛有助于儿童超常才能的发展。

（四）学前超常儿童的幼儿园教育

幼儿园对超常儿童的教育提供了有利条件。一方面，幼儿园可以及时发现超常儿童，幼儿园教师作为专业人员，能及早发现超常儿童；另一方面，作为专业教育机构，更容易配合专家对超常儿童的鉴别提供参照。

1. 学前超常儿童在幼儿园的表现

学前超常儿童在幼儿园一般有如下表现：比一般幼儿更容易、更迅速地进入学习状态；比普通幼儿有更丰富的知识；有较强的记忆力；思维有较强的逻辑性或条理性；能注意到同伴没有注意到的细节；较强的阅读能力；爱提问，常有新奇的问题或想法；反应速度较快；能够用一些不一样的方法去解决问题；喜欢研究超出同龄儿童水平的内容或问题……

教师要注意年龄因素和儿童的稳定表现，根据以上的表现进行综合判断，得出是否是超常儿童。

2. 学前超常儿童的幼儿园教育策略（教育方案、教育安置模式）

超常儿童大都是异质个体的群体，因此没有固定的教育模式。超常儿童在幼儿园的教育主要涉及学习内容、技能培养、教育安置模式和教学方法四个方面。

1）学习内容

对于超常儿童的学习内容，幼儿园教育常用的策略有加速学习、加深学习、内容精深化和内容新颖化①。

①加速学习。主要指幼儿园教育要根据超常儿童的实际能力进行教学，教学进度往往超出同龄儿童的教学进度。

②加深学习。主要指幼儿园教育要给超常儿童提供比普通同龄儿童更多、更广泛的材料和提出更复杂的要求。比如老师讲完故事，可以让普通同龄儿童复述故事，让超常儿童进行创编故事，甚至给同伴表演出来。

③内容精深化。主要指给超常儿童提供更深层次的内容，或者说提供难度更高、要求更复杂的内容。

④内容新颖化。主要指给超常儿童提供与普通儿童不一样的材料，为超常儿童提供同龄儿童不可能有的学习经验。如给普通幼儿提供日常常见的蔬菜，给超常儿童提供植物的多样性和复杂性等系统知识。

2）智力技能培养

从智力的角度来看，智力技能在幼儿期的训练主要是解决问题、发现问题和创造。解决问题，儿童需要对信息进行大量加工和组织。发现问题往往比解决问题更难。创造则需要儿童能运用已有知识与能力进行新的加工和组织。因此，从幼儿园角度来看，超常儿童的智力技能培养，主要可以从以下两个方面进行。

①培养解决问题的能力。超常儿童培养的思维能力不是常规思维能力，而是创造性思维能力，主要培养的是用创造性思维来解决问题的能力。

②促进创造性思维的发展。可以采用两种策略来培养②，一种策略是提供儿童一系列技能和方法，如特征举例、异质因素组合等。另一种策略是采用头脑风暴以及采用独创性的教学策略，如，认知记忆策略：谁……什么……在什么地方……集中思维策略：怎么……为什么……解释……发散思维策略：你能说出多少种方法……如果……将……我们可以提出不同的看法吗？评价思维策略：比较……对照……哪个最好……哪个更实用……

3）根据幼儿的实际水平选择最佳的教育安置模式

根据加拉赫等人的多年研究，学界普遍认为目前存在七种超常儿童的教育模式③。

①加强班。在普通班教学的基础上由普通教师给超常儿童提供增补性的教育项目，这是目前用得最多的教育形式。

②辅导教师项目。超常儿童还是在普通教学班级，但是经过专业训练的辅导教师对超常儿童进行特殊的辅导和帮助。

③资源教室。超常儿童大部分时间还是在普通班上课，部分时间到有专门设备资源的教室接受

---

① 周兢.学前特殊儿童教育[M].大连：辽宁师范大学出版社，2016：182.
② 周兢.学前特殊儿童教育[M].大连：辽宁师范大学出版社，2016：183-184.
③ 周兢.学前特殊儿童教育[M].大连：辽宁师范大学出版社，2016：184.

专门的特殊教育。

④专题报告。定期请专家、学者到幼儿园给超常儿童做专题报告，增加儿童的兴趣和扩大视野。

⑤独立学习项目。为超常儿童提供独立学习探索的机会，把他们较早引入研究领域，培养他们独立学习和工作的能力。

⑥特殊班。把学习程度大致相同的超常儿童编成特殊的班，以便接受系统的指导和训练。

⑦特殊教育机构。让学生进入专为超常儿童设立的特殊教育机构接受教育和训练。

4）更新教育观念，采用多种教学方法

超常儿童的教学是一种高难度的教学，教师要因材施教，采用多种教学方法，摒弃常规的教育观念，如制订有针对性的个别教学计划，采用启发式教学策略，培养儿童的自学能力与创新思维。

3．学前超常儿童教育的师资条件

承担超常儿童教育的教师应具备良好的素质和较高的教育、教学能力，而且要有丰富的工作经验和高尚的人格。一般来说，超常儿童的教师应具备如下条件：一是要尊重、信任、鼓励、支持儿童，保护好儿童的好奇心和求知欲。二是要热爱儿童，乐于助人，积极进取。三是要热爱学习，勤于思考，潜心研究。四是要有扎实的科学文化知识，有批判思维的习惯和较好的认知结构。五是要客观、公正、心胸宽广，甘为人梯。六是要崇尚科学与民主，关心社会进步和人类的前途与命运。

总之，超常儿童的教育对教师提出了更高的要求。事实上，也只有才学和人品都十分优秀的教师才能把一些超常儿童培养成身心健康、德才兼备的人才。

资料链接

我国超常儿童教育存在的主要问题

1．超常教育功利化

受现有"应试－升学"教育体制的影响，我国许多开展超常儿童教育的学校和机构，追求的目标仍然是学生的应试成绩和升学率，这就很容易使对超常儿童的教育沦落为应试教育的"拳头"产品，使一切对超常儿童的教学活动都指向高考指挥棒。典型的就是中学超常教育以把超常儿童送进大学为目的，大学少年班以学生考上硕士、博士、留洋海外为目的。在这一功利化理念支配下的超常教育只重视超常儿童智能的发展，而忽略了培养他们的创造性、情绪智力和社会交往方面的能力，因此导致一些超常儿童不能很好地适应竞争激烈的社会，不能应对社会对多元人才的挑战。

2．培养模式单一

当前，我国对超常儿童的培养模式基本上限于加速式教育，应用较多的是缩短学制的教育，其中最典型的是中国科技大学少年班，它缩短了人才生产周期，并节约了教育资源。然而这种特殊班级需要专门的课程设计、教材设计、高水平的师资队伍，普通学校很难达到这些要求，因此，这种教育模式缺乏大面积普及的可能性，加之超常儿童的学习周期被人为缩短，环境特殊，学业压力大，不利于超常儿童综合素质的发展。

3. 城乡超常教育发展不均衡

我国是一个农业大国，农村人口约占全国人口的56%。从理论上讲，农村超常儿童应占全国超常儿童的一半以上，然而遗憾的是，农村超常教育几乎还是一片空白，我国的超常教育主要集中在城市，城乡超常教育发展极不均衡。

（本资料选摘自万绍娜、冯维发表在2009年第10期《基础教育研究》上的一篇论文《我国超常儿童教育存在的主要问题及对策》部分内容）

课外拓展

去网上搜索江苏卫视的《最强大脑》，选择观看节目中年龄在12岁以下的选手的参赛视频。如2018年1月19日江苏卫视的《最强大脑》节目中，两位12岁的天才少年孙奕东和尤冠群在单挑赛中相遇。而《最强大脑》第八季史上年纪最小的选手是9岁的周弋岚。观看节目视频，谈谈你的看法或启示。

视频资料：
最强大脑节目——天才小朋友

实训操练

利用下实践基地或其他渠道，调查10位自己孩子有超出普通孩子的特殊才能或表现的家长，了解家长对自己孩子采取了什么样的培养措施或教育方法。

真题再现

1. 超常儿童原本不存在障碍，但是，当他们的需求在学习中不能得到满足的时候，他们可能出现心理障碍，这是（　　）。

　　A. 第二障碍　　　　B. 补偿性发展　　　　C. 发展性不利　　　　D. 支持性教育环境

2. 错误的观点认为，超常儿童与常态儿童（　　）。

　　A. 是相对而言的　　B. 有共同性　　　　C. 有不可逾越的鸿沟　　D. 有明显的差异性

3. 超常儿童教育模式中目前用得最多的是（　　）。

　　A.辅导教师项目　　B.加强班　　C.资源教室　　D.独立学习项目

4. 下列哪一项不一定是创造型超常儿童的特点？（　　）。

　　A.有超常的智力　　B.能发明创造　　C.思维流畅　　D.思维灵活

5. 对于智能非凡，并（或）具有某种突出才能的儿童，下列称呼中错误的是（　　）。

　　A.我国古代称为"神童"　　　　　　B.外国称为"英才"或天才儿童

　　C.我国当代称为"天才儿童"　　　　D.我国当代称为"超常儿童"

6. 不拘一格地进行发明创造，思维具有流畅性、灵活性、新颖性、批判性等特征，不一定具有很高的智商和学业成就，这是（　　）超常儿童的特征。

　　A.智力型　　B.创造型　　C.艺术型　　D.领导型

7. 教师在给全班儿童讲完一个故事后，要求超常儿童进一步把这个故事改编为新的故事讲给其他儿童听。教师针对超常儿童采用的教育策略是（　　）。

　　A.内容精深化　　B.加速学习　　C.加深学习　　D.内容新颖化

过关练习

真题再现、过关练习参考答案

一、不定项选择（每题有1个或多个正确选项，请将选项字母填在括号里）

1. 一般将智商（IQ）的分数在（　　）的称为智力超常儿童。

　　A.130或140以上　　B.120或130以上　　C.110或120以上　　D.150以上

2. 英国的高尔顿通过对900多位历史名人的家谱研究，于1869年发表《遗传的天才》一书，提出天才是由（　　）决定的观点。

　　A.先天因素　　B.遗传　　C.遗传和环境　　D.遗传和教育

3. 20世纪80年代斯滕伯格根据信息加工理论提出了智力的三元理论，将智力分成三种成分，其中体现了天才儿童的本质是（　　）。

　　A.操作成分　　B.元成分　　C.知识的获得成分　　D.运用成分

4. 2000多年前，我国已经开始了对智能优异的儿童进行选拔和培养，形成了我国特有的选拔、培养和任用神童的制度（　　）。它对神童的年龄、考核科目、内容、方法、步骤、录取标准、培养或任用等做了详细规定，应试年龄一般规定在10～13岁，可见我国古代对神童的重视。

　　A.科举考试　　B.大学　　C.国子监　　D.童子科

二、简答题

1. 我国学者周兢将超常儿童概括为三大典型特征,请简述这三大特征。
2. 简述鉴别超常儿童的原则。
3. 对于超常儿童的学习内容,幼儿园教育常用的策略有哪些?

第八章　其他有特殊需要儿童的教育

◇ **学习目标**

1. 尊重并接纳孤独症谱系障碍儿童；了解孤独症谱系障碍的基本含义、诊断标准、成因、发展特征及教育干预内容与方法；能根据诊断标准对孤独症谱系障碍儿童的特征进行分析，能使用ABC行为观察记录表进行观察记录并分析。

2. 了解多动症儿童的概念、分类、发生率及成因；了解多动症儿童的鉴别标准与方法。理解并掌握多动症儿童的行为特征、教育方法；根据所学知识能够辨别学前机构中的多动症儿童；根据多动症儿童的行为特点，拟定教育训练内容，并实施个别化教育训练。理解掌握多动症儿童的发展特征、干预原则。能根据多动症儿童的特点设计针对性的活动并进行干预。

◇ **核心知识**

孤独症谱系障碍的概念、诊断标准、分类、发生率、原因、发展特征、教育干预内容与方法；多动症的概念、分类、成因、多动症的鉴别、多动症儿童的发展特征、多动症儿童的干预原则、预防和干预方法。

◇ **思维导图**

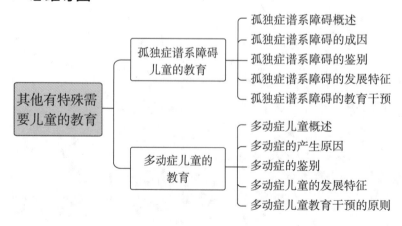

中篇实践篇　如何理解各类学前特殊儿童并实施教育

◇ **本章概要**

本章分为2节。第一节介绍孤独症障碍儿童的教育。孤独症障碍儿童是特殊教育的对象之一，与普通儿童有着相同的发展规律和教育权利。通过介绍孤独症障碍的基本含义、成因、鉴别及发展特征，对孤独症障碍形成初步的理解，从针对性角度对孤独症障碍儿童进行教育干预内容和方法的选择，提供适合孤独症障碍儿童的教育，促进儿童发展。

第二节主要是多动症儿童的教育，这类型的儿童常常表现出过度的活跃和冲动，难以安静下来学习，情绪自控能力弱，人际关系与社交沟通欠佳，这些问题不会随着年龄的增加而自动消失，如果不能及时干预，这些症状将会一直影响儿童的学习和成长。因此，要想对这类儿童进行及时干预，需要了解他们的含义、诊断标准、情绪、注意力、行为、学习等方面的发展特征，在全方位了解这类儿童的基础上，依据接纳欣赏、恰当目标、指令简短、科学记录、善用奖惩的原则，从心理治疗、行为治疗、药物治疗等方面制定干预方案，有针对性地实施干预。

第一节　孤独症谱系障碍儿童的教育

案例导入

孤独症家长自发组团购买房子被取消

2018年7月17日，深圳市宝安区15个孤独症谱系障碍儿童家庭入住公租房前，遭到数百业主拉横幅抗议，居民纷纷表示："一次性增加17户精神残疾人将对公共区域和住户人身安全产生巨大的安全隐患！"而且，这些孤独症谱系障碍儿童的个人及家庭信息被全部暴露在一篇名为"小区房价7万5，搬进来17个精神病人，咋办？"的帖子当中，第二天，深圳市宝安区住房保障事务中心发出《取消看房紧急通知》。该事件引起轩然大波。

思考：你如何看待这件事？

一、孤独症谱系障碍概述

（一）概念

孤独症，又称为自闭症，全称为孤独症谱系障碍（Autism Spectrum Disorder，ASD），是一类发生于儿童早期的神经性发育障碍，以社会沟通与交往障碍以及受限的、重复的行为模式、兴趣或活动为核心特征，影响儿童的学习发展、社会功能和生活质量。

资源拓展

精神卫生系列科普动画第七集：孤独症

如图8-1所示，精神卫生系列科普动画第七集：孤独症（来自公众号：精神卫生686）[①]。

图8-1　精神卫生知识科普第七集：孤独症

◇ **思考讨论**

请借助以下这张光谱图，你如何理解孤独症全称当中的"谱系"二字？

图片：光谱图

（二）发生率

美国疾病控制与预防中心（Center for Disease Control and prevention，CDC）对孤独症谱系障碍的发生率进行了监测报告，其数据显示，近二十年来，孤独症谱系障碍儿童的发生率呈逐年增加趋势。根据2023年的监测报告，美国2020年11个监测点最新的数据估计，大约每36名儿童中就有

---
① https://mp.weixin.qq.com/s/AmPvSYoQ00GLsa-UG-9iDA#rd.

1人被确定为孤独症谱系障碍,且不受种族或社会经济地位的影响,其中,男生比例几乎为女生的4倍[1](如图8-2)。

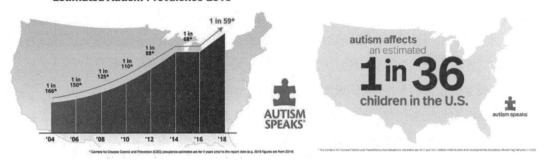

图8-2 美国孤独症谱系障碍监测数据
图片来源于 Autism Speaks.org[2]

2016年出版的《中国自闭症教育康复行业发展状况报告Ⅱ》中表示,依据已有调查数据做最保守的估计,孤独症谱系障碍发生率约在1%,我国可能有超1000万孤独症谱系障碍人群,其中0～14岁儿童约为200万人,并以每年将近20万的速度增长[3]。目前,我国尚未有孤独症谱系障碍发生率的全国性调查数据,有研究者基于各地实情展开调查发现,国内各地区发生率存在差异,近十年的调查研究显示,学龄前(0～6岁)孤独症谱系障碍的发生率为1‰～10‰,男女比例为3∶1～6.5∶1[4]。2022年颁布的《0～6岁儿童孤独症筛查干预服务规范(试行)》显示,我国儿童孤独症发生率约为7‰[5]。

二 孤独症谱系障碍的成因

目前,关于孤独症谱系障碍的致病因素尚未有统一的定论。大多数研究者认为,孤独症谱系障碍的发生可能并非由单一因素所决定。

在众多危险因素当中,遗传基因可能是最为重要的潜在危险因素。双生子研究显示,同卵双生子共患孤独症的发生率远高于异卵双生子。在家中已有孤独症儿童的情况下,其兄弟姐妹患孤独症的可能性也远高于家中没有孤独症儿童的情况。

---

[1] Data & Statistics on Autism Spectrum Disorder. https://www.cdc.gov/ncbddd/autism/data.html.

[2] https://www.autismspeaks.org/press-release/autism-speaks-pledges-make-world-difference-autism-prevalence-rises-27-children-us.

[3] 五彩鹿自闭症研究院.中国自闭症教育康复行业发展状况报告Ⅱ[M].北京:华夏出版社,2016.

[4] 应雅静,朱敏慧,李红玮.2017—2019年永康市儿童孤独症患病情况及影响因素分析[J].中国妇幼保健,2021,36(11):2451-2454.

[5] 国家卫生健康委办公厅关于印发0～6岁儿童孤独症筛查干预服务规范(试行)的通知.http://www.gov.cn/zhengce/zhengceku/2022-09/23/content_5711379.htm.

思考讨论

冷漠的、不关心的"冰箱妈妈",是造成孤独症谱系障碍的原因吗?

神经生物学因素也可能是影响孤独症谱系障碍的另一项危险因素。早期的神经解剖研究和近期的核磁共振研究发现,孤独症谱系障碍儿童的大脑神经系统与普通儿童存在差异。有研究显示,在婴幼儿阶段,孤独症儿童的头围/脑体积大于普通儿童,呈现"过度增长",可能与神经元数目异常增多有关,可能影响包括杏仁核、前额叶皮层、海马体等多个脑区结构[1]。

除此之外,当儿童同时患有某些遗传或染色体疾病或出生时出现并发症、父母妊娠年龄较大,也有可能增加孤独症谱系障碍的概率。

三、孤独症谱系障碍的鉴别

(一)常用的诊断工具

国际上孤独症谱系障碍常用的诊断工具主要有两个,一个是美国精神医学学会出版的《精神障碍诊断和统计手册》(Diagnostic and Statistical Manual of Mental Disorders,DSM),另一个是世界卫生组织制定的《疾病和有关健康问题的国际统计分类》(International Classification of Diseases,ICD)。这两个诊断工具,《精神障碍诊断和统计手册》(DSM)更侧重于障碍的诊断性分类,而《疾病和有关健康问题的国际统计分类》(ICD)则更侧重于症状的描述,二者均在许多国家的临床诊断中被广泛使用。目前,《精神障碍疾病诊断和统计手册》已更新至第五版(DSM-5,2013),《疾病和有关健康问题的国际统计分类》已更新至第十一版(ICD-11,2022),且均已有中文版。从孤独症谱系障碍的临床诊断工作上看,国际上大部分地区倾向于使用后者。《0~6岁儿童孤独症筛查干预服务规范(试行)》中表示,具有诊断能力的医疗机构,使用《疾病和有关健康问题的国际统计分类》配合孤独症量表测评及其他必要的询问检查等方式进行诊断[2]。

除了这两个常用的诊断工具外,对于学龄前阶段孤独症谱系障碍,常常辅以相关量表进行诊断,包括但不限于《儿童孤独症评定量表(CARS)》《孤独症诊断访谈表-修订版(ADI-R)》《孤独症诊断观察表(ADOS)》《婴幼儿孤独症筛查量表修订版(M-CHAT)》《孤独症行为评定量表(ABC)》等。我国目前的临床诊断通常还会用到《0岁~6岁儿童发育行为评估量表》(简称"儿心量表-II")。

---

[1] Du Y, Chen L, Yan M C, et al. Neurometabolite levels in the brains of patients with autism spectrum disorders: A meta-analysis of proton magnetic resonance spectroscopy studies (N=1501). Mol Psychiatry. 2023 Apr 28.

[2] 国家卫生健康委办公厅关于印发 0~6 岁儿童孤独症筛查干预服务规范(试行)的通知. http://www.gov.cn/zhengce/zhengceku/2022-09/23/content_5711379.htm.

（二）DSM-5关于孤独症谱系障碍的诊断标准

DSM-5将孤独症谱系障碍归属于神经发育障碍。其诊断标准[1]如下：

（1）在多种场景中表现出持久性的社会沟通和社会交往缺陷，在现在或以前表现出下列情况（以下仅为举例，非全部）：

①社会—情感互动缺陷，包括：异常的社交方式和无法进行常规的一来一往对话，缺乏兴趣、情绪和情感的分享，难以发起或回应社交互动。

②社会交往中非言语沟通行为缺陷，包括：言语和非言语沟通结合不足，异常的眼神接触和身体语言，手势的理解和使用缺陷，完全缺乏面部表情和非言语沟通。

③发展、维持和理解关系缺陷，包括：难以调整行为以适应不同社交情境，难以共同玩想象性游戏或结交朋友，对同伴缺乏兴趣。

（2）受限的、重复的行为模式、兴趣或活动，在现在或以前表现出下列至少两项（以下仅为举例，非全部）：

①刻板或重复的动作、使用物品或说话（如简单的动作刻板、排列玩具或翻转物体、回声式言语、特异性言语）。

②坚持同一性，僵化地固守常规，仪式化的言语或非言语行为模式（如对微小的改变极度痛苦，过渡困难，僵化的思维模式及问候礼仪，坚持每天走同样的路线或吃同样的东西）。

③高度受限的、固着的兴趣，表现异常强烈或集中（如强烈的依恋或着迷于不寻常的物品，过分受限或持续的兴趣）。

④对感官输入存在过高或过低的反应，或对环境中的感官刺激有不寻常的兴趣（如对疼痛/温度变化无动于衷，对特定的声音或触感有不良反应，过度地闻或触摸物体，对灯光或运动的东西有视觉迷恋）。

（3）症状必须出现在早期发展阶段（但可能不会完全表现出来，直到社交需要超过受限的能力时；或可能被后续生活中所习得的技能所掩盖）。

（4）症状会显著影响在社交、职业或其他重要领域的功能发挥。

（5）这些障碍并不能用智力障碍或广泛性发育障碍进行更好的解释。智力障碍和孤独症谱系障碍常常共同发生，为了获得孤独症谱系障碍和智力障碍的共病诊断，社交沟通应低于普通发展水平。

注：DSM-5诊断为孤独症、阿斯伯格综合征或广泛性发育障碍的个体，若无特殊规定，应被诊断为孤独症谱系障碍。个体有社交沟通缺陷，但其症状不符合孤独症谱系障碍诊断标准的，需进行社交（语用）沟通障碍的评估。

（三）ICD-11关于孤独症谱系障碍的诊断标准

ICD-11将孤独症谱系障碍归属于神经发育障碍[2]。

---

[1] 美国精神医学学会.精神障碍诊断与统计手册[M].5版.张道龙，等，译.北京：北京大学出版社，2015.
[2] 国际疾病分类第十一次修订本. https://icd.who.int/zh.

孤独症谱系障碍的特点是持续缺乏启动和维持社会互动和社会沟通能力，以及一系列限制性、重复性和不灵活的行为、兴趣或活动模式，对个人的年龄和社会文化背景而言明显不典型或过度。该障碍的发病发生在发育期，典型的是在儿童早期，但症状可能直到以后社会需求超过有限的能力时才完全显现出来。缺陷严重到足以导致个人、家庭、社会、教育、职业或其他重要功能领域受到损害，而且通常是个人功能的一个普遍特征，可在所有环境中都可以观察到，尽管它们可能因社会、教育或其他环境而异。谱系中的个体表现出全方位的智力功能和语言能力。

ICD-11中对孤独症谱系障碍做了如下分类。

1. 孤独症谱系障碍不伴智力发育障碍，伴轻度或不伴功能性语言受损

满足孤独症谱系障碍的全部定义要求，智力功能和适应行为至少在正常范围内（约大于第2.3百分位数），患者以工具性目的使用功能性语言（口语或书面）的能力仅有轻度或无功能受损，例如表达个人需求和欲望。

2. 孤独症谱系障碍伴智力发育障碍，伴轻度或不伴功能性语言受损

满足孤独症谱系障碍及智力发育障碍的全部定义要求，且患者以工具性目的使用功能性语言（口语或书面）的能力仅有轻度或无功能受损，例如表达个人需求和欲望。

3. 孤独症谱系障碍不伴智力发育障碍，伴功能性语言受损

满足孤独症谱系障碍的全部定义要求，智力功能和适应行为至少在正常范围内（约大于第2.3百分位数），较同龄者存在功能性语言（口语或书面）显著损害的情况，患者仅能以工具性目的使用单个词汇或简单短句，例如表达个人需求和欲望。

4. 孤独症谱系障碍伴智力发育障碍，伴功能性语言受损

满足孤独症谱系障碍及智力发育障碍的全部定义要求，且较同龄者存在功能性语言（口语或书面）显著损害的情况，患者仅能以工具性目的使用单个词汇或简单短句，例如表达个人需求和欲望。

5. 孤独症谱系障碍伴智力发育障碍，伴功能性语言缺失

满足孤独症谱系障碍和智力发育障碍的全部定义要求，较同龄者存在以工具性目的使用功能性语言（口语或书面）的能力完全或几乎完全缺失的情况，例如表达个人需求和欲望。

6. 其他特指的孤独症谱系障碍

7. 未特指的孤独症谱系障碍

值得注意的是，在ICD-11中，同样将雷特综合征列入了排除标准。与DSM-5相同。

四　孤独症谱系障碍的发展特征

孤独症谱系障碍儿童存在社会沟通与交往障碍，以及受限的、重复的行为模式、兴趣或活动这两大核心特征，且异质性大，使得其在认知、语言及社会性上均存在较大的个体差异，因此，需要了解孤独症谱系障碍儿童的发展特征，以为后续教育和干预提供依据。

（一）认知特征

1. 感知觉

孤独症谱系障碍儿童存在感知觉异常（包括过于敏感或过于迟钝、对某些感觉刺激有不寻常的兴趣）的情况，这一点被纳入DSM-5的诊断标准中，归于受限的、重复的行为模式、兴趣或活动之下。

从视觉方面来看，孤独症谱系障碍儿童会存在视觉敏感、视觉偏好的情况。很多孤独症谱系障碍儿童能够敏锐地观察到视觉信息中的细节并将之筛选出来，例如，有的儿童能够在画满各种人像的图画中迅速找到目标任务；有的儿童能够在看完一遍交通路线图之后就将其一点不差地绘画出来；有的儿童在重新进入房间后能够快速地发现房间中东西摆放的变化；有的儿童看到一辆汽车时，关注的不是汽车的所有部分，而是轮胎、车标等局部物件；有的儿童会特别持续地盯着旋转的风扇或风车。有研究显示，孤独症谱系障碍儿童比普通儿童更明显地表现出信息加工的视觉依赖性，在记忆、概念、语言等多方面均表现出对视觉的过度依赖[①]。

从听觉方面来看，孤独症谱系障碍儿童会存在听觉敏感或听觉迟钝，对于环境中的某些声音，表现出难以忽略、难以忍受或毫无反应的情况。例如，有的儿童听到上下课铃声时就立刻捂住耳朵或拍打耳朵；有的儿童一进入商场或超市等容易嘈杂或聚音的场所就捂耳或试图逃跑；有的儿童哪怕听到很近的汽车鸣笛声也毫无躲避反应；有的儿童可能表现出对他人的呼名和指令完全不予理睬。对于一些孤独症谱系障碍儿童而言，难以区分背景音，难以从充满了各种声音（如风扇声、翻书声、鸟鸣声等）的环境中捕捉到最主要的声音（如人声），有研究者认为这可能与他们的感官超载有关。有研究显示，听觉敏感是孤独症谱系障碍儿童最为普遍且持久的特征之一，约有超过三成的孤独症谱系障碍儿童均受此困扰而表现出各种挑战行为[②]。

除视觉、听觉外，孤独症谱系障碍儿童在触觉、嗅觉、味觉、前庭觉等领域均可能存在过于敏感或过于迟钝的情况。由于孤独症谱系障碍儿童个体差异明显（异质性大），不同个体之间所表现出的感知觉异常可能存在明显的差异。例如，有的儿童非常喜欢光脚踩在沙坑里或草地上，而有的儿童完全无法接受；有的儿童特别喜欢闻酱油的味道，而有的儿童特别喜欢闻某种沐浴露的味道；有的儿童一坐秋千就呕吐，而有的儿童可以在秋千上玩得很兴奋。

2、注意

孤独症谱系障碍儿童的注意存在选择性注意，对于环境中所感兴趣的事物表现出高专注度而对不感兴趣的事物注意维持极为短暂，对于细节（局部）的注意倾向性高于对整体的注意，对面孔注意存在障碍等情况。例如，有的儿童对车轮感兴趣，于是可以一直长时间保持不动地盯着车轮，而对周边的人或其他物品置之不理；有的儿童会注意到路边微小的闪着的灯，而这常常被普通人所忽略；有的儿童敲击着手中的积木块并且沉迷其中，而当面对他人呼名或要求他转移到下一个活动

---

① 刘娣. 视觉提示策略对学前自闭症儿童人称代词理解的干预研究 [D]. 乌鲁木齐：新疆师范大学，2022.
② Williams Z J, He J L, Cascio C J, et al. A review of decreased sound tolerance in autism: Definitions, phenomenology, and potential mechanisms. Neurosci Biobehav Rev. 2021 Feb;121: 1-17. doi: 10.1016/j.neubiorev.2020.11.030. Epub 2020 Dec 4. PMID: 33285160; PMCID: PMC7855558.

时，该儿童转移缓慢或难以转移（注意转移）；有的儿童在进行手上操作任务（如玩玩具）时难以回答他人的问题（注意分配）；有的儿童会注意到衣服一角有黑色水笔的墨渍，当被提问这是什么（常规状态下一般回答"这是衣服"）的时候会回答"黑黑的""点点"或者"墨渍"。研究指出，孤独症谱系障碍儿童觉察面孔的速度更慢且注视面孔的时间更少[1]，进而出现凝视回避[2]、忽略。例如，有的儿童在与人沟通时，会倾向于盯着对方的发梢而非面部；有的儿童会在被要求看眼睛时看向对方的眼睛，但维持不到2秒就转移开；有的儿童会倾向于将视线落在对方的口唇部或身体的其他部位（而非眼睛）进行沟通；有的儿童由于未能注意到面部，因此对他人的情绪难以捕捉和理解。

值得注意的是，孤独症谱系障碍儿童大多存在共同注意方面的困难，包括频次少、层次较低等，这在很大程度上影响了他们的社会沟通与交往。例如，有的儿童在他人指着小鸟说"看，小鸟飞过去了"时无法追视；有的儿童难以和他人共同阅读绘本；有的儿童难以通过指点、注视交替、展示等行为向他人发起和回应沟通。

3. 记忆

孤独症谱系障碍儿童的记忆存在视觉记忆优于听觉记忆、机械记忆优于意义记忆、图像记忆优于语词记忆的情况。例如，有的儿童可以"过目不忘"地记住很多信息，如线路图、街道、结构图等（图8-3）；有的儿童能够快速地背出"3+3=6"，但难以理解"3个苹果加3个苹果等于6个苹果"；有的儿童能够完整地背出《三只小猪》的故事，但并不能理解故事的含义。天宝·葛兰汀在一次演讲[3]中提到"我脑子的运作就像是谷歌搜寻图片……当'鞋'这个字被说出时，一大堆鞋子出现在我的脑海里"。

图8-3 图片为Stephen Wiltshire在曼哈顿上空飞行后画出的全景图

（二）语言特征

孤独症谱系障碍儿童的语言发展遵循普通儿童的发展规律，由于社会沟通障碍是其核心特征之一，在研究和实践中，经常能发现孤独症谱系障碍儿童存在语言发展程度落后于同龄普通儿童的情

---

[1] 荆伟，张婕，付锦霞，等.婴幼儿面孔注意偏向：先天倾向与发展轨迹——来自正常和孤独症婴幼儿的证据[J].心理科学进展，2021（7）：1216-1230.
[2] 蔡厚德，齐星亮.视觉注意解脱受损与自闭症谱系障碍的发生[J].中国特殊教育，2018（8）：41-47.
[3] TED演讲｜天宝·葛兰汀：世界需要多种思维的人.

况，但不可否认的是，不少孤独症谱系障碍儿童经过早期的教育和干预，能够发展出一定的语言能力，从而进行有效的社会沟通。

从语音方面来看，孤独症谱系障碍儿童会存在语音、语调、响度、频率以及重音异常的情况。例如，有的儿童会间断性地发出一些"嗯嗯啊啊"的无意义音节，听起来像是自言自语但不构成任何的词或短语；有的儿童可能会一直保持着类似"假声"的高音调进行日常沟通；有的儿童可能会几乎没有语调的变化，整个听起来似乎像机器人一样机械呆板；有的儿童可能会一开始说话声音很大，但到几个字后越来越小，最后声音轻到几乎听不见；有的儿童可能无法正确使用重音，要么是完全没有重音，要么是在不需要用到重音的时候使用重音；等等。

从语义方面来看，孤独症谱系障碍儿童由于对一些词汇或语句难以理解，有的能够理解字面上的意思，但对于可能的"潜台词""一语双关"等语句无法理解，进而出现应答不当、答非所问、固着的表达等情况。例如，有的儿童存在鹦鹉学舌式言语（回声式言语），当听到他人问"你叫什么名字？"时直接回答"你叫什么名字"（立即式的鹦鹉学舌），或突然跑到他人身边重复说两天前在动画片里看到的某个内容"它一探头你就抓住它的叶子，我从下面抱住它的肚子"①（延迟性的鹦鹉学舌）；有的儿童可能会用一些他能表达但与当前情境无关的词汇去替代该情境中原本应该表达的词汇，如说"裤子裤子"表示"想要去上厕所"。

从语法方面来看，孤独症谱系障碍儿童会存在代词错用、语法结构颠倒或缺失的情况。例如，有的儿童反转使用人称代词，当他人问"你吃饭了吗？"时回答"你吃饭了"，当张老师问"我是谁呀？"时回答"我是张老师"（逆转）；有的儿童会把"我和妈妈去公园玩"说成"我和妈妈公园去玩"（颠倒），或者会把"我要去公园"说成"我要公园"（缺省）；有的儿童对于他人提问"要去哪里呀？"时回答"你我不去"；还有一些儿童能够使用"主+谓+宾"的结构，对于定语（如形容词）、状语（如时间地点）、连接词（如"首先—然后""因为—所以"）的使用明显较少。

从语用方面来看，孤独症谱系障碍儿童会出现社会性功能言语不足、对话轮替少且维持困难、不能够及时回应（回应延宕）、情境叙事能力不足（缺乏组织性连贯性）②。例如，有的儿童需要在他人的反复问话下才用言语表达自己想要干什么；有的儿童在说"谢谢"之后，需要他人回答"不用谢"，若他人回答"不客气"时会重复"不用谢"，若他人未回答时会自己说"不用谢"；有的儿童很少表现出评论他人、展示成果、感谢或邀请他人等社会性言语行为；有的儿童对于本应该描述为"他的玩具摔在地上坏了，所以他难过得哭了"的情境描述为"他的玩具坏了""他哭了"。

从非语言方面来看，孤独症谱系障碍儿童在眼神接触、面部表情理解与表达、手势动作使用、身体语言使用等方面存在异常表现。例如，有的儿童常常避开与他人眼神接触，或眼神接触时间很短；有的儿童对面孔兴趣低，无法根据他人的表情判断情绪状态；有的儿童不停地翻转手腕而无特殊的目的；有的儿童会使用拍打图片而非指点的方式；有的儿童在与他人沟通时身体不停地晃来晃去；有的儿童会把脸凑得特别近开始跟对方说话。这些情况在沟通中可能会给他人造成明显的

---

① 注：内容引自动画《宝宝巴士—会跑的萝卜》.
② 刘洁，徐胜.自闭症谱系障碍儿童和特殊型语言障碍儿童的语言差异研究述评[J].现代特殊教育，2021（2）：47-52.

困扰。

值得注意的是，2007年，美国疾病预防和控制中心（CDC）指出，近一半的孤独症谱系障碍儿童没有言语或言语能力有限[①]。也就是说，对于很多孤独症谱系障碍儿童及其家庭而言，由于儿童无法恰当地使用语言来进行日常沟通，就会对他们接受教育、与人互动、参与活动等方面造成阻碍，而这可能是他们终身需要面临和应对的困难。

（三）社会性特征

1. 社交动机

孤独症谱系障碍儿童的社交动机不足，相比于同龄普通儿童而言，社交发起和社交回应均较少。从社交发起方面来看，孤独症谱系障碍儿童主动发起社交的意愿低、频次少且多以满足生理需求为主，例如，在实践工作中，家长和老师会反馈，"他总是沉浸在自己的世界里，从不跟其他小朋友玩""当被抢走玩具时只会哇哇哭，也不跟人家说，也不向人求助""只有要吃饼干的时候会拉一拉我，别的时候根本不指望他主动"。从社交回应方面来看，孤独症谱系障碍儿童存在对社会性刺激的不注意甚至回避。例如，最为常见的呼名反应，与早早就有呼名反应的普通儿童相比，许多孤独症谱系障碍儿童对于他人呼叫自己的名字，通常表现为不理睬（"充耳不闻"）的现象；在与家长分离后重聚时，一些孤独症谱系障碍儿童很难像普通儿童那样表现出安抚感和愉悦感，因此，其家庭在亲子关系中较容易感到受挫和沮丧，情感联结受到影响。

2. 社交方式

孤独症谱系障碍儿童的社交方式不当，表现在多以动作为主、少有言语和眼神、社交距离把握不当、难以根据社交情境选择合适的发起或回应方式等方面，难以根据当前情境对自己的社交行为进行识别和调控，而这些不当的方式容易造成他人的误解。例如，当儿童想要跟我们"说"些什么的时候（比如他很不开心想要一个抱抱），只能抓他人的衣服或拍他人的手，这就有可能造成误解，认为在捣乱，进而影响后续事情发展；有的儿童哪怕到了四五岁，也仍然采用拉拽方式要人抱而非言语的方式来发起互动；有的儿童会直接抢或者把别人推开拿回自己的玩具，而不是采用商量、沟通的方式；有的儿童有时候会突然靠他人的脸特别近，但由于其不开口表达，让他人以为要亲他；有的儿童会在教室、图书馆这样需要安静的地方保持很大声地说话；有的儿童会在他人讲述悲伤故事时突然报以大笑或鼓掌回应或用很欢快的语气告诉他人一个很难过的消息。除此之外，孤独症谱系障碍儿童还常常通过一些问题行为来进行社交发起或回应，如吐口水、咬人、推人、直接离开等。需要注意的是，孤独症谱系障碍儿童的社交方式不当常常与其受限的重复的行为模式有关。

3. 社交认知

孤独症谱系障碍儿童缺乏心理理论和自我觉知，在社交线索的搜寻和理解上存在困难，无法根

---

① Centers for Disease Control and Prevention（CDC）.（2007）. Prevalence of Autism Spectrum Disorders—Autism and Developmental Disabilities Monitoring Network, 14 Sites, United States, 2002. MMWR SS 2007; 56（No. SS-1）. Retrieved August 28, 2009, from http://www.cdc.gov/mmwr/preview/mmwrhtml/ss5601a2.htm.

据当前社交情境及时调整自己的社交行为。例如，有的儿童无法理解他人频繁看手表是表示想要离开当前场合，仍然对着对方不停地说话；有的儿童无法理解同桌的小姑娘为什么突然抱着面前的画板和画笔去到另一张桌子上，会走过去把她的东西都挪回自己的桌子上；有的儿童哪怕到了大龄也会直接地评论他人，而不能察觉他人对此评论的感受；有的儿童在咖啡厅、公交等地方大声说话，当被提醒后也因无法理解原因而继续保持大声；有的儿童在他人给予眼神示意其继续说话时，突然停止说话。

4. 社会行为

孤独症谱系障碍儿童在社会适应上存在困难，或在社会交往过程中体验到明显的焦虑烦躁等情绪，因此可能表现为各种各样的挑战性行为，包括重复行为、攻击行为、干扰行为、不顺从行为、发脾气行为等。例如，有的儿童会在商场突然躺地板上大叫，有的儿童会在教学活动过程中站起身绕着教室内部开始转圈，有的儿童会在与他人沟通过程中突然用力拍打对方的手臂，有的儿童在他人推倒自己的积木时持续地尖叫和拍桌子。当这些行为未能被妥善地接纳和引导时，可能会反过来阻碍孤独症谱系障碍儿童的社会交往。

五 孤独症谱系障碍的教育干预

（一）内容

1. 针对认知的教育干预

孤独症谱系障碍儿童在感知觉、注意、记忆等方面存在困难，在对其进行教育干预时，需要将此内容纳入其中。

针对感知觉方面的教育干预，包括对于视觉、听觉、触觉、前庭觉等方面过于敏感的儿童，通过提供从刺激度小的活动到刺激度大的活动，进行脱敏；对于视觉、听觉、触觉、前庭觉等方面过于迟钝的儿童，通过提供从刺激度大的活动到刺激度小的活动，让儿童逐渐增加对刺激的感受性；对于对某些感觉刺激有不寻常兴趣的儿童，通过将兴趣作为教学材料或强化物，还可以帮助儿童发展新的兴趣。例如，有的儿童对某个标志图案特别感兴趣，可以将该标志图案贴在篮球上进行拍球或传球互动，也可以将该标志图案作为教具，进行数的概念的教学。

针对注意方面的教育干预包括提高儿童对学业或社交任务的注意稳定性，通过游戏提高儿童的视觉追视能力（如"小球在哪个杯子里"），通过社交小组促使儿童从对物的兴趣过渡到对人的兴趣，提高其共同注意能力，引导儿童充分利用其局部注意力，开发其发展潜能。例如，有的儿童能够迅速注意到书架上摆错位置的书或未摆整齐的书，老师就可以引导儿童承担"图书管理员"的工作，将书籍整理、摆放整齐。

针对记忆方面的教育干预，包括培养儿童的有意记忆，引导儿童有目的地记忆日常生活事件、常规及注意要点；通过游戏提高儿童的短时记忆能力（如"什么不见了"）；充分利用儿童的机械记忆优势将目标任务或目标技能拆分成若干识记材料，再将这些材料与对应的技能步骤结合起来；教授适合该儿童的记忆策略。例如，带儿童去了游乐园后，有意识地让儿童回忆去的过程或游玩的项目（如坐了什么车，怎么转车，先看到了什么，再看到了什么，吃了哪些东西等），可以通过照片或视频帮助儿童进行回忆和巩固；在教授数的概念时，可充分利用儿童的视觉优势选择可操作教具，将抽象概念转为具体形象的东西，进行意义记忆。

2. 针对语言的教育干预

孤独症谱系障碍儿童在语音、语义、语法、语用以及非语言等方面存在困难，在对其进行教育干预时，需要根据不同儿童的实际发展情况，选择对应的教育干预内容。

针对语音方面的教育干预包括开展构音训练和声音训练。对于存在某些音发音困难的儿童，可进行目标音的构音学习，先从单音到单字到词，再到短语到句子到段落。例如，有的儿童在发m音时双唇无法自主抿唇，此时需要先进行单音m的学习，然后结合已习得的韵母进行单字的学习（如"妈""门""木""摸"等），再过渡到含有该字的词的学习（如"妈妈""木门""木头""触摸"等），再逐渐延伸到含有该词的短语、句子及段落中。对于存在语调、响度、频率、重音等方面困难的儿童，可以通过动作手势、画线条或者借助音频转换器等方式进行可视化练习，帮助儿童直观地感知自己声音的变化，以及与目标之间的差距，也可以借助游戏进行可视化和可操作化练习。

针对语义方面的教育干预包括词汇、句子的理解与表达及情境的理解。对于存在词语理解困难的儿童，可进行目标词语的理解与表达学习，从单独的词汇、句子的理解，逐渐过渡到在不同情境中理解该词汇或句子。在此过程中，可以通过提供视觉化材料线索，帮助儿童形象地理解词汇本身的含义。例如，有的儿童难以理解"水果"这一类概念，将"水果"等同于"苹果"，在此情况下，可以借助逛水果店的形式，让儿童直观看到水果店里有各种各样的水果，苹果是水果，橙子也是水果，香蕉也是水果。

针对语法方面的教育干预，包括代词使用以及语法结构的学习。这部分的内容一般出现在句子的学习过程中，可借助词卡提示、动作提示等方式，进行语法学习。例如，"我要去公园"，在儿童已经习得"我要"的基础上，可将此句话拆分成三个词卡"我要""去""公园"，引导儿童"要干什么？"（要去），"要去哪里？"（要去公园），进而连成完整的句子。在代词使用的内容中，人称代词"你""我""他/她/它"一直是常见的教学内容，也是孤独症谱系障碍儿童学习的难点之一，常常会使用情境演绎或游戏的方式进行。

针对语用方面的教育干预包括社会性功能言语、会话能力和语篇组织能力的提高。例如，有的儿童用拉拽他人的衣角来表达想要某个东西，可以教会儿童使用"我要"来进行表达；在日常生活中提供机会让儿童评论"你觉得这件衣服好看吗""你觉得今天玩得怎么样""你喜欢这个老师吗，为什么呢"；借助简易的思维导图帮助儿童将抽象的因果关系、前后顺序等转化成视觉化线索，再引导儿童进行言语表达。

针对非语言方面的教育干预包括眼神、面部表情、手势动作、身体语言的理解与使用。这部分内容也常常与社交方面的教育干预结合在一起。例如，通过手指指点儿童感兴趣的物件，引导儿童注视和追视；通过做鬼脸、照镜子、看动画等帮助儿童活动五官并模仿面部表情，在此基础上结合情景故事，理解面部表情并进行表达；通过绘本或社交故事引导儿童理解他人的手势动作和身体语言。

3. 针对社会性的教育干预

孤独症谱系障碍儿童的核心特征之一就是他们在社交动机、社交方式、社交认知及社会行为上等方面可能存在困难，在对其进行教育干预时，需要根据不同儿童的实际发展情况，选择对应的教育干预内容。

针对社交动机方面的教育干预包括激发儿童的社交动机和维持儿童的社交动机。首先是激发社交动机，当儿童处于社交动机较弱的情况下时，可以选用儿童感兴趣的食物或物品，作为诱发其产生社交的因素。例如，有的儿童特别喜欢吃蛋糕，那么可以将蛋糕分成若干块半个指甲盖大小的小蛋糕，引导儿童来找老师或家长"索要"，这样就可以发起社交。当社交发起之后，多问一句"蛋糕好不好吃"或者"要不要再吃一块"，引导儿童用点头或者微笑回答"好吃/要吃"来进行社交回应。需要注意的是，孤独症谱系障碍儿童在兴趣上可能有其特有的、与普通儿童存在差异的兴趣，有时候教师和家长习惯性地使用我们所认为的、普通儿童所感兴趣的物品或活动来试图激发孤独症谱系障碍儿童的社交动机，往往无法达到目的。因此，需要真正观察理解儿童，将该儿童本身的兴趣与动机匹配起来。再就是维持社交动机，当儿童尝试了社交但未获得其所期待的结果时，其社交动机就会被阻滞。因此，在社交动机干预的初期，对于儿童功能（目的）合理的社交发起和社交回应，均可给予强化，也就是说，给予他们所期待的食物、物品或进行他们想参与的活动。例如，在社交动机干预活动中，有的儿童特别想要玩撕纸的游戏，当儿童向教师或家长伸手说"要"来索要纸张时（发起社交），就可以提供给他，并强化他的发起行为，即"我听到你开口说'要'了，给你"，然后让他玩一会儿（可根据实际情况设定时长，若想要他多发起几次，可将时长设定为几秒）。需要注意的是，随着儿童社交完成了从无到有的过程，在后续的干预过程中，要尝试让儿童觉得"社交本身是一件还算是有趣或值得做的事情"，也就是说，要强化社交本身，而不仅仅是社交所获得的食物或物品。例如，向他人展示自己的作品，本身就是一件让人愉悦的事情，而不是通过展示作品获得巧克力；看到他人也在旁边玩积木，但好像玩法更加有趣，想要参与其中，而不是因为他人在旁边说"来和我一起玩积木，我可以给你一块蛋糕"。除此之外，多提供社交机会，学会适当等待，也是激发和维持孤独症谱系障碍儿童社交动机的技巧。

针对社交方式方面的教育干预主要是教给儿童恰当的社交方式（替代行为）。虽然社交动机不足是孤独症谱系障碍儿童普遍存在的困难，但也有许多孤独症谱系障碍儿童是有社交动机的。只是由于社交方式不当，其社交行为容易被忽略或误解，因此，让儿童学会恰当的社交方式，就能帮助他在有社交需求时更好地获得满足感。例如，当儿童想要一个抱抱时，相比于之前他只能抓他人的衣服或拍他人的手，可以让儿童学习向他人伸出双手做出抱抱的姿势，或者说出"抱"的口型，或者说"抱抱"；当儿童想要获得食物或者玩具时，相比于之前他选择躺倒在地或边蹦跳边大叫，可以让儿童学习指点（point），或者看向目标物后再看向提供者，或者说"要××"。此外，在社交方式的教育干预中，常常会使用社交故事（Social Story）①、游戏②、以同伴为中介③、录像示范④、社交技能训练（Social Skills Package）⑤等教学策略。

针对社交认知方面的教育干预包括理解情境、理解情绪、社交规则和社交礼仪，以及自我管理。例如，通过图片、视频以及日常生活中的镜子，帮助儿童理解不同的情绪以及不同情境下的情绪，结合因果关系将情境与情绪结合起来；通过社交故事法、录像示范法等教学策略引导儿童理解社交规则和社交礼仪，并在游戏和角色扮演中体验和尝试；通过模仿游戏（如"请你跟我这样做"）提高儿童监控自我行为的能力；通过录像、照片和回忆，引导儿童反观自己的社交方式和行为，进行认识和反思，进而在下一次出现类似情境时开启自我管理。

针对社会行为方面的教育干预包括适应社会生活、调节情绪，以及干预问题行为等。社会适应的涵盖面很广，从生活自理（如吃饭、喝水、如厕、盥洗、入睡、穿脱衣物）到居家生活（如认识家人、知道家庭住址、清洁、收拾、回避危险物品等）、学校生活（如认识学校和教室、认识教师和同伴、遵守课堂和集体的规则、与他人妥善分工合作或互动、求助或助人等）、社区生活（如能在社区自如活动、回应他人问候或问话、遵守社区管理规范、避开环境中的危险等）及社会生活（如认识常见公共场合、乘坐交通工具、使用公园内器械、购物、用餐、理发、就医等）的适应。情绪调节主要从情绪识别到情绪调控（如运动、放松、求助、倾诉、转移注意等），也可以准备一些目前市面上出现的解压小玩具，供儿童在发现自己处在焦虑等不适情绪中时使用，还可以采用社交故事法进行教育干预。对于因各种原因出现的问题行为，在进行针对性的功能评估后，可采用应用行为分析等策略进行干预（详见下文，在此不赘述）。

（二）方法

1. 应用行为分析（ABA）

应用行为分析（Applied Behavior Analysis，ABA）理论是行为理论中最具有代表性的一种，它是指在尝试理解、解释、描述和预测行为的基础上，运用行为改变的原理和方法对行为进行干预，使其具有一定社会意义的过程。⑥应用行为分析理论认为，所有的行为都是习得的、有目的的、有情境性的。洛瓦斯（Lovaas）将应用行为分析理论运用到孤独症谱系障碍儿童的教育和干预中，取得了积极的效果，随后，越来越多研究者和实践者将这一理论广泛运用到孤独症谱系障碍者及其他

---

① 马云丽. 动态绘本教学对自闭症儿童社交技能的干预研究 [D]. 重庆：重庆师范大学，2021.
② 程秀琳，李潇，王滔. 互动游戏促进自闭症儿童人际交往能力的个案研究 [J]. 现代特殊教育，2020（8）：52-59.
③ 陈路桦，于素红. 同伴介入法提高孤独症幼儿社交能力的实证研究综述 [J]. 中国特殊教育，2020（8）：29-34，42.
④ 洪晓敏. 自闭症儿童社会技能的录像示范干预研究综述 [J]. 绥化学院学报，2015，35（10）：103-108.
⑤ 昝飞. 自闭症儿童社交技能训练的实施策略 [J]. 现代特殊教育，2020（13）：17-20.
⑥ 刘惠军，李亚莉. 应用行为分析在自闭症儿童康复训练中的应用 [J]. 中国特殊教育，2007（3）：33-37.

发展性障碍者的教育和康复训练中，均取得了很大的成效。[1]应用行为分析理论的基本原理是"刺激—反应—强化"，由此可见，其理论基础包括经典条件反射理论、操作性条件反射理论、回合式教学法等。

应用行为分析理论强调对行为的直接观察，通过ABC行为观察记录表（见表8-1），对行为发生前、发生时及发生后的各种因素进行记录并分析，据此判断行为的功能（目的），为后续制订教育和干预计划提供基础。

表8-1　ABC行为观察记录表（样表）

A 前奏事件或情境	B 行为	C 行为结果	行为功能

根据行为结果对行为功能进行判断，一般可分为正强化和负强化。正强化即个体在行为发生之后获得了其期待或满意的结果，进而使得该行为频率在后续活动中得以增加。负强化即个体在行为发生之后撤除或延迟了其不期待或不满意的结果，进而使得该行为频率在后续活动中得以增加。例如，儿童在被妈妈拒绝抱他的时候大声哭闹，妈妈没办法只好过来抱他，儿童的哭闹行为获得了他期待的结果（被抱着），那么之后他想要妈妈抱的时候，可能就会采用哭闹的方式，也就是说，儿童的哭闹行为功能是正强化，且因为妈妈抱他的反应得到了加强，这是一个正强化的过程。而对于妈妈来说，抱的行为结果是儿童的哭闹停止了（这正是妈妈所期待的），那么之后想要让儿童停止哭闹的时候，可能就会选择去抱他，从妈妈的角度来说，抱儿童的行为功能是负强化，且因为儿童停止哭闹的反应得到了加强，这是一个负强化的过程。

2. 结构化教学（TEACCH）

结构化教学（Treatment and Education of Autistic and Related Communication-Handicapped Children，TEACCH）是基于认知理论所发展出来的。艾瑞克·肖普勒（Eric Schopler）认为，要利用孤独症谱系障碍儿童的视觉优势，进行结构化的环境创设，综合运用视觉知觉象征，使教育环境和教学活动高度结构化，让孤独症谱系障碍儿童能够最大限度地理解相应的内容、展现他们的技能。[2]结构化教学理念的一个重要特色是将家长作为协同训练者，对家长进行培训，使孤独症谱系障碍儿童的技能得到最大程度的泛化。[3]

结构化教学内容包括视觉结构化、环境结构化、程序时间表和个人工作系统。视觉结构化即通过图片、图示、文字等视觉线索，使孤独症谱系障碍儿童更明确地知道"是什么""要做什么""怎么做"等，包括视觉注释、视觉组织和视觉指令。环境结构化即将教学环境进行明确的布局，具备功能分区、动静分离、清晰的流线性和准确的标识，让孤独症谱系障碍儿童更加容易地判断"要做

---

[1] 代真真，姜志梅，朱俊丽. 孤独症谱系障碍应用行为分析干预的研究进展[J]. 中国儿童保健杂志，2021，29（6）：623-626.

[2] Schopler E，Mesibov G B，Hearsey K. Structured Teaching in the TEACCH System[J]. Learning and Cognition in Autism，1995：243-268.

[3] 袁海娟. 自闭症谱系障碍儿童结构化教学的研究综述[J]. 现代特殊教育，2017（14）：54-59.

什么活动时去什么区域""怎么更快更便利地去到想要的区域"等，同时减少干扰因素，减少因不确定和不熟悉所带来的焦虑情绪和问题行为。程序时间表也称为日程表，即通过模型、照片、图片、图示、文字等形式，向儿童呈现一项任务或活动、一日安排的具体步骤或顺序，使儿童能够借助程序时间表知道"先做什么、再做什么、然后做什么""什么时间、在什么地点、做什么事情"等，增加儿童的清晰预知和预判，减少儿童对未知任务或安排的困惑和不安。个人工作系统是在程序时间表的基础上，针对孤独症谱系障碍儿童具体参与的某一项活动进行组织的活动系统，传达给儿童"要做什么、做多少、如何知道做完了、做完后接下来要做什么"四个基本信息[1]。考虑到孤独症谱系障碍儿童异质性大，对于视觉信息的关注和理解水平不同，因此，在使用结构化教学时，需要根据不同儿童的实际发展情况，从最具体形象的实物，到最抽象的文字，选用不同的视觉线索。

3. 关键反应训练（PRT）

关键反应训练（Pivotal Response Training or Pivotal Response Treatment，PRT）模式由琳恩和罗伯特·科格尔（Lynn & Robert Koegel）于20世纪80年代所创建，以行为理论和发展理论为基础，是一种以儿童为导向的、个别化的、综合性教育和干预模式，它强调在自然情景中为儿童提供学习机会，充分利用儿童的动机。2015年，美国国家孤独症中心（National Autism Center，NAC）发布的《国家标准项目（第二版）》中，包括关键反应训练（PRT）在内的14种教育方法"被证实是有效的干预方法"。

关键反应训练模式以游戏为主要干预方式，聚焦于儿童的关键反应（pivotal response），通过在自然情景中吸引儿童的注意力，分享控制，给予儿童选择的机会等方式，促进孤独症谱系障碍儿童各方面发展水平的提升。贺荟中将关键反应训练（PRT）技术构成要素与ABC框架进行整合（见表8-2），从中可以清晰地看出，采用关键反应训练（PRT）对儿童进行干预时，可以从给儿童提供学习机会（前件A）、观察儿童学习情况（行为B）、对行为给予适当的反应（结果C）这三个环节中选择若干要素，来保障干预的有效性[2]。

表8-2 关键反应训练（PRT）的要素

前件（Antecedent）	行为（Behavior）	结果（Consequence）
1. 学生的注意 2. 清楚合适的指导 3. 容易与困难任务（保持与新学） 4. 主动权共享（学生的选择与轮换） 5. 多线索（扩大注意）	看：学生的行为	直接性强化 强化尝试（与训练目标方向努力） 关联性强化（立即与合适）

对于孤独症谱系障碍儿童而言，"关键"领域之一便是动机，特别是社会沟通与交往的动机。在使用关键反应训练（PRT）模式时，重要的起始步骤就是获得儿童的注意。以"儿童一进到干预室就躺在地上"的情况为例，这时候，在正式开始干预之前，当然要想办法让他关注到我们，然后

---

[1] 袁海娟. 自闭症谱系障碍儿童结构化教学的研究综述[J]. 现代特殊教育，2017（14）：54-59.
[2] 贺荟中. 自然教学策略：自闭症干预的PRT技术[J]. 华东师范大学学报（教育科学版），2013，31（4）：46-54.

再给出简单且清晰的指令，比如，我们尝试也躺在地上（跟他做同样的动作），看看他会不会关注到，如果关注到了，那么可以尝试给出一个指令（如"翻一下""向前爬""击个掌"）。此外，另一个重要的步骤就是让儿童进行选择。先要观察儿童感兴趣的事物或活动，然后创造机会让其选择，再跟随儿童的选择，帮他融入当前活动中。例如，有的儿童就喜欢将积木搭得高高的，然后"哗"地推倒，这时候就可以借助此活动，引导儿童进行轮流（轮流搭、轮流推）、交换（他推倒我们搭的，我们推倒他搭的）、谈判（我们多推一次，他多推一次）。活动过程中可以提供多次选择的机会，这有利于提高儿童的社会沟通与交往能力。

课外拓展

1. 纪录片《地平线系列：认识自闭症》（Horizon：Living with Autism, 2014）.

2. （美）格兰丁.用图像思考——与孤独症共生[M].范玮,译.北京：华夏出版社,2014.

3. 昝飞.积极行为支持——基于功能评估的问题行为干预[M].北京：中国轻工业出版社,2013.

4. （美）Julie Knapp, Carolline Turnbull.应用行为分析（ABA）完整教程：基础技能分步训练[M].贾美香,白雅君,译.北京：人民卫生出版社,2017.

5. 郭延庆.应用行为分析与儿童行为管理[M].2版.北京：华夏出版社,2023.

6. （美）加里·麦西博夫,玛丽·霍利,西格妮·纳福特.孤独症谱系障碍学生课程融合——应用TEACCH助力融合教育[M].2版.于松梅,曾刚,译.北京：华夏出版社,2019.

7. 于丹.结构化教学的应用[M].北京：华夏出版社,2021.

8. （美）Robert L. Koegel, Lynn Kern Koegel.孤独症谱系障碍儿童关键反应训练掌中宝[M].胡晓毅,王勉,译.北京：华夏出版社,2015.

实训操练

1. 请根据DSM-5的诊断标准，结合实习所见或网络视频资源，分析所见/视频中孤独症谱系障碍儿童所表现出的核心特征。

2. 请结合实习所见或网络视频资源，描述一个孤独症谱系障碍儿童某次行为的完整过程，用ABC观察表进行记录。

真题再现

1. 1943年首次采用"自闭症"来描述有极度退缩行为、对他人漠不关心的病症的心理学家是（　　）。

A.贝特贝姆　　　　B.邓红珠　　　　C.李奥·坎纳　　　　D.斯蒂尔

2.【2022下广东省12.】以下关于孤独症儿童的主要表现,说法错误的是(　　)。

A.攻击性行为或自伤行为　　　B.社交困难

C.言语发展迟缓,语言刻板　　　D.刻板行为

3.【2022上15.】孤独症儿童经常重复性地玩一件玩具或做一件事情,不厌其烦,这种表现是(　　)。

A.刻板性行为　　　B.沟通障碍　　　C.拒绝变化　　　D.超常的记忆力

4.【2021下14.】孤独症儿童最核心的特征是(　　)。

A.超常的记忆力　　　　B.言语沟通障碍

C.言语发展迟缓　　　　D.刻板性行为

5.【2021下15.】"鹦鹉学舌"现象在哪一类特殊儿童中最为明显(　　)。

A.多动症　　　B.自闭症　　　C.抑郁症　　　D.恐惧症

6.【2021上15.】下列特征中,不属于孤独症儿童具有的特征是(　　)。

A.社会交往障碍　　　　B.语言表达正常

C.拒绝变化　　　　D.缺乏交会性注意

7.【2020下14.】以下对孤独症儿童的特征描述错误的是(　　)。

A.不能与同伴进行想象性游戏　　　B."鹦鹉学舌"是孤独症儿童语言的常见现象

C.他们能看到别人眼神所指的物品　　　D.他们常常自言自语,说一些别人听不懂的话

过关练习

判断题

1.孤独症是一种心理疾病。(　　)

2.疫苗会导致孤独症的发生。(　　)

3.当有孤独症谱系障碍儿童家长来找我们(特教教师)进行咨询,期待获得一个诊断结果时,我们应该快速对儿童进行诊断。(　　)

4.孤独症谱系障碍儿童的智力低于同龄普通儿童。(　　)

5.孤独症谱系障碍儿童的问题行为,通常只有一种功能。(　　)

6.对于不同功能的行为,应该采用不同的、有针对性的教育和干预方法。(　　)

7.结构化教学是利用孤独症谱系障碍儿童的视觉优势。(　　)

8.程序时间表就是课程表。(　　)

9.ABC行为观察记录表中,A指的是行为发生前的事件或环境。(　　)

10.应用行为分析理论是基于认知理论的发展出来的。(　　)

中篇实践篇　如何理解各类学前特殊儿童并实施教育

第二节　多动症儿童的教育

案例导入

停不下来的灏灏

"灏灏总是跑来跑去，总是不受控制，根本就停不下来，太调皮了。"这是幼儿园老师对多动症儿童灏灏的描述，老师常常为此感到头痛。

"我的孩子非常不老实，带他去超市购物，只要一松开手他就会乱跑，淘气得不得了，有时候还会直接打开包装原地吃起来，别人都觉得我没有把孩子教育好。"这是一位家长的描述，妈妈觉得很难受也很委屈，不明白为什么自己明明说了他那么多次，他还是不改正。

这到底是故意捣乱还是自身不受控制的无意之举呢？要回答这个问题就需要对多动症儿童的发展特点有所了解，学习预防和干预的相关知识之后我们才能用有效的方法或措施来帮助这些儿童。

一、多动症儿童概述

（一）多动症的概念

多动症也被称为"注意缺失多动障碍""多动综合征""注意缺陷障碍"等，是指在儿童期内，行为表现与其年龄极不相称，以注意力明显不能集中、活动过多、任性冲动和学习困难为主要特征的一种综合病症。

1845年，霍夫曼把儿童活动过多作为一种病态症状加以描述。1902年，斯蒂尔认为这种儿童缺乏内化外在要求和原则的能力，将其称为"道德控制力缺乏"。1932年，卡默和皮洛将其命名为"活动过度综合征"。1947年，斯特劳斯和雷婷恩将其命名为"脑损伤综合征"。1949年，盖塞尔提出"轻微脑损伤"这一名称。1968年，美国精神医学学会在《精神障碍诊断和统计手册》第2版（DSM-2）中，将其命名为"儿童期多动反应"。1980年在DSM-3中将其诊断命名为"注意缺陷障碍"，1987年在（DSM-3）中，使用了"注意缺失多动障碍"，简称ADHD，一直沿用至今。

（二）多动症的分类

1980年美国精神病协会出版的《精神障碍诊断和统计手册》第3版中将"注意缺陷障碍"分为3种类型。1型：主要表现为注意困难、冲动性高和活动过多。2型：注意缺陷，但是无活动度过多，其他症状较轻。3型：之前的症状是注意缺陷伴有多动，后面活动过多症状有所好转，注意缺陷和冲动行为依然存在。

教育者从教育的角度，按照行为特征将多动症儿童分为多动、注意力不集中、紧张和焦虑、不合群、学习问题等类型。

（三）发生率

多动症一般在7岁以前发生，典型年龄是3岁左右，8～10岁为发病的高峰期。发病率处于3%左右，男生患病率高于女生，大概比率为4∶1至9∶1。调查显示有些多动症儿童的问题会随着年龄的增长而逐渐减少，但是仍有40%的多动症儿童在青少年后仍然存在此类问题。

拓展资料

近年来，有关脑功能方面的研究也不断进步，表8-3是从脑功能的角度看男女特征。[①]

表8-3 从脑功能看出的男女特征

男	女
右半球（空间认知功能）的发育好	左半球（语言、情感功能）的发育好
男性左右大脑半球善于分工，因此完成单一任务比较出色	女性大脑与男性大脑相比，左右半球的联结较好，使用全脑运作能效高，易显示均衡的能力
擅长需要空间认知能力的看地图、找路、智力测验等活动，数学逻辑能力（不是运算能力）和视觉、空间、定量操作能力较强	感知情感、文脉、微妙情况变化的能力较强，语言表现等语言能力普遍较强
攻击性、冒险性显著	戒心、感受性强

二 多动症的产生原因

造成多动症的原因一直没有统一的说法，研究者们提出了各种假设，从遗传因素、脑功能失调、铅中毒和食物添加剂的使用不当、家庭教养不当等不同的方面来探讨造成多动症的原因。

（一）生理因素

1. 遗传因素

许多研究者经过研究发现，多动症与遗传因素有关，很多多动症儿童的父母、其他亲属也患有

---

① （日）上野一彦. 学习障碍与注意欠缺多动性障碍[M]. 达庆红，译. 南京：南京大学出版社，2017：57.

此病。国外对双胞胎儿童进行了研究，结果表明，高达80%的多动症是遗传性的。[1]有专家对同卵双胞胎进行研究，当一位被诊断为多动症患者，另一位也是的概率非常高。说明同卵双生子同时患有多动症的概率远高于异卵双生子。由此可见，遗传因素是导致多动症的一个重要方面。

2. 脑功能失调

有人认为多动症就是由于脑损伤所致，因此早期有人将此种病命名为"脑损伤综合征"。该观点认为多动症是由于脑组织器质性损害所致，包括在孕期的一些疾病：高血压、贫血、感冒、先兆流产等。生产中的一些异常：如早产、窒息、钳产、颅内出血等。出生后1～2年内，中枢神经系统感染等。这些脑部受过创伤的孩子，以后会出现多动、冲动等症状，但损伤的程度均较轻，因为如果是严重的脑损伤可能导致脑瘫、发育迟缓等问题。

（二）环境因素

1. 铅中毒和食物添加剂使用不当

研究发现，铅进入人体后，可通过血液侵入大脑神经组织，使营养物质和氧气供应不足，从而破坏小儿大脑的正常兴奋和抑制调节功能，使儿童产生行为异常和智力发育障碍，临床上则可表现为儿童多动症。[2]因此，学者认为铅中毒是引起儿童多动的原因之一，在生活中汽车废气、油漆、塑料玩具等里面都含有铅成分，如果生活中的这类元素过多，长年累月吸入会导致儿童吸铅过度，在日常生活中就会出现注意力分散、多动等症状。此外，有学者认为，食品添加剂的不当使用也会造成多动。如在食物中过度添加防腐剂、香料、色素等。

2. 家庭教养不当

家庭教育对ADHD儿童的成长有很大的影响，家长不当的教养方式，也可能成为多动的诱因。教养方式如果过度严苛，每件事情都是高标准严要求，只要孩子做的不符合家长的预期，就批评指责甚至惩罚孩子。这样的教养方式会给孩子带来巨大的心理压力，当心理压力超过孩子能够接受的程度，就会出现焦虑、注意力不集中甚至暴力倾向。教养方式如果是过度放养，家长将大部分精力全部投入工作中，陪伴孩子的时间和精力较少，不能帮助孩子养成良好的生活习惯，加之ADHD儿童本身自控能力较差，不能自己安排管理自己的学习生活，就会导致儿童的多动行为越来越严重。

三 多动症的鉴别

（一）鉴别标准

多动症的鉴别主要以行为为指标，1987年，美国精神病协会制定了多动症儿童的诊断标准，从

---

[1] 周兢. 学前特殊儿童教育[M]. 大连：辽宁师范大学出版社，2016：133.
[2] 王萍. 学前特殊儿童教育[M]. 北京：清华大学出版社，2020：138.

"注意力不集中、多动和冲动"等方面鉴别多动症儿童。请阅读拓展资料,初步了解多动症儿童的诊断标准。

拓展资料

美国精神病协会制定的多动症儿童的诊断标准

[指标一]以下两组行为特征,任意一组有至少六项行为、持续六个月以上。

第一组:注意力不集中

(1)在学校上课、工作或其他活动中,不能集中注意力或粗心大意犯错误。
(2)在完成任务或玩耍中,经常很难维持注意力。
(3)在与他人谈话时,通常好像没有在听。
(4)通常不能听从指导,常常不能完成布置的任务。
(5)通常在执行任务或组织活动时有困难。
(6)通常逃避、不喜欢或者不情愿做要求动脑筋的活动。
(7)通常把完成任务或进行活动所需的东西弄丢。
(8)通常容易被无关刺激分散注意力。
(9)在日常生活中通常很健忘。

第二组:多动和冲动

1.多动

(1)手脚不安定或在座位上身体扭来扭去。
(2)经常在教室里或其他场合离开自己的位子。
(3)通常很难安静地玩耍或进行轻松的活动。
(4)经常处于"行动状态"或表现得好像"被发动机驱使"。
(5)经常喋喋不休地讲话。

2.冲动

(1)教师的问题还没问完,就不假思索地抢先回答。
(2)等候时经常有困难,难以等待。
(3)经常打扰或侵犯他人。

[指标二]引起损伤的多动、冲动和注意力不集中症状发生在7岁以前。
[指标三]由这些症状造成的损伤在学校和家庭或更多的情境下都存在。
[指标四]有临床意义的损伤的明显证据存在于社会、学术或者职业功能中。
[指标五]不能用其他的神经紊乱,如情绪紊乱、人格紊乱等来解释。

1989年"中国精神疾病诊断标准"提出了诊断多动症的参考标准,可以从以下三个方面来诊断多动症儿童。

[指标一] 起病于学龄前期（6～7岁），病程至少持续半年。

[指标二] 必须符合以下至少四项的症状：①需要其静坐的场合难以静坐，常常动个不停。②容易兴奋和冲动。③经常干扰其他儿童的活动。④做事有始无终。⑤注意力难以保持集中，常易分散。⑥要求必须立即得到满足，否则就会产生不良情绪反应。⑦经常爱多讲话，好插话或喧闹。⑧难以遵守集体活动的秩序和纪律。⑨学习成绩差，由非智力障碍所引起。⑩动作笨拙，精细动作较差。

[指标三] 并非由低能、儿童期精神病、焦虑状态、品行障碍等原因所致。

从美国精神病协会制定的多动症儿童的诊断标准来看，儿童的行为符合标准的项目越多，诊断的准确性就越高。随着年龄的增长，儿童多动的行为会有所缓解，所以，对多动症儿童的判断要非常慎重，不可轻易就给活泼好动的儿童贴上"多动症"的标签。

（二）鉴别方法

1. 观察法

在鉴别特殊儿童中最常用的鉴别方法就是观察法，是评估者通过感官或者仪器设备，按照观察计划对儿童自然状态下展现出来的行为进行系统化的记录，并根据记录数据进行分析的方法。在生活中，如果家长或教师发现儿童的行为有"多动"的倾向，如过度活跃，难以安静地学习，就可以找专业的人员进行鉴别。在鉴别的过程中通常需要家长提供儿童在自然状态下的行为表现，这就需要在专家的指导下对儿童的"多动"行为进行一段时间的细致观察，并进行记录，一般记录的时间为半年。最后通过家长和教师的记录，由专家进行评定是"多动症"儿童，还是顽皮儿童。

2. 量表测验法

测验法是对行为做标准化和客观化的测量，通常都有严格的施测、打分、解释标准。多动症儿童的筛查也可以采用测验的方法进行，如《康奈尔教师用儿童行为量表（简化表）》，施测者根据孩子的行为表现，选择无、有一点、较多、很多四个程度。最终分数如果超过15分，就怀疑有多动症，建议到医院进行诊断，进行早期干预。

3. 行为检核法

行为检核法是将一些行为项目列出，供评估者进行选择的一种方法。家长或老师如果发现儿童行为疑似多动，就可以就孩子的某个方面进行行为检核，如课堂表现、自理能力、感觉信息处理、动作发展等。评估者可以根据过去对儿童的了解，在检核表上勾选。以下是课堂学习表现检核表（见表8-4）和自理技巧检核表（见表8-5）[①]，评估者按照行为出现的频率选择从不、偶尔、经常、总是。如果检核结果大部分是"从不"或"偶尔"，就要及时送去专业单位进行进一步评估和治疗。

[①] 协康会. 孤独症儿童训练指南[M]. 广州：广东海燕电子音像出版社，2019：30-32.

表 8-4 课堂学习表现检核表

观察项目	从不	偶尔	经常	总是	备注
一、为上课做准备					
1. 上课铃声响起时能够安坐					
2. 把相关文具或书本放在桌子上					
3. 妥善利用课间休息时间进行如厕、喝水、游戏等活动					
4. 能够带齐所需物件上课					
二、活动参与					
1. 上课时眼睛看着老师、课本、作业本、黑板					
2. 不受外界声音或事件干扰					
3. 出现小问题时能自行调节情绪,没有过度的情绪反应					
4. 同一时间要处理多件事情时,能记住要做什么					
三、学习准确度					
1. 在适当的位置填写答案					
2. 检查作业本,确保没有错漏					
四、社交行为表现(上课时)					
1. 安静地听指示					
2. 先举手,后提问					
3. 在适当的时间及场合说话					
4. 听见课间休息铃声响起后,能忍耐至下课才离座					
5. 能察觉自己的骚扰行为					
6. 能自我约束,不打扰别人					

表 8-5 自理技巧检核表

观察项目	从不	偶尔	经常	总是	备注
一、进食					
1. 能用筷子夹起食物进食,并保持清洁					
2. 能撕开食物或餐具的包装袋					
3. 能打开及盖好塑料饭盒、纸饭盒或保温饭盒					
4. 能处理纸盒装饮品而不弄洒					
5. 吃完后能简单地清洁,并收拾餐具,妥善存放					
6. 能在合理时间内完成每次进食					

续表

观察项目	从不	偶尔	经常	总是	备注
二、如厕					
1. 大便后能撕下所需的卷纸，折叠好清洁干净					
2. 如厕后能自行冲厕					
3. 如厕后能自行洗手及擦手					
三、穿衣					
1. 能系鞋带					
2. 能解开、扣上纽扣					
3. 能把外套翻回正面					
4. 能戴上五指手套					
四、梳洗					
1. 能取纸巾擦鼻子					
2. 能在打喷嚏或咳嗽时用纸巾遮掩口鼻					
3. 能保持仪表整洁					

四、多动症儿童的发展特征

多动症儿童与同龄人相比，在情绪调节、注意力、冲动性、学习能力等方面是不同的，其具体表现如下。

（一）情绪调节能力弱

情绪调节能力是指儿童有能力在情绪被干扰的情况下仍然能控制和调节自己的情绪。例如，在游戏环节中，游戏失败仍能保持情绪稳定，争取下次获胜。而多动症儿童的情绪波动比较大，他们会马上做出过度的反应，如大哭大闹，甚至出手打人。他们的一天常常是阴晴不定，一会儿哭，一会儿笑，让人觉得莫名其妙。

（二）注意力集中困难

多动症儿童最核心的表现之一就是注意力集中困难，易受环境的影响。注意持续时间短，无法长时间集中在某件事情上，做事情常常是东一下、西一下，可能上一分钟还在桌子上玩橡皮泥，下一分钟就跑去踢球，做事情有始无终。就算是坐在椅子上，小动作也是不断，一会儿玩手、一会儿敲桌子，东张西望，老师和家长多次强调"要专心"，他们都没有反应，一直沉浸在自己的世界中，直到大声呵斥才会回过神来。

（三）活动过度

多动症儿童常常表现出精力充沛的状态，活动量明显高于普通儿童，但是活动多具有杂乱性、临时性，没有目的性和组织性。常以跑代走，想要什么会立刻冲过去。在家喜欢翻箱倒柜，东西一股脑全部倒出来，全部拆一遍。在幼儿园也表现出活动过度的情况，上课喜欢在椅子上摇来摇去，擅自离开座位在教室里走来走去，各种小动作不断，一刻也停不下来，似乎永远不会感觉累。

（四）冲动性高

多动症儿童行为控制的能力不足，缺乏自我提醒的能力。表现出来就是想干什么就干什么，不考虑时间场所，不顾及行为的后果，如在上课的过程中，大家都在认真听讲，他却大喊大叫离开教室。如老师在提问的环节，还没有说完问题，他就抢先回答。此外，情绪不稳定，容易激动，做事情不会换位思考，对同伴接受度低，久而久之会产生反抗心理，如打人、自伤等行为。

（五）学习困难

大部分多动症儿童虽然智力检测正常，但都表现出学习困难，成绩低下。一方面，儿童由于注意力集中困难，缺乏自控力，导致上课常常开小差，不能认真听老师讲解的内容，直接导致学习效果差。另一方面，他们缺乏组织规划能力，往往只顾及眼下的事情，放学后一心想着看电视，直到家长提醒才赶紧拿出作业写作业，写作业也总是马马虎虎，到处都是错误，这也会影响学习效果。此外，有的多动症儿童还同时伴随有其他障碍，如语言功能障碍、视觉运动功能障碍等。

（六）问题行为

多动症儿童由于自身冲动性高，自控能力差，行动快于思维，不经思考就行动，常常是横冲直撞，不听从指令，在学校不能很好地遵守课堂纪律，不愿意听从教师的教导，任性固执、喜欢攻击他人，如经常有推人、打人、砸人等行为，有的有自伤行为，如撞头、拉自己头发等。这些问题行为不仅影响学业成绩，还会遭到周边同学的反感和排斥，导致人际关系破裂，如果不及时干预就会越演越烈，形成恶性循环。

（七）动作协调缺陷

有一部分多动症儿童存在动作协调缺陷，四肢协调能力差，走路容易摔跤，在跳绳、跑步、舞蹈等方面不如普通儿童。如在球类游戏中，他们会出现接球抛球不准确的问题。另外，他们的动作幅度也比较大，出手没有轻重，这些行为也会被认为是顽皮、捣蛋。

经典案例

我家"捣蛋鬼"

聪聪今年5岁,妈妈说自从上幼儿园总是收到老师的投诉,老师说他在园内情绪波动很大,时好时坏。上课也不能安坐,手脚动个不停,有时候更会自己站起来到处走,根本不管老师是不是在上课。过六一儿童节的时候还搬凳子砸伤了旁边的同学,小朋友都不愿意跟他玩了。他自己心情不好或者激动的时候也会用头撞墙。妈妈表示为了教育他,已经身心疲惫,因为他在家里也会有不听指令的时候,常常一不留神椅子就被他推倒了,每天家里就跟打仗一样。一直不明白自己的孩子为什么这么难带。

后来在老师的建议下,带他做了诊断评估,结果显示他患有多动症,医生的讲解解答了家长心中积压多年的疑惑,这才明白原来他的行为不是故意的,是多动症独有的特质。

想一想,该例子中聪聪的哪些行为是多动症儿童的典型特征?

五 多动症儿童教育干预的原则

(一)早发现早干预

早发现早干预,学前期是儿童各方面能力发展最迅速的时期,具有很强的塑造性。早期发现有利于争取时间进行早期干预。若老师和家长发现儿童有多动症的倾向,要尽早请专家进行诊断,及早进行干预。早期干预可以尽早地阻止障碍加重,同时促进其向正常方向成长。

(二)接纳欣赏儿童

接纳儿童,多动症的很多行为是他们先天的因素导致的并不是他们故意调皮而为之,老师、家长应该接纳孩子的不足,正确看待儿童的不当行为。也要勇敢地跟周围的人说明儿童的情况,让其他人知道他有自我控制的困难。欣赏儿童,不能紧盯着儿童的不足看,也要发现发掘儿童的正向行为,如较高的创造力。在他们有一点进步的时候要及时地给予肯定,增强他们的自信心。

(三)采取有针对性的干预措施

1. 目标制订要符合儿童的需求

虽然多动症的核心障碍相似,但是就每个多动症儿童而言又是各不相同的。因此,干预计划要根据儿童的现有能力和现阶段的学习成长需要来制订。在制订干预目标时,不可贪多,一般在一段时间内制订一至两项就可以了,注意目标的设定不可太难,开始时可以降低难度,让儿童获得满足感，等本阶段目标全部完成后再制订下一个目标，这样有利于增强儿童的自信心，强化他们完成目标的动机。切不可一次性制订多个不恰当的目标，结果不仅计划难以按时完成，还可能打击儿童和家长的自信心，最终导致情绪行为问题。

2. 干预中指令要简短清晰

鉴于多动症儿童注意力维持时间短、很容易分心的特点，家长在给予指令的时候要尽可能简短明了。同时注意一次只发出一个指令，等儿童完成后再给出下一个指令。在指令下达的过程中要避免"详尽"的说教，因为多动症儿童注意力集中时间较短，在短时间内从一大段话中提取重点内容，对他们来说难度太大，很大一部分儿童出现问题行为的原因是不理解指令，没有抓住重点，就是因为，指令太长，没有重点。而家长认为儿童故意捣乱，不听话，就会不断地提醒强调，结果，引起双方冲突，诱发问题行为。

3. 干预中要善用奖赏

多动症儿童也有好行为，切记不能只盯着儿童的问题行为看，在干预中也要注意儿童的好行为和进步点，并进行及时的奖励。家长、老师可以提前和儿童讨论制订好行为的奖励机制，如什么时候、完成什么任务，完成到什么程度就可以得到什么奖励。后期，当儿童的目标行为有了很大的进步且维持稳定后就可以减少奖励的频率，奖励的类型也可以由物质奖励转化为精神奖励。

（四）发挥家长的力量

儿童在家的时间远远超过在特教学校或特教机构的时间，在家中父母与儿童相处的时间也超过与教师相处的时间。因此，在干预的过程中要积极发挥家长的作用，让家长多了解多动症的含义、行为特征等，在后期辅助诊断的时候和干预的时候发挥重要的作用。此外，引导家长营造一个良好的家庭教育环境，既不能过度严苛，也不能放任自流，以此来减少儿童多动和焦虑等症状。

六 多动症儿童的干预

多动症儿童因为自身的障碍，表现出各种不良行为，其实这不是他们故意为之。我们要对他们进行早期预防与干预，避免儿童产生更多的问题行为，形成品格缺陷。

（一）行为治疗

行为治疗主要采用斯金纳的操作性行为，他指出行为是由行为之后的刺激改变所影响。其基本分析单位是三期后效关联，即前事、行为和后果，也称为行为分析的ABC。行为之后如果呈现的是儿童喜欢的物品，儿童未来出现这种行为的可能性就会增加。如果行为之后呈现的是儿童厌恶的物品，未来出现这种行为的可能性就会减少。

按照行为主义的观点，儿童行为的表现是由行为之后的结果所维持，多动症儿童的行为也受到行为后果所维持，那么针对儿童好的行为，我们可以立即给予奖励，强化儿童的好行为。对于儿童不好的行为我们可以采用强化、惩罚等方法进行纠正。

1. 强化

使用强化技术进行干预治疗的一般步骤是：第一选择行为，儿童的行为众多，要从中选择最需要解决的，对儿童影响最大的行为进行干预。注意，选择一个行为即可，不能多个行为同时干预。第二测量行为的初始表现，观察儿童问题行为出现的频率强度等，然后确定目标。如儿童上课每10分钟就会站起来一次，那么我们的干预目标就从10分钟开始。第三选择强化物，好的行为需要后果的维持，选择孩子喜欢的食物、玩具、社交奖励作为强化物来维持他好的行为。第四淡化强化频率，在行为稳定后，逐渐淡化强化频率，由连续强化转为间歇强化，强化物也由人为强化逐步转变为自然强化。

2. 惩罚

为了减少儿童的问题行为，可以采用非移除式隔离和反应代价的方法。非移除式隔离指儿童仍然在原来增强的环境中，只是丧失了能够接触强化物的机会。如儿童在上感统课的时候出现尖叫的行为，就会被要求离开秋千（秋千是儿童喜欢的活动），在老师的身边待一段时间。反应代价是指在儿童出现问题行为后，会失去一定数量的强化物，使儿童未来出现这种行为的频率减少。如在上课的过程中，儿童出现离座的行为，那么之前在课堂上获得的贴纸或代币就会被收回，儿童未来出现这种不当行为的频率就会减少。

注意这里的惩罚是基于操作性行为，不是日常生活中所指的打骂、体罚等内容。

（二）认知—行为治疗

认知—行为治疗是行为治疗方法的延伸，其核心方法是利用认知对自己行为进行监控，儿童通过内部语言或外部语言来控制自己的行为，即自己对自己说话，通过自己对自己行为的语言引导，达到自我控制、自我调节的目的。在采用认知—行为疗法时，教师要引导儿童在行动时把教师的指令和要求说出来；反复多次后，会出现正确的行为，在教师的提醒下，让儿童自己说出应该如何行动；经过长期训练，使儿童逐步形成稳定的态度，从而达到改善其行为的目的。[①]引导儿童认识到自己认知中错误的思维，找到正确的部分，来帮助儿童解决情绪与行为问题。如采用自我教导的方法，对自身的行为进行控制，例如，在做事情的时候幼儿对自己说"我现在该上课了，手要放好，耳朵认真听"，可能刚开始时儿童还没有这样的能力，就需要老师或家长在旁边协助，对其行为进行引导。

（三）心理治疗

多动症存在生理及心理的多重病因，因此在干预中还需要结合一系列的心理治疗。心理治疗包

---

① 雷江华．学前特殊儿童教育[M]．武汉：华中师范大学出版社，2022：168.

括两个方面，一方面要帮助儿童树立自信心，相信自己可以克服改正不良的行为习惯。家长和老师要多关注儿童的好行为和有进步的行为，并给予及时的肯定奖励，帮助儿童建立自信心。从而提高儿童的学习欲望、积极性等。另一方面要提升家长老师对多动症儿童的认识，让他们了解这是一种疾病，不能错误地认为是孩子故意捣乱、不守纪律、品行不端等，更不能采用体罚、打骂等方法来惩罚儿童，避免儿童出现反抗情绪和行为，加重病情。

（四）药物治疗

一般情况下，不建议6岁以下的孩子服药，考虑以教育干预为主。6岁以上如果症状严重，应谨遵医嘱服药。目前，治疗多动症的首选/主要药物为兴奋剂类药物，常见的有利他林（Ritalin）、专注达（Concerta）。部分不适用兴奋剂类药物或对其反应不佳的孩子，可能需要服用一些非兴奋剂类药物，如一些抗抑郁药物，有助于改善专注力不足、过动及冲动等行为。但是药物治疗也有一定的缺陷，如维持时间短，还会伴随一些副作用，如心跳加速、失眠、好哭、健忘、胃痛等，所以，药物的使用必须谨慎，一般是在儿童症状特别严重，已经影响到正常生活的时候才服用。

（五）其他治疗

1. 饮食辅助治疗

铅的过度摄入，是多动症的诱发因素之一，因此在日常饮食中要特别注意少吃含铅类的食物，如皮蛋、贝类。不能想吃什么就吃什么，还要注意饮食营养均衡，多吃一些含有丰富维生素的食物，如新鲜的蔬菜、鸡蛋等食物。

2. 环境调整

对教室环境进行调整，环境中的元素过多，会分散儿童的注意力，因此，班级环境布置要尽可能简单、整齐，尽可能少地分散孩子的注意力。安排位置时，可以让多动症儿童坐在教室的前排，便于教师在发现幼儿有不当行为的时候及时提醒。对环境中不合格的材料进行调整，过多地接触油漆和不合格的塑料玩具，也会诱发多动症，因此要避免让儿童接触油漆制品和不合格的塑料玩具，多带孩子到大自然中玩，呼吸新鲜的空气。

3. 增加活动

多动症儿童常常通过活动自身来增加神经递质的释放，从而使自身能够进入到注意集中的状态中，老师和家长可以多带他们参加一些活动，如体育锻炼、劳动、游戏活动等，让儿童在恰当的场景中释放精力。

4. 生活习惯调整

多动症儿童由于自身控制能力不足，缺乏组织规划能力，生活没有规律性，为此，老师和家长要注意培养多动症儿童良好的生活习惯，每天固定的时间做固定的事情，如回家先写作业再玩玩具，吃饭前先洗手。做事情的时候要一心一用，不能一边吃饭一边看电视，一边画画一边听音乐。

课外拓展

行为控制能力提升案例

行为控制能力提升 IEP 计划

姓名	彤彤		性别	女
年龄	5岁		障碍类别	多动症
训练目标		改善行为控制能力		
训练活动方案一	活动名称	找异同		
	活动目标	通过两幅相近的图片，让儿童找出其中的异同，训练儿童集中注意力认真观察的能力。在找的过程中播放音乐，训练儿童控制与工作目标无关的感知信息的能力		
	活动材料	两幅相近的图片，如《动物园》		
	活动方法	请儿童在规定的时间内找出两幅图片相同的地方和不同的地方		
	注意事项	1. 图片的难度要逐渐增加，由原来的2处不同，到3处、多处不同 2. 由原来在安静的场所找异同，到有背景音乐的场景找异同		
训练活动方案二	活动名称	拍一拍		
	活动目标	让儿童在活动中集中注意力，在听到指令后做出正确的行为反应		
	活动材料	准备用蓝色彩笔写着"红色"字样的卡片 用红色彩笔写着"黄色"字样的卡片 用黄色彩笔写着"蓝色"字样的卡片		
	活动方法	将卡纸放在桌子上，儿童在听到指令后拍相应的卡纸 环节一：按字意拍卡片，如指令是拍写"红色的卡纸"，儿童需要拍蓝色彩笔写有"红色"字样的卡纸 环节二：按文字颜色拍卡片，如指令是拍用蓝色彩笔写的卡纸，儿童需要拍写着"红色"字样的卡纸 环节三：交替拍卡纸，随意切换按字意和按文字颜色拍卡片 每个环节都可以做成比赛的形式，比赛看谁拍得又快又准确		
	注意事项	1. 难度要贴合儿童的能力 2. 难度的调整可以是增加不同颜色的字卡，也可以是加快指令的速度		

实训操练

结合多动症儿童的诊断标准，对幼儿园（特殊教育机构）中的幼儿进行观察，简单识别该园所是否有多动症倾向的幼儿。如果有，请说明做出判断的原因。

真题再现

1. 多动症儿童的典型年龄是（　　）。

   A. 3岁左右　　　B. 4岁左右　　　C. 5岁左右　　　D. 6岁左右

2. 多动症儿童的鉴别主要（　　）。

   A. 以语言发展为指标　　　B. 以认知发展为指标

   C. 以行为为指标　　　D. 以社会性发展为指标

3. 关于"多动症"的不正确表述是（　　）。

   A. 多动症跟遗传无关　　　B. 多动症存在男女性别差异

   C. 多动症与低血锌含量相关　　　D. 多动症与高血铅含量相关

4. 多动症儿童自己跟自己说话，通过自己对自己行为的语言引导，达到自我控制、自我调节的目的是（　　）。

   A. 行为治疗　　　B. 认知—行为治疗　　　C. 心理治疗　　　D. 环境控制

5. 行为冲动、精力过剩，注意力集中困难，情绪不稳定是哪类儿童的行为特征？（　　）

   A. 孤独症儿童　　　B. 语言发展异常儿童　　　C. 多动症儿童　　　D. 学习困难儿童

6. 试述如何对多动症儿童进行教育干预。

7. 试述学前期和学龄期多动症儿童的主要行为表现。

8. 案例分析：小松是一个很活泼的男孩子。但是进入幼儿园后却与班里的小朋友相处得并不好，因为他经常打其他的小朋友，抢别人的玩具，还会突然去吓唬其他小朋友，如果老师上前劝阻，他就会用手用力地打自己的头，并且大声喊叫。结合所学，试分析小松的行为并为其制定行为矫治方案。

过关练习

真题再现、过关练习参考答案

一、不定项选择（每题有1个或多个正确选项，请将选项字母填在括号里）

1. 多动症一般在（　　）以前发生？

   A. 5岁　　　B. 6岁　　　C. 7岁　　　D. 几岁都有可能

2. 多动症儿童常用的鉴别方法有行为检核法、量表测验法和（　　）。

   A. 观察法　　　B. 实验法　　　C. 问卷调查法　　　D. 访谈法

3. 以下不属于多动症儿童发展特征的是（　　）。

   A. 情绪调节能力弱　　　B. 注意力集中困难

C.活动过度与冲动性高　　　　　D.语言表达能力差

二、判断题

1.多动症是孩子比较喜欢动来动去，不是一种病症。（　）

2.多动症多以女生为主，男生患病率较低。（　）

3.多动症一般不会遗传。（　）

三、简答题

1.简述多动症儿童的发展特征。

2.简述多动症儿童预防与干预的方法。

3.简述多动症儿童教育干预的原则。

下篇 提升篇

怎样更好地开展学前特殊儿童教育

- 第九章　学前特殊儿童教育的评估
- 第十章　学前特殊儿童的个别化教育计划
- 第十一章　学前特殊儿童的干预方法
- 第十二章　学前融合教育

第九章　学前特殊儿童教育的评估

◇ **学习目标**

1.知识目标：掌握学前特殊儿童教育评估的定义、内容、方法和实施步骤。
2.能力目标：能运用所学对学前特殊儿童进行简单的教育评估。
3.情感目标：理解特殊儿童评估的重要性、理解特殊儿童心理症状，并能进行简单评估。

◇ **核心知识**

评估的含义、筛查性评估、诊断性评估、终结性评估、评估的原则、评估的内容、评估的方法、评估的实施步骤。

◇ **思维导图**

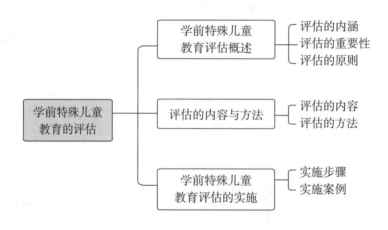

下篇提升篇　怎样更好地开展学前特殊儿童教育

◇ **本章概要**

本章作为教材的第九章，主要介绍学前特殊儿童教育的评估。从评估的内涵、评估的分类入手，从落实特殊教育相关法律法规、找到特殊儿童教育起点、检验干预的有效性、提高教师教学质量四个方面体现评估的重要性。评估的过程要坚持客观性、全面性、科学性和伦理性的原则。评估的内容要尽量全面，重点应该包括生长发育情况、心理发育情况、教育干预情况和医学检查情况四个方面。

评估的方法多种多样，本章重点介绍了观察法、访谈法、评定量表法和测验法，每种方法都有其优缺点，我们要根据儿童的情况进行选择，可以采用一种方法，也可以多种方法结合使用。评估实施具体可以分为四个步骤，第一是准备阶段，要全面了解评估对象、明确评估目的，并在此基础上制定评估方案；第二是评估阶段，从接待家长开始，到分项测评，最后整理测评资料；第三是撰写评估报告阶段，需要注意的是评估报告中应该包括基本资料、评估目的、评估结果、教学建议等内容；第四是评估结果应用阶段，该阶段可以将评估结果运用在教育安置、教学内容设置、家长指导、科学研究等方面。

第一节　学前特殊儿童教育评估概述

案例导入

晶晶要何去何从？

晶晶今年3岁半了，刚开学不久，全家人怀着激动的心情将晶晶送到了当地一所比较好的幼儿园，可是好景不长，没过几天晶晶就不愿意去幼儿园了。经过妈妈全面了解，才知道晶晶在班上常常出现以下情况：老师上课提的问题，他听不懂，也不会举手回答，慢慢地上课就不喜欢听老师讲课，常常游离于课堂之外，不愿意学习。在和小朋友互动的过程中因为规则意识差，常常做出"出格"的事情，被同伴拒之门外，只能自己一人玩耍。

了解情况后的妈妈开始静下心来思考，到底是哪个环节出现了问题，晶晶到底适不适合幼儿园？要继续在普通幼儿园还是去找一家特教机构上学？如果你是孩子的妈妈，你会如何进行调整？

特殊儿童由于自身的特殊性导致不同的特殊教育需求，要想对"症"下药，采用针对性的教育教学和康复训练，就需要我们在干预之初对个案进行准确的评估，确定儿童的障碍类型、障碍程度，弄清儿童的学科发展水平，在干预的过程中进行阶段性评估，了解干预的效果，及时调整教育教学。

一 评估的内涵

（一）评估

评估一词英文为assessment，该词又翻译为"评量""评定"，是根据一项标准，对所测量到的数值予以价值判断。[①]

特殊儿童评估指通过多种方式大量收集幼儿各个方面的信息，在此基础上进行分析、判断，找出幼儿的现有能力水平、优势、弱势和未来发展需求，从而做出干预决定的过程。

（二）评估的分类

评估的类型多种多样，根据不同的划分标准可以分为不同的种类，如根据评估的目的和作用，可以分为筛查性评估、诊断性评估和终结性评估；根据评估的状态可以分为静态评估和动态评估；根据参照标准的不同，可以分为常模参照评估和标准参照评估。每种评估类型都有其优缺点，了解各种类型有利于评估者根据评估需要做出正确的选择。

1. 筛查性评估、诊断性评估、终结性评估

根据特殊儿童评估的目的和作用，可以将评估分为三大类：筛查性评估、诊断性评估、终结性评估。筛查性评估主要以筛查为目的，对一个群体进行大规模的调查评估，筛查出与总体相比心理发展水平存在较大差异的儿童，如显著偏高或显著偏低的儿童。筛查出后，相关人员会进一步跟进，把他们转介到相关单位，进行更为系统的评估。诊断性评估主要是由国家指定的医院进行鉴定评估，确定是否属于特殊儿童的范畴，具体哪种类型（如孤独症、智力障碍等），以及适宜的教育安置形式，是特殊教育学校还是普通学校或机构等。其主要目的是通过诊断，为这些特殊儿童制定合适的教育方案。终结性评估主要用来评估一段时间干预的效果，衡量有没有达到干预的目标。如在经过三个月的干预后，看儿童在某个领域的进步情况，检验该干预方法的有效性。

2. 静态评估和动态评估

根据评估的状态可以分为静态评估和动态评估。静态评估是评估者根据评估指导语，严格按照评估程序开展评估，要求被试在规定的时间内对呈现的题目一一作答，中间不进行任何提示，在连续几题作答错误的情况下停止评估。这种评估通常是标准化测试，如选用《斯坦福-比奈智力量表第五版》测试2岁以上人群的智力水平。动态评估是指反映学生学习过程及特点的一种过程导向评估模式。这种评估希望能够扩展传统标准化测验评估的范围，改变测验情境，以比较个体内在的能力差异，检验其学习过程，并寻求促进其获得新的信息或认知技能的策略。[②]

3. 常模参照评估和标准参照评估

根据参照标准的不同可以分为常模参照评估和标准参照评估。常模参照评估是指该测验建立了

---

① 王辉.特殊儿童教育评估[M].南京：南京师范大学出版社，2022：3.
② 琚圆圆.动态评估及其在特殊教育中的应用[J].中国特殊教育，2007：55-59.

常模，测验结果根据常模来进行解释。例如，一个特殊需要儿童的言语评估为70分，动作发展评估也是70分，而全班言语评估平均成绩为60分，动作发展平均成绩是80分，那么这位特殊儿童的言语发展能力在班上属于中等偏上的水平，而动作能力则为中等偏下的水平。这种评估方式可以看出被评估对象在某个群体中的相对位置，找出与同龄人的差距。标准参照评估则没有制定常模，但是设置了一定的判断标准，如合格、不合格、掌握、未掌握，它是一种绝对性评估，评估人员根据一定的教学目标来解释评估结果。在这种评估中，不看儿童在整个群体中的相对位置，而是对标教学目标，如果达到了个别化教育计划中的教学目标，就会获得好的评估结论。

◇ **思考讨论**

参考答案：
评估的内涵

1.老师针对言语发育迟缓儿童欣欣制订了本月个别化教育计划，主要内容是练习j、q、x的发音。在干预了一个月后，老师对欣欣进行了评估，结果显示欣欣的三个音中j和q都达成了目标，只有x的音发不出来，常常把西瓜说成"ji瓜"。评估结论是该儿童目标达成2/3。请判断该评估属于哪种类型的评估，并说明理由。

2.妈妈发现3岁的珂珂总是喜欢一个人待在角落里发呆，同时还会摇晃自己的手，跟他说话他也没有反应，只有妈妈非常大声地喊他的时候，他才会回过神来。日常生活中喜欢的玩具也很有限，就是小时候爸爸给他买的红色小汽车，后面买的其他类型的小汽车他也不喜欢。妈妈不理解孩子的行为，带他去医院找专家进行了评估，评估结果为中度孤独症，建议尽早进行干预，未来到特殊学校就读。请判断医生对儿童进行的评估属于哪种类型的评估，并说明理由。

二 评估的重要性

如何辨别该儿童是有特殊需求的儿童，如何找到儿童教育干预的起点，如何制定适合他们能力需求的高质量教育计划，如何检验干预的有效性，在特殊需要儿童的干预过程中，评估起着不可替代的作用，其重要性主要体现在以下几个方面。

（一）有利于落实特殊教育相关法律法规的要求

《"十四五"特殊教育发展提升行动计划》中提出，要"精准施策，分类推进，实现残疾儿童青少年科学评估施教"。这就要求我们对特殊儿童进行科学评估，在评估的基础上进行精准施策，分类推进。特殊儿童的评估为相关政府部门提供了数据信息，特殊儿童教育"普及程度显著提高，适龄残疾儿童义务教育入学率达到97%"。通过筛查、诊断评估，可以确定特殊教育的服务对象，通过数据统计得到特殊儿童的总量，为政府进一步决策提供依据。

（二）有利于找到特殊儿童教育的起点

"无评估，不教学"，特殊儿童由于自身发展的特殊性，有其特殊的教育需要。如果老师只是凭感觉、凭经验根据固定的模式进行教学，就会出现"儿童学不会""老师教崩溃"的情况。要想让教学有效，孩子进步，就必须对孩子进行有针对性的评估，明确孩子的现有能力，学习优势、劣势。只有全面把握孩子的特点，才能对症下药，因此需要对特殊儿童进行全面评估，为后续的教育教学开展找到起点。

（三）有利于检验干预方案的有效性

干预是否有效，孩子是否有进步，接下来是否按原方案执行，都离不开定期评估。只有定期评估，才能得到孩子最近的变化情况；只有通过数据分析，才能评判课程的有效性，看到孩子各个方面进步的情况。教学效果显著的部分继续保持原有的教学方法和教学进度，教学效果不明显的部分可以进行教学内容、方法的调整，思考是否教学内容设置太难，教学方法是否使用不当等。

（四）有利于提高教师教育教学质量

定时评估有利于教师监控教学，及时发现教学中的问题，并不断进行教学调整。在评估分析中，孩子的进步是教师内部动力的源泉。若孩子能力提升缓慢，也将转化为压力，促使教师努力寻找原因，不断学习，不断调整教学方式方法。这个过程极大地提升了老师的反思能力、自我学习能力和教学能力，提高了教学质量。

三 评估的原则

（一）评估的客观性

评估要坚持客观性的原则，做到不预设答案，不主观推测，一切基于孩子的反应。评估过程要科学严谨，不进行不当引导；数据记录要真实、准确，不能擅自修改数据；数据分析要科学，结论要科学，要有参考价值和指导意义。如在认知评估中，老师让孩子找出可以用来擦手的"毛巾"（物品功能测试），就故意将毛巾的卡片放在距离孩子最近的地方，暗示正确答案，这就违背了评估的客观性。老师为了体现阶段性的学习成果，故意对儿童进行提醒，这评估结果反映的就不是孩子的真实水平，评估后的建议就会出现误差，进而影响接下来的教学安排。

（二）评估的全面性

对特殊儿童的检查和鉴定要坚持全面性的原则，尽可能地收集与儿童有关的各个方面的信息，如生长发育情况、家庭照护情况、教育干预情况等。收集的信息越全面、越真实，就越有利于老师进行分析判断，进而制定干预方案。绝不能仅用一种工具，仅进行短短几分钟的互动就得出结论。尤其是诊断性评估，如很可能这个孩子从来没有见过自动打开的门，见门开开合合，很感兴趣，就一直盯着门看，评估师不能因此就下结论说这个孩子有刻板行为，疑似孤独症；也有可能在评估的时间里，孩子因为长时间坐车导致情绪不稳定，一直尖叫、哭闹，评估师也不能因此就下结论说这个孩子有情绪障碍问题。为了评估的准确性，要进行系统的、全面的多次评估。

（三）评估的科学性

评估的科学性一方面要求评估工具的科学性，另一方面要求评估过程的科学性。评估工具应尽量选择经过时间检验的，最好是标准化的工具。如果是国外的，最好使用经过本土化修订的，评估内容要适合我国本土文化习惯。如国外量表中关于言语的测评，主要是英文字母，如果直接拿来用就会发现孩子的分数基本为0，评估结果就没有任何意义，这时就需要使用经过本土化修订的版本，将英文字母转化为拼音。评估过程的科学性要求评估工作人员具备评估的能力，必须是有相关学科背景的专家、教师或者经过评估专业培训、熟悉评估流程的评估者。要尊重评估标准，在评估过程中，评估人员应严格按照测验使用手册中的要求进行评估，如测验时间是2分钟，那么在3分钟的时候说出答案就不能算数。只有这样，才能够减少评估误差。

（四）评估的伦理性

在评估中、评估后都要注意遵守评估的伦理性，如知情同意权、隐私权等。知情同意权是指评估需要提前征得儿童及其监护人知情同意，评估师需要将评估的内容、方法提前告知家长，在征得家长同意后，签署纸质版的知情同意书，说明具体的评估内容、评估日期，双方签字后才能生效。如果评估结果用于科学研究，也需要在开展研究前和公开发表研究数据前获得儿童及监护人的同意，并说明干预服务不会因为家长拒绝而受到影响，且在评估过程中的任何阶段，家长都有权撤销同意书而不会受到惩罚。隐私权是指在评估的过程中要注意保护参与者的隐私，评估会收集儿童的大量信息，如疾病史、医学诊断结果、家庭信息、教育干预史等，很多是家长不愿意让别人知道的内容。如果评估者没有遵循保密的原则，在一些公开场合、公共平台进行传播，将极大地损害儿童、家长的隐私权，如肖像权、名誉权等，甚至会受到法律的追究。

> **课外拓展**
>
> *推荐书籍*：由南京师范大学出版社出版、王辉主编的《特殊儿童教育评估》，该书采用模块化的方式布局，按照理论结合方法的形式，系统地介绍了特殊儿童教育评估的知识和方法，具有较高的理论与实践价值。

过关练习

一、不定项选择（每题有1个或多个正确选项，请将选项字母填在括号里）

1. 根据评估指导语，严格按照评估程序开展评估，要求被试在规定的时间内对呈现的题目一一作答，中间不进行任何提示，在连续几题作答错误的情况下停止评估。这种评估是（　　）。

　　A.诊断性评估　　　　B.终结性评估　　　　C.静态评估　　　　D.动态评估

2. 张老师数学教育专业毕业，后改行做特殊教育，单位领导让他负责新转介儿童的评估，并解释说只要按着测评工具读项目就可以了，没有对他进行任何培训就让他上岗，张老师对儿童进行评估违反了评估的哪个原则？（　　）

　　A.评估的客观性　　B.评估的全面性　　C.评估的科学性　　D.评估的伦理性

二、简答题

1. 从评估目的和作用的角度分类，评估可以分为哪些类别？
2. 简述评估的重要性。

三、论述题

1. 有人说，"评估太浪费时间了，我们要抓紧时间教学，多教几遍就会了，根本不用浪费时间去评估"，对此请谈谈你的看法。

2. 王老师在评估结束后，在办公室吐槽今天评估的小朋友能力太差，连基本的呼名反应都没有。他说他叫了几次，小朋友都没有看向他，以后的教学难度太大了。请你说说这个老师的行为是否正确？为什么？

过关练习参考答案

第二节　评估的内容与方法

特殊儿童教育评估是一种多维度的综合评估，通常包括儿童的生长发育情况、心理发育情况、教育情况和医学检查情况。评估的方法也有多种，如观察评估、访谈评估、评定量表评估、测验评估等。

一 评估的内容

（一）生长发育情况

生长发育情况主要指儿童的身体健康状态，包括儿童的出生情况、成长情况、家庭情况，通常由儿童家长、医生提供相关资料。它能为有特殊需要儿童的鉴别和筛查提供依据。具体来说，生长发育情况表需要提供如下信息。

（1）出生情况：主要收集与儿童出生相关的医学信息，涉及母亲的妊娠史，主要是孩子在胎儿期是否出现异常，如缺氧、营养不良、宫内感染等情况。

（2）出生史：主要询问儿童在出生时的身高体重，是否早产、是否剖宫产、出生后儿童的各项指标如身高、体重是否正常，是否有产伤，感染等。

（3）疾病诊疗史：了解儿童在生长发育的过程中有无产生重大疾病，如有，做了何种治疗；近期是否有疾病，有没有服药，或者是否做过其他手术治疗，服药剂量是多少；日常生活中是否有过敏史等内容。

（4）家庭情况：主要调查了解孩子生活的环境，涉及以下内容。家庭成员基本情况、主要照料者情况、家族是否有遗传史、主要照料者的育儿理念等内容。

（二）心理发育情况

心理发育情况一般包括儿童的智力、社会生活能力、情绪行为等方面，评估主要采用心理测试的方法获得相关数据。

1. 智力评估

智力对于儿童的发展是至关重要的，如果儿童的智力方面存在障碍，就会影响他未来学习和生活的方方面面，因此智力评估在学前儿童的评估中是应用最广泛的。智力评估的方法以智力测验为主，常用的智力测验法有：丹佛智能筛查法，适用对象是0～6岁儿童；皮博迪图片词汇筛查试验，适用于2岁以上的儿童；考夫曼儿童成套评估测验第二版，适用对象是3岁到18岁11个月的儿童；斯坦福—比奈智力量表，适用对象是2岁到成人阶段的人群；韦氏幼儿智力量表（修订版）适用于4～6.5岁儿童。

2. 社会适应能力评估

社会适应能力也是特殊儿童评估的重要方面，评估一般涉及儿童的自理能力、交往能力、社会适应性等内容。社会适应能力的评估主要采用访谈法和评定法，评估工具有："AAMR适应行为量表"，该表是目前使用最广泛的量表之一；我国学者韦小满老师在1996年对TABS-SE进行了修订，命名为"儿童适应行为量表"，适用对象是3～16岁儿童，由一般适应能力和不良适应行为两个部分组成；"文兰社会成熟量表"，适用对象是0～25岁人群，由一般自理、进食自理、穿衣自理、行走、职业、交往、自我管理、社会化等8个分测验组成。

3. 情绪行为能力的评估

情绪和行为不仅会影响儿童的心理状态，产生焦虑、冲动、抑郁等负向情绪，还会影响健康、学业、人际交往等方面，因此，对特殊儿童情绪行为的评估也是必不可少的一个方面。情绪与行为评估的主要方法有观察法、评定量表法和检核法。评估工具有：由巴格内托、内斯沃斯、塞尔维亚和亨特编制的"气质和异常行为量表"（Temperament and Atypical Behavior Scale，TABS），适用对象是11～71个月婴幼儿。[①]

(三) 教育情况

教育情况主要评估儿童接受教育的相关情况。主要包括对课程掌握情况的评估和在园（机构）学习情况的评估。

1. 课程掌握情况的评估

课程掌握情况的评估：一方面评估儿童对学习内容掌握的程度；另一方面，将评估结果与普通儿童进行对比，看其与同龄人的差距。此外，课程的评估结果是制定下一阶段教学目标的重要依据。

2. 在园学习情况的评估

在园学习情况的评估，主要评估儿童在园参加集体活动的情况，独立完成学习任务的情况，遵守课堂纪律常规的情况，与老师同学相处的情况等内容。

(四) 医学检查情况

1. 一般性的健康检查

一般性的健康检查主要包括身高、体重、脉搏、血压、感觉器官功能（视觉、听觉、嗅觉、味觉、触觉）、运动功能、神经系统功能等。通过这些常规检查了解儿童的骨骼发育、感觉器官发育是否正常，与同龄儿童相比是否有差距。

2. 异常部位针对性检查

针对性检查主要是针对可能存在的伤残部位进行的针对性检查，例如，染色体的检查可以帮助判断是否患有唐氏综合征、猫叫综合征等，CT检查可以判断出是否有脑发育异常、脑畸形等。

3. 诊断性检查

医学检查是唯一可以对特殊儿童进行诊断的评估，确定特殊儿童的障碍类别、障碍程度，针对各类不同的特殊儿童医生在诊断时采用的方法也各不相同，如针对肢体障碍的儿童所做的检查主要是关节活动、肌肉张力、身体左右侧平衡等方面的检查。针对视觉障碍者的检查主要是视力和视野两个方面的检查。对于孤独症儿童的检查主要是采用现场测试的方法进行，通过对儿童提问、观察儿童的行为、结合对家长的问询几个方面进行检查。

二 评估的方法

学前特殊儿童的评估涉及儿童的方方面面，需要在综合评估的基础上，进行分析讨论，制定干

[①] 雷江华. 学前特殊儿童教育 [M]. 武汉：华中师范大学出版社，2022：297.

预方案,在评估的过程中需要根据儿童的具体情况选择不同的评估方法,目前在评估中使用比较多的方法有观察法、访谈法、评定量表法和测验法。

(一)观察法

观察法是观察者有目的、有计划的一种活动。观察者运用感觉器官能动地对自然或社会现象进行感知和描述,从而获得有关事实的资料。① 根据观察是否具有结构性,可以分为正式观察和非正式观察。

1. 正式观察

正式观察是一种系统的观察方法,需要在观察前确定特殊儿童需要观察的行为,并对行为进行操作性定义,如观察的是攻击性行为,必须要对"攻击性行为"做操作性定义,让它变得可观察、可测量,如在此次观察中具体指肢体的攻击,手、腿接触到对方,有一定的冲击力。需要在观察前制作好观察记录表,确定记录的时间、内容、记录符号,对所有的个案均采用此表格。规格内容统一,便于后期分析统一。观察前训练,由于正式观察具有高度的结构性,为了能够在短时间内收集大量的信息,并保证信息的可信度,需要在观察前对观察记录者进行集中统一的培训。如在对儿童进行行为观察时,可以使用 ABC 观察记录表,在行为记录后,根据记录内容做初步的行为功能分析。

2. 非正式观察

非正式观察是一种相对松散的观察方法,在观察前不需要做严格的观察计划和表格,但这并非不需要观察大纲,随便观察,而是要求观察者有一个开放型的大纲,凡是与儿童目标行为相关的事件,都可以记录在观察记录表中,相较于正式观察更加灵活。

(二)访谈法

访谈法是评估者与特殊儿童、特殊儿童家长之间进行的一种有目的的谈话。评估者根据提前设计好的访谈大纲对受访者进行访谈,以此来收集特殊儿童有价值的资料。访谈法根据其对访谈的控制程度可以分为结构式访谈和非结构式访谈。

1. 结构式访谈

结构式访谈也被称为标准式访谈,在访谈进行之前需要制作严格的访谈提纲,并要求受访者按照一定的标准进行回答②,如家庭基本情况调查、父母的年龄、儿童的疾病史等内容。

2. 非结构式访谈

非结构访谈也称非标准式访谈,是指研究者事先不固定访谈的内容和问题顺序,访谈者和受访者围绕主题进行自由的交流。研究者可以实现确定访谈主题,受访者围绕主题进行自由交流。如针对特殊儿童的偏好物调查,就可以问家长,孩子在生活中最喜欢的玩具和食物是什么,家长根据实际情况进行回答。

---

① 施燕. 学前儿童行为观察 [M]. 上海:华东师范大学出版社,2020:28.
② 王彩凤. 学前教育研究方法 [M]. 北京:北京师范大学出版社,2020:104.

（三）评定量表法

评定的方法包括行为检核法和等级评定法两种，其中检核法又称为清单法，是指将一系列行为项目进行排列，并标明关于这些项目是否出现两种选择，供观察者判断后选择其中之一并作出记号的方法。[①]如特殊儿童中对儿童生活自理能力的检核表，对儿童大动作能力发展的检核表。

等级评定法是对被观察者进行观察后，对其行为表现所达到的水平进行评定，并可判断行为质量高低的一种方法。如教师想要了解特殊儿童生活适应能力的情况，可以使用等级评定表格进行记录分析。

（四）测验法

测验法是评估者运用各种心理和教育测验来收集有关特殊儿童心理特征、行为表现和成就资料的一种方法。如使用比较多的发育测验——"丹佛发育筛选测验"，该测验由美国的心理学家兰肯伯格和多兹共同制定并于1967年发布，后经多次修订，该测试主要适用对象是从出生后16天到6岁年龄范围的婴幼儿，共有四大部分，共计105个项目。智力测验——"韦克斯勒学前儿童智力量表"，主要适用对象是4～6.5岁儿童。龚耀先教授根据我国实情对该量表进行了本土修订，命名为"中国—韦氏幼儿智力量表"。言语语言发展能力量表有"学前儿童语言障碍评量表"，主要适用3～5岁11个月的学前儿童，主要测量语言理解和口语表达两个部分，共计62个题目。

拓展资料

适应行为评估示例

个案基本情况	俊俊，男，5岁10个月，就读于某公立幼儿园中班，老师反馈俊俊记忆力、模仿能力比较好，表达能力一般，喜欢音乐、美术活动。上课的时候总是动个不停，有时候还会在上课的时候离开座位，老师批评了几次也没有效果。他情绪波动比较大，生气的时候会用头撞自己或者撞同学。家长带他来专业的机构进行测评，希望了解他行为背后的原因，为接下来的教育制定适合的方案。
工具选择	根据老师的反馈，俊俊有比较多的问题行为，故采用儿童适应行为量表（韦小满），第二部分由幼儿园主班老师填写。
评估方法	评估方法结合了访谈法和评定法，访谈法主要针对的是幼儿园老师和家长，评定法主要是采用了儿童适应行为量表。

---
① 施燕. 学前儿童行为观察 [M]. 上海：华东师范大学出版社，2020：65.

续表

	幼儿园主班老师填写的儿童适应行为量表结果统计如下表。
评估结果	**俊俊的儿童适应行为量表评估结果**

分测验	原始分数	分测验	原始分数
攻击性行为	24	不良的说话习惯	5
反社会行为	8	不良的口腔习惯	0
对抗行为	18	古怪的行为	3
不可信赖行为	0	多动	10
退缩	1	情绪不稳定	11
刻板与自伤行为	10	药物服用情况	0
不适当的人际交往方式	8		

评估结果显示，俊俊的问题行为主要集中在攻击性行为、对抗行为、情绪不稳定、刻板与自伤行为、多动五个方面。 |
| 教育建议 | 评估发现，俊俊的问题行为比较多，建议选择一个目前最严重的进行干预，如撞头的行为，这个行为不仅会对自身带来伤害，还会伤害到别人，因此建议首先干预。干预前需要对撞头行为进行功能分析，需要老师详细地记录行为发生的前因和行为发生后的后果，找出行为背后的功能。根据功能进行有效干预，如改善环境、提升儿童沟通表达能力、规则意识等。 |

真题再现

1. 观察评估儿童语言问题的首要步骤是（　　）。

A. 系统观察儿童的行为表现　　　　B. 利用测查工具进行测查

C. 收集儿童的有关原始资料　　　　D. 撰写观察结果和语言矫治建议法

2. 对儿童智力鉴别运用最广泛的方法是（　　）。

A. 观察法　　　B. 教育诊断法　　　C. 测验法　　　D. 作业分析法

过关练习

真题再现、过关练习参考答案

一、不定项选择（每题有1个或多个正确选项，请将选项字母填在括号里）

1. 以下属于社会适应能力评估工具的是（　　）

A. 皮博迪图片词汇筛查试验　　　　B. 文兰社会成熟量表

C. 斯坦福-比奈智力量表　　　　　　D. 韦氏幼儿智力量表

2.对特殊儿童教育情况的评估，主要包括课程掌握情况的评估和（　　）

A.智力的评估　　　　　　B.在园学习情况的评估

C.情绪与行为的评估　　　D.社交互动的评估

二、简答题

1.简述评估的基本内容。

2.简述评估的方法有哪些。

第三节　学前特殊儿童教育评估的实施

特殊儿童教育评估的实施是一个相对复杂的过程，需要评估者精心准备、多方积极参与配合，才能保证评估结果的准确性和科学性，综合已有研究，评估实施具体分为以下四个步骤。

一、实施步骤

（一）准备阶段

1.了解评估对象

在评估之前，首先要了解评估对象的基本信息，如姓名、性别、年龄、障碍类别、主要的沟通方式、喜欢的玩具食物等，以便选取合适的评估工具和评估方法。如对一个有视觉障碍的儿童进行评估，我们需要确定孩子是否具备掌握盲文，如果掌握，材料提供就可以使用盲文；如果尚未掌握盲文，就需要采用有声材料进行评估，无法使用纸质材料。如被评估的儿童是一个自闭症儿童，他最喜欢的玩具是小汽车，那小汽车就要作为强化物提前准备好，在评估过程中将提高儿童的配合度。

2.明确评估目的

评估的目的可以分为筛查、鉴别、制订干预方案、检验干预成效等几个方面，不同的评估目的选用的评估工具和评估方法也各不相同。因此，在评估之前，要根据对评估对象的了解，确定评估目的。如对一个4岁孤独症儿童言语发展能力水平的评估，评估就是为了制定干预方案，找到孩子的现有能力，那么就可以使用VB-MAPP来判断其现有能力，并据此来设计课程。

3.制定评估方案

（1）确定评估内容。一个儿童的评估通常涉及多个方面，通过前期对评估对象的了解，家长的咨询，确定孩子评估的基本范围，如评估孤独症儿童需要了解儿童生长发育史、疾病史、教育干预史、动作发展、生活适应能力、智力、语言、社交行为等。

（2）选择评估工具与方法。根据评估内容选择合适的评估工具与方法，如对儿童的生长发育史进行评估，就可以采用访谈的方法，向家长了解孩子的发展情况；如评估孩子的智力发展情况，一般采用智力测试的方式。

（3）确定评估材料。根据评估内容、选用的评估工具准备评估材料，通常需要准备两个方面的材料：一个是评估测试材料，如评估材料中的卡片、实物、音频、视频等；另一个是准备评估过程中给孩子的奖励（强化物），让孩子能够积极配合此次评估。

（4）确定评估时间、地点、人员。评估者需要根据评估内容确定具体的评估时间、地点和人员，最好制订评估计划表，标记清楚每次评估的具体信息。评估时间的选择一般放在孩子情绪状态比较稳定的时候，不建议放在中午或者接近放学的时间段。评估地点一般选择在窗户明亮、安静、安全、整洁的小教室进行。评估人员一般是经过专业培训、有评估经验的专业人员。一般评估会安排一名主试和一名辅助老师，其他人员一般不允许进入教室。如果是新入职的老师，一般要在评估前接受过培训，以保证资料收集的准确性和可靠性。

（二）评估阶段

1. 家长接待

评估从家长带着孩子进入评估室就开始了，为了让家长积极配合评估工作，应安排引导老师进行接待，与家长进行简单沟通，再次确认此次评估的具体内容与项目，跟家长说明评估流程，评估时间，以及信息保密原则，在经过家长同意后开展评估。

2. 分项测评

根据评估计划方案，使用恰当的评估工具，严格按照评估要求对儿童进行分项测评。评估过程注意不漏项、不跳项。不对儿童进行提示、不反复提问。按照评估指南中对时间进行严格把控。如果在评估中儿童出现情绪行为问题要及时停止测评。

3. 整理资料

评估结束，及时整理儿童评估的各项资料，进行统一编码、装订。然后，送走评估儿童与家长，并告知评估结果出来的时间，感谢家长的配合。

（三）撰写评估报告阶段

根据评估现场记录，录入相关电脑等仪器设备，通过相关软件对评估结果进行分析，对照常模或参考指标进行综合评定，最后将评估结果、教育建议等以书面的形式呈现给家长。评估报告中一般包括以下内容。

（1）基本资料：评估个案的姓名、性别、出生年月、评估日期等基本信息。

（2）评估目的：描述个案评估的原因或目的。

（3）评估项目结果：详细陈述儿童每个评估项目的得分情况，与常模参照的对比情况。

（4）评估结论与教学建议：综合的评估结论，及具体的教学建议。

（四）评估结果应用阶段

1. 教育安置

评估结果可以用来决定该儿童是否为特殊需要服务对象，是安置在普通学校、特殊学校、融合学校还是在特殊教育机构接受教育。

2. 教学内容

通过评估可以找到孩子在某个领域的现有能力，与同龄儿童的差距，并在评估中找到教育的起点，训练项目，制定出长短期目标。

3. 家长指导

通过对评估结果的综合分析，与常模参照或正常儿童的发展对比，找到孩子的优势与不足，帮家长进行全面的解析，给出训练计划和建议，能够帮助家长缓解焦虑。

4. 科学研究

严格的评估程序，如干预前后的评估测验，通过数据的对比能够有效地说明实验的有效性。

二、实施案例

以下以林林案例为例，阐述孤独症儿童评估实施的具体做法，也许不同学校（幼儿园）、康复机构等对儿童评估的内容、步骤不太相同，这里可以做大致了解，为以后在工作过程中给儿童做评估提供参考。

实施案例

孤独症儿童评估实施案例

（一）个案基本情况

林林，男，2018年11月12日出生，评估时4岁5个月，福州人，为福州市某特殊教育机构的学生。林林是足月生产，出生时各个指标均显示正常，孕期无疾病史，父母双方无家族病史。父亲是商人，在家时间比较少，妈妈没有工作，主要负责在家照顾孩子。林林还有个妹妹，妹妹聪明伶俐，是个正常小朋友。林林最开始在普通幼儿园就读，待了半个月后无法适应，因此转学到培训机构进行康复训练。

林林的智商测试为54，动作发展正常，简单的跑跳活动都可以完成，适应能力差，穿鞋子需要老师辅助，语言理解能力和社交互动能力均较差，跟人交流主动语言也很少。想要什么通常是自己过去拿，或者是牵身边人的手去拿。喜欢画画，可以花半天时间沉浸在画画中。除了画画他喜欢的东西比较少，坐在椅子上常常一个人发呆，如果是做自己不喜欢的事情就来回摇晃身体、撞头。

父母对他的教育很重视，希望他能够经过密集干预，提高认知和社交能力，晚一年可以顺利上小学。

（二）评估工具和方法

根据林林的基本情况结合医院的诊断，选用"自闭症儿童发展本位行为评量系统"对其进行评估。主要采用的方式是访谈法、观察法和正式测试法。林林在校外的活动都通过与家长访谈取得。对于一些先备技能如眼神追视等能力的评估主要采用观察法，看他在自然情境下的表现。其他的大部分项目如配对、听者反应等主要采用测试法进行测试。

拓展阅读："自闭症儿童发展本位行为评量系统"介绍

（三）评估结果

1.整体学习品质

评估项目	
配合度	（1）整体配合度较好，能够听从老师的指令做出相应的反应。 （2）常规遵守能力较差，无法长时间坐在椅子上，会突然跑掉。
情绪状态	（1）情绪稳定。 （2）看到从家里带来的有环的卡片会哭闹。
学习特性	（1）记忆力较好，注意力集中时间较短。 （2）视觉正常，能模仿，对卡片的认知能力较好。 （3）专注力持续时间较短。 （4）注意力转移速度很快。 （5）反应速度较快。

2.沟通技能、社会情绪、认知能力评估结果

领域	配分	得分	百分比
沟通技能	119	68	57%
社会情绪	151	43	28%
认知能力	213	72	34%
总分	483	183	38%

3.综合优劣势说明

领域	优势（高于60%）	可发展技能（低于60%）
沟通技能	非语言沟通 听者语言 说者—回答问题	说者—主动表达 句型与语法 交互式语言

续表

领域	优势（高于60%）	可发展技能（低于60%）
社会情绪	非语言社会情绪 情绪行为	游戏行为 心理理论 社交技巧—人际互动 社交技巧—负责任 社交技能—问题解决
认知能力	知觉发展 命名 逻辑与推理	数学 基本语文 阅读理解

（四）结论与建议

根据上述评估结果，建议林林的教师和家长利用孩子的记忆优势进行教学。在沟通技能、社会情绪、认知能力三个部分中，社会情绪得分最低，其次是认知能力、沟通技能。在可发展技能中有11项是可以发展的技能，因此在教学时可以做以下训练内容，在沟通技能中激发主动语言，可以把孩子喜欢的物品藏起来，让孩子学会主动提问"××在哪里"。或者呈现一个新奇的物品，诱发孩子的主动提问"这是什么"。社会情绪中，因为整体得分较低，先从情绪行为入手，识别各种情绪的卡片。在游戏中可以跟孩子做简单的假象游戏。在认知能力中，带入数数的概念，如数到20，做点数游戏。基础语文可以借用绘本开展，如共同看书的封面，请儿童回答跟封面相关的内容。在阅读理解中，阅读故事的某一部分，儿童依故事发展回应接下来可能发生的事。

实训操练

根据所学评估方法，尝试运用《自闭症儿童发展本位行为评量系统》评估工具，选取其中的一个板块，如沟通技能板块进行模拟评估。两位同学为一组，一个模拟评估员，一个模拟学生。评估过程进行视频记录，评估结束后形成简单的评估报告。

过关练习

过关练习
参考答案

一、判断题

1.教育评估结果仅可以用来做教育决定，为孩子制定个别化教育计划提供依据。（ ）

2.评估时间的选择一般以评估师为主，什么时候有空都可以进行评估。（ ）

二、简答题

简述特殊儿童教育评估实施的主要步骤。

第十章　学前特殊儿童的个别化教育计划

◇ **学习目标**

1. 知识目标：理解并掌握个别化教育计划的概念、内容、拟订与实施方式。
2. 能力目标：通过概念学习与案例研讨，尝试进行个别化教育计划的拟订。
3. 情感目标：根据个别化教育计划的拟订内容，进行个别化教育计划的实施。

◇ **核心知识**

个别化教育计划、个别化家庭服务计划。

◇ **思维导图**

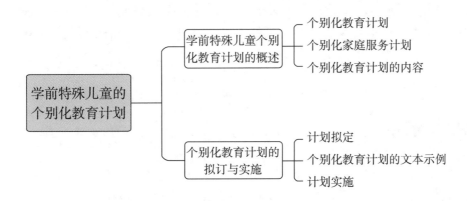

◇ **本章概要**

本章分为两节。第一节主要介绍个别化教育计划的概念与具体内容，同时，简要对学前阶段的个别化教育计划与个别化家庭服务计划进行介绍与比较，帮助了解学前阶段的个别化教育计划。第二节主要介绍个别化教育计划的拟定和实施方式。在计划拟定阶段，通过对儿童进行基本信息的收集与教育评估，结合幼儿园一日生活与五大领域课程要求进行个案的个别化教育计划的拟定。在实施阶段，按照前期拟定好的个别化教育计划，在计划实施前做好实施准备工作；在具体实施阶段，通过将目标嵌入儿童的一日生活之中，运用相应教学方法进行个别化教育计划的落地与实施。在个别化教育计划实施之后，根据目标完成情况进行评估，根据教学评估结果进行计划的修订与调整。

案例导入

小（二）班来了一位特殊的小朋友，小辰，班级老师、保育阿姨和小朋友们都非常欢迎他的到来。尽管知道小辰是一位发育迟缓、智力障碍的小朋友，大家也都做好了心理准备，可是小辰每日在幼儿园随意乱走、大声吵闹、推搡同学，还是会让老师们焦头烂额。幼儿园老师们束手无策，到底应该怎么办呢？

如果你是这位幼儿园老师，你会怎么办？请说说你的观点与想法。

第一节 学前特殊儿童个别化教育计划的概述

个别化教育计划是实施融合教育的有力支撑，也是落实学前特殊儿童教育教学的关键一步。本章通过介绍个别化教育计划的概念、内容、拟定方式与实施步骤，为学前特殊儿童顺利融入园所打下基础。

一、个别化教育计划

个别化教育计划是落实个别化教育，提升特殊教育发展质量的重要体现。在倡导教育公平、适性发展的理念背景下，以尊重儿童个性、以学生为中心的个别化教育发展应运而生。由于特殊儿童具有很强的异质性特征，通过个别化教育，制订出每位儿童独一无二的教学计划，可以帮助每一位儿童找到适合他的发展之道。

（一）个别化教育计划的发展

个别化教育思想发展历史悠久。在我国古代，著名的教育学家孔子就曾提出"有教无类""因材施教"的教学方法。《学记》中也提到"长善救失"，扬长避短，这就强调了要在教育过程中发展每一位儿童的长处，关注每一位儿童的成长。在近代，张謇提出要创办中国人自己的特殊教育学校，帮助视力障碍儿童获得教育机会。1921年，江苏省立第三师范附小设"特殊学级"，目的在于适应个别差异，发展潜能。[1]进入现代，个别化教育思想逐渐深入人心。从1994年颁布的《残疾人教育条例》第十九条规定到2020年教育部出台的《关于加强残疾儿童少年义务教育阶段随班就读工作的指导意见》提出"一人一案"，均展现出国家层面对于个别化教育的重视与支持。

个别化教育计划（Individualized Education Program，IEP）作为实现个别化教育的重要手段，其最早源于美国的《所有残疾儿童教育法案》（Education for All Handicapped Children Act），该法案明确提出要为每一位特殊儿童制订一份个别化教育计划，其核心就是要通过个别化教育计划实现个别化教学，以保证每一位儿童享有免费、恰当、公立的特殊教育。[2]

（二）个别化教育计划的概念

个别化教育计划又译"个别化教育方案"，是美国《所有残疾儿童教育法》规定的一项内容，该要求由地方教育部门的代表、医生、心理学和教育学方面的学者、教师、学校负责人、社会工作者、学生监护人共同组成小组，为每个被鉴定有残疾的学生制订一份书面教育计划，作为帮、教该学生的工作依据，该计划须经家长同意方能实施，制订时亦听取学生本人的意见。[3]详细地说，所谓个别化教育计划，是指一份由学校与家长共同制定的针对学生个别需要的书面教育协定，它记载学生的评定结果，该年度需提供的教育安置、相关服务及教学目标等。[4]

二 个别化家庭服务计划

1986年，美国对《所有残疾儿童教育法》进行修订，颁布了《残疾婴幼儿法》（Handicapped Infants and Toddlers Act），将残疾儿童的年龄向前延伸，要求为存在发育迟缓或者残疾的0～2岁婴幼儿制订个别化家庭服务计划（Individualized Family Service Plan，IFSP），计划明确提出应为婴幼儿及其家庭所需提供必要的早期干预服务。[5]

个别化家庭服务计划的出现填补了婴幼儿时期的特殊儿童教育，也是特殊儿童早期干预能够落

---

[1] 张文京，严小琴.特殊儿童个别化教育：理论、计划、实施[M].重庆：重庆大学出版社，2015：3.
[2] 朱媛媛，于素红.九年级随班就读学生个别化教育计划文本分析研究[J].中国特殊教育，2011（10）：14-21.
[3] 朴永馨.特殊教育词典[M].北京：华夏出版社，2014：61.
[4] 刘春玲，江琴娣.特殊教育概论[M].上海：华东师范大学出版社，2016：63.
[5] 牛悦.美国《残疾人教育法》中的个别化计划研究[D].金华：浙江师范大学，2018.

地生根的重要实践工具。个别化家庭服务计划和个别化教育计划均服务于学前儿童，两者在服务对象、实施场所等方面有很大的不同（如表10-1所示），这些不同也决定着儿童及其家庭在不同计划的制订上会有着不同的要求与侧重点，需按需选择。

表 10-1 IFSP 与 IEP 的区别

	个别化家庭服务计划（IFSP）	个别化教育计划（IEP）
服务对象	以 0～2 岁婴幼儿及他们的家庭为主要服务对象	为 3～21 岁人群提供特殊教育服务与支持
实施环境	家中或儿童熟悉的地点（如公园、小区等地）	学校或者康复教育机构
计划内容	内容的制订主要以家庭需求为主，充分考虑家长的选择与需要	内容主要围绕儿童的发展水平、现状进行制订
专业人员的角色	专业人员起协助作用（主要帮助家长设计计划、为家长提供训练帮助、做定期追踪与访视等）	专业人员起主导作用，主要负责制定儿童的 IEP 与实施 IEP、评估教学结果等
……	……	……

三 个别化教育计划的内容

个别化教育计划作为一份书面教育协定，其核心就在于计划的内容。美国《所有残疾儿童教育法》中规定，个别化教育计划必须包括下列内容或信息：（1）儿童的现有教育成绩水平；（2）年度目标及相应的短期目标；（3）为该儿童提供的具体特殊教育及该儿童参与普通教育计划的程度；（4）服务开始的日期与预期期限；（5）教学目标达成的恰当标准、评估的过程与时序安排，至少要进行年度评估。[①]

针对学前特殊儿童以及我国特殊教育发展实际，个别化教育计划的内容应该包括以下几个方面。

（一）基本资料

基本资料是个别化教育计划的开端，只有详细了解儿童及其家庭，才能有针对性地制订计划、方案。基本资料包括儿童的基本资料和家庭的基本资料。儿童的基本资料主要包括姓名、性别、年龄、障碍类别、障碍程度等，同时，还包括儿童的出生史、医疗史、成长教育史。家庭基本资料包括父母或其监护人的信息、家庭地址、家庭关系、经济情况、受教育程度、家庭教养方式、养育态度、联系方式，等等。

---

① 于素红.美国个别化教育计划的立法演进与发展[J].中国特殊教育，2011，128（2）：5-10.

（二）儿童当前发展水平

了解儿童当前发展水平犹如庖丁解牛，见牛多了才能切好牛，写计划也一样，只有详细了解儿童目前的发展水平，才能更好地拟定计划。儿童当前发展水平包括儿童目前的生长发展状况，一般是基于儿童近期的教育评估结果而来，主要包括（1）儿童的身体情况：包括个人目前生理发展情况、障碍情况等；（2）儿童教育与成长发展结果：包括儿童感知觉、粗大动作、精细动作、自理、语言、社会交往、情绪个性、学业技能等领域的发展水平；（3）儿童当前的情绪与行为问题及对生活的影响。

（三）教育、支持与相关服务

教育内容包括儿童的教育安置方式、课程教学计划与安排、教学方法的调整等，不同安置方式下的儿童可能面临着不同的课程调整需求。如学前特殊儿童可能会在普通幼儿园中，也可能会在康复机构或者家中。

在现行的教育背景下，支持策略主要帮助特殊儿童更好地融入环境、接受教育，也可以说，特殊儿童的成长离不开背后的支持策略。特殊儿童的支持策略主要包括环境的调整，如座椅、光线、伙伴的安排等；教学的支持，如教材的调整、简化、缩略等；教学方法的调整，如视觉提示、工作手册、同伴教导、一对一辅导等；评价标准的改变，如使用过程性评价、自我评价、档案袋评价等；支持还包括家校合作和教育行政支持等。

针对特殊儿童异质性特点，个别化教育计划中需要给特殊儿童提供相关的服务，服务内容包括医疗服务、心理服务、行为治疗、语言康复、物理治疗，等等。

（四）长短期教育目标及目标评定标准、方式、日期及结果

目标是个别化教育计划的重中之重，有目标才有方向，才有具体的训练内容。个别化教育计划的目标分为长期目标和短期目标。长期目标，顾名思义是学生需要花费较长时间才能完成的目标，一般为学期教学目标或年度教学目标，是一学期或者一年期望儿童能够达到的发展水平，一般围绕相关领域的课程标准制定。在学前阶段，长期目标可按照《3～6岁儿童学习与发展指南》中各领域要求进行选择与制定。短期目标是长期目标的"台阶"，借由一个个短期目标，最终达到长期目标。因此，短期目标一般为月目标或周目标，是儿童在达到长期目标的过程中必须完成的阶段性目标。

除了制定长短期目标外，个别化教育计划中还应包括目标评定的标准，也就是目标通过的标准，可采用百分比的方式进行说明。除标准外，还包括目标评定方式，比如是采用观察、实操还是语言或者其他方式完成目标。最后还包括目标评定的日期及结果，在结果之后还可以添加教学决定，判断该目标对于儿童来说是已经达成，还是该继续、简化或者更换目标。

（五）转衔计划

1990年，美国通过《残疾人教育法》修正案，该法提出，为年满16岁的残疾学生制订的个别化教育计划中必须包含学生所需的转衔服务，以帮助其顺利从学校生活过渡到成人生活，到1997年提前至14岁。[①]因此，一般而言，个别化教育计划中需要增加个体转衔计划，依照儿童的需求情况进行填写。在学前阶段，幼儿可能会遇见转校、升小学等方向的转变，为帮助儿童顺利转衔到新环境，转衔内容需要在个别化教育计划主要内容的基础上添加儿童转衔后的方向、个体发展优劣势、今后教育重点及建议对策等内容。

课外拓展

推荐书籍：由北京大学出版社出版、王燕华与付传彩合著的《融合幼儿园中个别化教育计划的制订及实施》。该书是一本高质量的普通幼儿园实施早期融合教育实践指导用书。书中详细地介绍了个别化教育计划制订的方法策略及在班级中的应用，为接纳特殊需要儿童的普通幼儿园以及从事融合教育工作的教师提供指导和帮助。[②]

实训操练

利用实训活动或校外服务，详细了解一位有特殊教育需要的幼儿，陪伴他、观察他，与他建立良好的关系，收集他的基本资料与发展现状。

真题再现

1. 以下不是个别化教育计划的必要组成部分的是（　　）。
   A.儿童现状和近、远期发展目标　　B.儿童家长的观点和要求
   C.教学内容、方法、教材等　　　　D.实施效果的评估方式和标准
2. 在制订学前特殊儿童个别化教育计划时，不需要参考的基本因素是（　　）。
   A.特殊儿童的特点　　　　　　　　B.安置形式的特点
   C.特殊儿童的家庭状况　　　　　　D.当地的风俗习惯

---

① 牛悦.美国《残疾人教育法》中的个别化计划研究[D].金华：浙江师范大学，2018.
② 王燕华，付传彩.融合幼儿园中个别化教育计划的制订及实施[M].北京：北京大学出版社，2017：2.

过关练习

真题再现、过关练习参考答案

一、不定项选择（每题有1个或多个正确选项，请将选项字母填在括号里）

1. 下列不属于个别化教育计划与个别化家庭服务计划不同的是（   ）。
   A.特殊儿童的年龄   B.计划实施的场所
   C.专业人员的作用   D.家庭的经济条件

2. 下列说法正确的是（   ）。
   A.个别化教育计划体现因材施教   B.个别化教育计划可以重复使用
   C.短期目标就是学期目标   D.个别化教育计划只能制订一次

3. 学前特殊儿童个别化教育计划内容包括（   ）。
   A.儿童发展史   B.父母教养方式
   C.支持策略与相关服务   D.儿童发展情况

第二节　个别化教育计划的拟订与实施

个别化教育计划的形成与落地一般来说分为两大部分：第一部分是个别化教育计划的拟定，也就是将个别化教育计划形成书面性材料；第二部分是个别化教育计划的实施，也就是将个别化教育计划这份书面材料进行教学实践，将其落地生根。本节将详细说明个别化教育计划的拟定程序，通过了解个别化教育计划的制订程序，来更好地进行指导教学。在个别化教育计划的拟定完成之后，需要进行计划的实施落地，这也是计划制订的最终目的。在学前阶段，幼儿成长发展目标与幼儿园一日生活和主题领域教学活动密切相关，因此，其个别化教育计划目标的实施应结合幼儿园一日生活与主题领域进行开展。

一　计划拟定

如何制订一份适当的个别化教育计划以及如何实施计划，直接关系到个别化教育计划的成效。[①] 个别化教育计划的拟定过程不是简单的个人文书工作，而是需要团队的集体智慧与协作。一般来说，个别化教育计划的拟定包括以下几项流程：资料收集、教育评估、召开个别化教育计划会议、形成个别化教育计划。

---

① 刘春玲，江琴娣.特殊教育概论[M].上海：华东师范大学出版社，2016：68.

（一）资料收集

在准备拟定个别化教育计划之前，依照个别化教育计划中所需要收集的儿童和家庭的基本资料，需要对这些信息进行收集，可以通过直接观察、家长访谈、亲子交流等方式获取。这些资料可以帮助大部分老师迅速了解儿童及其家庭情况，获得第一手资料。

（二）教育评估

在拟定个别化教育计划之前，我们就需要了解儿童目前的发展水平，通过对当前儿童各个领域的发展水平状况进一步确立儿童下一阶段的教育目标。如何确定儿童的发展水平呢？我们需要进行教育评估来收集儿童的能力现状，可以使用评估工具进行一对一评估，也可以采用观察、访谈或问卷的形式进行了解。一般情况下，对学前儿童评估内容包括儿童生理发展情况、感知觉发展、运动能力、生活自理能力、语言能力、社会交往能力、认知能力、情绪与行为能力、学业能力等各方面的发展情况，不同领域的评估工具均有所不同，需要进行选择与评估结果解读。有关评估的具体介绍见第九章，此章节暂不赘述。

（三）召开个别化教育计划会议

在个别化教育计划会议开始之前，老师可能已有了一份个别化教育计划的初稿，但这份初稿往往只是提供了一个框架，具有片面性与不确定性，还需要其他专业老师与人员进行协调与补充。通过召开个别化教育计划会议，与参会人员进行共同商议，集团体之智慧，共同完善个别化教育计划。

1. 参会人员

会议参会人员众多，有着不同工作背景，但都与儿童息息相关，他们在会议中承担着不同的角色任务。以学前教育阶段为例，参会人员与角色任务见表10-2。

表 10-2 参会人员及其角色内容

参会人员	角色任务
会议主持人	会议主持人一般由熟悉幼儿的班级老师担任。主要职责：组织IEP会议；协调参会人员；儿童资料的收集与整理；推进IEP会议；整理会议记录并调整IEP，形成IEP
幼儿园班级教师	提供儿童相关资料；补充幼儿的优势与劣势；制定幼儿长短期目标；确定儿童的教育方式、支持策略与服务内容
班级保育老师	提供幼儿生长发育资料；制定幼儿长短期目标；指导幼儿一日的园所生活自理活动
特教老师或提供特殊教育指导的老师	提供儿童障碍与相关评估资料；参与制定幼儿长短期目标；解读儿童发展现状与问题
家长	提供儿童居家资料；提出家庭需求与困难；参与制定长短期目标
园长或其他行政人员	统筹安排幼儿园内设施、资源与老师；协调上级有关部门工作
其他专业人员	言语治疗师、行为干预治疗师、社会工作者、幼儿园保健医生，等等

2. 会议准备

召开个别化教育计划会议之前，需要做一些准备工作。首先，确定参会人员，联系参会人员并发布邀约，确认参会人员人数并及时统筹。其次，准备会议资料，将前期的个别化教育计划初稿与幼儿评估材料分发给各参会人员，并将会议的讨论要点与需解决的问题提前告知。需要注意的是，个别化教育计划会议因目标儿童的状态不同会议侧重点与资料准备也会有所不同。如果儿童是刚入幼儿园的孩子，那么会议重点就在儿童安置方式与教育方式、服务计划上；如果是学籍内的儿童，会议重点可能就在目标调整、计划效果评估上；如果是需要升学或转换学校的儿童，那么会议重点就在计划中的转衔部分，总结目前发展，对转衔过程中可能遇到的困难进行分析与处理，做好转衔计划。最后，做好家长沟通工作，了解家庭需求，帮助家长明晰会议重点与急需解决的问题，做好准备工作。

会议期间还应做好会议记录，在取得家长及儿童同意的情况下，可以进行录像保存。

3. 会议过程

（1）开始。会议主持人简要介绍会议流程与重点，介绍参会人员。同时，介绍个案儿童的基本情况，评估结果及目标制定方向、其他事宜等。

（2）讨论。各参会人员针对个案情况进行商讨决定：其一，分析儿童的优劣势，讨论儿童的安置环境；其二，综合各方人员意见，就儿童下一阶段长短期发展目标的适应性、难易性进行分析；其三，就儿童目前所接受的教育方法、相关服务、支持策略进行效果评估与调整；其四，对计划在学校、家庭和其他生活场所的具体实施提出建议并落实到位；其五，可邀请家长发言。

（3）结束。会议主持人总结最终的讨论结果，与会人员签字确认，形成会议记录。

（四）形成个别化教育计划

个别化教育计划会议结束之后，会议主持人及儿童的相关负责老师需要整理会议记录，针对会上各位嘉宾提出的意见与建议进行调整与修改，形成最终版本的个别化教育计划。

1. 长短期目标的撰写

在学前阶段，长期目标的制定一般以《3～6岁儿童学习与发展指南》为指导纲领，围绕儿童一日生活与五大领域课程活动或者幼儿园学期主题活动目标进行制定，在日常观察和个案儿童教育评估结果的基础上进行精确。

长期目标的撰写有以下几点要求：其一，目标是预计儿童在一学年或者一学期应该达到的，因此，制定目标需要充分考虑儿童的现状与能力发展。其二，长期目标的描述方式不能太过笼统，这样不利于后期评估，也不能太过具体，这样影响短期目标的表述，一般来说，以目标儿童加上目标行为表述即可，具体实例见表10-3。

短期目标是长期目标的细化，有一定的步骤与顺序性，是指导教学的，因此撰写方式也更为严格。短期目标的撰写要求如下：其一，目标要具体细化、可观测可测量，这样方便指导教学也易于评估。儿童的短期目标也可按要求进一步细化，形成第二层级的短期目标。其二，描述目标行为多用行为动词,如指出、说出、穿、拿等,并加上行为标准,以对个案具体操作行为做补充与说明。具体实例可参考表10-3。其三,一个长期目标下的多个短期目标相加必须完整涵盖该长期目标,且短期目标不宜过多过细,否则会造成教学的不便。其四,每个短期目标只指向一个行为结果,不能出现两个行为结果。

表10-3 长短期目标范例

五大领域	长期目标	短期目标	通过标准
健康	(儿童)能整理自己的物品	目标1:能独立收拾自己的玩具到物品柜	独立进行,完成率为80%
		目标2:能独立取、放自己的餐盘	独立进行,完成率为90%
		目标3:能独立摆放自己的椅子 ……	独立进行,完成率为100% ……
语言	(儿童)能进行礼貌用语的表达	目标1:在接受他人帮助后能主动说出"谢谢"	独立进行,通过率为90%
		目标2:在入园时见到老师、同学会自觉说"早上好"	独立进行,通过率为100%
		目标3:不小心和同学有摩擦时会自觉说"对不起"	独立进行,通过率为80%
		目标4:离园时可以主动对老师和同学们说"再见" ……	独立进行,通过率为100% ……
社会	(儿童)能遵守班级活动规则	目标1:会主动排队	独立进行,通过率为90%
		目标2:能珍惜、爱护玩具(或图书)	独立进行,通过率为80%
		目标3:会主动放回玩具(或图书) ……	独立进行,通过率为80% ……
……	……	……	……

2.目标通过标准

长短期目标制定完成后,还需要进行目标通过标准的制定。通过制定通过标准,可以在个别化教育计划实施中反映目标的达成情况。一般来说,通过标准可以用百分比来进行统计,如正确率在90%以上即为通过,也可以固定具体次数,如三次通过两次等即为通过,可以按照长短期目标具体的实施方式进行通过标准的制定。需要注意的是,通过标准的制定需要考虑学生的能力,没有统一标准。

3.教学辅助方式

在长短期目标制定之后,需要添加教学辅助方式,分层次对儿童长短期目标的完成方式进一步细化,以帮助判断孩子达到的不同能力标准。一般来说,辅助方式分为肢体辅助、口头辅助、教师示范、同伴学习等方式,教师在按儿童个别化教育目标进行教学时,可根据儿童的能力水平有计划地选择辅助方式,最终使儿童达到目标。

二 个别化教育计划的文本示例

以第一节的案例小辰为例，为大家展示个别化教育计划的样本，参见表10-4。

表10-4　小辰的个别教育计划

一、基本信息

(一)儿童基本资料			
姓名：小辰	性别：男	年龄：4岁9个月	安置环境：融合幼儿园
障碍类别：	障碍程度：	诊断时间：	
出生史（可详细说明小辰出生前后的情况）			
成长史（可详细说明小辰各年龄段身体发育、运动、语言、自理、社会适宜等方面的发展情况）			
医疗史（可详细说明小辰的疾病史与就医记录）			
教育史（可详细说明小辰受教育的经历）			
(二)家庭基本资料			
可详细说明儿童家庭情况包括父母基本信息、家庭教育氛围、儿童养育情况、父母需求及支持等。			

二、儿童现状

评估工具	评估内容	评估人	评估日期	评估方式	评估结果
韦克斯勒儿童智力量表	认知能力	×××	××	评估量表	
儿童语言发育迟缓检查法	语言能力	×××	××	评估量表	
……	……	……	……	……	
儿童现状的总体描述与分析					
（针对评估工具的评估结果，结合专业人员的观察和访谈，形成对儿童现状的总体描述与分析）					

三、教育、支持与相关服务

(一)教育与支持策略
安置环境：
教学策略：
教学方法调整：
评价标准改变：
家校合作：
行政支持：
(二)相关服务
（可根据儿童的需要，提供例如语言治疗服务、心理咨询服务、经济援助等其他服务）

续表

四、长短期目标

		评量方式	评量结果	教学决定	评量日期
长期目标一	短期目标1	实操／观察／语言		通过／继续／简化／更换	
	短期目标2	实操／观察／语言		通过／继续／简化／更换	
长期目标二	短期目标1	实操／观察／语言		通过／继续／简化／更换	
	短期目标2	实操／观察／语言		通过／继续／简化／更换	
……	……	……		……	

五、转衔计划

（可依据儿童的需求，如果儿童处于升学、转校阶段，需要进行转衔评估与下一步安置方式、教学计划的建议）

个别化教育计划没有固定的模板，在包含有个案基本资料、家庭资料；个案现状；长短期目标制定；制定方式、标准、结果；转衔等必要内容后，其他内容可以自行添加或删除。

三 计划实施

（一）实施准备

在计划制订并通过后，需要进行实施前的准备工作。首先，确认实施人员与时间。在给儿童做教学训练时，需要先确定好儿童每项训练任务的指导老师，就像义务阶段学习的课程表一样，给儿童安排好任课老师和相应的时间区间。其次，确定实施场所。幼儿的个别化教育计划中目标内容不同，因此训练场所也有所不同，一般主要以幼儿园、康复机构或者家庭为主。再次，准备训练工具及辅助材料。在具体实施阶段，每一个短期目标所对应的、分属的环节、领域不同，所需要的训练工具也不同。例如，在餐点环节，需要幼儿自行收拾餐具，那么，训练工具就会包括牛奶盒、纸巾、垃圾桶等生活用品；若是在晨间活动，需要幼儿跟随集体拍球，那么可能需要老师准备球和助学小伙伴。最后，找好实施策略。针对儿童的障碍特征以及课程特点，可以采用如自然情景教学法、同伴互助法、录像带示范法、游戏教学法、任务分析法等教学策略。

（二）实施过程

依照给幼儿设立的长短期目标，首先进行目标的分析，将多个短期目标嵌入幼儿的一日生活之中，安排好目标的实施环节与时间。以小辰为例，参见表10-5。

表 10-5　一日生活环节目标的嵌入

	目标一	目标二	备注
入园	面对老师和同学能主动说"你好"	能主动放书包至自己的储物柜中	
晨间活动	能听从老师指令排队		
间餐环节	能主动拿餐点到自己座位上	会将吸管插入到牛奶盒中	会用吸管吸牛奶
盥洗环节	会自己洗手		
区域活动	能安静游戏，不尖叫	活动结束，能收拾区域玩具	
……	……	……	

通过对小辰目标的安排，利用每天的一日常规活动进行目标的对应训练。除了明确的一日生活嵌入式目标，还有幼儿在语言、社会、自理等分领域的目标，这些目标一般可嵌入幼儿园的五大领域活动或主题活动中，在集体教学基础上对特殊幼儿的目标进行难度简化与删减。以健康领域的集体教学活动为例[①]参见表10-6。

表 10-6　集体领域教学目标的嵌入

活动主题	小班健康《小手真干净》	
项目	普通儿童	特殊儿童
活动目标	1. 通过活动让幼儿知道饭前便后洗手的重要性，教会幼儿进行正确的洗手。 2. 学习洗手儿歌，培养幼儿良好的卫生习惯。 3. 提高幼儿的自理能力	1. 在老师的肢体协助和语言协助下能进行正确的洗手。 2. 提高小辰的自理能力
活动准备	物质准备：布娃娃一个、洗手顺序图一幅。 经验准备：带幼儿洗手	物质准备：布娃娃一个、卡通洗手顺序图一幅。 经验准备：配合老师，愿意模仿
活动过程	一、创设情境导入，激发幼儿兴趣 1. 老师：今天老师听到教室里有哭声，我走过去一看，原来是布娃娃在哭。它对我说："有一个小朋友用脏手往我身上擦，把我弄脏了，我很伤心。" 2. 提问：谁在哭？布娃娃为什么哭？怎样让布娃娃不哭？ 通过讨论，让幼儿知道饭前便后要洗手。 二、教师教幼儿正确的洗手方法 出示顺序图，老师边贴图边给幼儿讲解洗手的顺序：湿手—擦肥皂—搓手—冲洗干净—毛巾擦干净。 教师示范洗手的方法，边示范边讲解。 a. 用水把手打湿。 b. 手心手背要搓肥皂，并要搓到有泡泡。 c. 老师边示范边念儿歌：搓搓搓，搓手心，搓搓搓，搓手背，换只手，再搓搓，冲冲冲，冲干净，关上水龙头，毛巾擦干净。 d. 幼儿在座位上边学儿歌边练习洗手的方法。 三、活动结束 请小朋友们随老师到盥洗室学习洗手	一、引发兴趣 1. 老师单独给小辰看一个脏脏的哭娃娃，特别注意让小辰关注娃娃脏脏的手。 2. 引导小辰察觉手脏，要去盥洗室洗手。 二、展示示范 1. 带领小辰来到盥洗室洗手台旁，请小辰看洗手顺序图。 2. 老师一边解读图一边进行整体示范。 3. 分段示范： a. 用水把手打湿。老师先示范、小辰再做（老师可进行肢体辅助或口头提示）。 b. 手心手背要搓肥皂，并要搓到有泡泡。老师先示范、小辰再做（老师可进行肢体辅助或口头提示）。 …… 三、总结表扬 表扬小辰的练习活动

[①] 付艳丽，等. 幼儿园活动设计 [M]. 西安：西安电子科技大学出版社，2017：80.

续表

活动主题	小班健康《小手真干净》	
项目	普通儿童	特殊儿童
活动延伸	教师组织幼儿在水池边洗手，若发现问题则进行个别指导； 教师表扬洗手认真的小朋友，请小朋友将手擦干净，回到活动室	小辰可以去盥洗室观察其他小朋友是如何洗手的

（三）实施后评量

从教学层面出发，个别化教育计划的实施成效直接关系着幼儿的发展表现及个人成长。因此，个别化教育计划在实施一个学期或者一个学年之后需要进行实施后评量。通过再评量，了解计划目标、实施过程、方法等手段是否恰当，为幼儿下一个阶段的计划实施做参考与准备。

1. 评量内容

个别化教育计划实施后评量的主要内容有：（1）长短期目标达成度：判断目标是否在规定时间内完成，完成度如何；（2）实施中所使用的教学方法是否适宜、得当；（3）特殊儿童家长的反馈情况；（4）幼儿指导老师的辅助、支持方式；（5）期末的儿童整体发展水平：通过期末对儿童目前发展现状进行再一次评估，与学期计划目标进行对比，寻找差异与不足等。总体来说，个别化教育计划实施后评量内容主要为长短期目标的完成情况，通过完成目标中的各种程序细节来判断幼儿目标实施的发展成效，进一步决定幼儿的发展目标是继续还是调整或停止。

2. 评量时间

个别化教育计划的评估时间没有固定限制，一般来说，计划的短期目标评估需要在一个周期、月的时间，或在幼儿园主题活动结束之后进行评估。长期目标的评估时间一般在学期结束或学年结束之后进行评估。计划实施中所处的环境、老师采用的教学方法、策略或其他补充说明均可在任意时间进行评量。

3. 评量方式

对儿童长短期目标的评量可直接通过查阅目标完成情况及教学决定进行判断。教学决定分为四种：一是通过，表示目标已达到；二是继续，表示目标还未达到，再继续进行；三是简化，表示目标要求过高，需要降低标准；四是更换，表示该目标不合适，需要更换为其他目标或者直接删除。其他内容，如计划实施中所处的环境、老师采用的教学方法、策略或其他补充说明等均可通过访谈、观察等方式进行评量。

4. 计划修订

个别化教育计划的修订在实施评量之后进行，通过实施后评估的结果进行计划修订。因此，修订的内容包括长短期目标，根据教学决定进行教学目标的删除、简化或增加；还包括需要调整的教学环境、教学方法、教学资源、辅助方式等内容。

实操训练

1. 试阐述个别化教育计划会议召开的意义与价值。
2. 尝试为一位你熟悉的有特殊教育需要的幼儿制订一份个别化教育计划。
3. 利用实训活动或校外服务,查阅融合幼儿园中部分特殊幼儿的个别化教育计划,并观察其计划目标的落实情况。

课外拓展

推荐书籍:由重庆大学出版社出版的《学前融合教育中个别化教育计划的拟订与实施》。该书详细介绍了对各类特殊幼儿进行个别化教育计划制订的流程、内容以及教育评估与诊断、课程评量、个别化教育计划会议等细节。对于想要详细了解个别化教育计划的制订与实施的同学们具有很大参考意义与价值。

过关练习

过关练习参考答案

一、不定项选择(每题有1个或多个正确选项,请将选项字母填在括号里)

1. 下列说法正确的是( )。
   A.个别化教育计划可以由单个老师制订
   B.长期目标制订的时间越长越好
   C.计划实施前需要进行系统的准备
   D.特殊儿童的个别化教育目标需要有别于普通儿童

2. 个别化教育会议召开需要哪些人员参与呢?( )
   A.家长　　　　　　　　　　B.学校行政人员
   C.班级老师　　　　　　　　D.班级其他同学

3. 有关计划实施后评量,下列说法正确的是( )。
   A.主要评量长短期目标　　　B.评量后需要修订
   C.评量结果不具有参考价值　D.评量不可省略

第十一章 学前特殊儿童的干预方法

◇ **学习目标**

1.了解应用行为分析、感觉统合训练、游戏治疗及其他干预方法的基本含义及其具体内容。

2.能用所学理论与知识分析和判断学前特殊儿童适用的干预方法。

3.理解特殊儿童的特殊性,认同学前特殊儿童干预方法的效果。

◇ **核心知识**

问题行为、应用行为分析、学前特殊儿童问题行为干预的方法、强化、消退、惩罚、感觉统合失调、感觉统合训练、学前特殊儿童感觉统合训练的类型、游戏治疗、学前特殊儿童游戏治疗的分类、言语治疗、心理治疗、音乐治疗。

◇ **思维导图**

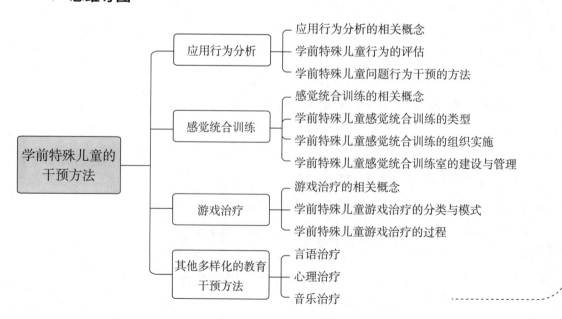

◇ 本章概要

第一节介绍应用行为分析，了解行为、问题行为和应用行为分析等核心概念。对学前特殊儿童的问题行为进行干预前，首先要学会评估哪些才是问题行为，然后针对不同的问题行为，从前因控制、行为干预和后果处理三个角度对其进行干预。

第二节介绍感觉统合训练，了解感觉统合、感觉统合失调和感觉统合训练等核心概念。首先做好训练前的准备工作，再根据特殊儿童的实际情况，选择合适的训练类型开展训练，其中训练室的建设和管理非常重要。

第三节介绍游戏治疗，了解游戏和游戏治疗的核心概念。之后，选择合适的游戏治疗的类型对学前特殊儿童开展游戏治疗。

第四节介绍其他多样化的教育干预方法，了解言语治疗、心理治疗和音乐治疗的核心概念。每一种干预方式都对应不同情况的特殊儿童，在选择干预方式时，可以对其进行选择和配合使用，效果更佳。

案例导入

阿凡提的故事：毛驴读书

一个头戴大包头的小丑对穷人正眼不瞧，对权贵财主却点头哈腰，恭敬得很。阿凡提笑话他是一副软骨头，还说他的包头更适合自己的小毛驴戴。

小丑气得大叫："岂有此理！这种包头只有会读书认字的人才有资格戴，你的小毛驴会读书认字吗？"阿凡提笑笑说："那有何难？我保证一个月就把它教会咯！"

小丑把阿凡提承诺的话报给了宰相。宰相下令："把我的毛驴交给他，一个月后我请所有的王公贵族来看它表演读书。办不到就严加惩处！"

一个月的期限转眼就到了，阿凡提领着小毛驴来到宰相家，让小毛驴给大家表演读书，所有的人都睁大了眼睛，等着看热闹。

谁都没想到，毛驴真的把书一页一页地翻开了。这阿凡提是怎么做到的呢？

原来，阿凡提在训练毛驴时，在书页中夹着毛驴爱吃的青草，只要毛驴翻开书页就能吃到青草。经过一个月的训练，毛驴自然就学会翻开书本了。

这里阿凡提使用的方法就属于学前特殊儿童干预方法中非常有效的"应用行为分析"中的"正强化"，用于促进儿童适当行为的增加。除应用行为分析外，还可以通过感觉统合训练、游戏治疗等方式对学前特殊儿童进行干预，我们在本章中将会先后进行介绍。

第一节　应用行为分析

在特殊儿童的众多干预方法中,应用行为分析是目前公认较为有效的方法之一。学习应用行为分析,我们首先要明确行为和问题行为的概念、对行为进行评估,再选择合适的行为干预方法来实施干预。本节从应用行为分析的相关概念、行为的评估和行为干预的方法来对应用行为分析进行介绍。

一、应用行为分析的相关概念

（一）什么是行为？

行为指的是个体可观察或可测量的动作或活动。广义上,包括个体的外部动作和个体的内在心理过程。但在实际操作中,个体的内在心理过程的观察和测量比较困难,通常我们只研究个体的外部动作。

对于行为,我们通常从三个维度来进行测量：一是行为在单位时间内发生的频率,如小华在一节课上有离座行为3次；二是行为发生所持续的时间,如父母不给小丽买玩具,她在玩具店里哭了30分钟；三是行为发生的强度,如小东在课堂上发出很大的怪叫声吸引大家的注意。通过这三个维度的测量,我们就可以初步掌握行为发生的规律。

（二）什么是问题行为？

问题行为指的是偏离常态、给自己或他人的身体、学习、生活、工作等带来危害甚至是危险的行为。

问题行为通常表现出行为过度、行为不足和行为不当。行为过度指的是与同龄个体相比,个体的某个行为发生的频率高、持续时间长、强度大,如多动症儿童的动作过多,部分孤独症儿童有转圆圈、咬手指等刻板行为；行为不足指的是与同龄个体相比,个体的某个行为发生的频率低、持续时间短、强度小,如部分孤独症儿童没有语言,多动症儿童注意持续的时间短；行为不当指的是个体所表现出的某个行为不应在所处情境中发生,如在课堂上尖叫、离座,在吃饭时专注于玩玩具等。

但对于问题行为的界定,我们很难找到一个明确的界限,也就是说我们不能简单地在尺子上确定一个正常行为的点,然后左边都是行为不足,右边都是行为过度。通常,我们对问题行为的判断非常依赖于主观,且容易受到文化价值观的影响。如同样是没完成作业的行为,若发生在成绩好的同学身上,教师会认为是有原因的偶然现象,若发生在成绩差的同学身上,教师就会认为是问题行为；如学生想要坐在地上听课,思想保守的教师会认为这是行为问题,思想开放的教师可能将这看为一种新的学习体验,让全体同学都坐在地上听课。所以,为了尽量避免主观性对问题行为界定的影响，人们会采用量表来测定行为，当测定的结果与量表常模的差距超过某个数值时，才判断该行为为问题行为。

（三）什么是应用行为分析？

应用行为分析（Applied Behavior Analysis，ABA）一词最早是在《应用行为分析杂志》的创刊号中进行明确："运用行为假设原理改变特定行为，同时评估这些改变是否对行为的实际运用有益的过程。"其中"应用"是指改变后的行为要具有社会意义，要能应用到实际中；"行为"是指个体可观察或可测量的动作或活动；"分析"是指分析行为产生的原因和评价干预方案的效果。通过应用行为分析来实现对儿童行为的管理。

应用行为分析是行为科学原理的发展和运用。它指出行为包含三要素：行为前因、行为和行为结果。通过分析这三要素，形成对特殊儿童的行为干预方案并实施干预，本章内容都将围绕这三要素展开。

二、学前特殊儿童行为的评估

要了解行为前因、行为和行为结果，就要对行为进行评估，行为评估是开展行为干预的第一步，是后续干预方案形成和实施的前提条件。

（一）行为评估的任务

行为评估指的是通过访谈、测验等方式来收集特殊儿童的信息，并运用假设、推理等方式对其行为进行判断，并对需要干预的问题行为特点进行测量的过程。一般包含两部分内容：一是确定问题行为，即将问题行为从特殊儿童众多的行为中"筛查"出来；二是评估问题行为，即对筛查出来的问题行为进行详细测量。

（二）行为评估的方法

在特殊儿童行为评估的过程中，常常会用到访谈、观察和行为筛查量表等方式。

1. 访谈

访谈法是指通过和教师、家长、监护人、同学或特殊儿童自身等进行访谈获得信息的一种方式。一般来说访谈内容应包含以下问题：

（1）行为的表现是什么？

（2）行为常常发生在哪些时间和地点？

（3）行为发生的频率如何？

（4）行为持续的时间有多久？

（5）行为发生的程度如何？

（6）行为发生之前和行为发生之后分别发生了什么？

在访谈时要注意，大部分访谈获得的信息都经过了访谈对象的加工，欠缺客观性，只能作为初步了解行为所用，访谈结果还需要通过其他方法获得印证。

2. 观察

观察特殊儿童的学习、生活状态是最直接的获得信息的方式。特殊儿童的问题行为通常表现为刻板行为、自伤行为、攻击性行为、不适当行为、情绪导致的不良行为、生理导致的不良行为。

在对观察到的行为进行记录时，可采用ABC记录法。其中，A指的是行为发生之前的情境或引发行为的原因；B指的是行为本身；C指的是行为发生后导致的结果。

3. 行为筛查表

行为筛查表通常由特殊儿童的父母或者教师来填写，要求他们对特殊儿童近期的行为表现做出回答。这种方法获得的信息会较为全面，对行为评估具有较高的参考价值。我国常用的行为筛查表如阿肯巴克儿童行为量表（CBCL），分父母表和教师表，主要适用于4～16岁的儿童，是世界上应用较为广泛的行为量表之一。

三、学前特殊儿童问题行为干预的方法

对儿童的行为进行评估后，确定了问题行为的行为前因、行为本身和行为结果。还需要根据儿童的自身情况选择合适的干预方法对问题行为进行干预。干预方法一般可以分为：前因控制、行为干预和后果处理三大类。

（一）学前特殊儿童问题行为的前因控制

1. 刺激控制

刺激控制指的是某一行为只跟随某一刺激出现，不跟随其他刺激出现。也就是说，当特定刺激出现，这一行为会发生改变，而当特定刺激不出现，这一行为就不会发生变化。我们可以通过控制特定刺激的出现来控制行为的改变。如某儿童喜欢到处乱涂乱画，为了改变这种行为，妈妈在家里一面空墙上放了一块白板，并告诉他可以在白板上画，不可以在其他地方画。当儿童出现在白板上涂画的行为，妈妈就给予奖励，当他画在其他地方，妈妈就让他自己清理干净。一段时间后，这个儿童乱涂乱画的行为有了明显下降。

2. 动机操作

动机操作即在某种状态下，通过控制行为产生的动因和增加、减少强化物的当时有效性的方法，包括激发性操作和消除性操作。在激发性操作中，我们通过增强刺激物的强化效果来改变行

为，如在儿童口渴时，水会具有比食物更好的强化效果，这种效果会持续到儿童口渴的状态消失；在消除性操作中，我们通过降低刺激物的强化效果来改变行为，如在儿童头痛时，有时会出现以手捶头的情况以暂时减缓疼痛，如这时给儿童服用止疼药，手捶头的行为就无法带来疼痛缓解，行为也就消失了。在行为与结果的关系不变的情况下，动机的存在与否影响着行为出现的概率。

（二）学前特殊儿童问题行为的行为干预

1. 塑造

所谓塑造，指的是通过对连续趋近于目标行为的行为进行系统的有区别的强化，并最终帮助个体学会新的目标行为的过程，这个过程是个体从不会到一步步学会某个新行为的过程。塑造一般用于去教会儿童掌握某个当前水平下尚未掌握的能力，如主动打招呼、不离座等。

塑造的实施可以通过以下几个步骤：一是确定目标行为，即儿童最终要达到的行为目标；二是确定行为的起点；三是确定各个阶段的行为目标。如对儿童独立进食能力的塑造可以分为6个阶段：

（1）拿起勺子；

（2）用勺子舀起食物；

（3）将勺子放进嘴中；

（4）将食物倒进嘴中；

（5）将勺子从嘴中拿出；

（6）将勺子放回碗里。

在这6个阶段中，每一阶段都在前一阶段的基础上提高要求，每次成功做出动作都将获得强化，通过小步子训练，逐渐掌握独立进食的能力。

2. 渐隐

所谓渐隐，指的是通过控制引起行为反应的刺激，最后达到在自然刺激水平下，儿童也能做出相同的反应。渐隐常被用来帮助儿童学习新的行为，如写字、算术等。

渐隐实施可以通过以下几个步骤：一是确定目标行为；二是确定起始刺激和目标刺激；三是确定各个阶段的刺激。如对儿童画圆的技能训练可以分为5个阶段：

（1）教师画圆，儿童描红；

（2）教师画密集虚线圆，儿童连成圆；

（3）教师画稀疏虚线圆，儿童连成圆；

（4）教师画四个点，儿童连成圆；

（5）儿童独立画圆。

在这5个阶段中，教师对儿童的帮助是从多到少的，最后让儿童独立完成，实现目标。

3. 链锁

链锁，指的是通过刺激—反应链来建立目标行为的方法。在这个刺激—反应链中，每个反应都由特定的刺激引起，每个反应都可以成为下一个反应的特定刺激，环环相扣。链锁一般用于儿童学习比较复杂的新行为。

链锁的实施可以通过以下几个步骤：一是确定目标行为；二是确定反应链；三是选择链锁方式。如洗手可以划分为以下反应链：

（1）打开水龙头；

（2）把手放在水龙头下面；

（3）擦肥皂；

（4）搓手；

（5）冲掉肥皂；

（6）擦手。

在以上步骤中，每一步的动作都是后一个动作的特定刺激，并且也是前一个动作的强化，最后按要求将手洗干净时会对前面所有的动作产生强化。

之后，可以选择正向链锁或逆向链锁的方式来完成训练。正向链锁，即按照行为顺序，从第一步开始教起，然后教第二步，将两步连接起来训练；再教第三步，以此类推直到最后一步，完成目标。逆向链锁，即按照行为的逆向顺序，从最后一步开始教起，然后教倒数第二步，将两步连接起来训练；再教倒数第三步，以此类推直到第一步，完成目标。

（三）学前特殊儿童问题行为的后果处理

1. 强化

强化指的是行为发生之后，跟随行为产生的结果导致将来再次发生此行为的概率增加的过程。如学生努力学习，结果是获得了教师的表扬，那么将来他继续努力学习的概率会增加。

根据行为的结果，我们将强化分为正强化和负强化。正强化是通过给予儿童偏好刺激的方式让目标行为增加，如奖励主动和其他人打招呼的儿童糖果；负强化是通过移除儿童厌恶刺激的方式让目标行为增加，如奖励主动将垃圾扔到指定位置的儿童作业减半。正强化和负强化都是用来增加良好行为的方式，但在实际应用中，我们一般会优先采用正强化，只有当正强化无效时，才会考虑使用负强化。

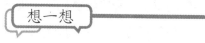

想一想

塑造和链锁中对行为划分的步骤有什么区别？

强化的施行，需要强化物的配合使用。根据强化物的性质，可以分为原级强化物、次级强化物和社会性强化物。

（1）原级强化物。也称为"无条件强化物"，包括食物强化物（如糖果、饼干、水果等）、操作性强化物（如玩具）、拥有性强化物（如贴纸、卡片等）和活动性强化物（踢球、看电视等），它们几乎都和儿童的基本需求有关（大多为生理需求），对此类强化物的需求不需要学习和培养。

但缺点是比较容易引起饱厌现象，很难长期维持强化效果，所以在使用的时候应该注意多样性和控制数量。

（2）次级强化物。也称为"条件强化物"，指不具备强化作用的刺激，在和原级强化物或社会性强化物的不断联结后，产生了同原级强化物同样的强化效果。如奖励给儿童的小红花，它本身并不具有强化效果，但可以用小红花在教师处换取零食、玩具等；如幼儿园里的奖状、奖牌等，本身不具有强化效果，但代表了来自教师的赞扬，代表了荣誉，也能对儿童产生强化效果。

（3）社会性强化物。包括儿童喜欢的身体接触（如击掌、摸头、拍背、拥抱等）、面部表情（微笑、鼓励的眼神等）、注意、口头表扬和接近（靠近某人、加入某游戏等）等。通常，在使用原级和次级强化物时会配合社会性强化物一起使用，在儿童掌握目标行为后，逐渐退出原级和次级强化物，只通过社会强化物来实现目标行为。

在使用强化的时候，要注意强化物给予的时间一定是在目标行为出现之后立即给予，不能拖延，也不能标准不一，同时关注特殊儿童对于强化物偏好的差异性，避免误用。

2. 消退

消退指之前被强化过的行为发生后，并没有跟随之前的强化物，那么在将来遇到相似情况的时候，行为出现的概率将降低。如想要玩具的儿童在店里大哭，父母不予满足，那孩子的哭闹行为就会逐渐减少。行为的减少，是因为维持行为的偏好刺激不再出现，即强化物的撤除。

根据行为形成的强化过程不同，消退一般分为正强化消退、负强化消退和自动化强化消退。

（1）正强化消退。这类行为由正强化中的强化物来维持，只要停止强化物的给予，就可以进行消退。如老人溺爱孩子，造成了儿童贪吃零食而不吃饭的坏习惯，停止供给儿童零食后，吃饭的行为自然就会增加。一般用于消退被正强化误用所强化的不良行为。

（2）负强化消退。这类行为由负强化中移除的厌恶刺激物来维持，只要停止厌恶刺激物的移除，就可以进行消退。如不再给主动做家务的儿童减少作业量，那么儿童主动做家务的行为就会减少。

（3）自动化强化消退。自动化强化指行为本身就是强化物，这类行为通过自动化强化而形成。自动化强化的消退，需要通过撤除原有的感觉刺激，个体的行为才能减少，这种消退也被称为"感觉消退"。如儿童揪头发的行为是为了满足自己的刺激感，通过戴手套的方式来减少揪头发带来的感觉刺激，揪头发的行为就减少了。

在使用消退时，行为会出现三个变化：一是行为缓慢减少。这个减少的过程需要一定的时间，在这个时间段中要坚持对消退的使用；二是消退爆发。在撤除强化之后，行为会有一个迅速增加的现象，以期重新获得强化，这是行为消失前会出现的正常现象，不能因为心软而放弃使用消退；三是自然恢复。在行为完全消失后，行为可能还会再次出现，但通常比较短暂。

3. 惩罚

惩罚是指在行为发生之后，跟随行为产生的结果导致将来再次发生此行为的概率减少的过程。如儿童不喜欢吃饭，将饭扣在地上，妈妈惩罚儿童晚上不准看电视，那么将来再发生同样情景的时候，儿童将饭扣在地上的行为将减少。

根据行为的结果，我们将强化分为正惩罚和负惩罚。正惩罚是通过给予儿童厌恶刺激的方式让目标行为减少，如惩罚打架的儿童面墙站立；负惩罚是通过移除儿童偏好刺激的方式让目标行为减少，如惩罚不写作业的孩子不能玩手机。正惩罚和负惩罚都是用来减少不良行为的方式，但在实际应用中，惩罚只能部分减少或者短暂地减少不良行为，所以需要和其他方法结合使用。

想一想

正惩罚中的厌恶刺激和负强化中的厌恶刺激有什么区别？

正惩罚一般包括体罚（面壁、跑圈等）、谴责（否定言语、警告、瞪眼等）、反应限制（限制身体以阻止行为出现）、矫枉过正（如让儿童把乱扔的玩具恢复原位，且把其他房间也收拾干净）；负惩罚一般包括隔离（脱离当前环境）、反应代价（失去偏好刺激物）等。

惩罚的施行，需要惩罚物的配合使用。根据惩罚物的性质内容，可以分为原级惩罚物和次级惩罚物。

（1）原级惩罚物。也称为"无条件惩罚物"，包括疼痛、刺眼的光、难闻的气味、噪声、难吃的食物、不适宜的温度、身体限制等。它们几乎都和儿童的生理需求有关，对此类惩罚物的厌恶不需要学习和培养。

（2）次级惩罚物。也称为"条件惩罚物"，指不具备惩罚作用的刺激，在和原级惩罚物或社会性惩罚物的不断联结后，产生了同原级惩罚物同样的惩罚效果。如父母的警告，它本身并不具有惩罚效果，但因常常伴随零花钱剥夺一同出现，也能对儿童产生惩罚效果。

在使用惩罚的时候，同强化一样，要注意惩罚物给予的时间一定是在问题行为出现之后立即给予，不能拖延，也不能标准不一。因为惩罚物都是负面的，时刻关注特殊儿童对于惩罚物的反应也非常重要，避免给儿童带来心理伤害。

资料链接

代币制

代币制就是儿童以良好行为来赚取代币，然后用这些代币去教师、家长处换取偏好刺激物的行为管理方式。如幼儿园中常见的贴纸、卡片等小物品或印章、笑脸等标记在墙上的记号。在现实生活中，金钱就属于一种由国家施行的代币制。

代币制同时包含了强化和惩罚的效果。当儿童出现良好行为时，获得代币，当儿童出现不良行为时，失去代币。儿童为了能获得更多的代币来换取自己爱吃的食物或玩具，将会时刻控制自己的行为，让更多良好行为出现，不良行为减少。

代币制可以适用于班级日常管理中。将每个儿童的照片或姓名依次贴在墙上，在后面用星星、心形或其他代币来记录行为，每周或每个月按照代币的数量发放一次奖励。同时，也可以适用于课堂管理，作为某堂课儿童整体表现的评价标准。

课外拓展

华夏出版社出版的《让我听见你的声音》一书不属于专业书籍，出版年代相对久远；然而，在北美孤独症行为干预专业学习课程计划里，今天这本书仍是必读书。凯瑟琳见证了两个子女有孤独症的现实，承受了巨大的精神痛苦，经历了没有现成答案的艰难选择，也亲历了由希望到失望和重振希望的心路历程，最终战胜孤独症。经专家评估，她的两个子女恢复正常。凯瑟琳家庭的故事感人肺腑，催人泪下。本书译者多次阅读这本书，每次都对这位伟大的母亲肃然起敬；感谢那些行为科学的先驱和实践者为改善孤独症谱系障碍开辟了一条有效的途径。如果前人的经验对类似家庭和孤独症儿童有帮助的话，这或许就是《让我听见你的声音》出版二十年后译成中文的重要原因。

——《让我听见你的声音》译者梁海军

请大家通过网络查找并阅读。

实训操练

选择一个幼儿园中常见复杂行为（如折纸），对该行为进行反应链的拆分，并对各个部分进行分析，并说明在拆分的过程中需要注意什么问题。

过关练习

过关练习
参考答案

一、不定项选择（每题有1个或多个正确选项，请将选项字母填在括号里）

1. 小芳看电视不想写作业，妈妈将电视关了催促她写作业。之后，妈妈经常使用关电视的方法来催促小芳写作业。妈妈使用的方法是（　　）。

　　A.正强化　　　　　　B.负强化　　　　　　C.正惩罚　　　　　　D.负惩罚

2. 平平上课时表现得很积极，老师拍了拍他的背说："平平真棒。"老师使用的强化物是（　　）。

　　A.社会性强化物　　　B.原级强化物　　　　C.次级强化物　　　　D.教育性强化物

3. 东东晚上睡觉前总是要吃零食，妈妈不给他吃就会一直哭，妈妈只能妥协，该行为最适用的干预方法是（　　）。

　　A.强化　　　　　　　B.惩罚　　　　　　　C.渐隐　　　　　　　D.消退

4.小徐总是在课堂上发出怪叫，老师批评后依旧没有改变，经过调查发现小徐在家中缺少关爱，怪叫只是为了吸引老师的注意力，老师找到家长进行沟通后，小徐的怪叫行为消失了，这种行为干预的方式属于（　　）。

A.前因控制　　　　B.行为干预　　　　C.后果处理　　　　D.背景调查

二、简答题

请简述学前特殊儿童问题行为干预的方法。

第二节　感觉统合训练

艾尔丝（Anna Jean Ayres）博士在20世纪70年代初，将个体的中枢神经系统发展与个体心理发展相结合，建设性地提出了感觉统合理论。她认为，个体完成的各种活动是将自身的感觉信息组合起来，经过大脑的整合后，完成对身体的整个内外知觉并做出相应的反应。个体只有通过感觉统合，神经系统才能协调人体的整体工作，个体与周围环境的互动才能和谐。在我国，基于感觉统合理论的感觉统合训练已经成为干预学前特殊儿童的重要手段之一。

一　感觉统合训练的相关概念

（一）什么是感觉统合？

感觉统合（Sensory Integration，SI）是指脑对个体从视、听、触、嗅、前庭等不同感觉通路输入的感觉信息进行选择、解释、联系和统一的神经心理过程，是个体进行日常生活、学习和工作的基础。[1]

个体的感觉统合是一个信息加工处理的过程。在这个过程中，脑时刻以灵活的、变化的方式对来自外界的各种感觉信息进行接收、选择、比较、联系、判断，最终形成可被执行的指令。所以，感觉统合不仅是感觉器官接收外界刺激的过程，而是脑对所有感觉信息的整合和加工过程。

儿童的感觉统合能力发展需要具备两个条件：身心的正常发展和丰富的环境刺激。从出生到成年前的时间段中，个体成长的表现为结构与功能相适应，功能取决于结构的发展。所以在儿童期，个体的感觉统合水平很低，表现为平衡能力差、身体协调性差、注意力品质差等现象。随着年龄的增加，个体的结构迅速成长，功能得到提升，在感知觉、注意、记忆等方面都进一步得到发展。同时，儿童感觉统合能力也离不开丰富的环境刺激。个体的感觉系统需要在丰富的、多变的适宜刺激

---

[1] 杨霞，等.儿童感觉统合训练实用手册[M].上海：第二军医大学出版社，2007：3-6.

下才能不断得到完善,如运动系统的发展就建立在参与各种各样的活动基础上。如今的城市化生活,出现了很多不利于儿童接受丰富环境刺激的因素,影响了儿童感觉统合能力的发展。

(二)什么是感觉统合失调?

感觉统合失调(Sensory Integration Dysfunction,SID)是指个体的某种感觉系统或感觉系统之间的信息整合与组织不协调,导致脑在信息统合的过程中发生异常,出现对外界刺激过分敏感或不敏感等现象。感觉统合失调是儿童感觉统合能力发展出现问题时的表现。

感觉统合失调主要表现包括四种:一是视觉功能异常,表现为儿童手眼的协调性差、经常将文字等看错等;二是前庭功能异常,表现为平衡能力差、容易摔跤、动作笨拙等;三是触觉功能异常,表现为对洗澡、剪指甲等与他人触碰时过于敏感或不敏感。四是心理活动异常,表现为因前面各种异常导致的恐惧、退缩等情绪以及注意力品质差等。

(三)什么是感觉统合训练?

感觉统合训练,是指为提高个体的感觉统合能力,减少感觉统合失调对个体生活、学习的负面影响而开展的有计划的训练活动,也称为感觉统合治疗。①

感觉统合训练主要用于青春期前的儿童,他们的神经系统可塑性较强,训练效果较好。训练的类型可分为:触觉功能训练、前庭觉功能训练、本体觉功能训练和综合训练,其中前庭觉的功能训练一般作为训练的重心。多数的学前特殊儿童在感觉统合领域都保持了较长时间的训练,一般以半年为一个训练计划周期,每周的训练应不少于2次,单次持续时间1小时左右,每个项目大概3~8分钟,可重复。

视频资料:
什么是感觉统合?家长和幼儿园为什么要重视感统失调?

二 学前特殊儿童感觉统合训练的类型

(一)触觉功能训练

触觉功能训练针对有触觉功能异常的学前特殊儿童,通常表现为两种极端的情况:触觉过于敏感或不敏感。这类儿童通常具有害怕别人触碰自己的身体、吸吮手指、咬指甲、偏食厌食、怕黑、身体协调性差或对触碰无反应等表现,在智力障碍儿童、孤独症儿童、情绪行为障碍儿童中较为常见。

---

① 王和平. 特殊儿童的感觉统合训练 [M]. 北京:北京大学出版社,2016:11.

1. 球类训练

球类训练的项目是通过儿童与球体的挤压、震动等相互作用，刺激儿童的触觉感受器，增加脑对不同维度的触觉信息进行感受和理解。球类训练中所使用的球，小到单手可握的触觉球，大到直径1米的大笼球；有的弹力较大，有的弹力较小；有的是我们平时经常能看见的球，如篮球、乒乓球等，有的是专业的训练球类，如大龙球、花生球、羊角球等。

在训练时，根据儿童的实际情况选择合适的球，进行球类的拍击、震荡、滚动、传接等，让儿童感受不同球类的形状、大小、弹性和光滑度等，以达到训练触觉的目的。

2. 滚筒类训练

滚筒类训练常见的器材主要包括滚筒、阳光隧道和钻笼。这些器材主要训练的是儿童的本体觉和前庭觉，在触觉领域使用中存在触觉刺激弱的问题，所以只是伴随性的训练，主要训练目标是将触觉功能与其他功能进行整合。

3. 海洋球训练

海洋球训练使用的器材为海洋球池，球池多为软包，内放约2/3的海洋球，海洋球直径多为5～7cm，空心充气、颜色鲜艳，非常受儿童的欢迎。儿童在球池内可以完成行走、翻滚、潜入、拨球等各种活动，感受来自海洋球的触觉刺激和重心不断变化的平衡觉刺激，对触觉功能和前庭觉功能都有益处。

4. 徒手训练

徒手训练不需要额外的器材，只通过儿童自身或与别人的身体相互作用进行训练。具体可以包括互相轻拍、互相按摩、吹气、感受风、挠痒痒、蒙眼猜人等方式，可以结合游戏，不受场地等限制，非常实用。

5. 日常训练

利用日常生活中现有的环境和资源对儿童进行训练的方式。具体可以包括床上翻滚、搓澡、搓棋子、感受吹风、玩沙、滑梯等，内容非常丰富，形式也多变，是儿童在结束专业康复训练后在日常生活中的良好补充。

（二）前庭觉功能训练

前庭器官位于双耳内，主导个体的平衡感和方位感，对脑功能的发展也有重要的影响。前庭觉功能发展不足是各类特殊儿童普遍存在的问题，所以前庭觉的功能训练在整个感觉统合训练中都占有重要地位。

前庭觉功能的训练主要有三个维度：角加速度运动、直线加速度运动和二者结合的运动。具体的训练方法可以包括旋转、滚动、荡摆、起落震动、骤起急停、反射调整和组合刺激。

1. 浪桥训练

浪桥训练一般包含吊桶、吊缆、吊马和吊台。训练时，让儿童置身于台面，自主或在协助下进行多方向的摆动、旋转等，不断用平衡或失衡的感觉来刺激儿童的前庭觉，以提升平衡能力。

2. 滚筒类训练

滚筒类训练在触觉功能训练中就做过介绍，滚筒类器材对儿童前庭觉功能的训练具有很好的作用。训练时，可让儿童在滚筒内被动滚和在滚筒外主动滚。

3. 滑梯训练

滑梯训练包括徒手滑行和滑板滑行两种。徒手滑行时，儿童直接在滑梯上进行坐滑、仰滑、腹滑、正滑或倒滑，更多出现在日常训练中；滑板滑行时，儿童可俯卧、仰卧、伸腿坐、盘腿坐或跪坐在滑板上，让滑板在滑梯上滑行，更多出现在专门训练中。

4. 平衡木训练

平衡木训练，主要运用在前庭觉功能的训练中，属于躯体悬空训练，对儿童的平衡控制要求高。平衡木训练的方式较为单一，多数为站立和行走两种，其中站立包括下蹲、摆动、转体和单脚站立；行走包括正走、倒走和侧走，还可以在行走中设置障碍物以加大难度。

5. 蹦床训练

蹦床训练，是以前庭觉功能为主的训练。儿童在蹦床上可以采取立位、卧位、坐位和跪位，以立位为主，可以上下跳、左右跳和旋转跳。

6. 独脚凳训练

独脚凳的训练方式比较简单，一般为双脚坐、单脚坐、摇摆，也可以配合球类训练。

（三）本体觉功能训练

本体觉是个体感知自身所处位置、躯体各部分的状态、运动方向、运动幅度等动态或静态的动作要素。因本体觉的感受器分布于身体的肌肉、关节周围，所以本体觉的功能训练要通过多种运动活动来完成。具体的训练方法可将触觉、前庭觉的训练项目进行单动作的重复训练、多动作的序列训练和多动作的整合训练。但仅仅凭借专门训练难以达到理想的训练强度，所以多以日常训练为主，训练的关键是家长为儿童安排的室内外训练活动是否达到了要求。

三种分领域训练中，哪一种最具危险性？为什么？

（四）综合训练

分领域的训练可以针对儿童的弱项进行有针对性的训练，但各个感觉领域之间的统合水平仍旧需要提高，这时综合训练的重要性就体现出来了。分领域的功能训练是综合基础和过渡，综合训练是感觉统合最终达到训练目标的途径。随着儿童训练水平的提高，综合训练的比重会不断加大。

综合训练主要通过安排多种训练项目以同时或继时进行组合的方式开展，比如一边滑滑梯一边推球，一边走平衡木一边回答问题；或者先走平衡木，再钻阳光隧道，最后滑滑梯。

三、学前特殊儿童感觉统合训练的组织实施

训练的组织和实施是指训练人员和儿童围绕训练目标开展的活动。

（一）训练准备

1. 训练人员的准备

训练人员在对儿童开展训练前，一是要了解儿童的基本情况（如个人信息、障碍类型、疾病史、性格等）和儿童经常发生的问题行为（如攻击行为、自伤行为、不合作行为等）；二是要结合儿童的实际情况制定训练方案，并充分考虑家长的意见；三是准备训练的器材和场地；四是准备合适的着装和做好心理准备。

2. 儿童的准备

一是对于认知发展水平较好的儿童，可以提前将训练的内容、目的等告知儿童，让儿童在心理上做好准备；二是要求家长在儿童训练时为其准备合身、柔软的衣物，避免佩戴饰品；三是在训练前不要过饱和饥饿，也不要食用发气类和干类食物。

3. 家长的准备

家长一是要做好长期训练、训练进程慢和成效不明显的心理准备；二是要学习感觉统合训练的相关知识和技能，以便在专业训练之余为儿童提供日常训练，作为专业训练的补充。

（二）训练形式

1. 训练人员主导

训练人员主导的训练形式在训练的全过程中都起主导作用，一般适用于训练初期、儿童障碍严重、儿童训练错误和训练强度不足时。此类训练主要有个别训练（一对一）、序列训练（一对多）和累加训练（针对训练困难儿童进行多次训练）等训练形式。

2. 儿童主导

儿童主导的训练形式在训练的过程中有较大的自主决定权，可以凭借自己的兴趣和已有的经验来完成训练活动，一般适用于训练后期或能力强的儿童。此类训练主要有自助训练（训练人员布置任务，儿童完成），团体训练（训练人员集体示范，儿童完成），合作训练（多名儿童合作完成训练），分组训练（按属性分组进行训练）和同伴互助训练（扮演"小老师"）。

通常，一个小时的训练会安排 5～8 种训练项目，这就涉及选择训练形式的问题。以上提到的多种训练形式各有其优缺点，在进行选择的时候，优先选择能发挥儿童主动性的形式，并合理安排其顺序。

（三）训练疲劳的应对

在学前特殊儿童的感觉统合训练中，训练疲劳的问题普遍存在。一般来说，训练疲劳主要包括生理疲劳和心理疲劳，恰当应对训练疲劳对提升训练效果有较大的帮助。

1. 训练相关要素的调整

一是调整训练内容，在训练的难度、时间、环节上做出调整，或在训练时"干扰"儿童，提高儿童的兴致和注意力；二是调整训练形式，如从一对一改为一对多或小组式；三是调整训练环境，适时将训练器材移动到新环境中开展训练。

2. 训练风格的变化

可以从言语、动作、表情、着装方面做出一些改变。

3. 引入竞争机制

让两个以上的儿童在相同的项目中进行比赛，以赛代训。

4. 引入游戏成分

给不同的训练项目设计不同的游戏规则，将卡通人物和动画片中的故事融入训练中，增强趣味性。

四 学前特殊儿童感觉统合训练室的建设与管理

随着感觉统合理念的传播，感觉统合训练在学前特殊儿童的干预领域内成为不可缺少的部分。特殊教育学校、特殊儿童康复机构中几乎都配备了感觉统合训练室。同时，随着"融合教育"的不断推进，越来越多的普通学校、普通幼儿园也将建设感觉统合训练室纳入计划，所以感觉统合训练室的建设与管理也是非常重要的内容。

（一）总体建议

1. 楼层设置

感觉统合训练室的选址首先要考虑的即是方便学前特殊儿童进行训练，所以一般都设置在低楼层，一楼最佳，如有电梯，则可设置在电梯旁的位置。

2. 噪声干扰

一是感觉统合训练时经常会发出较大的声响，所以不建议设置在需要保持安静的房间旁，如会议室、言语康复室、心理治疗室、图书室的旁边。二是室外来来往往的人群造成的噪声会对训练造成干扰，所以不建议设置在人流量大的枢纽位置，如幼儿园人员往来的必经之路。

3. 辅助设施

感觉统合训练因运动量大，儿童会有较频繁的生理需求，如喝水、上卫生间、洗澡等，所以建议设置在这些相关的辅助设施附近。

4. 室内采光

采光过多时，阳光直射会造成设备的加速老化，也会使儿童在训练时出汗增多，疲劳感加重；采光过少时，会影响儿童的身体健康和训练时的状态。

5. 室内通风

训练时，儿童运动量大，如果通风不好，会导致室内空气混浊。同时，装修材料和训练器材会散发有害物质。通风良好可以减少对儿童身体健康的影响。

（二）室内规划

1. 总体布局

（1）大空间。感觉统合训练的器材种类较多，其中大型器材，如海洋球池、滑梯、浪桥、蹦床等都需要较大的空间；中小型器材，如球类、隧道、平衡车等，因使用时带有一定危险性，也需要较大的场地。所以，感觉统合训练室需要较大的空间，一般在120㎡以上为宜，如条件允许，能达到200㎡更好，所有类型的器材都将有充分的空间进行训练。

（2）分隔辅室。当感觉统合训练室达到120㎡以上时，可以分隔出20～40㎡左右的空间作为辅室。辅室可以存放本次训练不使用的器材以免儿童分散注意力，也可以作为观摩室、训练档案室和随身物品保管室。

2. 室内设计

（1）装修。地面需高度一致，可采用木地板、复合地板或自流平地面，地板与训练室的长边平行，以便于滑板类器材的使用，部分区域可铺设泡沫地垫；墙面需进行软包处理，高度1m左右，阳角需做圆角处理后再进行软包，墙面不能用尖锐物品固定画和卡片类物品，不可使用玻璃画框；天花板可整体涂白色或天蓝色，也可以绘制蓝天白云的图案，不可悬挂吊灯；门的宽度不小于1m，不设门槛，门把手以圆形为佳，内侧窗户需做贴膜处理，外侧窗户需安装防护栏；窗帘以鲜艳颜色、卡通形象为主。

（2）设备布局。大型器材应设置在训练室四周，中央位置多用于中小型设备和徒手训练设备；海洋球池区域一般设置在墙角，球池下需铺设地毯；平衡木系列一般靠墙设置，以提高安全性；浪桥系列因幅度较大，不宜摆放在门窗附近；滑梯需与训练室长边平行，滑梯下需铺设地毯，下滑区域1㎡以内不能有障碍物。

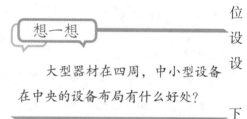

想一想

大型器材在四周，中小型设备在中央的设备布局有什么好处？

（三）常规管理

1. 训练辅助

训练室的管理人员要协助训练人员共同开展相关工作，如帮助训练人员协调训练室使用的时间、调整训练活动、回答来访者的提问等。

2. 设备管理

根据训练室的总体布局合理设置各个器材的位置、标签化管理器材、布置训练环境、检查器材的工作状态。及时应对器材的常见问题，如浪桥的绳索不够紧、滑板滑轮不顺畅、训练球缺气等。在训练结束后，组织相关人员将使用过的器材归位等。当器材出现重大故障，及时报修或报废、补充消耗品。

3. 卫生管理

保持训练室的卫生，及时清理儿童的口水、汗水、大小便等，定期对器材进行消毒。

4. 安全管理

做好门窗、灯、插座、线路、消防器械以及基础器材的检查和报修，以及外来人员的登记。

5. 档案管理

包括训练室内开展训练以及相关活动的记录和设备器材的建设、使用、维修等情况的档案管理。

如受训儿童较多，训练室可配备专门人员对实训室进行管理，如受训儿童不多，实训室的管理工作则可以由训练人员来兼任。总体来说，管理工作事务杂，需要细致、耐心地完成。

资料链接

感觉统合训练发展存在的问题

感觉统合训练于20世纪90年代引入中国，经过多年的发展，已经取得了很多有益的成果，同时存在很多需要解决的问题。

一是在城乡地区、发达与欠发达地区中的普及存在极大差异。在小城市和农村，教师对儿童感觉统合训练的概念完全陌生，对其器材的了解也仅仅停留在表面。

二是器材玩具化。设置有感觉统合器材的地方，对于器材的使用形式也非常有限，一般都作为儿童的游戏和休闲设施，达不到专业训练的强度和效率。

三是从业人员专业化水平低。真正接受过系统感觉统合训练学习的专业人员非常少，甚至对感觉统合训练的理念存在认知偏差，导致器材成为玩具。

四是功效的过分夸大。一些从业机构从自身利益出发，过分夸大感觉统合训练的效果，将儿童发展中出现的问题全部归结于感觉统合失调，忽视儿童的个体差异性。

五是宣传不足。国内主流媒体、平台对感觉统合训练的理念和内容的相关知识宣传太少，使大众对感觉统合训练的认知程度不高，导致很多儿童错失训练机会。

课外拓展

"孩子一到新的环境就哭个不停。"

"孩子不和别人玩,就自己玩。"

"我今天又被幼儿园老师留下来了,她说我家孩子打人。"

"孩子不敢滑滑梯、不敢走平衡木……"

"孩子经常会发脾气。"

调查显示,城市儿童出现"感觉统合失调"症状的概率不断提高。这种症状的最佳矫正期在6岁前,如果不及时对其进行矫正,不仅会影响到儿童当前的学习和生活,导致的问题很可能会伴随孩子的一生。

请大家上网搜索央视新闻播出的专题报道《孩子注意力不集中,警惕"感统失调"》,谈谈你观看视频后的感想。

实训操练

联系一家开展感觉统合训练的特殊儿童康复机构,以志愿者的身份定期参与该机构的活动,了解感觉统合训练对象的特点、训练内容、训练方法等。

过关练习

过关练习
参考答案

一、不定项选择（每题有1个或多个正确选项,请将选项字母填在括号里）

1. 花花每次剪指甲、理发、洗澡时都哭个不停,从这些症状来看花花可能属于（　　）。

　　A.触觉功能失调　　　　B.前庭觉功能失调　　C.平衡觉功能失调　　D.本体觉功能失调

2. 训练初期,儿童对于训练的动作要领不熟悉,适合采用（　　）方式进行训练。

　　A.自助训练　　　　　　B.序列训练　　　　　C.个别训练　　　　　D.合作训练

3. 关于感觉统合训练室的建设,错误的是（　　）。

　　A.建设在一楼最佳　　　B.空间不需要太大

　　C.外侧窗户安装护栏　　D.不可悬挂吊灯

二、简答题

学前特殊儿童的感觉统合训练主要有哪些领域?

第三节 游戏治疗

"游戏是儿童的天职",喜欢做游戏是所有儿童的天性。学前特殊儿童因为身体的障碍而对游戏的喜爱有所不同,智力障碍儿童、言语障碍儿童、孤独症儿童以及情绪行为障碍儿童等更是将游戏作为一种语言,增加与其他人进行交流的途径。将游戏和康复进行有机结合后形成的游戏治疗法,是干预学前特殊儿童的重要方式。

一、游戏治疗的相关概念

(一) 什么是游戏?

儿童对于游戏的喜爱完全出自自身的内驱力,他们可以在游戏中获得表现自我的机会,也可以宣泄自己的情绪,甚至达成愿望。游戏始终伴随着个体的成长,从婴儿期的声音玩具,如沙锤、拨浪鼓,到幼儿期的角色扮演游戏,如警察抓小偷、医生看病等,再到青少年期的体育活动或益智类游戏,如跳皮筋、五子棋等,以及成年后的休闲游戏、手机游戏等,游戏贯穿了人的一生。

皮亚杰(Jean Piaget)把儿童的游戏分为三类:一是练习游戏,占0~2岁儿童游戏的主导地位,主要表现为徒手游戏或反复操作某物体,在不断的练习中获得愉悦的体验,为运动功能的发展打基础;二是象征性游戏,占2~7岁儿童游戏的主导地位,主要表现为模仿和扮演,把某样物品扮演为另外一样物品,把自己和他人扮演为另外一个人,如把卡片当作钱,把自己当作售货员、其他人当作顾客进行游戏;三是规则游戏,占7~11岁儿童游戏的主导地位,主要表现为按照规则进行游戏,常常伴有比赛和竞争性质,体现社会性的增加,如下棋、踢毽子等。对于学前特殊儿童来说,主要以练习游戏和象征性游戏为主。

(二) 什么是游戏治疗?

"游戏治疗是游戏治疗师在游戏室的环境中,提供一种安全、信任、容许和责任的态度,与儿童发展出一种正向的关系,并借由儿童自由选择玩具和扮演活动,达到治疗上支持和重整的结果。"[①]

游戏治疗和游戏有一定的相关性,也有区别,一般游戏治疗中的游戏具有如下特点:一是游戏治疗中的游戏是经过设计的,而一般的游戏是儿童自发的;二是游戏治疗中的游戏是具有教育性的,通过设计好的游戏来促进儿童在认知、社交、言语等方面的能力;三是游戏治疗中的游戏是儿

---
① (美)博伊科,(美)古德温. 沙游治疗完全指导手册:理论、实务与案例[M]. 田宝伟,等,译. 北京:中国水利水电出版社, 2006.

童自主选择的，游戏师会设计游戏，但也会给予儿童充分的自主性，游戏的形式、游戏道具都可以按照儿童的意愿进行选择。

（三）游戏治疗的模式

根据流派的不同，游戏治疗存在很多具体的干预方法，总体上分为两类，即指导性和非指导性游戏治疗。

（1）指导性游戏治疗。指导性游戏治疗认为处于困难中的儿童没有自我发现问题的能力，强调儿童对游戏治疗师的需求大于游戏同伴。在这类游戏治疗中，治疗师的指导和解释的责任较重，在治疗前能进行诊断，针对不同儿童的实际情况设计不同的干预方案来帮助儿童。

> **想一想**
>
> 非指导性游戏治疗的优点体现在哪些方面呢？

（2）非指导性游戏治疗。非指导性游戏治疗认为儿童有充分的能力进行自我指导和逐渐发展成熟，强调儿童可以自我发展，游戏治疗师无须事先设计干预方案，更像是一个游戏同伴。

（四）游戏治疗的构成

合适的空间、时间和游戏材料的保障，是顺利开展游戏治疗的物质基础。

（1）空间与时间。广义的游戏空间与时间，可以包括家庭、学校、公园等儿童经常出现的地点，时间也非常灵活，随时可以进行游戏。狭义的游戏空间与时间，则专指游戏治疗室和固定时段的游戏。一般情况下，游戏治疗室需要去单独准备，面积在 25～30 ㎡ 之间为宜，过小则活动受限，过大则会让儿童失去安全感，治疗室内可设沙盘、娃娃屋、角色扮演和发泄区等；每次治疗应有固定的时间表，一般每周一至两次，每次持续一个小时左右。

（2）游戏材料。游戏材料是游戏的核心，游戏治疗师在对材料进行选择时，要考虑其安全性和耐用性，符合儿童的心理特点。根据使用治疗技术的不同，游戏材料也有所不同。象征性游戏一般使用娃娃、积木等玩具，艺术游戏一般使用彩笔、画板等，自然媒介游戏一般使用水、泥土、食物等。

（五）游戏治疗的对象

广义上来说，游戏治疗的对象可以包含所有学前特殊儿童，使他们心理上获得良好的发展。狭义上来说，游戏治疗的对象只包括在心理发展上存在问题的学前特殊儿童。

所以，需要进行游戏治疗的学前特殊儿童一般有三种：一是因不适应环境或条件变化而产生心理问题和行为问题的儿童，如儿童因家庭结构发生变化、主要教养人发生变化、学习环境变化、家庭生活环境变化等造成心理焦虑等；二是有行为问题的儿童，如具有攻击性行为、自伤行为的儿童等；三是发展障碍儿童，如智力障碍儿童、学习障碍儿童、孤独症谱系儿童或注意缺陷多动症儿童等。

二 学前特殊儿童游戏治疗的分类与模式

（一）精神分析游戏治疗

该类游戏治疗的基本理念是：儿童天生具有的内在需求需要得到满足和发泄，但客观环境不能听之任之，导致儿童内心世界压抑，出现自私、爱发脾气、捣乱等不良行为。所以，儿童要在游戏中充分发泄自己的情感，以补偿现实生活中的需求。

梅兰妮·克莱因（Melanie Klein）是奥地利儿童精神分析的先驱者，她的儿童游戏治疗方式被称为"分析性游戏治疗"。她认为用游戏来分析儿童被压抑的负面情绪，还原儿童真实的内心世界，是精神分析游戏治疗的关键。在她的设想中，游戏治疗室应是一个安静、简单的房间，排除无关因素对儿童的干扰，然后投放多种小型玩具，如娃娃、小汽车、积木、过家家玩具、画笔、黏土等，避免机械玩具的出现。

（二）人本主义游戏治疗

该类游戏治疗的基本理念是：相信每个儿童都有自我发展的能力。强调治疗师与儿童直接建立起一种具有积极治疗功能的人际关系是治疗成功与否的关键。

阿克斯莱茵（V. M. Ackles Rhein）根据人本主义的人格理论，创建了儿童中心主义游戏治疗，他指出在游戏治疗中应该坚持以下八个原则。

（1）游戏治疗师必须和儿童建立起温馨、友善的关系；

（2）游戏治疗师必须无条件接受儿童；

（3）游戏治疗师要有宽容的态度，让儿童能够自由地表达自己；

（4）游戏治疗师要能敏锐地辨别儿童的感受，并分享和解释给儿童听；

（5）游戏治疗师必须尊重儿童，承认儿童解决问题的能力；

（6）游戏治疗师不能以任何方式指导儿童的行为，而应该伴随儿童进行引导；

（7）游戏治疗师要清楚治疗是一个过程，不能操之过急；

（8）游戏治疗师要建立一些限制，保证治疗建立在现实的基础上。

（三）格式塔游戏治疗

该类游戏治疗具有综合型的理念，其基本原则包含了精神分析理论、格式塔心理学、人本主义理论以及现象学、存在主义等观点。总体来说，格式塔游戏治疗主张采用投射性的技术，使儿童以一种非威胁性的、有趣的方式表达内心深处的情感体验。

格式塔游戏治疗的基本原则包括：一是建立良好的治疗关系，治疗师以尊重的态度对待儿童的行为，为儿童提供新的体验；二是保持良好的接触，解决阻抗问题；三是帮助儿童发展出坚定的自我感觉；四是为儿童提供各种各样的体验，保证儿童游戏的积极性。

（四）亲子游戏治疗

该类治疗是以儿童和父母为治疗对象的方法，对由于不健全的家庭关系或不适当的教育方式造成心理障碍的儿童更为有效。在亲子游戏治疗中，游戏治疗师的治疗对象不仅仅是儿童，也需要对其父母进行训练和督导，帮助改善亲子关系。

在亲子游戏治疗中，一般应遵循以下原则。

（1）友好关系，治疗师、家长、儿童之间要建立热情、友好的关系，这是成败的关键；

（2）完全了解，要让家长完全了解游戏治疗的目的、方法和内容，并在此基础上接受游戏治疗；

（3）亲切接纳，治疗师要和家长一起让儿童有被完全接纳的感觉，他们才能充分地表达自己；

（4）及时回馈，治疗师要时刻观察儿童及家长的行为和表现，及时进行回馈；

（5）确定责任，在治疗过程中要让儿童意识到自己的责任，渐渐树立自信心；

（6）独立自主，治疗师不要以任何方式干扰儿童和家长在游戏中的行为，让他们成为治疗的主体；

（7）培养耐心，让家长明白治疗是一个长期过程，不必催促儿童。

（五）集体游戏治疗

该类游戏治疗是一种将集体游戏与游戏治疗进行结合的治疗方法，最大特点是通过同伴间的互动来促进治疗的深入，主要用于改善儿童的心理和行为问题，如恐惧症、攻击性行为、抑郁症等，效益高、成本低。

集体游戏治疗一般包含五个阶段。第一阶段，构建集体游戏治疗的模式，如制订计划、确定形式、了解儿童需求和设定游戏结构等；第二阶段，发现和分析问题，如儿童交往中的问题、儿童情绪问题等；第三阶段，处理焦虑和冲突；第四阶段，加强安全感和归属感；第五阶段，结束。

三 学前特殊儿童游戏治疗的过程

游戏治疗的目标需要通过具体的实施步骤来实现，一般包括确定对象、信息收集、评估诊断、治疗和结案五个阶段。

（一）确定对象

游戏治疗的对象不能光凭家长或教师的个人经验进行判断，通常需要经过以下方法来确定。

（1）经心理咨询师的诊断后，以诊断书的形式确立；

（2）经学校心理健康辅导教师使用相关工具进行检测发现；

（3）经历创伤事件的高危儿童。

以上三种方法都可以用来确定哪些儿童为治疗对象，之后再通过详细信息的收集和科学的分析评估来进一步诊断和治疗。

（二）信息收集

被确定为治疗对象后，就需要收集儿童的详细信息来为后续治疗做准备，信息收集的方式一般有两种：间接了解和直接了解。

（1）间接了解。即通过儿童的父母、教师、同伴等关系密切人员对儿童的基本情况（姓名、性别、生日、住址、障碍类型、障碍程度等）、家庭状况（家庭构成、家庭经济情况、主要教养者、教养方式、教养需求等）、儿童发展史（健康状况、疾病史、治疗史、康复训练经历和成长中的重要事件等）、教育情况（安置方式、相关服务等）做一个详细的了解。

（2）直接了解。即观察或直接和游戏治疗的对象进行沟通的方式，观察结果可以用来印证间接了解中得到的信息，直接沟通方式对儿童的身心发展水平有一定的要求。

在收集信息时，要向家长及儿童说明信息收集的目的，并承诺所有信息都将严格保密，这样才能最大限度收集到有用的资料信息。

（三）评估诊断

根据之前收集到的信息，运用科学的量表和技术对治疗对象进行评估和诊断，综合考虑选择更符合实际情况的游戏治疗策略。

（四）治疗

治疗阶段可以分为三个步骤，每个阶段对应不同的任务：治疗前期、治疗中期和治疗后期。

（1）治疗前期。此阶段的主要任务为让治疗对象熟悉环境、了解治疗中要遵守的规定以及和治疗师建立信任的关系。可让治疗对象先在治疗室中进行自由探索，同时把治疗室的规则告诉儿童，如不能带走玩具、不能哭闹、不能攻击别人等。

（2）治疗中期。此阶段的主要任务是进行治疗。治疗师可根据儿童的实际情况采取不同的方法，如对性格散漫的儿童可以选择结构性和规则性较强的游戏，对容易紧张的儿童可以选择较为放松的游戏。

（3）治疗后期。此阶段的主要任务是评估治疗结果。治疗师根据儿童的治疗情况来评估治疗结果，并根据结果来对下一阶段的治疗进行计划，如治疗效果较好，则可以直接进入结案。

（五）结案

将最终治疗的结果和最初的诊断情况进行对照，如治疗对象已经有了以下治疗效果，则进行结案。

（1）治疗对象已经学会了目标技能；

（2）治疗对象已经获得了某方面的自立能力；

（3）治疗对象的目标行为已经得到了有效改变；

（4）治疗对象的心理问题得到明显缓解。

资料链接

沙盘游戏疗法

沙盘游戏疗法是在游戏治疗师的陪伴下，治疗对象使用各种微缩玩具模型在沙盘中进行自我表现的一种常见心理疗法。它是由卡尔夫（Kalff）于20世纪60年代创立。其形式是治疗对象在沙盘中摆放各种与现实生活相近的微缩玩具模型，进而完成自我表现和自我宣泄。游戏治疗师根据对沙盘中摆放的作品进行观察，来分析治疗对象的内心世界。

沙盘游戏疗法一般包含沙盘、沙子、水、微缩玩具模型和游戏治疗师。沙盘是一个内装沙子，供人进行建构活动的"盘子"，一般为木制，内侧涂成浅蓝色以模拟水的感觉；沙子一般选择较粗的彩色颗粒，常见的有米黄色、黑色、白色、红色、绿色等；微缩玩具模型至少包括人类、动物类、植物类、矿物类、环境类、交通工具类、居家物品类等；游戏治疗师需要经过严格的专业训练后才能从事此项工作。

在沙盘游戏治疗的理念中，沙盘就是一个小世界，沙盘中的沙子和水可以将人类和地球进行联结。水可以流动、清洗或溶解物品，也可以再生，通常代表着无意识和情绪，沙子的可塑性很强，可以在想象力的帮助下建造任何东西。微缩玩具起着象征语言的作用，如动物类往往表示人类的本能、直觉等意义。

课外拓展

中国轻工业出版社出版的《游戏的力量：58种经典儿童游戏治疗技术》一书在科学实证的基础上，结合学者几十年的临床经验，系统地介绍了58种富有生命力的游戏治疗技术。全文脉络清晰，每一章教你使用一种经典游戏，从该游戏的历史成因、理论解释、实践应用，到所需材料、操作过程、案例说明，均有着系统且生动的阐述。本书为读者提供详尽全面的游戏治疗策略，为解决儿童问题提供指导，使儿童在游戏中得到疗愈，茁壮成长。

请大家通过网络查找并阅读。

实训操练

实地观察游戏治疗的实施过程,仔细体会其与游戏的区别。

过关练习

过关练习
参考答案

一、不定项选择(每题有1个或多个正确选项,请将选项字母填在括号里)

1. 下列关于游戏治疗的描述错误的是( )。
   A.游戏治疗中的游戏是经过特别设计的　　B.游戏治疗中的游戏是具有教育性的
   C.游戏治疗中的游戏是儿童自主的　　　　D.游戏治疗中的游戏道具需按照治疗师的意愿选择

2. 主张在游戏治疗中让儿童释放内心世界的是( )。
   A.精神分析游戏治疗　　　　B.人本主义游戏治疗
   C.格式塔游戏治疗　　　　　D.亲子游戏治疗

3. 对不健全的家庭关系或不适当的教育方式造成心理障碍的儿童适用于( )。
   A.精神分析游戏治疗　　　　B.人本主义游戏治疗
   C.格式塔游戏治疗　　　　　D.亲子游戏治疗

二、简答题

请简述游戏治疗的主要类型。

第四节　其他多样化的教育干预方法

应用行为分析、感觉统合训练和游戏治疗是学前特殊儿童干预中常见的方法,适用的范围几乎涵盖了全部特殊儿童。除这几种外,还有针对言语障碍的言语治疗、针对心理障碍的心理治疗和针对情绪障碍的音乐治疗等,可根据儿童的实际情况组合使用,效果更佳。

一 言语治疗

(一)什么是言语治疗?

言语治疗是指为了减轻言语、语言障碍,帮助儿童恢复或者部分恢复说话能力,提高交往效果而进行的一系列训练。通常包含医学治疗、心理治疗和教育训练三个部分，三者之间相辅相成。

（1）医学治疗主要指通过医学手段，如药物干预、手术等方式，改变言语器官的功能，使儿童的言语机制得到提高或恢复。如声带息肉造成的言语障碍，就可以通过手术解决。

（2）心理治疗主要通过心理辅导帮助儿童建立康复的信心。如心理因素是导致失语症的重要原因，可以采用系统脱敏法等来帮助儿童克服心理障碍。

（3）教育训练主要由特殊教育教师和言语治疗师等相关人员，根据儿童的实际情况制订训练计划。如针对呼吸方式、发音习惯、嗓音等方面进行训练，使儿童获得言语能力的提升。

（二）儿童常见言语障碍与矫治方法

儿童常见的言语障碍主要包括构音障碍、嗓音障碍和语流障碍三种。

1. 构音障碍

构音障碍是指由于发音器官如唇、舌、软腭、咽部等发音器官结构异常或动作不适当，或动作的协调性差导致的发音错误，致使不能和其他人一样产生正确的言语声。根据病因，构音障碍一般分为器质性、运动性和功能性三种，绝大多数儿童为运动性构音障碍。

（1）器质性构音障碍，是指发音器官存在器质性异常导致的构音障碍，如唇腭裂、巨舌症、舌系带短等原因造成的构音障碍。

（2）运动性构音障碍，是指由于神经肌肉的病变导致的肌张力异常和运动不协调，导致的发音部位错误或气流不准确等听觉特征的改变，通常表现为发声困难、发音不准确、吐字不清、鼻音过重等。

（3）功能性构音障碍，是指构音器官无异常，运动功能无异常，听力无异常等无明显原因的情况下出现的固定化的发音错误，如部分方言中的发音错误。

构音障碍儿童在发声、共鸣、韵律和吐字等方面出现异常，主要表现为说话时发生音素的替换、歪曲、省略和增音。替换即为用一个音替换另一个音，如把"黄"替换为"王"，"扶"替换为"湖"，"男"替换为"蓝"等；歪曲即为用一个不存在的音替换掉正确的音，如把"缺"替换为"quo"，"quo"这个音在汉语里是没有的；省略即是在说话时丢失了音节，同样，增音即是增加了音节。

某儿童说话"大舌头"是指哪类言语障碍？

构音障碍的矫治方法包括舌部运动治疗、唇运动治疗和下颌运动治疗，分别对舌、唇和下颌开展运动强化，建立正确的构音。

2. 嗓音障碍

人的发声器官由动力部分（肺、腹肌等）、震动部分（喉、声带等）和共鸣部分（口、咽、鼻等）构成，当发声器官的功能出现不协调时，就会导致嗓音的音量、音调、音质等出现异常。根据病因，嗓音障碍一般分为功能性、器质性和神经性三种。

（1）功能性嗓音障碍，是指声带无器质性病变，但由于发音方式错误和呼吸功能的异常，使嗓音功能失调，表现为音调异常、响度异常和音质异常。

（2）器质性嗓音障碍，是指由于声带疾病（如声带小结、声带息肉等）造成的声带震动速度减慢、声带僵硬、声带张力增加等，导致声音虚弱，响度不足等，一般可通过手术解决。

（3）神经性嗓音障碍，是指喉部神经功能异常或声带运动出现问题导致的嗓音障碍，表现为嗓音中存在气息声。

嗓音障碍儿童在声音的音调、响度和音质方面都会出现异常。如男声女调或女声男调、声音太响亮或声音太细小、声音嘶哑、声音粗糙、有气声等。

嗓音障碍的矫治方法包括嗓音放松（颈部放松、声带放松、喉部按摩等），呼吸改善（腹式呼吸训练、加长句训练、转音训练、肺活量训练等），改变音调（提高和降低音调训练、控制音调训练），改变响度（提高和降低响度、控制响度）和音质改善（哈欠法、屏气训练、哼鸣训练等）。

3. 语流障碍

语流障碍也称为口吃，是言语流畅性出现问题的障碍，表现为无意义的声音重复、延迟或中断，使人无法清楚地表达自己。根据发生的时间和原因，口吃可以分为发育性口吃、可矫正口吃和顽固性口吃。

（1）发育性口吃，是指发生于儿童期，在成长过程中发展而成的口吃。这类口吃通常在3～8岁时出现，大部分的人能在青春期前缓解。

（2）可矫正口吃，是指于7岁以后发生的口吃，通常为发作性，只在一些特定环境下出现，如紧张、焦虑的时候。

（3）顽固性口吃，发育性口吃没有在青春期前缓解的即转变为顽固性口吃，这类口吃需要长期治疗，很难彻底治愈。

发育性口吃和可矫正口吃的矫治方法可以从环境处理、心理治疗、系统脱敏法、减慢语速等方面进行；顽固性口吃的矫治比较复杂，可从心理治疗和流畅性训练逐步开始。

二、心理治疗

（一）什么是心理治疗？

心理治疗是指治疗师运用心理学的理论知识和实践技巧，通过语言和非语言的交流方式影响治疗对象的心理状态，改变其错误的认知，解决其内心困惑，提高其心理健康水平的治疗方法。

学前特殊儿童因行为、认知和情绪等方面都与学前普通儿童存在差异，所以心理健康水平会偏低，常表现出以下特点。

（1）情绪暴躁。学前特殊儿童因智力或感觉器官的功能缺失，容易造成不能准确识别他人情绪的情况，同时因自我表达困难，造成不适当的情绪反应，自控能力弱。

（2）自卑焦虑。由于发展性障碍，学前特殊儿童在一些方面会比同龄普通儿童水平低，所以在共同学习和生活期间，会表现出比较明显的格格不入，使他们封闭自己的内心，产生孤独感，进而出现自卑、焦虑的情绪。

（3）敏感多疑。与自卑焦虑的产生情况相似，尤其是因身体的弱势获得别人的差别对待时，容易刺痛他们的自尊心，甚至会发展成为神经征。

（二）学前特殊儿童心理治疗的内容

特殊儿童与普通儿童的差异主要体现在身心缺陷、个体差异大和适应能力差，所以对学前特殊儿童的心理治疗一般包含以下内容。

（1）自我认知。帮助儿童形成正确的自我认知，通过多种方式提高儿童的自我评价，克服自卑、焦虑和敏感等不良情绪。

（2）学习适应。帮助儿童适应幼儿园的学习，通过多种方式让儿童认可幼儿园的安排，多以鼓励的形式肯定儿童取得的成果。

（3）生活适应。帮助儿童学会与他人建立人际关系，改变其不良行为，学会控制自己的情绪。

（三）学前特殊儿童心理治疗的常用方法

我们一般将心理治疗的方法分为四类：基本态度、贯注行为、倾听技术和影响技术。

1. 基本态度

基本态度是保证良好的心理治疗效果的基础。只有保持良好的基本态度，儿童才能对治疗师建立起信任，才愿意接受治疗师的治疗。基本态度一般包括尊重、真诚一致、积极关注和共情。尊重是指把儿童当作一个独立的生命个体，全面看待其优缺点，不去评判儿童的行为和语言的对错；真诚一致是指表里如一，治疗师的想法和行为要保持一致，与儿童发生真实而自然的互动；积极关注是指治疗师以积极的态度来看待儿童，让儿童知道他的价值；共情是指倾听、理解并将之传达给儿童的过程。

2. 贯注行为

贯注行为也许是最重要的治疗技巧。只有对儿童的言语、感受等保持足够的注意，儿童才愿意继续表达自己。贯注行为一般包括目光接触、肢体语言、声音性质和言语跟随。目光接触是指治疗师与儿童在交流过程中的眼神交流；肢体语言是指眼、脸、头、腿等身体部分的运动状态；声音性质是指治疗师的声音应柔和而坚定，具有力量；言语跟随是指治疗师应保持对儿童所表达内容的注意，可通过重复关键词来表现其跟随能力。

3. 倾听技术

治疗中的倾听应是主动和参与式的倾听。治疗师不应仅仅坐在那里听，还要全身心投入谈话内容中去，以帮助儿童补充和完善他们的思想。倾听技术一般包括鼓励、澄清、内容释义、情感反馈和总结。鼓励是指治疗师运用各种语言和非语言的手段使儿童讲述更多的信息；澄清是指在儿童表述出模棱两可的信息时,请儿童进一步说明;内容释义是指有选择性地注意儿童信息中的事实部分,给出自己的解读;情感反馈是指有选择性地注意来访者信息中的情感部分,给出自己的解读;总结是指将内容释义和情感反馈相结合,用来和儿童澄清、提炼较长时间跨度的话。

4. 影响技术

治疗师不仅要对儿童做出回应,还应从自身逻辑推理和理解出发,对儿童施加影响。影响技术一般包括提问、诠释、此时此地和面质。提问指提出问题,从儿童处寻求详细的信息;诠释是指要求治疗师从儿童的讲述中找出主题和模式,使信息更清晰地呈现;此时此地是指在治疗中,治疗师与儿童对当前发生的事情做出言语反应;面质是指治疗师指出儿童的行为和言语中的矛盾,使其真实地面对自己。

三 音乐治疗

(一)什么是音乐治疗?

音乐治疗是指运用音乐来作为主要治疗手段,使治疗对象最终得以康复的治疗方式。音乐治疗就是一种运用音乐来改善人类生理、心理不良症状及不当行为的治疗方法。所以音乐治疗具有预防、教育、矫正、复健等效果,既是精神上的疗法,也是生理机能上的疗法。

音乐治疗一般可以分为接受式、再创造式和即兴演奏式。

(1)接受式。接受式音乐治疗是指通过听音乐的方法来达到治疗的目的。在治疗中,儿童以聆听音乐为主,在音乐和治疗师的引导下产生回忆、联想和想象等生理反应,来调整身心。

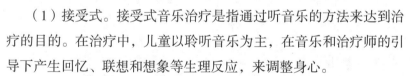

想一想

音乐治疗和音乐教育有什么区别和相同点?

(2)再创造式。再创造式音乐治疗是指通过儿童主动参与音乐作品的演奏、唱和跳等,或根据需要对作品进行改编后的演奏、唱和跳等来达到治疗的目的。这类治疗方式不仅需要儿童聆听音乐,还要能在治疗师的带领下,亲身参与到音乐活动中,一般用于个体治疗。

(3)即兴演奏式。即兴演奏式音乐治疗指的是以人声和乐器自由表达儿童自己情绪的方法。对于有语言障碍的儿童来说,这种方法尤其具有实际意义。

(二)奥尔夫音乐治疗

在音乐治疗领域内,因治疗机构和治疗师专业背景的不同,使音乐治疗存在领域性,具有诸多的流派。其中,奥尔夫音乐治疗是非常著名和使用较广的一种。

1. 奥尔夫音乐的核心理念

奥尔夫音乐教育思想的核心是"整体的艺术",即将音乐、舞蹈、语言和节奏融合在一起的音乐行为教育法。在他的音乐教育体系中，强调人的生命自然状态——"原本性"，是指在教学过程中，要求儿童用身体不同的部位以及各种自然的动作和姿势，将自我和音乐节奏联系起来，去感受音乐的内在关系。

之后，奥尔夫教育体系的教师们将奥尔夫乐器、动作等，尤其是即兴演奏、演唱的方法运用于特殊儿童的教育和治疗上，收到了良好的效果。

2. 奥尔夫音乐治疗的主要方法

奥尔夫音乐治疗的重点在于帮助特殊儿童能够更好地参与到音乐活动中，在感受音乐的同时，用唱、动作、舞蹈等去探索即兴音乐，一般包括以下三种训练方法。

（1）节奏训练。通过节奏训练将儿童本身具有的潜力激发出来，使他们具有更敏锐的感知、判断和整合等能力，是激发儿童感知觉最有效的方法，如让儿童在音乐节奏下朗诵儿歌和童谣。

（2）动作训练。动作的练习和节奏的训练，为儿童听觉能力的提高、肢体放松、乐器演奏等奠定了基础。通过儿童身体的不同部位在时间、空间中的运动来让儿童的身心得到发展，一般可从拍手、拍腿、跺脚等动作开始。

（3）乐器训练。在充分了解儿童当前的水平基础上，配合相应的乐器和节奏，形成多声部的乐器合奏。这种乐器合奏能使儿童感受到多声部音乐的魅力，配合身体动作，共同完成一首合奏乐曲。在演奏的过程中，儿童学会了坚持、等待和理解等优良品质。

资料链接

"房—树—人"绘画法

"房—树—人"绘画法是学前特殊儿童心理治疗中常用的干预形式。治疗师让儿童在白纸上画出三个元素：房子、树、人，用这三个元素构成一幅画面，之后通过治疗师与儿童共同探讨作品来探索儿童的内心状态，十分有趣。

在"房—树—人"绘画法的理念中，画里的每个元素都被赋予了意义。"房子"象征儿童对自己生活的感受，尤其是儿童对家庭的态度，通过对房子的房顶、门窗和地面等的分析，可以了解儿童在家庭中的情况。"树"象征儿童自己的生命和成长，树干、树枝、树叶以及可能会出现的果实，都代表着儿童个人的成长经历。"人"则象征当下的儿童自己，人的动作、表情等都代表了儿童的内心世界。通过对这三个基本元素在画中的关系，可以了解儿童的人格特点、家庭关系和情感状态。

此外，画中出现的三个元素外的其他附加物、作品的结构、色彩以及完成的时间等都可以成为分析的重点，治疗师和儿童都可以进行深入探索。

课外拓展

现代的音乐治疗技术源于美国。早在1944年就成为美国密歇根州立大学的一门学科。而到了1993年,美国加州大学的一名神经生物学者戈登·肖进行了这样的一项实验:他找到了36名心理学专业的学生,让他们聆听了10分钟莫扎特的《D大调双钢琴奏鸣曲》之后,进行脑电波的检测,并与听之前的脑电波进行对比,结果发现学生们在听完音乐之后脑电波的表现明显更加活跃。

其他相关的报道也都让大众以为只有西方才有音乐治疗,但实际上早在3000年前,中国对于音乐治疗就有了明确的记载。

请通过网络搜索并观看北京卫视2021年5月17日播出的《档案》节目《中医药抗疫创新档案——隐藏在非遗中的医"声"密码》。

实训操练

选择幼儿园中一个有心理问题倾向的儿童,尝试使用心理治疗的四种方法来对其开展心理辅导。

过关练习

过关练习
参考答案

一、不定项选择(每题有1个或多个正确选项,请将选项字母填在括号里)

1. 因唇部肌肉张力不足造成的发音不清属于(　　)。
   A. 器质性构音障碍　　　　　B. 运动性构音障碍
   C. 功能性构音障碍　　　　　D. 综合性构音障碍

2. 在开展心理治疗时,儿童因语言发展水平低造成无法准确表达自己的意图,治疗师可通过(　　)来帮助儿童。
   A. 基本态度　　　　　　　　B. 贯注行为
   C. 倾听技术　　　　　　　　D. 影响技术

二、简答题

请简述奥尔夫音乐的核心理念。

第十二章　学前融合教育

◇ **学习目标**

1.了解并掌握融合教育、学前融合教育等基本概念；领会学前融合教育的优势；了解国内外学前融合教育的发展；理解高质量学前融合教育的标准。

2.了解融合幼儿园教师角色分工安排；知晓融合幼儿园特殊儿童管理流程；掌握融合幼儿园一日活动流程安排；了解普通幼儿园转型为融合幼儿园要具备的基本条件。

◇ **核心知识**

融合教育、学前融合教育、学前融合教育的优势、高质量学前融合教育的标准、融合幼儿园教师角色分工、学前特殊儿童管理流程、融合幼儿园一日活动流程安排、普通幼儿园转型为融合幼儿园的基本条件

◇ **思维导图**

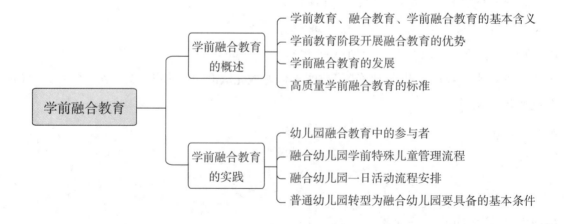

◇ **本章概要**

《学前融合教育》这章内容是本教材编写的创新之一,目前同类教材专门论及学前融合教育的很少。本章包括二节,第一节主要从理论层面剖析学前融合教育,主要探讨融合教育、学前融合教育两个核心概念,学前融合教育的理念是融合教育思想在学前教育领域的延伸,明晰两个学术概念是实践的先行。在了解融合教育和学前融合教育的含义基础之上,多维度梳理国内外学前融合教育的发展现状,从历史发展的方向把握学前融合教育的未来,借鉴国外先行国家的有效经验并立足我国实际,探索学前融合教育高质量发展的有效路径。

第二节主要从实践层面展开论述学前融合教育。本节结合学前融合教育的实践案例,着重介绍融合幼儿园教师角色分工安排、融合幼儿园特殊儿童的管理流程以及融康课程体系,旨在摸索出一条可推广的学前融合教育实践路径。

案例导入

融合教育孕育的奇迹

云溪是 2016 年依恋集善融合教育试验点项目支持入园的一名特殊需要儿童,是一个有着多重残障的幼儿,个头瘦瘦小小、走起路来跟跟跄跄,医生说她出门必须戴着头盔才行。

云溪走过跷跷板,爬上滑滑梯,和小朋友一起唱《你笑起来真好看》,会自己用筷子、穿衣服、上台阶……这些看起来好像是理所当然、微不足道的动作,却是经历了一次次评估、一个个目标、一天天练习而学会的。老师的支持,家长的配合,系统科学的评估,个别化的教育计划,温柔的坚持和练习……初始时的绝望,与今天的人所具有她皆具有,能够在自然而然的互动中成长,这大概是融合教育的最大魅力所在。

拓展阅读:
融合教育孕育的奇迹

第一节 学前融合教育的概述

无论是普通儿童还是特殊儿童,其本质首先是儿童,是各具特色的儿童。任何一个植物园都不缺多种多样的花草,同样,任何一个幼儿园都不缺各种各样的儿童。融合是幼儿园的本质特征,因为它要应对儿童的多样性,而这"多样性"中必然不能缺少特殊儿童这一群体,幼儿园是要面向所有儿童并为其打造五彩斑斓的童心世界。学前融合教育能够发扬人性中真、善、美的品性,让儿童天生具有的美德得到保护和发展,为儿童未来美好的人生增光添彩。

一、学前教育、融合教育、学前融合教育的基本含义

本书开篇已为大家介绍了学前教育，在此基础上继续了解融合教育以及学前融合教育两个核心概念。学前融合教育的理念是融合教育思想在学前教育领域的延伸。学前融合教育主张所有学龄前儿童，都应该在普通教育机构中共同接受教育。

（一）学前教育

拓展阅读：
学前教育机构的产生

学前教育是我国教育体系的起点，狭义的学前教育区别于婴幼儿教育，主要是指对 3～6 岁儿童的发展施以有目的、有计划、有系统的影响活动，无论是国务院《关于当前发展学前教育的若干意见》，还是《关于学前教育深化改革规范发展的若干意见》，以及 2023 年 6 月 2 日国务院常务会议上讨论并原则通过的《中华人民共和国学前教育法（草案）》（该草案分别在 2023 年 8 月和 2024 年 6 月提请全国人大常委会初次审议和第二次审议），涉及的学前教育都主要指学龄前三年的幼儿园教育，其中有专门条款涉及学前特殊儿童的入园、管理和教育质量监测，因此本研究以我国的法律及文件为依据，重点阐述学前教育的狭义概念，主要指专门机构的幼儿教育。

学前教育目前已经逐渐发展成一门综合性很强的独立学科，专门研究幼儿教育现象及问题，以揭示幼儿教育中最普遍、最基本的规律。当今，国际社会对学前教育的重要性已普遍达成共识，将学前教育视为民族竞争力的重要组成部分，我国政府、学术界和民间也都高度关注幼儿教育，制定了详尽的学前教育长远发展规划，《中华人民共和国学前教育法（草案）》预计在不远的时间将颁布，全力保障我国学前教育事业的快速发展。

（二）融合教育

1994 年在西班牙召开的"世界特殊需要教育大会"制定并通过了《萨拉曼卡宣言》，融合教育被正式明确提出，之后迅速影响了世界各国教育体制的各个层面。其中对融合教育的内涵进行了阐释，指出每一个儿童都有独一无二的个人特点、兴趣、能力和学习需要；教育系统的设计和教育方案的实施应充分考虑到这些特点与需要的广泛差异性；有特殊教育需要的儿童必须有机会进入普通学校，这些学校应该将在以儿童为中心的教育活动中满足他们的需要。[①] 至此，融合教育理念体系基本建立。

2005 年，联合国教科文组织出版的《融合教育指南》中提到应该将融合看作是积极回应学生多样性的动态过程，并且不将个体差异看成是问题，而是看成增进学习的机会。2008 年，联合国教科文组织在日内瓦第 48 届国家教育大会上指出：融合教育是指通过增加学习以及文化和社区参与，努力使所有的人受到同样的教育，特别是帮助那些由于身体、智力、经济、环境等因素可能被边缘

---

① 雷江华，刘慧丽. 学前融合教育 [M]. 北京：北京大学出版社，2015：4.

化和被排斥的儿童受到同样的教育。这些易被边缘化和被排斥的群体至少包括：残疾儿童、艾滋病儿童、少数民族儿童、难民、国内迁移儿童、贫困/饥饿儿童、冲突/灾难儿童，或是来自其他弱势群体或者社会边缘群体的儿童。因此，国际组织的融合教育是指普通学校接受所有儿童，包括那些易被边缘化和被排斥的儿童，并通过恰当的课程设计、有效的教学策略、有序的内容安排、教学资源的合理利用，以保证全体儿童都能享受到高质量的教育。[①]

时至今日，融合教育早已跨越特殊教育的认识范畴，体现的是一种态度、一种价值观和信仰系统，是为包括"残疾及有特殊教育需要儿童、移民与新移民、脆弱高危、家庭社会经济地位处境不利的儿童"在内的所有儿童提供适合其学习特点的、没有歧视的高质量教育。融合教育并不仅仅意味着让特殊儿童"回归"主流学校系统，融合教育还指向人权的实现、社会层面和学校系统的全面改革。

（三）学前融合教育

融合教育作为当代国际特殊教育领域不可逆转的趋势和潮流，为教育变革乃至整个社会的发展提供新的机遇与挑战。作为义务教育阶段融合教育的基础，学前融合教育尤其令人关注。

学前融合教育（Inclusive Early Childhood Education，IECE），是指有特殊需要的0～6岁学前儿童能真正地和其他正常发展的同伴一起接受学前教育机构的保育和教育。[②]有特殊保教需要的幼儿，不仅包括有发展障碍的幼儿，还包括在性格、行为和情绪等方面偏离常态的幼儿。把学前阶段3～6岁有特殊发展需要的幼儿与健全儿童安置在同一受教育环境中共同学习、生活，有效掌握学前特殊儿童的特殊需求，依照个别差异，及早施行适当的教育服务，并提供医疗、教育及社会资源等各方面的协助。学前融合教育不是"混合"教育，更不是学前教育与特殊教育的简单相加，而是物理融合、心理融合以及文化融合等多重融合的过程，需要更深层次的专业知识支撑、科学的融合安排和创造一个适合所有儿童成长的教育环境。

二、学前教育阶段开展融合教育的优势

根据WHO委托英国柳叶刀医学杂志调研结果显示，残障儿童在三岁前进行干预，效果是三岁后进行干预的10倍，6岁前干预效果是6岁后的2倍，足以可见在学前阶段进行融合教育的必要性。因此，融合教育的主战场是普通幼儿园，学前阶段实施融合教育具有天然的优势，幼儿园自然具备融合特征，具体体现在以下几个方面。

---

① UNESCO IBE. General presentation at the 48th session of the international conference on education，"inclusive education：The way of the future"[R]. Geneva，2008：25-28.

② 周念丽. 学前融合教育的比较与实证研究[M]. 上海：华东师范大学出版社，2005：1.

1. 幼儿园践行"以儿童为本"理念，易于融合教育理念的实践

幼儿园遵循以幼儿为主体的教育理念，尊重儿童权利，顺应儿童天性，尊重幼儿个体差异性，倡导幼儿个性化发展。每个幼儿都是独特的个体，无论其残疾与否。都有不同的特点和需求。幼儿与幼儿之间没有特殊和普通之分，他们之间有的仅仅是个体和个体之间的差异，这样更容易推进融合教育。

2. 幼儿园以游戏为基本活动，教学方法灵活多样

幼儿园重视游戏、参与、合作、分享等教学方式与育人的原则，容易吸纳差异性较大的儿童在一起快乐游戏、成长，与融合教育的理念天然契合。

3. 幼儿老师更易于掌握特殊教育方法，提供适宜性支持

幼儿教师知道健全儿童学习与发展特点，在此基础上更容易确定特殊需要幼儿的最近发展区，明晰教育方向。学前教育所强调的教学方法都与特殊教育方法在很大程度上具有相似性，例如感官教育、游戏化教育、生活化教育、随机教育、精细动作练习等，与特殊教育的感觉统合、生活化课程、康复训练类似。

4. 班额较小，易于照顾到幼儿的特殊教育需要

一般而言，幼儿园小班25人，中班30人，大班35人，班额较小，而融合教育需要对学前特殊儿童进行个别化的教育、训练乃至医疗康复，小型的班级教育使教师更有精力来实施这些辅助服务。

5. 学前教育不以考试成绩为主要教育目标，压力较小

学前教育阶段不仅注重知识的掌握，更注重学习习惯、生活习惯与技能的习得，教师在这种情况下更容易实施融合教育，而不会遭受来自学校与家长关于学习成绩的压力。

三 学前融合教育的发展

从社会历史的发展进程来看，学前融合教育的理念越来越受到世界各国的推崇。"每个幼儿都能学习"这个理念已经得到广泛共识，我国也在政策上对学前融合教育的做法进行了规定。本节主要探讨学前融合教育在国外的发展，以及我国学前融合教育发展的现状与面临的困境。

（一）国外学前融合教育的发展

学前特殊儿童的学前教育问题日益得到社会大众的关注。目前，将学前特殊儿童安置在融合幼儿园，而不是把他们纳入传统的隔离式特殊机构中学习，已成为世界性的教育潮流。

1. 美国的学前融合教育

美国注重学前融合教育，美国政府通过积极立法、设立保障专项资金、创新教学模式等方式推动学前融合教育的发展。政策方面，石丽娜[1]在博士论文中着重研究了美国近五十年间学前教育阶

---
[1] 石丽娜. 美国联邦政府学前残疾儿童教育政策的发展历程研究（1965—2012）[D]. 长春：东北师范大学，2015.

段有关学前特殊儿童教育政策的演变，指出1965—1974年为美国学前融合教育政策法规的肇始阶段，开始从一个局外人逐渐向资源的提供者转变。1975—1989年为美国学前融合教育政策法规的融合取向阶段，在追求教育平等，让每一名学前残疾儿童尽可能接受公平的教育方面，美国学前残疾儿童教育政策取得了巨大进步。1990—2012年为美国学前融合教育政策法规的全纳取向阶段。已从过去单纯追求教育公平转变为公平与质量并举，同时增强了教育的问责机制。通过对政策的研究分析和总结，得出美国学前融合教育政策的发展特点：以教育改革为重心、以立法为保障，以科学研究为依据、以财政拨款为支撑。学前融合教育理念方面，建立在回归主流和一体化之上，并直到20世纪90年代，为融合、全融合概念所取代，不再只局限于"安置"，有了实质性进步。[①]教学模式方面，美国自1998年后形成了8种对3～5岁学前特殊儿童的教育安置模式：正常幼儿教育环境、特殊教育环境、部分正常部分特殊教育环境、家庭环境、住宿机构、隔离学校、巡回服务站、逆式主流。就目前而言，学前特殊儿童大多数被安置在正常的幼儿教育环境中，其次是特殊教育环境和部分正常部分特殊环境。虽然美国的学前融合教育处于世界领先地位，但在实践中仍然普遍存在理论及方针无法彻底贯彻，各个州之间采取学前融合教育的比例、形式等方面仍存在较大差异。

2．英国的学前融合教育

英国注重加强学前融合教育的师资培训、促进多机构跨部门合作、协调人员专业化沟通等。政府在接纳"融合教育"理念后，根据实践不断完善融合教育。因此越来越多的特殊学前儿童走进普通学校，与正常儿童接受同等教育。政策上，自1978年《沃诺克报告》提出以来，一方面重新界定了特殊教育相关名词，用"有特殊需要儿童"取代"障碍儿童"；另一方面将特殊需要幼儿的安置模式做出改变以适应融合教育的发展需要，整个特殊教育政策开始向融合教育发展。1997年，英国政府颁发了跨世纪政策性文件《特殊教育绿皮书》，基于特殊幼儿融合教育发展的需要提出了八大主题，即卓越政策、与父母合作、实践支持：特殊教育需要的结构、增进融合、特殊教育需要规定的计划、技能的发展、共同合作及情绪与行为困难的实践原则。[②]课程模式上，"分化"是近年来以英国为代表的欧洲国家融合教育领域所盛行的一种有效的共同课程的调整方法，强调充分考虑个别差异并使课程内容适配于儿童的学习风格和需要，以试图为所有儿童提供参与的机会并在课程中取得进步。教学方式上，采取全方位融合教学法，在多元智能理论的指导下，幼师根据每个儿童不同的优势智能，将教学主题通过多种方式展现出来，通过循环的教学过程，在温故知新的基础上引发儿童积极思考问题，注意发挥学前特殊儿童学习的积极性，让各类儿童都能在"融合教育"的模式下，合作分享，共同探索。服务支持上，由多个部门合作负责学前融合教育：教育部门、卫生部门、福利部门和大量的社会志愿者组织。[③]"部门间合作模式"是其主要特色，各部门从不同专业角度为特殊儿童提供鉴定、评价、监督和管理等服务，为其提出相应学科的合理化建议，共同为特殊儿童制定个性化的教育方案，从而使特殊儿童的利益最大化。

---

① 周念丽．学前融合教育的比较与实证研究[M]．上海：华东师范大学出版社，2005：20．
② 周念丽．学前融合教育的比较与实证研究[M]．上海：华东师范大学出版社，2005：4．
③ 陈震．中美英学前特殊儿童融合教育比较分析[J]．文教资料，2017，764（24）：164-165．

3. 欧洲部分国家的学前融合教育

在德国，融合教育发展得比较缓慢。对学前特殊儿童来说，可以选择进入两种幼儿园：一种是学前特殊儿童园或者支持幼儿园，这些幼儿园只接受残疾幼儿；另一种是融合幼儿园，这些幼儿园可以同时接受特殊幼儿和普通幼儿。[①] 近10年以来，德国建立了很多融合性质的幼儿园，更多的学前特殊儿童进入了健全儿童园。德国学前融合教育的核心价值是"促进全体儿童的全面参与"。特殊教育措施与特殊需要幼儿相关的专业化教育课程和照管都得到了长久的发展。

社会正义与全纳融合是21世纪全球治理的政策焦点与实践主题。在教育领域，从21世纪初联合国教科文组织发布《达喀尔行动纲领》启动"全民教育"开始，到2015年国际教育论坛《仁川宣言》呼吁全纳、公平、有质量的教育及全民终身学习，国际教育改革的风向标从对效率与标准的重点强调逐步转向对公平与伦理的话语拓展。全世界幼儿教育界随之兴起学前融合教育的理论争鸣与实践探索，旨在为包括残疾儿童在内的脆弱、敏感、高危等处境不利儿童提供高质量学前教育，预防和解决终身教育中的不平等问题。[②] "学前融合教育"因此被视作处境不利儿童的基本权利与高质量学前教育项目的重要组成部分。在此背景下，欧洲特殊及融合教育发展署与欧洲32国的各级教育部门通力合作，于2017年开创性地提出并推行"学前融合教育生态系统模式"（The Ecosystem Model of Inclusive Early Childhood Education）。融合是儿童的基本权利，学前融合教育的效果在实证研究与跨文化实践中得以充分证明，所有儿童均能从学前融合教育项目中获益，而并不仅仅是残疾儿童等处境不利群体。

4. 日本的学前融合教育

在日本，学前融合教育起源于"二战"之后，由一体化安置教育向一体化教育教养逐渐过渡。[③] 学前融合教育经历了困难期、黎明期、普及期。政策上，保育所、幼儿园、福利机构等各种托幼机构以不同形式实践着学前融合教育，学前融合教育已深入人心，目前已基本做到全国所有的托幼机构都接受学前特殊儿童。[④] 实践中，强调将学前融合教育置于全园的生活情景中、人际关系中和历史连接中来进行。日本的学前融合教育主要有三种形态：一种是交融性学前融合教育，保育所、幼儿园等学前机构和康复治疗机构、儿童心理咨询中心、社区自治体等在一定时间内共同实施学前融合教育；一种是个性化学前融合教育，主要有个别指导和小组指导两种，根据特殊儿童身心发展特点进行个别指导；一种是交叉性学前融合教育，全时间学前融合教育和部分时间学前融合教育同时进行。日本学前融合教育十分重视儿童的主体性、游戏性和个体性，以游戏指导为核心，促进幼儿活动的主体性，对学前特殊儿童的个性进行指导。但这基本上都是面向轻度障碍学前特殊儿童，如何使一部分中度障碍学前特殊儿童进入普通托幼机构将是未来一段时间内的重要课题。

---

① 赵梅菊，雷江华. 德国特殊教育发展的特点[J]. 现代特殊教育，2012，220（1）：58-60.

② COUNCIL OF THE EUROPEAN UNION. Conclusions of the council and of the representatives of the governments of the member states, meeting within the Council, on inclusion in diversity to achieve a high-quality education for all[EB/OL]. (2017-02-25) [2021-08-10]. https://eurlex.europa.eu/legalcontent/EN/TXT/?uri=uriserv:OJ.C.2017.062.01.0003.01.ENG.

③ Meijer, C. (ed) Inclusive Education and Classroom Practices[M]. Middlefart: European Agency for Development in Special Needs Education, 2003.

④ 周念丽. 学前融合教育的比较与实证研究[M]. 上海：华东师范大学出版社，2005：34.

（二）我国学前融合教育的发展

我国的融合教育在原生态随班就读和国际融合教育的影响之下，现在正处在发展具有融合教育本质的随班就读模式阶段。[①]作为融合教育的重要阶段，学前融合教育为学龄期特殊儿童顺利融入普通学校打下了坚实的基础，学前特殊儿童的融合教育日益成为教育的热点与焦点。2014年初教育部等七部门颁发《特殊教育提升计划（2014—2016年）》（以下正文中简称《提升计划》），这份文件的出台促进了我国融合教育在全学段、全纳性、公平性、有质量等方面的发展，《提升计划》首次使用"全纳教育"这一表述，自此学前融合教育成了新的关注点。[②]各地相继出现了开展学前融合教育的实践并获得了诸多本土化经验。从政策、学前融合教育理念与态度、师资以及支持体系方面梳理我国学前融合教育的发展，有助于明晰日后的奋斗方向，助力我国学前融合教育高质量发展。

1. 政策层面支持力度空前，但尚未出台学前融合教育方面的专门法律法规

学前融合教育是学前教育和特殊教育的交叉学科，现有的法律条文中与学前融合教育相关的要求与规定基本出自特殊教育法规政策。2017年我国新修订的《残疾人教育条例》及同年颁布的《第二期特殊教育提升计划（2017—2020年）》均明确指出"支持普通幼儿园创造条件招收残疾幼儿"。2021年7月，国务院印发《"十四五"残疾人保障和发展规划》，描绘了"十四五"时期残疾人事业发展蓝图。2021年12月，国务院办公厅印发《国务院办公厅关于转发教育部等部门"十四五"特殊教育发展提升行动计划的通知》，提出到2025年，高质量的特殊教育体系初步建立，融合教育全面推进，普通教育、职业教育、医疗康复、信息技术与特殊教育进一步深度融合。2022年颁布的《"十四五"特殊教育发展提升行动计划》指出要将融合教育全面推进，鼓励"普通幼儿园接收具有接受普通教育能力的残疾儿童就近入园随班就读"，2025年要让适龄残疾儿童义务教育入学率达到97%。

学前教育领域出台的相关政策虽提及学前融合教育但并不全面，政策力度稍显不足。2001年7月教育部颁布的《幼儿园教育指导纲要（试行）》中明确指出："幼儿园的教育是为所有在园幼儿的健康成长服务的，要为每一个儿童，包括有特殊需要的儿童提供积极的支持和帮助。"普通幼儿园有责任和义务为学前特殊儿童提供教育和服务。2018年中共中央、国务院颁布的《关于学前教育深化改革规范发展的若干意见》提出"完善学前教育资助制度，确保孤儿和残疾儿童得到资助"。《中华人民共和国学前教育法（草案）》明确提出："统筹实施多种形式的学前特殊教育。……推进融合教育。"2022年2月，教育部颁布了《幼儿园保育教育质量评估指南》，明确指出："重视有特殊需要的幼儿，尽可能创造条件让幼儿参与班级的各项活动，同时给予必要的照料。根据需要及时与家长沟通，帮助幼儿获得专业的康复指导与治疗。"每一个儿童都是积极主动的学习者，哪怕这个儿童是重度残疾。

2021年国务院颁布《中国儿童发展纲要（2021—2030）》则更进一步提出"全面发展融合教育""大力发展残疾儿童学前教育"。党的二十大报告也提出了"强化学前教育、特殊教育普惠发

[①] 彭兴蓬, 雷江华. 论融合教育的困境——基于四维视角的分析[J]. 教育学报, 2013, 9(6): 59-66.
[②] 石蕾. 我国学前融合教育政策工具选择特点及其优化路径——基于国家层面相关政策文本的分析[J]. 早期教育, 2022(43): 12-17.

展",这对于开展学前融合教育具有重要而深远的意义。2023年8月28日,《中华人民共和国学前教育法(草案)》首次提请十四届全国人大常委会第五次会议审议通过。2024年6月25日全国人大常委会第二次审议《中华人民共和国学前教育法(草案)》,第二十六条指出要推进融合教育,"县级以上地方人民政府应当根据本区域内残疾儿童的数量、分布状况和残疾类别,统筹实施多种形式的学前特殊教育,推动学前特殊教育学校和有条件的儿童福利机构、残疾儿童康复机构增设学前部或者附设幼儿园,推进融合教育。"从以上法律条文及相关文件中,我们可以看到,普通幼儿园不但应当接收能适应其生活的残疾幼儿,而且应当采取相应的融合保教措施。随着我国学前融合教育发展的进一步深化,新时期融合教育发展重点已转向提升质量、发展高品质的学前融合教育,提升处境不利幼儿的受教育权保障水平。国家在政策上对于开展学前融合教育有了从"未纳入""未涉及"到"支持""积极发展",到"鼓励""加大力度",再到"完善确保"的态度转变,更有了从"简单提及"到规定内容"逐渐详尽"的要求转变,从精神层面到物质层面,从单纯的"增量",到"增量"和"提质"并重。由此可以看出,政策的转向和完善体现了国家层面推行学前融合教育的决心和意志,但是我国学前融合教育还仅仅是学术研究的主题或是作为尝试性措施在少数幼儿园中实施,尚未出台学前融合教育方面的专门法律法规,缺乏实施学前融合教育的具体措施、路径引导,可操作性亟须加强。

2. 学前融合教育理念与态度已有较大转变,但整体接纳度依然偏低

目前我国社会对于学前融合教育的态度尽管有所改变,越来越多的群众能够以包容的视角去看待残疾人群体。但从整体上看,仍然是消极的。这种消极既体现在不同利益相关群体间对待学前融合教育的态度差异,也体现在同一群体在对待学前融合教育的积极认知和消极实践上。[1]

于教师而言,尽管他们承认且愿意尊重特殊儿童的受教育权利,但面临问题行为时依旧"无从下手""无暇顾及",因此更倾向于将其安置在特殊教育学校中;于家长而言,在当下依然是以高考为指挥棒的考核机制、社会用人制度下,哪怕是再开明的家长,也没有办法冒着牺牲自己孩子未来发展的风险来毫无顾虑地支持融合教育。于幼儿园而言,庚晓萌等学者通过研究显示,在招收了特殊幼儿、事实上开展了融合教育的幼儿园中,将"融合"纳入办园理念的园所数量未及总样本量的60%,甚至存在11.2%的园所不了解融合理念或未依据融合理念对幼儿园常规工作模式做出调整的情况[2],这充分反映出当下融合理念对实践的指导性不足的现状,部分园所的学前融合教育工作处于相对被动及茫然状态,缺乏系统性的顶层设计和理论指导。

3. 学前融合教育实践在各地取得成效,但区域发展不均衡且差异性较大

随着国家日益对融合教育的重视和支持,我国学前融合教育工作取得了不错的成效。北京、上海、河南等部分省市出台了相关政策或支持措施,其中,上海出台了《上海市学前特殊教育课程指南》,构建了两大类课程结构与课程内容,用以指导学前特教机构教师制订适合的个别化教育计划,从而有序组织教学内容,开展普特融合的各类活动,使一线教师在实施学前融合教育时有据可依,有迹可循。河南"1+5+N"模式,以河南省融合教育发展支持中心为引领,逐步培养豫东、豫西、

---

[1] 王心靓,郭文斌.我国学前融合教育高质量建设中存在的问题及对策[J].陕西学前师范学院学报,2022,38(10):17-24.

[2] 庚晓萌,马瑞敏,唐敏.质量评价视角下我国学前融合教育的发展现状及提升策略[J].学前教育研究,2022(8).

豫中、豫南、豫北5个区域学前融合教育资源中心，为区域内N所试点园提供及时有效的专业支持。

但实践成效主要体现在部分经济发达的东部沿海地区和一线城市，而中西部地区，尤其是三、四线城市和乡村地区的学前融合教育发展仍存在很严重的现实问题。经济基础决定上层建筑，由于我国东部、中部、西部地区各省市的经济、科技、社会文化、教育发展的实际发展水平不一致，教育投入不一致，倾向于学前融合教育的资源就不均衡。这种不均衡，最突出地表现在特殊儿童入园率低和学前融合教育质量低下两个方面。我国幅员辽阔，地域间人口密度分布差异较大，有限的教育资源影响了学前融合教育质量的提升。

拓展阅读：
学前特殊教育课程指南

4. 学前融合教育师资专业化水平有待进一步提升，培养课程体系尚未建立

教师专业化水平是影响学前融合教育质量的关键因素，教师的融合教育专业素养对学前融合教育的实际成效有显著影响作用。学前融合教育要求教师除了具备保育教育专业能力外，还要能够全面、深入地了解每个特殊需要儿童的个性化发展需要，并对其实施教育评估，制订个别化教育计划。普通幼儿园教师的职前培训缺乏系统、全面的融合教育课程，而职后接受融合教育专业培训的机会和时间仍然不足。杜林等学者的研究发现学前融合教育教师及相关人员受限于专业知识和技能水平，在实际融合过程中虽然表现出积极的态度，但却无法针对幼儿的需求提供适切的教育。[①] 这也反映出当下学前融合师资培养现状的严峻程度。

幼儿园教师的特教专业背景对其融合教育实施具有突出的重要性。台湾学者刘文瑶的研究指出，特殊教育教师和修过特殊教育学分的幼儿园老师比未修过特教学分的幼儿园老师对于融合教育具有更好的实施成效。[②] 多项研究表明，掌握了特殊教育知识与技能之后，有助于提升学前教师的教学胜任感，更有信心也更容易采用差异教学、个性化教学的方式给幼儿提供多样化教学活动，更有助于帮助幼儿基于目前发展情况得到更有效的支持与引导。但我国学前教育专业与特殊教育专业两个学科领域的人才就业流通机制并未有效打通，特殊教育专业毕业生很少选择去幼儿园，幼儿园教师也未能得到特殊教育领域的专家或专业人员的引领与支持，依旧处于"茫然无措""心有余而力不足"的尴尬境地。

再者，我国学前融合教师的培养尚未形成独立的专业，学前融合教育师资培养课程体系尚未建立。正在探索融合师资培养体系的高校，或多或少都在学前教育专业课程设置中增加了特殊教育或融合教育的课程，但也就仅限于在已有的人才培养方案基础上增加了几门特殊教育方面的课程，设置过于普遍化、通识化，缺少针对性、过于滞后，很难将特殊教育专业素养真正融合为学前教育教师标准素养的一部分。目前，在探索学前融合教育师资培养模式的高校中，南京特殊教育师范学院学前教育专业明确以学前融合教育师资培养为追求，已将学前融合教育基础理论教学、学前融合教育专业技能训练与学前融合教育实践能力培养三者有机结合起来，初步构建了学前特殊教育专业课程体系。但由于成立时间较短，在探索过程中还存在不完善的地方，尤其在理论与实践有机整合方面还需要进

---

① 杜林，冯秋涵. 国际融合教育研究进展综述及对我国的启示 [J]. 残疾人研究，2019（1）：19-24.
② 刘文瑶. 公立幼稚园教师对融合教育的态度与实践调查研究：以台北县为例 [D]. 中国新北：天主教辅仁大学教育领导与发展研究所，2006.

一步深入探索实践。在本科高校，部分高校建立了融合教育研究中心或研究院。2017年7月，北京师范大学融合教育研究中心成立，挂靠在教育学部，开展了一些学前融合教育研究项目。华中师范大学于2020年6月24日与湖北省残疾人联合会签订了战略合作框架协议，共同成立了华中师范大学融合教育学院。学院成立后，该校融合教育本科专业于2021年3月获教育部批准，成为全国首个且目前唯一的本科专业，2021年9月招收了首批本科生。[①]从该校网址介绍的相关情况及融合教育专业实习工作来看，该专业主要定位于义务教育阶段的融合教育。华东师范大学融合教育研究院成立于2022年1月，挂靠在华东师范大学教育学部，主要研究方向为义务教育阶段融合教育，也涉及学前融合教育。

在专科层次的院校当中，仅有极个别学校的特殊教育专业在人才培养方面注意到了学前特殊教育或学前融合教育，更多特教专业的定位还是为义务教育阶段培养特教师资。2016年，福建幼儿师范高等专科学校特殊教育专业申报成功，在全国率先将人才培养精准定位于学前特殊教育，聚焦学前融合教育，突显普特融合，主要为学前教育阶段培养特教师资和儿童康复人才。培养目标体现"教育+康复"，课程设置体现"学前+特教"，课程模块除了公共基础课程、教师教育课程外，还包括"学前教育类课程、特殊教育类课程、艺术素养类课程"。在实践方面也体现普特融合：一年级两个学期每周半天到幼儿园见习，二年级两个学期每周半天到特教机构、特教学校及融合幼儿园实习，三年级开始教育实习和研习。该专业毕业生供不应求，深受家长和用人单位好评。福建幼儿师范高等专科学校在实践基地及普通幼儿园开展的学前融合教育实践及社会服务效果明显，曾被国家级媒体央广网、环球网、中国日报网、中新社等报道，还两次被"学习强国"报道，相关成果在海峡两岸学前教育论坛等会议上分享或公开发表，详情请扫码阅读。总体来说，我国学前融合教育师资培养依然需要进行系统深入的研究与探索。

拓展阅读：
福建幼儿师范高等专科学校学前特教人才培养探索

5. 学前融合教育支持体系虽已涵盖多方，但尚不完善

学前融合教育是一个系统性的教育工程，作为一个整合资源、融汇多方的教育，既需要政府政策的支持，资源中心和资源教室的共同建设，也需要资源教师、特殊教育教师、融合教师以及社会工作者、康复治疗师等各方人员的协同合作。落地实施的过程是政府、家庭、学校、社会公众等相关主体协调合作的过程。而当下学前融合教育体系建设中最突出的问题是主体责任不明确、资金投入不足和融合环境中硬件设施建设不完善，导致幼儿园实施融合教育缺少坚实的社会力量做后盾，因此略显力不从心。

学前特殊儿童的融合教育实践中，存在主体责任不明确的问题。当前对学前融合教育的研究与实践的关注更多来自特殊教育领域，而非学前教育领域。如何在明确主体责任的基础上，形成跨领域、跨部门协作，共同服务于学前特殊儿童，值得进一步深入思考。

幼儿园设备和环境是保障特殊儿童平等融入的重要基础，高质量的幼儿园学习环境是学前融合教育的基础，也是对特殊儿童实施有效介入的关键要素。部分园所存在设施设备不适用特殊幼儿，或者保教人员限制特殊幼儿使用部分设施设备的情况。学者何芳琦在研究中指出，在我国的学前融

---

① 引自华中师范大学教育学院网站有关融合教育专业介绍，引用网址 https://edu.ccnu.edu.cn/bkjy/tsjyx_fsf_zy.htm

合教育环境中，幼儿园存在缺乏特殊设备的现象，导致幼儿园无法为特殊儿童提供良好的学习和发展环境。① 普通幼儿园园所建设一开始并不是依据"无障碍"的理念进行设计的，开展学前融合教育更多也是在求突破的过程中摸索前进，绝大多数是在接收特殊儿童之后才开始融合教育的，因此园所中的部分设备与环境并不能做到对特殊儿童的无障碍使用，缺乏能够有效被特殊儿童使用的坡道、盲道等无障碍环境建设，参与随班就读的特殊儿童无法便利地、自主地在园中活动；教室中缺乏视觉、听觉等辅具的支持，参与随班就读的视觉、听觉障碍学生没有办法在课堂上高效地接受知识；无障碍厕所、无障碍电梯的建设没能真正考虑特殊儿童的需要，导致出现建无人用的情况等。

综上所述，政府的资金和资源投入不足、主体责任不明，致使学前融合教育的实践得不到充分的保障，并且由于区域经济发展不平衡等原因，各幼儿园在建设无障碍环境（包括硬件环境、软件环境）、开展师资培训和政府提供的特殊教育补贴等方面存在不同程度的差距，导致有些幼儿园即使接受了融合教育的价值观，学习了融合教育的方法，也无法有效地推动和确保学前特殊儿童接受有质量的学前教育的现象。

四 高质量学前融合教育的标准

学前融合教育是一个跨学科的综合研究领域，在特殊教育与学前教育、教育公平与教育政策等方面都有广泛的学术意义与应用价值。它既能实现平等人权的终极理想，又能实现现有幼儿教育资源的有效利用。学前阶段的融合教育能够促进学前特殊儿童的社会互动融入及归属感的建立，同时能让健全儿童认识和了解学前特殊儿童，促进健全儿童对人类差异性及多样性的理解与接纳。它不仅可以保障学前特殊儿童的平等受教育机会，而且为健全儿童园提供了宝贵的教育资源。

学前融合教育目前面临提高学前残疾儿童入学率和提高融合教育质量的双重任务。理解学前融合教育高质量发展的内涵，梳理和构建推动其发展的长效机制，是关乎每一个儿童尤其是残疾儿童可持续发展的重要任务，更是"十四五"期间我国学前教育和特殊教育改革发展的重要目标。依据美国特殊儿童协会幼儿教育分会（DEC）和全美幼儿教育协会（NAEYC）提出的国际学前融合教育的质量评价标准，高质量的学前融合教育具有以下几个特点。

1. 可接近性（Access）

可接近性主要是指特殊需要幼儿能自由地使用教育环境中的材料和设备，从园长到园所的所有教职工应致力于创造让所有儿童感到安全和有保障的环境，学前特殊儿童应能够自由使用教学环境以及环境中的各种设施和活动，而非因其特殊性而处处受限，当儿童身处其中时能感受到照顾与关怀，形成对园所的归属感。

2. 参与（Participation）

学前融合教育不再仅仅致力于将学前特殊儿童接纳到主流社会或者学校中来，而着眼于最大限

---

① 何芳琦. 我国学前融合教育发展的现实困境及其应对策略：评《学前融合教育》[J]. 学前教育研究，2019（9）：97.

度地扫清所有幼儿全面参与过程中的各种阻力。学前教育园所和机构应倡导"零拒绝"理念，提升处境不利儿童融入健全儿童教育园所的受教育权保障水平。

教师围绕"儿童的学习"来进行，关注每个儿童的兴趣，回应每个儿童的主动性，通过个别化的指导与相关服务支持以保证特殊需要幼儿有意义地参与活动，重视儿童的个体化学习与整体性学习，提供给每个儿童多元化的参与方式、多元化的表征方式以及多元化的表达方式，在以游戏为基础的园所活动中确保每个儿童积极参与，为所有儿童提供平等的学习机会，发展积极的社会关系和友谊，最大限度地发展幼儿的学习潜能。

3. 支持（Supports）

支持，即建构一个完整的支持体系确保所有人员之间相互合作。广义上看，融合教育的支持体系涵盖了价值观念界定、法律法规体系、政策与管理机制、资金投入与使用、无障碍环境建设、社会支持环境等方面，即任何能够影响到融合教育发展的因素都应属于其支持体系的组成部分。

从整体主义系统论视角看待学前融合教育，学前融合教育绝不仅仅是某一个或几个特殊儿童或某所幼儿园的"事件"。学前融合教育是全纳理念导向下处境不利儿童融入主流教育体系的社会现象，也是社会生态系统视角下反映特定社会文化背景之教育观念与多元关系的、复杂社会系统中多个要素的互动产物。政府、幼儿园、社会多方应共同支持，携手共进为学前特殊儿童和健全儿童的共同成长保驾护航。

我国融合教育当前处于先研、先探、先试的阶段，距离实现上述高质量建设学前融合教育尚有一段距离。当前我国学前教育毛入学率达到 85.2%，特殊幼儿仅占入园幼儿的 0.07%，学前融合教育的入学率与保留率的水平、权利与质量的保障均与欧洲国家相去甚远。① 学前融合教育应该逐渐向更多的特殊需要幼儿开放，扎根于我国特有的仁爱伦理与社会主义人道主义，彰显"特别关怀"的伦理性特征，不能以"拿来主义"的态度随意借鉴国外经验与模式，需在经验辨析与批判思考中获得探寻本土化学前融合教育质量提升的新思路。需以政策法律的构建为基础保障与向导，社会接纳为关键，保教为核心，支持体系为支撑，各要素相互作用，共同影响普通儿童与特殊需要幼儿等全体幼儿的发展，协同助力学前融合教育的发展。行胜于言、奋起直追、立足当下、着眼未来，脚踏实地、奋发作为、包容开放、敢于创新，努力探索出可借鉴、可推广的学前融合教育实践路径，为全面构建高质量融合教育体系贡献智慧。过程虽然艰辛，但仍满怀希望。

课外拓展

在学前融合教育实践和推广中，特殊需要幼儿的档案材料发挥了重要作用，但囿于保密，加之整理资料过于烦琐，因此很少会有档案集的出版。2021年，有这么一本书——《幼儿园的美好时光》（蔡蕾等著，河南大学出版社出版）详细记录了一位多重障碍儿童的成长资料。

因为云溪的多重障碍，她差一点错失了幼儿园融合教育的美好时光；因为云溪的多重障碍，她

---

① 汪甜甜，邓猛. 欧洲学前融合教育生态系统模式：让所有儿童共享美好童年[J]. 学前教育研究，2022（2）：23.

又幸运地成为衣恋集善融合教育试验点项目的受益者；因为云溪的多重障碍，跨国界、跨专业团队的合作支持得以美好开展。看到当年被医生断言戴着头盔才能出门、瘦瘦弱弱的她，而今已长成活泼可爱的大姑娘，阳光、快乐、自如地在幼儿园及社区生活，不禁发自内心地感叹融合教育的魅力和生命的奇迹！

就让我们来听听云溪小朋友娓娓讲述她在幼儿园的美好时光，走进《幼儿园的美好时光》，享受融合教育的美好。

请大家通过网络查找，也可自己购买阅读。

实训操练

儿童眼里是没有歧视和嘲笑的，学前融合教育能为儿童埋下公平善良、乐于助人的种子，为他们的美好人生奠定基础；充满歧视排斥的人生是狭隘的，也是不幸福的。请利用实践基地或其他渠道，调查3个健全儿童在融合教育过程中的成长案例，感受学前融合教育的魅力。

过关练习

 过关练习参考答案

一、不定项选择（每题有1个或多个选项正确，请将选项字母填在括号里）

1. 2022年2月，教育部颁布了（　　）文件，明确指出"重视有特殊需要的幼儿，尽可能创造条件让幼儿参与班级的各项活动，同时给予必要的照料。根据需要及时与家长沟通，帮助幼儿获得专业的康复指导与治疗"。

A.《幼儿园保育教育质量评估指南》
B.《中国儿童发展纲要（2021—2030）》
C.《关于学前教育深化改革规范发展的若干意见》
D.《幼儿园教育指导纲要（试行）》

2. 美国学前融合教育的（　　）阶段，已从过去单纯追求教育公平转变为公平与质量并举，同时增强了教育的问责机制。

A.肇始阶段　　B.全纳取向　　C.融合取向　　D.实践取向

3. 高质量学前融合教育的特点是（　　）。

A.可接近性（Access）　　B.参与（Participation）
C.支持（Supports）　　D.平等性（Equality）

二、简答题

1. 简述学前融合教育的概念。
2. 简述幼儿园为什么天然具有融合教育的性质。

三、讨论

请同学们组织一次小组讨论会，对学前融合教育的正反两方面的影响进行深入的讨论。

第二节　学前融合教育的实践

融合教育的意义在于促进包括学前特殊儿童在内的所有儿童能够在普通的教育环境中得到能力的提升以及潜能的发展。为了实现融合教育，普通学校需要做出一系列的教育制度的调整，从而去促进融合教育的发展。而在这些制度的调整中主要涉及以下板块：特教、幼教教师的队伍建设，课程的相关调整，融合环境的创设，管理制度的建设等多个方面，本节主要阐述融合幼儿园建立的工作机制。

幼儿园融合教育中的参与者

（一）幼儿园园长

幼儿园园长作为幼儿园的管理者，同时是融合政策的实施者，幼儿园园长对待融合教育的态度会直接影响到园区进行融合教育的实施效果，如果普通幼儿园想要真正开展融合教育体系的改革，适应融合教育的发展要求，幼儿园的第一管理者就必须真正认同这种全新的教育理念，真正接受特殊儿童入园，并且能够清晰地了解教育的目标以及具体的实施步骤，同时对融合教育未来发展导向也要有清晰的认知。因此，一位能够深刻理解融合教育发展的重要性并且愿意全力为促进融合教育发展提供各种支持的园长，是保障融合教育能够顺利开展的重要前提。

（二）影子老师

影子老师是指在班级中承担幼儿的教学辅助、幼儿能力评估、幼儿训练目标的制定以及承担家长主要沟通工作的特殊教育老师，同时是普特教老师之间沟通的重要桥梁，同时是普通幼儿园推行融合教育中班级教学实施方案中的核心与灵魂人物，需要全面与普教教师沟通，为幼儿训练目标实施进行全面筹划。在为幼儿制定IEP计划中，影子老师处于核心的位置，其余幼儿的干预师起辅助作用，但从另外的角度来讲，影子老师的工作也离不开其他教师的紧密合作以及协同教学，同样我们要求影子老师不仅在特教领域板块非常熟悉特殊儿童的相关干预方法，同时要掌握幼儿园的教学内容，能做到既能给特殊儿童干预又能给普教幼儿上课，完全要熟知0到6岁儿童自然发展里程碑。

影子老师工作职责主要包括以下几个方面。

（1）在园区的支持下，制定出关于班级融合的具体实施方案，协同主课老师进行整体环境的创设和班级活动的安排。

（2）对即将入班的幼儿进行融合班级幼儿能力发展评估，与家长沟通幼儿的相关情况。根据评估情况，撰写出幼儿的评估报告并且制订出初步的安置计划。

（3）就幼儿能力情况与主班教师做好沟通，为幼儿在班级中设计摘选出合适幼儿的课程、教材以及调整主课教师的部分教学流程。

（4）配合融合干预师制定幼儿的阶段干预计划，并且参与每一次对应幼儿的IEP会议，与主课教师、融合干预师、家长等相关人员针对幼儿近阶段训练情况做出的计划提供更多的调整意见与建议。

（5）每周与幼儿的主课老师、融合干预训练师、督导教师等共同对幼儿近几周的情况进行解决方案的研讨。

（6）做好幼儿档案的管理工作，将每个阶段的训练记录做好整理，并且为特殊儿童后期的毕业安置提供安置方案。

（7）每3个月就班级幼儿的融合情况进行总结，完善融合管理制度，与主班教师做好对接工作。

（三）融合干预训练师的职责

融合干预训练师是指在融康教育的课程模式下（融康教育模式本书会在后期章节中做详细介绍），针对部分幼儿单项能力薄弱而在课程内单独为各类儿童提供语言训练、认知训练、动作训练、社交技能训练、作业治疗等服务的特殊教育的教师。目前每个园区都会设置有专职的融合干预训练师，主要由康复治疗学专业的教师或特殊教育专业的教师来园区担任融合干预训练师的角色。

融合干预训练师的工作内容主要包括以下几个方面。

（1）利用常用评估工具，如：VB-MAPP评估（Verbal Behavior Milestones Assessment and Placement Progra），即语言行为里程碑评估及安置程序、幼儿发展障碍评估、幼儿融合班级能力评估、PEP-3Psychoeducational Profile（Third Edition）评估等对特殊儿童进行能力发展阶段的评测以及对于其融合单项能力薄弱板块的确定。

（2）根据评估情况确定幼儿干预的具体方案，制订IEP计划。

（3）针对不同的幼儿制订出相应的计划后，从言语、认知、感统、情绪行为、心智解读等方面开展干预训练。

（4）在幼儿的融合干预过程中做好行为记录表、能力训练记录表，每周进行一次阶段总结，每个月根据幼儿训练效果进行计划的调整。

（5）及时与幼儿的影子老师进行沟通，总结幼儿在融合环境中出现的问题，再根据幼儿情况随时调整IEP计划，以更好提升幼儿相应的能力，尽快融入班级环境。

（6）每3个月进行一次家长访谈，与家长沟通幼儿近阶段情况以及后续的训练计划，同时调动家长的积极性，解决家长在家庭干预中的疑惑点、问题点，保持与家长的有效沟通与交流。

（7）负责并维护训练室设施设备的完整性，确保正常使用。

（四）督导教师

督导教师指的是在融合幼儿园项目推行中，特教专业能力突出、熟知融合专业干预的知识与技能、有普通幼儿园教学能力并且还具有一定的管理经验，能同时负责几家园区的专业发展指导人员。由管理者直接委派专业教师定期或不定期地深入到所负责的园区，及时为园区内的融合干预师、影子教师、主班教师等相关人员提供幼儿融合教育指导和支持，解决教师在融合过程中的相关问题以及对教学情况进行监督的指导人员。督导教师在工作过程中能够整理更多的案例情况以及相关解决方案，因此在教师团队遇到相关问题后可以第一时间进行解答、指导，督导教师也是融合教育支持保障体系中不可或缺的角色。

督导教师的工作内容主要包括以下几个方面。

（1）对于所经营的融合幼儿园进行融合教育教学支持，为园区内学前特殊儿童的确定安置、融合班级的环境创设、融合教育教室设施配备提供支持。

（2）巡回指导过程中对于所指导园区内的学前特殊儿童进行相应的评估，分析学前特殊儿童的发展情况，督导学前特殊儿童教师的IEP计划安排情况。

（3）进入到班级课堂中，联合影子教师、主班教师、配班教师共同解决幼儿在融合教育中所面临的相关问题。

（4）进入融康课程中对融合干预训练师在课程中的幼儿干预情况进行分析指导。

（5）为融合合作单位提供定期的教育教学督导以及不定期的相关咨询服务，了解合作单位的相关情况，提出合理性的意见和建议，包含教师培训、教学指导、课程安排调整、融合环境创设、家长沟通工作安排等。

（6）对安排的相应的融合讲座培训能够进行相关的技能培训指导。

（7）能够为园区内的特需家长提供融合教育的咨询服务，给予家长专业指导，能够就家长在家庭干预中面临的困境做出相应科学的方案，从而提升家长与学校的配合度。

（五）主课教师

主课老师指的是在班级发展中全面负责班级管理事务以及组织教学工作安排的教师，主课老师是班级的直接管理者，对于特殊儿童的融合干预有着直接的影响作用。

主课教师的主要影响体现在以下几个方面：第一，主课老师的态度影响普通儿童对于特殊儿童的整体态度。第二，主课老师的态度也会直接影响到普教家长对于特殊儿童融入班级的接纳度。第三，配班教师在不了解融合的情况下也会受到主课老师的影响。如果主课老师对于融合的态度并不积极，那么在特殊儿童的教学活动、社交互动、评估评定、教学流程安排、日常生活交流、课外活动等方面都会产生不好的影响。如果主课老师真正接纳特殊儿童，将会带动整个班级的健全儿童、家长、配班老师共同为特殊儿童建立一个和谐包容的班级融合环境，并且使特殊儿童能够更好地融入社交共同体。

主课教师的工作内容主要包括以下几个方面。

（1）与影子老师、融合干预训练师、督导教师和家长等相关人员共同完成幼儿的阶段能力发展评定，以及对幼儿阶段性发展中的班级具体情况，提出合理性的意见和建议。

（2）与影子老师、融合干预训练师、督导教师等相关人员就阶段干预过程中幼儿的课程、工作中的教育方案进行调整制定，并且与督导教师、家长一起监督IEP的实施情况。

（3）根据特殊儿童的IEP计划以及融合班级课程教育方案，为特殊儿童在班级融合中提供更多参与课堂教学的机会，提高特殊儿童训练的有效性。

（4）对特殊儿童在班级中的突发问题的处理以及对特殊儿童情绪行为进行疏导干预。

（5）与影子老师及时沟通，了解特殊儿童的班级干预重点，加强对特殊儿童的观察记录，根据特殊儿童实际情况做出具体课程安排。

（6）加强特殊教育相关内容的学习，提高自身对特殊教育的了解以及对融合教育的熟知。

（7）做好普通家长对于融合教育推进的思想建设，加强与普通家长的沟通，并在必要的时候做好普通家长的情绪疏导及安抚工作，解决在融合过程中普通家长提出的担忧，完善普通家长的问题解决策略。

（六）配班教师

配班教师承担教学活动中特色学科知识的教学，一是配班教师承担的课程对于特殊儿童来讲至关重要，在这些课程中有大量的机会去引导特殊儿童去做一些社会适应能力方面的训练。二是配班教师还对儿童兴趣方面的形成有着巨大的作用，让特殊儿童在这些特色学科中发现自身的兴趣点，为幼儿后期的发展提供更多的机会。三是配班教师在教学工作中需做好幼儿课堂表现记录表，根据幼儿的不同表现情况及时和影子老师去沟通，从而更好地完善幼儿训练发展的指导方向。因此，配班教师同样是开展特殊儿童的融合教育工作的重要参与者。

（七）家长

在融合体系下的家长角色分为两种，一种为健全儿童家长，另外一种就是特殊儿童家长。对于普通家长来说，能够接纳特殊儿童在园进行学习，在遇到相关特殊儿童与普通儿童的一些冲突中能够积极配合教师做出的解决方案。而对于特需家长而言，所需要配合的方面比较多，幼儿在家庭中的时间较多，因此部分干预内容以及在幼儿能力泛化等方面需要家长极大的支持，特需家长必须与园区教师做好家园共育工作，及时沟通幼儿的发展情况以及下一步的重点训练内容。在此过程中家长也必须提升自己的专业能力，并且利用日常中的活动为幼儿提供更多能力泛化的机会。

家长的主要任务有以下几个方面。

（1）普通家长对于特殊儿童有一定的了解，并且能够接纳特殊儿童进入班级进行融合教育。

（2）特需家长能够主动与园区相关教师进行沟通，及时就幼儿的日常变化进行第一时间的专业安排。

（3）配合教师完成幼儿的IEP计划，并在会议上提出合理性的建议，就幼儿的家庭环境中的行为表现进行总结，更能方便教师针对儿童生活表现制订能力泛化的计划安排。

（4）特需家长需要有一定的专业性，能够就教师提出的家庭训练的指导方案，对幼儿在家庭中的训练做出干预。

（5）家长须监督配合园区内教师对于IEP计划的实施情况。

（6）为幼儿园提供幼儿相应教学中的一些个人教具等。

（八）普通儿童

健全儿童在融合教育实施中是一个非常重要的角色，因为融合教育的意义就在于使特殊儿童能够在普通环境中得到接纳和支持。对于融合幼儿园的幼儿来说，幼儿的思维导向很大一部分是由家长、教师等成年人群体进行传递的，因此在这种情况下，社会群体成员在对于健全儿童的教育中就要以平等接纳的态度对待特殊儿童，其健全儿童的态度对于特殊儿童的身心发展都有重大的影响。

所有的事物都具有两面性，既然融合教育对于特殊儿童具有较大的帮助，那么对于健全儿童来说也一定具有优势的一面，在融合过程中让普教幼儿能够了解社会群体的多样性，并在教学过程中在教师的指导下，增强对社会其他类群体的包容性以及提升个人素养。

（九）学前特殊儿童

融合教育中最终的服务对象是特殊儿童，此类群体中涵盖了孤独症、发育迟缓、学习障碍、脑瘫等幼儿。无论对于哪一类型的幼儿，他们都享有平等受教育的权利，但在融合的推进中也需根据幼儿能力情况进行合理安排。对于特殊儿童来讲，在融合教育环境中，获得了平等的教育资源，体会到了被社会所接纳的认同感，并且在这种普通的环境下幼儿有较多学习模仿的机会，对于特殊儿童的社会适应能力的提升至关重要。在幼儿园阶段设立互动小组、普普模式、普特模式让所有儿童减少特殊儿童的排斥，更有助于形成平等接纳的同伴关系。

综上所述：在融合幼儿园的实施过程中，有大量的人员参与其中，为同一名幼儿的发展通力合作。从一位可以接受融合教育理念，接纳学前特殊儿童的园长开始，到督导教师、影子教师、融合干预训练师、配班教师的加入；从加强幼儿训练的科学性，完善幼儿的干预体系，再到普教家长的接纳与理解以及特需家长的配合与支持，这些人员都是融合教育工作中重要的支持者，同时是融合教育的践行者。只有这些相关人员协同合作，才能够为学前特殊儿童提供适合他们成长的包容环境，才能够建设一所真正的融合性质的幼儿园，才能够推进融合教育的发展。

二 融合幼儿园学前特殊儿童管理流程

融合班级的设立是融合教育开展的基础。在融合园区建设融合班级的要求中，每个班级改变原有的班级两教一保的要求，改为三教模式，即一名主班老师、一名影子老师、一名配班老师，同时对班级内融合的幼儿数量也有严格的要求，对于评级为融合能力高级的幼儿班级安排不超过4人，融合评级能力中级的幼儿班级安排不超过3人，再由健全儿童一起构建的这个群体为融合班级。对于所有幼儿来说融合班级都是他们成长中的主要环境之一，因此班级的文化建设会直接影响到幼儿的个体发展，对于特殊儿童来说这个环境对于他们的影响更为重要，因为特殊性他们较健全儿童而言所能够接触的社会环境更加单一，所以建设好一个融合班级对特殊儿童来说至关重要，因此一套完善的班级管理制度就不可或缺。

学前特殊儿童入园标准需清晰了解特殊儿童能力阶段的发展要求，保障特殊儿童能够顺利融合，能够在普通班级中获得同等质量的教学环境。为确保入园后在基础能力方面的提升上能够得到保障，我们建立了一套基础的评估标准，从言语方面、认知方面、感统板块、生活自理等方面进行基础评估，为特殊儿童能够接受融合教育提供最基础的保障机制。整体流程分为以下几步。

第一步，由招生团队或家长介绍等渠道确定幼儿的基础个人信息后由督导教师进行能力的初步评估，使用到的评估表为融合幼儿能力阶段评估，分为小班（上，下），中班（上，下），大班（上，下），评估所采用的具体评估表由督导教师根据幼儿生理发展年龄以及能力发展阶段确定使用的评估表类型。评估表的具体内容详见二维码资料（以小班上、大班下为例）。

第二步，评估完成后教师出具评估报告，明确幼儿能力情况，并且就幼儿能力情况分析融合幼儿园是否适合幼儿成长，若幼儿发展阶段已在融合范围内，则明确安置办法，安排相应的安置班级以及课程。案例评估结果记录及现状分析详见拓展资料《森森中期评估结果记录及现状分析》。

拓展阅读：
森森中期评估结果记录及现状分析

拓展阅读：
幼儿入园准备通知模板

第三步，在明确学前特殊儿童可以入园后，主管教师首先通知家长准备所需的相关证明材料，如医院和残联等权威机构所开具的残疾证明、评估证明等。然后，告知学前特殊儿童进入融合幼儿园的步骤、需提前准备的物品及初期的课程安排、鉴定及安置程序等。具体详见《幼儿入园准备通知模板》。

第四步，幼儿入园后，第一周着重进行各项能力的单项评估，并做出相应的案例分析报告，进而安排适宜幼儿的课程以及对应的班级。案例详见拓展资料《远远的阶段调查及发展评估》和案例《俊俊的阶段调查及发展评估》。

拓展阅读：
远远的阶段调查及发展评估

拓展阅读：
俊俊的阶段调查及发展评估

第五步，阶段性评估。针对幼儿在融合阶段的上课情况，需对幼儿进行各项能力的评估。在评估后总结幼儿的发展情况，并且同步安排IEP会议，各科教师将幼儿的计划制订完善后与家长沟通，结合幼儿家庭表现情况进一步制订下一个阶段的训练干预计划，具体详见拓展资料《IEP会议邀请通知模板》《IEP计划制订模板》。

拓展阅读：
IEP会议邀请通知模板

拓展阅读：
IEP计划制定模板

三、融合幼儿园一日活动流程安排

现在以融合幼儿园为例,通过表格形式(见表12-1,表12-2,表12-3)介绍S省和F省两个融合教育机构的一日活动安排,通过一日活动流程安排表,了解融合幼儿园或融合转衔班幼儿一日生活的总体安排。从S省某融合幼儿园的一日活动流程安排来看,有些活动环节是与健全儿童一起进行的,有的活动环节是单独对特殊儿童进行训练。F省某融合幼儿园则没有将健全儿童和特殊儿童做课程区分,一日生活环境和教学环节他们都在一起。

表12-1　S省某融合幼儿园一日活动流程安排表(以大班冬季流程为例)

	时间	课程	课程内容及训练重点
上午	7:40-8:00	社交互动课程	和教师、同学打招呼,提升社交能力
	8:00-8:40	生活自理课程	幼儿自主取餐,独立吃饭
	8:40-8:50	生活自理训练	独立上卫生间
	8:50-9:20	省编教材课程(融合课)	幼儿集体跟随能力,理解教师集体指令,常规训练
	9:20-9:30	生活自理训练	训练幼儿独立取水喝水
	9:30-10:00	科学手工融合集体课	锻炼幼儿精细能力、言语理解能力,以及基础能力泛化,社交训练
	10:00-10:10	生活自理训练	独立上卫生间
	10:10-10:40	户外社交游戏	借助户外器材等,进行户外集体游戏,增加特殊儿童的参与感,以及游戏理解能力
	10:40-11:00	融合小组训练	课程内容根据幼儿训练计划安排,提升幼儿基础能力的泛化,增加幼儿对集体的适应性
	11:00-11:40	生活自理课程	幼儿自主取餐,独立吃饭
	11:40-12:10	户外活动	幼儿日常游戏,训练特殊儿童游戏规则,增加特殊儿童参与度,提升互动能力
下午	12:10-14:00	午休	午休
	14:00-14:40	生活自理课程	起床,加餐时间,可以就幼儿独立穿衣进行训练,以及需求提问
	14:40-15:10	音乐美术(融合课)	通过音乐美术的课程安排,提升幼儿的自主能动性,根据幼儿训练目标的不同,给予幼儿社交支持
	15:10-15:20	生活自理训练	独立上卫生间
	15:20-15:50	绘本课程(融合集体课)	绘本教学中对于阶段的理解,提升特殊儿童理解能力,逻辑思维能力
	15:50-16:00	生活自理训练	训练幼儿独立取水、喝水
	16:00-16:40	(一对一)言语认知训练	根据特殊儿童的训练目标,以及在当天融合课程安排中出现的部分问题,给予单独的训练指导
	16:40-17:00	放学安排	独立收拾个人物品,和教师、同学进行告别的表达

表12-2　F省某融合幼儿园一日作息时间安排表（冬时令）

班部：融合转衔班		
小班愉快的一天		
时　间	具体安排	备注
上午		
8：10-8：30	来园接待及晨间户外活动	
8：30-9：30	早操及户外活动	
上午		
9：30-10：00	盥洗、如厕、吃点心	
10：00-11：00	集中教学活动、活动区游戏	教学环节，教师视情况，进行机动组织。根据幼儿的活动情况组织幼儿谈话。适时介入游戏。保证上午的区域活动和学习活动时间。（协调好幼儿如厕、课间休息时间）
11：00-11：10	餐前准备	
11：10-11：40	午餐	
11：40-12：20	餐后活动及散步	
12：20-14：30	午睡	午睡环节，做好保教交接工作。保育员注意看护好幼儿午睡环节
下午		
14：30-15：00	起床喝水、盥洗整理（佩戴耳蜗）+吃午点	下午半天，应组织一次体育游戏或分组活动。（户外）
15：00-15：45	游戏活动（结构、角色、表演等游戏）	做好离园工作
15：45-16：25	户外体育游戏	
16：25-16：40	离园整理工作	

表 12-3　F 省某幼儿园融合转衔班六月第一周课程表

班级	小班	教师	×××	填表时间：2023.05.29-2023.06.03
时间	领域活动	区域活动	游戏活动	户外活动	生活活动
星期一	语言活动：小蜡笔（文学活动）	操作区：泡沫创意画、蝴蝶飞飞、一串葡萄、包扁肉、身体拼图、旋一旋、包饺子、好玩的锁扣、美丽的花盆、倒一倒、夹夹子、小汽车等。阅读区：故事机、绘本阅读。娃娃家：美食餐厅、娃娃家等。美工区：花园、蘑菇、美丽的太阳、石头创意画、组合、涂鸦、粘一粘、桃树花开、冰糖葫芦、糖果纸设计师等。建构区：动物园、小动物、汽车、马路上、巧玩地垫	表演游戏：小兔乖乖（二）	1. 在快速奔跑时不低头猛冲，以免与别人碰撞、摔伤。2. 户外体育游戏：小猎人、过竹桥、篮球乐等。3. 户外体育活动：体能大循环、钻拱门、爬滑伞、双人过桥、积木搭建等	1. 提醒幼儿餐前使用"七步洗手法"洗手。2. 乐于接受适度的挑战和教师的健康指导，配合老师进行体检以及预防接种等。3. 能向家长简单交流自己当日在幼儿园的生活及活动情况。4. 加强整理班级环境及区域卫生的意识。5. 5 分钟安全教育：不趴在地上玩叠叠乐游戏
星期二	科学活动：彩虹糖（物体与物质）		音乐游戏：萝卜的故事		
星期三	主题活动：甜甜的夏季		建构游戏：小动物（六）		
星期四	音乐活动：森林历险记（音乐游戏）		角色游戏：理发店（六）		
星期五	特色课程：舞蹈、美术		教研活动		

（上午 / 下午）

四 普通幼儿园转型为融合幼儿园要具备的基本条件

（一）师资方面

幼儿园教师的融合教育素养是保障学前融合教育高质量发展的关键因素。学前融合教育强调尊重不同类别、不同程度幼儿成长的多元性，其教育对象的复杂性要求融合教师具备极强的专业性，需要具备更多的技能来应对这项挑战性极大的教学工作。2021 年，教育部颁布的《学前教育专业师范生教师职业能力标准（试行）》指出，幼儿教师要"认识融合教育的意义和作用，了解有特殊需要幼儿的身心发展特点及教育策略，掌握随班就读的基本知识及相关政策，基本具备随班就读的教育教学能力"。具体如下：

（1）认可学前融合教育理念。如果普通教师不愿意承担教育特殊幼儿的责任，那么即使将其安置在普通教室仍会处于被隔离的状态，毫无意义。因此，幼儿园教师需要秉持科学专业的融合教育

Note

理念，这是有效开展学前融合教育的首要条件。要强调参与、零拒绝的理念，发自内心认同融合教育潜在的价值及意义；真诚接纳并尊重儿童的特殊禀赋和需要，接纳儿童的差异性和多样性；树立科学民主的教育观、儿童观，把握好爱的天平，任何一个孩子都是独一无二的，要正确认识特殊儿童，让"她们"变为"我们"。

（2）具备学前融合专业知识。专业的知识是促进融合教育实施的基石，教师的专业知识是否深厚直接影响教师态度和能力的发挥。需要了解关于学前融合教育的相关政策，掌握各类学前特殊幼儿的发展特点及干预方法等。

（3）能提供适宜的教学。融合幼儿园的教师必须能够根据普通幼儿和特殊幼儿的身心发展特点设计课程内容与教学类型，包括课程调整、教学调试、个别化教育计划和教育评价等。要能准确判断出幼儿的需求与能力之间的关系，在"最近发展区"内让教育活动既能适合个别幼儿，也能促进普通幼儿的成长与发展，吸引不同学习风格的幼儿参与活动，促进全体幼儿的学习与互动。将融合教育有机渗透于园本课程中。

（4）能与特殊教师进行合作学习。学前融合教育是一项复杂的、综合性的系统工程，仅凭幼儿教师难以快速、有效满足所有学习者的需要。在满足所有儿童多样化的教育需求中，需要与特殊教师及专业人员共同努力，有机分工与合作，在幼儿成长过程中扮演积极的角色，提供适宜的支持。

（二）场地规划建设

幼儿园融合教育环境应该能够支持包括特需幼儿在内的所有幼儿进行活动，具有"全开放、无障碍"的特征。幼儿园应配备相应的专业教室，例如个训室、集体教室、感统训练室、评估室、融合教室（不少于6间）等，需配置完整的评估系统、教学使用的相关训练教具、多媒体资源等，能够在园区实现整套的教学流程安排，形成从训练咨询、幼儿入园评估到康复训练安排的一体化模式，既能满足幼儿的发展需求，又能满足家长对于幼儿的服务需求，同时能够满足日常教师的教学需求。

幼儿园内的每个场景都可以作为教学场景，生活处处皆教学。从幼儿入园时的户外活动场地，到园区里的公共环境，再到班级教室的每个角落，都可以成为融合教育的资源。比如增加视觉提示卡，从幼儿入班到幼儿一日生活中每一个方面都增加视觉提示卡，例如开关门、谁的小椅子、课程流程等。

（三）设施设备清单

1. 个训室

个训室需配备个训桌子、个训椅子、教具收纳柜、小白板、蒙氏教具88件、贝尔教具15件等，具体清单见二维码。

拓展阅读：
融合幼儿园个训室配备清单

2. 集体教室

集体教室需配备黑板（带磁力的）、粉笔、能粘在黑板上的四线格/田字格、仿真水果/蔬菜/动物、仿真娃娃（可穿脱衣服）、仿真小动物玩偶、仿真钱币、超市购物车、雪花片等拼插玩具、双面胶/透明胶/胶棒、筷子及辅助筷子、小勺子、剪刀、夹子、彩色卡纸、折纸、颜料、毛绒球等，具体清单详见二维码。

拓展阅读：
融合幼儿园集体教室配备清单

3. 感统教室

感统教室配备器材相对较多，包括造型攀爬墙（标准版）、坐地秋千吊架、轮胎秋千、吊球秋千、T型秋千、方形平板秋千等50余种，具体清单详见二维码。

拓展阅读：
融合幼儿园感统教室配备清单

4. 评估教室

评估教室设施相对简单，主要有桌椅、评估系统、电脑、鼠标、键盘等基础设施，只要能对幼儿进行评估即可。

（四）家长沟通工作

学前融合教育的家园共育需要以幼儿园与特殊儿童家庭、普通儿童家庭的合作为基础，因此，做好家长的沟通工作就显得尤为重要。

一方面，幼儿园应就园区开展融合教育课程召开家长会，对普通家长进行特殊幼儿发展情况讲解，减少家长对于特殊幼儿认知的误区，解决普通家长对于特殊儿童入班的担忧，调整普通家长的抵触情绪，通过带动普通家长教育水平的提升来共同促进学前融合教育的发展。

另一方面，应创设多元的沟通机制，加强对特殊儿童的个案分析与追踪，建立完善的信息网络和平台，形成儿童发展数据库，使特殊儿童家长能够及时、全面、追踪式地了解其孩子的发展水平和教育状况。在此基础上，幼儿园和家庭通过对典型问题的共同分析达成教育共识，不断探求优化干预措施，进而满足特殊儿童的个别化教育需求。提升学前融合教育中家园共育的水平，全方位助力幼儿成长。

五 幼儿园融康课程体系的案例呈现

在融合教育被大力推动的今天，幼儿园融合课程中仍旧存在一些弊端。目前融康教育的整体课程安排对部分幼儿发展具有一定的优势性，它为一部分单项能力较弱的幼儿提供了一个切实可行的课程解决方案。为各大幼儿园或机构在从事融合前期也做一个较好的衔接，接下来以某幼儿园为例，介绍他们的融合康复课程（简称融康课程）对于幼儿的优势以及对于融合幼儿园建立的情况做出分析。

首先，融康的课程模式主要以幼儿的单项能力提升为主要目标，结合单项能力的提升为幼儿进入融合阶段做好社会适应能力的铺垫。融康课程的安排主要分为四大类：个训课、融合小组课、融合集体课、融合课。

1. 个训课

个训课主要以言语训练（Speech Therapy，ST）、作业治疗（Occupational Therapy，OT）为主，由融合干预师进行负责幼儿的专项评估、IEP（International Elite Program）的制订以及训练目标的实施，主要为幼儿基础能力做针对性提升，同时与集体课教师及时沟通幼儿的当天的训练内容，以便于集体课的教师能够将幼儿个训内容应用到集体教学活动中为幼儿做相应的能力泛化。

视频资料：语言个训课

2. 融合小组课

融合小组课由集体课教师负责课程的进展，课程人员基本设定在2～3名幼儿，其中会安排一名普教幼儿参与到课堂中，针对学前特殊儿童在个训课程中所训练的技能，在融合小组课中让学前特殊幼儿与普教幼儿进行合作学习。

视频资料：融合小组课

下面请大家阅读案例《森森融康阶段调查报告及发展评估》，了解融合幼儿园小组课的实践探索。

经典案例

森森融康阶段调查报告及发展评估

一、基本情况

幼儿森森，男，早期诊断为孤独症，主要表现为沟通障碍，能仿说字词，有一些刻板行为，比如拍手、玩手，认知理解能力较弱，能听懂日常简单的指令性语言，比如过来、开灯、关灯等。

二、现状分析

对森森的评估，发现他在注意力、模仿力、听从指令、学习动机、发音器官、理解等能力发展上较弱，但经过老师协助可学习部分事物，具备一定学习能力和较好的学习态度。

在学习过程中，注意力分散严重，有自我刺激行为，有不配合的行为（哭）以及抗挫能力差，主要针对以上问题进行改善，并建立老师和家长的良好沟通协助机制，以促进森森更有效地发展。

在社交方面，有主动沟通的意识，但在面对健全儿童去和他进行沟通时，在社交的处理以及表达方面并不擅长。

三、训练过程

根据对森森的评估和观察，主要从注意力、精细运动、粗大运动、语言、认知、行为问题处理等方面展开训练。

（一）个别化教育计划

1. 注意力训练。可以通过操作蒙氏教具来训练，并延长注意力集中时间。

2. 精细动作能力。练习手眼协调能力，如操作物品，解/系纽扣，用筷子或者勺子等物品。

3. 粗大动作训练。比如单脚跳接球、往前跳、拍头、拍腿、伸脚等。

4. 模仿。动作与语言的模仿。

5. 认知理解。常见物品、水果、蔬菜、动物、职业、场所卡片的辨别以及数学方面的知识。

（二）行为问题处理

1. 听指令。园内老师进行指令的训练，包括指令态度和指令方式，然后通过园内日常活动对指令进行训练，锻炼其听指令的能力。

2. 抗挫训练。教会幼儿正确地表达，个人目标不能实现时，不能用哭来解决，要学会用"不要"等口语表达；学会运用行为改变技术，如奖励、忽视、剥夺等。

3. 自我刺激。教授适当的替代行为，这个过程往往漫长，现阶段一旦出现自我刺激，就立即制止，在还没有出现时，及时强化。

四、总结反思

除了对森森个人问题的改善外，更注意对森森整个生活环境的改变。例如，提升老师的教学态度和教学技能，改变家庭教育的方式，为幼儿老师提供更多的支持。经过计划的实施，森森的能力得到了提升，并且老师和家长以更专业的角度融入教育活动中，相信森森以后会得到更多的关注和支持。

上诉案例中森森的社交行为，教师在设定训练目标中有一项借用关系的能力建设。在个体成长中都会有获得他人帮助或者寻求他人帮助的需求，而借用关系就是一个很好的训练。在训练目标中，个训主要是由老师与幼儿建立相互的借用关系，包括语句的表达，面对对方借或者不借时的正确反馈，当这个训练目标放在融合小组课中，其借用关系对象从成人转移到同龄人身上，让学前特殊儿童逐步适应同龄环境。

3. 融合集体课

融合集体课主要由集体课老师负责，集体课幼儿通常安排为4～8人，健全儿童和学前特殊儿童配比接近1∶1，通过融合集体课加强幼儿单项能力泛化的同时，对于注意力缺陷的幼儿，能够极大地训练幼儿的注意能力，同时加强幼儿，对集体指令的分辨与遵守。

视频资料：
社交融合集体课

4. 融合课

融合课主要由影子教师负责，每个普通班级通常需安排2～4名学前特殊儿童进入班级，由影子教师进行辅

视频资料：
融合课

助，同时在课程当中让学前特殊儿童逐步适应普通班级的教学以及生活的节奏。同时观察学前特殊儿童在融合班级中的行为表现并做好记录，将需要干预的部分反馈给融合干预师，进行单项能力的训练。

总体来讲，融康模式在很大程度上改变了当今部分家庭在给幼儿干预过程中采取完全脱离普通环境这一模式，让部分能力相对较弱的幼儿有更多的机会进入普通群体中。同时在融康课程体系下对幼儿的训练形成闭环：单项能力弱的幼儿通过单训课，单项能力提升的同时，能够进入融合小组课或融合集体课程中。此类的课程安排中学前特殊儿童所能接触的健全儿童在逐步增多，既能避免因幼儿适应能力差而排斥周围环境，又能将幼儿单项能力部分逐步泛化于日常生活。同时在集体课、融合课中发现的幼儿异常行为表现又能第一时间与融合干预师进行沟通，从而能够更快更完善地调整幼儿的训练计划。

融康模式是在运营融合幼儿园过程中所暴露的一些问题的解决方案而衍生的产物，这些问题来自部分普通家长的不接纳，来自特需家长对于融合观念的不同理解，来自幼儿能力训练的发展不同等方面，更多的是特教从业人员在探索融合幼儿园的运营中希望做到如何让学前特殊儿童尽快进入融合，如何让特需群体尽快融入社会。

课外拓展

为了增加同学们关于学前融合教育的了解，特推荐20本融合教育绘本，请大家根据书目自行阅读，感受学前融合的魅力。

绘本名称	作者或主编	出版社	出版年
1.阿虎开窍了	文/[美]罗勃·卡鲁斯 图/[美]荷西·阿鲁哥 译/王林	明天出版社	2014
2.躲猫猫大王	文/张晓玲 图/潘坚	明天出版社	2008
3.本色王子	文/[德]西尔克·施内 图/[德]海克·西斯蒂希 译/冯斌	华夏出版社	2017
4.特别的朋友	文/[西]珍妮弗·摩尔-迈丽斯 图/[西]玛塔·法夫雷加 译/颜铄清	湖北少年儿童出版社	2013
5.最特别的语言	文/[奥]法兰兹-约瑟夫·豪尼格 图/[德]薇蕾娜·巴尔豪斯 译/曾璇	湖北少年儿童出版社	2013
6.这就是我	文/[意]多梅尼科·巴里拉 图/[意]埃玛努艾拉·布萨拉蒂 译/隽泓	郑州大学出版社	2016
7.我的孤独症朋友	文/[美]贝弗莉·毕晓普 图/[美]克雷格·毕晓普 译/王漪虹	华夏出版社	2017

续表

绘本名称	作者或主编	出版社	出版年
8. 不一样的朋友	文 /[德] 安德烈娅·朔姆堡 & 芭芭拉·勒特根 图 /[英] 肖恩·朱利安 译 / 张凤 赵玉池	晨光出版社	2019
9. 看！我的条纹	文 /[美] 谢纳·鲁道夫 /[美] 丹妮尔·罗耶 图 /[美] 詹妮弗·若芙茵 译 / 王漪虹	华夏出版社	2017
10. 我和我的亚斯伯格超能力	文 / 图：梅兰妮·沃尔什 译 / 李剑敏	北京联合出版公司	2017
11. 耳聋的达奇	文 / 图：[英] 杰克·休斯 译 / 王可煊	江西高校出版社	2013
12. 我可以克服听力障碍	文 /[加] 珍妮弗·莫尔-玛丽诺斯 图 /[西] 马尔塔·法夫雷加 译 / 王曼	化学工业出版社	2014
13. 短耳兔	文 / 达文茜 图 / 唐唐	同心出版社	2013
14. 舞鹤	文 / 保冬妮 图 / 夏婧涵	人民教育出版社	2013
15. 我可以做好自己	文 /[加] 珍妮弗·莫尔-玛丽诺斯 图 /[西] 马尔塔·法夫雷加 译 / 王曼	化学工业出版社	2014
16. 故障鸟	文 /[英] 迈克尔·布罗德 译 / 方素珍	电子工业出版社	2014
17. 轮椅上的梦	文 / 张海迪	人民文学出版社	2005
18. 海伦的大世界	文 /[美] 多琳·拉帕波特 图 /[美] 马特·塔瓦雷斯 译 / 徐德荣	北京联合出版公司	2015
19. 一本关于颜色的黑书	文 /[委] 梅米娜·戈登 图 /[委] 露莎娜·法利亚 译 / 朱晓卉	接力出版社	2010
20. 我可以克服阅读障碍	文 /[加] 珍妮弗·莫尔-玛丽诺斯 图 /[西] 马尔塔·法夫雷加 译 / 王曼	化学工业出版社	2014

实训操练

请利用下实践基地或其他渠道进入学前融合幼儿园，参与到学前特殊儿童能力评估及个别计划制订等环节中，掌握相关学前特殊儿童融合训练的重点难点。

过关练习

简答题

1. 简述融合幼儿园特殊儿童管理流程。
2. 简述影子老师工作职责。

过关练习
参考答案

版权声明

为了方便学校课堂教学，促进知识传播，便于读者更加直观透彻地理解相关理论，本书选用了一些论文、电影、电视、网络平台上公开发布的优质文字案例、图片和视频资源。为了尊重这些内容所有者的权利，特此声明，凡在本书中涉及的版权、著作权等权益，均属于原作品版权人、著作权人等。

在此向这些作品的版权所有者表示诚挚的谢意！由于客观原因，我们无法联系到您，如您能与我们取得联系，我们将在第一时间更正任何错误或疏漏。